第五册

宋神宗元豐七年甲子七月起
宋徽宗宣和五年癸卯三月止

續資治通鑑

卷七十八至九十四

中華書局

續資治通鑑卷第七十八

賜進士及第兵部尚書兼都察院右都御史總督湖北湖南等處地方軍務兼理糧餉世襲二等輕車都尉畢沅編集

宋紀七十八 起閼逢困敦（甲子）七月，盡旃蒙赤奮若（乙丑）十二月，凡一年有奇。

神宗體元顯道法古立憲帝德王功英文烈武欽仁聖孝皇帝

元豐七年遼太康十年。（甲子、一〇八四）

1秋，七月，甲辰，伊、洛溢。河決元城，知大名府王拱辰言：「河水暴至，數十萬衆號叫求救，而錢穀稾轉運，常平歸提舉，軍器工匠隸提刑，埽岸物料兵卒卽屬都水，鹽運司在遠，無一得專，倉卒何以濟民！望許不拘常制。」詔：「事干機速，奏覆牒稾所屬不及者，如所請。」丙午，遣使賑卹，賜溺死者家錢。

2遼主如黑嶺。

3甲寅，王安禮罷。先是侍御史張汝賢彈奏王珪與安禮陳乞子姪差遣，以爲引用都省批狀，例外起例，實害大政。帝以有條許用例奏鈔，汝賢章格不下。安禮聞之，面奏乞治汝賢罪，帝令分析。汝賢奏安禮不能修身治家，且言在湖、潤與倡女共政。帝以其章付三省，謂安禮曰：「汝賢奏彈不當，固有罪；其所言姦汚事，卿果如此，何以復臨百官？」帝雖黜汝賢，安禮亦不自安，因奏：「往以兄安石疾病，嘗乞知江寧，願申前請。」遂以端明殿學士知江寧府。

4八月，庚午，詔知瀘州王光祖遣人招諭乞弟，許出降免罪補官。乞弟既失土，窮甚，往來諸蠻間無所依，帝猶欲招來之，許以自新。未幾，乞弟死，於是羅始党斗然、斗更等酋長及新取生界兩江夷族，請依諸姓團結，皆爲義軍，從之。瀘夷震慴，不復爲邊患。

5癸巳，衢州言太子少保致仕趙抃卒。贈太子少師，諡淸獻。

抃和易長厚，氣貌淸逸，人不見其喜慍。平生不治資業，不畜聲妓。嫁兄弟之女十數，他孤女二十餘人，施德惸貧，蓋不可勝計。日所爲事，入夜，必衣冠露立，焚香以告天，不可告則不敢爲也。其爲吏，善因俗施設，寬猛不同在處，典成都，尤爲世所稱道。帝每詔二郡守，必舉抃爲言，要之以惠利爲本。知越州時，諸州皆榜衢路禁增米價，抃獨令有米者任增價糶之，於是米商輻輳，價乃更賤，人無飢者。

6九月，癸亥，遼主如藕絲淀。

7乙丑，夏人圍定西城，燒龕谷族帳，熙河將秦貴敗之。

8冬，十月，乙亥，以給事中韓忠彥爲禮部尚書。忠彥入謝，帝諭曰：「先令公之勳，朕所不敢忘；卿復盡忠朝廷，此未足以酬卿也。」

9夏人寇熙河。

10庚辰，饒州童子朱天申對于睿思殿，賜五經出身。自寶元初罷童子科，至是始置，前後賜出身者五人。

11戊子，詔分畫交趾界，以六縣、二峒賜之。先是交趾以追捕儂智會爲辭，犯歸化州；又遣其臣黎文盛來廣西辨理順安、歸化境界，經略使熊本遣左江巡檢成卓典議，文盛稱陪臣，不敢爭執。詔以文盛能遵乾德恭順之意，賜之袍帶及絹五百匹。至是乃以八隘之外保樂六縣、宿桑二峒予乾德。

12乙未，夏人寇靜邊砦，涇原鈐轄彭孫敗之。十一月，丁酉朔，寇淸邊砦，隊將白玉、李貴死之。

13甲辰，夏國主秉常遣使來貢。

14乙卯，太白晝見。

15十二月，戊辰，以端明殿學士兼翰林侍讀學士司馬光爲資政殿學士，校書郎、前知瀧水縣范祖禹爲祕書省正字，並以修資治通鑑書成也。

自治平開局，光與劉攽、劉恕、范祖禹及子康編集，前後六任，聽以書局自隨，給之祿秩。光於是徧閱舊史，旁采小說，抉摘幽隱，上起周威烈王二十三年，下終五代，凡一千三百二十六年，修成二百九十四卷；又略舉事目，年經國緯，以便檢尋，爲目錄三十卷；參攷羣書，評其同異，俾歸一塗，爲考異三十卷：合三百五十四卷，歷十九年而成。至是上之，降詔獎諭，賜銀帛衣帶鞍馬。帝謂輔臣曰：「前代未嘗有此書，過荀悅漢紀遠矣。」遷光及祖禹官。時劉恕已卒，劉攽坐廢黜，故不及。後光病目錄太簡，更爲舉要歷八十卷而未成，又別著歷年二卷，通歷八十卷，稽古錄二十卷。

16 庚寅，詔門下、中書外省官同舉言事御史。

17 遼詔改明年元日大安，赦雜犯死罪以下，改慶州大安軍曰興平。

18 河東饑，河北水，壞洺州廬舍，並蠲其稅。

19 是歲，秋宴，帝感疾，始有建儲意。又謂輔臣曰：「來春建儲，其以司馬光、呂公著爲師保。」【考異】李燾曰：呂大防所爲呂公著墓碑止稱公著，不及光，今據邵伯溫說。

陽武邢恕，少俊邁，喜功名，論古今成事，有戰國縱橫氣習。從程顥學，因出入光、公著門，公著薦爲崇文院校書。王安石亦愛之，恕對其子雱語新法不便，安石聞之怒，斥知延陵縣。縣廢，不復調，浮湛陝、洛間者七年，復爲校書，吳充用爲館閣校勘、歷史館檢討、著作佐郎。確代充相，盡逐充所用人，恕深居懼及。帝見其送文彥博詩，稱於確，謂恕久在館中當遷，確不可，帝弗顧。確有機巧，知帝將擢恕，退，即除職方員外郎，自是恕爲確黨矣。帝有復用光、公著意，確以恕於兩人爲門下客，亟結納之。恕亦深自附託，乃爲確畫策，稍收召名士，於政事微有更革。及光爲資政殿學士，確知其必復用，欲自託於光，乃謂恕曰：「上以君實爲資政殿學士，異禮也。君實好辭官，確晚進，不敢進書。和叔門下士，宜以書言不可辭之故。」和叔，恕字也。恕但與光子康書，致確語；康以白光，光笑而不答，亦再辭而後受之。

八年遼太安元年。（乙丑、一〇八五）

1春，正月，丁酉，遼主如混同江。

2戊戌，帝不豫。甲辰，赦天下。

乙巳，命輔臣代禱景靈宮。乙卯，分遣羣臣禱于天地、宗廟、社稷。

自帝不豫後，三省、樞密院日詣寢閤問疾；至是疾小瘳，手書諭王珪等，自今可間日入問。

3是月，遼以王績知南院樞密使事，邢熙年爲中京留守。以樞密直學士杜公謂參知政事。公謂，防之子也。

4五國部長貢良馬於遼。

5二月，辛未，遼主如山榆淀。

6辛巳，開寶寺貢院火；丁亥，命禮部鎖試別所。

7癸巳，帝大漸，遷御福寧殿，三省、樞密院入問，見帝於榻前。王珪言：「去冬嘗奉聖旨，皇子延安郡王來春出閤，願早建東宮。」凡三奏，帝三顧，微首肯而已。又乞皇太后權同聽政，候康復日依舊，帝亦顧視首肯。珪等乃出。

先是蔡確慮帝復用呂公著、司馬光，則必奪己相，乃與邢恕謀爲固位計。恕雅與皇太后姪高公繪、公紀游，帝初寢疾，恕密問公繪，公繪具言疾可憂狀，恕聞此，更起邪謀。確嘗遣恕邀二人，二人辭不往。明日，又遣人招置東府，確曰：「宜往見邢職方。」既見，恕曰：「家有桃著白花，可愈人主疾，其說出道藏，幸枉一觀。」入中庭，則紅桃花也，驚曰：「白花安在？」恕執二人手曰：「右相令布腹心，上疾未損，延安郡王幼沖，宜早定議，雍、曹皆賢王也。」二人復驚曰：「此何言，君欲禍我家邪！」急趨出。

恕計不行，反謂雍王顥有覬覦心，皇太后將捨延安郡王而立之，王珪實主其事，與內殿承制致仕王棫造誣謗。棫，開封人，常從高遵裕掌機宜于涇原，傾巧士也，故恕因之。

又知確與珪素不相能，欲借此以陷珪。他日，亟問確曰：「上起居狀比何如？」確曰：

「疾向安，將擇日御殿。」恕黴哂曰：「上疾再作，失音直視，聞禁中已別有處分，首相外爲之主。公爲次相，獨不知邪？一日片紙下，以某爲嗣，則公未知死所矣。公自度有功德在朝廷乎？天下士大夫素歸心乎？」確竦然曰：「然則計將安出？」恕曰：「延安郡王今春出閤，上去冬固有成言，羣臣莫不知。公盍以問疾率同列俱入，亟于上前白發其端。若東宮因公言而早建，千秋萬歲後，公安如泰山矣。」確深然之。恕又曰：「此事當略設備，今與平時不同，庶可以自表見。其曲折第告子厚，餘人勿使知。」子厚，章惇字也。確謝，謂恕曰：「和叔見子厚，具言之。」惇許諾。遂與確定議，仍約知開封府蔡京以其日領壯士待變於外廷，謂曰：「大臣共議建儲，若有異議者，當以壯士入斬之。」

是日，三省、樞密院俱入問疾，初亦未敢及建儲事。既退，乃於樞密院南廳共議之。確、惇屢以語迫珪，幸即小持異，即首誅之。珪口吃，連稱是字數聲，徐曰：「上自有子，復何異！」確、惇顧無如珪何。尋復入奏，得請，俱出，逢雍、曹二王於殿前，惇厲聲曰：「已得旨，立延安郡王爲皇太子矣！柰何？」雍王曰：「天下幸甚。」已而禁中按堵如故。

確等邪謀雖不得逞，其蹤迹詭祕亦莫辨詰，各自謂有定策功。事久語聞，卒貽後禍，其實本恕發之。

8 三月，甲午朔，執政詣內東門，入問候，皇太后垂簾，皇子立簾外，太后諭珪等：「皇子淸俊好學，已誦論語七卷，略不好弄，止是學書。自皇帝服藥，手寫佛經三(二)卷祈福。」因出所寫示珪等，書字極端謹，珪等拜賀。遂宣制，立爲皇太子，改名煦，仍令有司擇日備禮册命。又詔：「應軍國政事，並皇太后權同處分，候康復日依舊。」【考異】李燾曰：元豐末年建儲事，諸家異論。紹興史官既別加考定，專取元祐舊文，固得本實矣，第恨其弗詳。今參取諸書，稍增益之。哲宗新錄宣仁聖烈皇后傳云：先是元豐七年三月，大宴中宮，延安郡王侍立，王珪率百官賀。及升殿，神宗又諭王與珪等相見，復分班，再拜稱謝。是冬，諭輔臣曰：「明年建儲，以司馬光、呂公著爲師保。」神宗彌留，后敕中人梁惟簡曰：「今汝歸，製一黃袍，十歲兒可衣者，密懷以來。」蓋爲上倉卒踐阼之備。神宗太母所以屬意于上者，確然先定，無纖芥疑。邢恕，傾危士也，少遊光、公著門。蔡確得師保語，求所以結二公者，而深交恕，要后姪光州團練使公繪等，二人辭不往。明日，又遣人招置東府，確曰：「宜往見邢舍人。」恕曰：「家有桃著白華，可愈人主疾，其說出道藏，幸枉一觀。」入中庭，紅桃華也，驚曰：「白華安在？」恕執二人手曰：「右相令布腹心。上疾未損，延安幼沖，宜早定議，岐、嘉皆賢王也。」公繪等懼曰：「君欲禍我家！」徑去。已而恕反謂后與王珪爲表裏，欲捨延安而立其子顥，賴己及惇、確得無變。確使山陵，韓縝簾前具陳恕等所以語太后者，使還之日，暴其姦，再貶知隨州，尋竄新州。劉摯拜左僕射，恕坐黨與，謫監永州酒稅。新錄載建儲事具此。確貶新州，恕謫永州，皆元祐四年五月事。摯拜左僕射，乃六年二月事，不知新錄何故相連書之。恕除起居舍人在元豐八年七月二十四日；方神宗寢病時，恕但爲職方員外郎。公繪、公紀遷團練使，在哲宗即位後，此時但爲刺史耳。新錄稍似牴牾，今改之。趙子崧云：余既書元豐末命，紹興二年四月避地潯江，偶司諫韓璜叔夏謫監潯州鹽稅，暇日語及，因借得其父文若記莊敏丞相作樞密長時，神宗服藥日久，韓一日語張璪曰：「上服藥日久，建儲如何？」璪曰：「子厚多言，試說與看。」韓乃語章惇。惇曰：「此議甚好。」二相亦以爲然，約集議于密院南廳，屏人，留筆硯一副，紙數副。就坐久之，皆無語。韓覘王珪曰：「今日之議，立延安郡王爲太子。延安郡王去年上巳侍宴，出見羣臣，又有旨四月一日出閣，此事何故都無一言？」珪云：「諸公之議，亦珪之議也。別有何疑？」張璪推筆硯紙與章惇，令於紙上寫「立延安郡王爲皇太子。」來日至寢門，召內臣張茂則云：「今日奏事，欲立延安郡王爲皇太子。」茂則令於御榻前設案，珪將所書紙鋪案上，奏欲立延安郡王爲皇太子。時神宗風眩，不能語，但慘怛久之。衆皆久立，未敢復言。時太妃亦在帳中露半面，國婆婆抱上坐。頃之，再奏，國婆婆云：「聖意已允。」王珪問茂則：「太后在甚處？」太后自云：「在此中。」茂則令內臣張簾，太后在簾下云：「相公等立得這孩兒便好。這孩兒直是孝，自官家服藥，只是吃素、寫經。簾內出經兩卷，一卷延壽經，一卷消災經，逐卷後題云：「延安郡王臣某奉爲皇帝服藥日久，寫某經卷，願早康復。」自簾內宫人抱出哲廟，哲廟裹帽子，著衫帶，立於簾外，諸公環侍久之，無他語，遂宣制施行。後神宗上仙，宣遺制，立皇太子，內外欣戴，初無異聞。已上韓氏手錄，不敢增損一字。按子崧所書，與伯溫辨誣所載並同。

乙未，赦天下，遣官告於天地、宗廟、社稷、諸陵。

丁酉，皇太后命吏部尚書曾孝寬爲册立皇太子禮儀使。

戊戌，帝崩于福寧殿，年三十有八。宰臣王珪讀遺制：「皇太子卽皇帝位。尊皇太后爲太皇太后，皇后爲皇太后，德妃朱氏爲皇太妃。應軍國事，並太皇太后權同處分，依章獻明肅皇后故事。」

帝天性孝友，其入事兩宮，侍立終日，雖寒暑不變；親愛二弟，無纖豪之間，終帝之世，乃出居外第。總攬萬幾，小大必親。御殿決事，或日昃不暇食，侍臣有以爲言者，帝曰：「朕享天下之奉，非喜勞惡逸，誠欲以此勤報之耳。」謙沖務實，終身不受尊號。

時承平日久，事多舒緩，帝厲精圖治，欲一振其弊，又以祖宗志吞幽薊、靈武而數敗兵，奮然將雪數世之恥，王安石遂以富強之謀進，而青苗、保甲、均輸、市易、水利諸法，一時並興，天下騷然，痛哭流涕者接踵而至。帝終不覺悟，方廢逐元老，擯斥諫士，行之不疑，祖宗之良法美意，變壞幾盡，馴至靖康之禍。

10 己亥，赦天下常赦所不原者。

11 遣使告哀於遼。

12 白虹貫日。

13 庚子，命宰臣王珪爲山陵使。

14 甲寅，以羣臣固請，始同太皇太后聽政。帝甫十歲，臨朝莊嚴，左右僕御，莫敢窺其喜慍。

15 己未，賜叔雍王顥、曹王頵贊拜不名；令中外避太皇太后父遵甫名。

16詔：「邊事稍重者，樞密院與三省同議以進。」

17庚申，進封尚書左僕射郇國公王珪爲岐國公。雍王顥爲揚王，曹王頵爲荆王，並加太保。進封弟寧國公佶爲遂寧郡王，儀國公佖爲大寧郡王，成國公俁爲咸寧郡王，和國公似爲普寧郡王。以高密郡王宗晟、漢東郡王宗瑗、華原郡王宗愈、安康郡王宗隱、建安郡王宗綽並爲開府議同三司。太師潞國公文彥博爲（校者按：太師以下九字衍。）司徒濟陽郡王曹佾爲太保，特進王安石爲司空，餘進秩有差。

祕書省正字范祖禹上疏論喪服之制曰：「先王制禮，君服同於父，皆斬衰三年。蓋恐爲人臣者不以父事其君，此所以管乎人情也。自漢以來，不惟人臣無服，而人君遂不爲三年之喪。惟國朝自祖宗以來，外廷雖用易月之制，而宮中實行三年之服。且易月之制所以難改者，以人君自不爲服也。今君服已如古典，而臣下猶依漢制，是以大行在殯，百官有司皆已復其故常，容貌衣服，無異於行路之人。豈人之性如此其薄哉？由上不爲之制禮也。今羣臣雖易月而人主實行喪，故十二日而小祥，期而又小祥；二十四日而大祥，再期而又大祥。小祥、大祥不可以有二也，既以日爲之，又以月爲之，此禮之無據者也。古者再期而大祥，中月而禫。禫者，祭之名，非服之色也；今乃爲之慘服三日然後禫，此禮之不經者也。既除服，至葬而又服之，祔廟後即吉，纔八月而遽純吉，無所不佩，此又禮之無漸者也。

易月之制，因襲已久，不可復追。宜令羣臣朝服正如今日而未除衰，至期而服之，漸除其重者，再期而又服之，乃釋衰，其餘則君服斯服可也。至于禫，不必爲之服，惟未純吉，以至于祥，然後無所不佩。則三年之制，略如古矣。」詔禮官詳議。禮部尙書韓忠彥等言：「朝廷典禮，時世異宜，不必循古。且先王䘏典，節文甚多，必欲循古，又非特如所言而已。今既不能盡用，則當循祖宗故事及先帝遺制。」詔從其議。

18司馬光入臨，衞士見光，皆以手加額曰：「此司馬相公也！」所至民遮道聚觀，馬既不得行，曰：「公無歸洛，留相天子，活百姓。」光懼，會放辭謝，遂徑歸洛。

太皇太后聞之，詰問主者，遣內侍梁惟簡勞光，問所當先者。光乃上疏曰：「近歲士大夫以言爲諱，閭閻愁苦於下而上不知，明主憂勤於上而下無所訴，此罪在羣臣，而愚民無知，歸怨先帝。臣愚以爲今日所宜先者，莫若明下詔書，廣開言路，不以有官無官，凡知朝政闕失及民間疾苦者，並許進實封狀，盡情極言。仍頒下諸路州軍，出榜曉示，在京則於鼓院投下，委主判官晝時進入；在外則於州軍投下，委長吏卽日附遞奏聞；皆不得責取副本，強有抑退。羣臣若有沮難者，其人必有姦惡，畏人指陳，專欲壅蔽聰明，此不可不察。」從之。

19夏，四月，丙寅，初御紫宸殿。

20 辛未，詔寬保甲、養馬，蠲元豐六年以前逋賦。

21 壬申，罷免役錢。（校者按：此條誤，應刪。）

22 甲戌，詔曰：「先皇帝臨御十有九年，建立政事以澤天下；而有司奉行失當，幾於繁擾，或苟且文具，不能布宣實惠。其申諭中外，協心奉令，以稱先帝惠安元元之意。」

23 乙亥，詔以太皇太后生日爲坤成節。

24 丁丑，諭樞密、中書通議事都堂。

25 以資政殿大學士呂公著兼侍讀。公著時知揚州，特召用之，遵先帝意也。

26 以資政殿學士司馬光知陳州。

27 庚辰，知太原府呂惠卿遣步騎二萬襲夏人於聚星泊，斬首六百級。

28 辛巳，遣使以先帝遺留物遺遼，及告卽位。

29 以職方員外郎邢恕爲右司員外郎。蔡確欲因恕以結司馬光、呂公著，故驟遷都司。

30 （乙酉）：樞密院言：「府界三路保甲，兩丁之家止有病丁并田不及二十畝者，聽自陳，提舉司審驗與放免。」從之。

31 丁亥，復蠲舊年逋賦。

32 辛卯，遼主西幸。

33 五月，乙未，詔百官言朝政闕失，榜於朝堂。時大臣有不欲者，于詔語中設六事以禁切言者曰：「若陰有所懷，犯其非分，或扇搖機事之重，或迎合已行之令，上則顧望朝廷之意以僥倖希進，下則眩惑流俗之情以干取虛譽，若此者，必罰無赦。」

34 詔知陳州司馬光過闕入見。先是光上疏言：「諫爭之臣，人主之耳目也。太府少卿宋彭年，言在京不可不並置三衙管軍臣僚。水部員外郎王鄂，乞依令保馬元立條限，均定逐年合買之數；又乞令太學增置春秋博士。朝廷以非其本職而言，各罰銅三十斤。陛下臨政之初，而二臣首以言事獲罪，臣恐中外聞之，忠臣解體，直士挫氣，太平之功尚未可期也。」於是令光過闕入見，使者勞問，相望於道。

35 丁酉，羣臣請以十二月八日爲興龍節。帝本以七日生，避僖祖忌辰，故移其節於次日。

【考異】宋史哲宗紀云：以十二月七日爲興龍節，蓋據帝生日而言，不知因避忌日改期也。今從長編。

36 戊戌，詔蘇軾復朝奉郎、知登州。

37 己亥，詔呂公著乘傳赴闕。

38 庚子，以程顥爲宗正寺丞。

39 壬寅，城熙、蘭、通遠軍，賜李憲、趙濟銀帛有差。

40甲辰，作受命寶。

41丙午，京師地震，起酉時，即止。

42復置遼州。

43詔：「開封府界三路弓兵，並依保甲未行以前復置。」

44庚戌，尚書左僕射兼門下侍郎岐國公王珪卒。贈太師，諡文恭。禮部言當舉哀成服，詔以大行在殯，罷之。

珪自執政至宰相凡十六年，無所建明，時號「三旨宰相」，以其上殿進呈云「取聖旨」，上可否訖云「領聖旨」，既退諭稟事者云「已得聖旨」故也。又與蔡確比以沮司馬光，而興西師之役爲淸議所抑。

45改命蔡確爲山陵使。

46丙辰，賜禮部奏名進士焦蹈等及諸科及第、出身、同出身四百六十一人。

47太皇太后驛召司馬光、呂公著，未至，遣中使迎勞，手書問今日設施所宜先。未及條上，已散遣修京城役夫，減皇城邏卒，止禁庭工技，出近侍尤無狀者，戒中外無苛斂，寬民間保戶馬，罷所買物貨場。事由中旨，王珪等弗預知也。從父遵裕坐西征失律抵罪，蔡確欲獻諛以固位，乞復其官，后曰：「遵裕靈武之役，塗炭百萬。先帝中夜得報，起環榻行，徹旦不能寐，自是驚悸，馴致大故，禍由遵裕，得免刑誅幸矣；先帝肉未冷，吾何敢顧私恩而違天下公議乎！」確悚慄而退。

48 戊午，以尚書右僕射兼中書侍郎蔡確爲尚書左僕射兼門下侍郎，知樞密院事韓縝爲尚書右僕射兼中書侍郎，門下侍郎章惇知樞密院，資政殿學士司馬光爲門下侍郎。

初，光以知陳州過闕，入見，太皇太后遣中使以五月五日詔書示光。光言：「詔書始末之言，固已盡善；中間逆以六事防之，臣以爲人惟不言，言則入六事矣。或於羣臣有所褒貶，則謂之陰有所懷；本職之外微有所涉，則謂之犯非其分；陳國家安危大計，則謂之扇搖機事之重；或與朝旨暗合，則謂之迎合已行之令；言新法不便當改，則謂之觀望朝廷之意；言民間愁苦可憫，則謂之眩惑流俗之情。然則天下之事，無復可言者，是詔書始於求諫而終於拒諫也。乞删去中間一節，使人盡所懷，不憂黜罰，則中外之事，遠近之情，如指諸掌矣。」

至是拜門下侍郎。光辭，二劄並進。其一請釐革新法曰：「先帝厲精求治以致太平，不幸所委之人不足以仰副聖志，多以己意輕改舊章，謂之新法。其人意所欲爲，人主不能奪，天下莫能移。搢紳士大夫望風承流，競獻策畫，作青苗、免役、市易、賒貸等法。又有邊鄙之臣，行險僥倖，輕動干戈，深入敵境，使兵夫數十萬暴骸於曠野。又有生事之臣，建議置保甲、戶馬以資武備，變茶鹽、鐵冶等法，增家業侵街商稅錢以供軍需，非先帝之本志也。先帝升遐，臣奔喪至京，乃蒙太皇太后陛下特降中使，訪以得失。顧天下事務至多，但乞下詔，使吏民得實封上言，庶幾民間疾苦無不聞達。既而聞有旨罷修城役夫，撤巡邏之卒，止御前造作，京城之民已自歡躍。及臣歸西京之後，繼聞斥退近習之無狀者，戒飭有司奉法失當過爲繁擾者，罷物貨場及所養戶馬，又寬保馬年限，四方之人，無不鼓舞聖德。凡臣所欲言者，陛下略以行之。然尚有病民傷國有害無益者，如保甲、免役錢、將官三事，皆當今之急務，釐革所宜先者，別狀奏聞，伏望早賜施行。」

時方遣中使召光受告，光復辭。太皇太后賜以手詔曰：「先帝新棄天下，天子幼沖，此何時，而君辭位邪？」且使梁惟簡宣旨曰：「早來所奏，備悉卿意。再降詔開言路，俟卿供職施行。」光由是不敢復辭。

時民日夜引領以觀新政，而議者猶以爲三年無改於父之道，光慨然爭之曰：「先帝之法，其善者雖百世不可變也。若王安石、呂惠卿等所建，爲天下害，非先帝本意者，改之當如救焚拯溺，猶恐不及。昔漢文帝除肉刑，斬右趾者棄市，笞五百者多死，景帝元年即改之。武帝作鹽鐵、榷酤、均輸算法，昭帝罷之。唐代宗縱宦官求賂遺，置客省，拘滯四方之人，德宗立未三月罷之。德宗晚年爲宮市，五坊小兒暴横，鹽鐵月進羨餘，順帝即位罷之。

當時悅服，後世稱頌，未有或非之者也。況太皇太后以母改子，非子改父乎！」於是衆議乃息。

49 六月，丙寅，罷府界三路保甲不許投軍及充弓箭手指揮。

50 戊辰，遼主駐拖古烈。

51 庚午，賜楚州孝子徐積絹米。積三歲父歿，每旦，哭甚哀。母使讀孝經，輒流涕。事母盡孝，朝夕冠帶定省。年四十，不婚不仕。不婚者，恐異姓不能盡心於母也；不仕者，恐一日去其親也。鄉人勉之就舉，遂偕母之京師。既登第，未調官而母亡，遂不復仕。監司上其行，以爲郡教授。久之，致仕，歸山陽。積嘗語蘇軾曰：「自古皆有功，獨稱大禹之功，自古皆有才，獨稱周公之才，以其有德以將之故爾。」軾然其言。

52 遼主念蕭烏納舊作兀納，今改。之忠，欲使尙越國公主。公主，遼主第三女，先下嫁蕭酬斡〔斡〕，時酬斡〔斡〕以罪離婚，故欲使烏納尙之，烏納固辭。壬申，改王績爲南府宰相，卽命烏納兼知南院樞密使事。【考異】遼史本紀作蕭托卜嘉。據列傳，蕭烏納一名托卜嘉，實一人也。今從列傳。托卜嘉，舊作撻不也，今改。

53 丙子，以資政殿學士韓維知陳州。維初赴臨闕庭，太皇太后降手詔勞問。維奏：「治天下之道，不必過求高遠，在審人情而已。識人情不難，以己之心推人之情可見矣。人情貧則思富，苦則思樂，勞困則思息，鬱塞則思通。陛下誠能常以利民爲本，則人富矣；常以愛民爲心，則人樂矣；役事之有妨農務者去之，則勞困息矣；法禁之無益治道者蠲之，則鬱塞通矣。」又奏：「臣嘗請陛下深察盜賊之原，罷非業之令，寬訓練之程，蓋爲保甲、保馬發也。臣非謂國馬遂不可養，但官置監牧可矣；非謂兵民遂不可教，但於農隙一時訓練可矣。」至是，起知陳州，未行，召兼侍讀，加大學士。

54 丁丑，宗正寺丞程顥卒。【考異】薛、王二鑑皆載顥言：「新法之行，乃吾黨激成之，自愧當時不能以誠感上心，致成今日之禍，豈可獨罪安石也！」按安石創行新法，顥既以異議而罷言職，於出處之際，得其當矣。安石之執拗，豈口舌所能回！神宗之偏聽，豈誠意所能格！乃不深咎安石，轉謂異議者激成之，譬之其兄關弓而射人，乃謂其弟之垂涕泣而道者激成之，此豈近於人情乎！蓋當時傅會紹述者，託爲顥說以譏司馬光、呂公著等，其言未足深信。宋史本傳不載此語，今亦不取。

顥十五六時，與弟頤聞周惇頤論學，遂厭科舉，慨然有求道之志，泛濫於諸家，出入於釋、老者幾十年，反求諸六經而後得之。其言曰：「道之不明，異端害之也。昔之害近而易知，今之害深而難辨；昔之惑人也乘其迷暗，今之惑人也因其高明。是皆正路之榛蕪，聖門之蔽塞，闢之而後可以入道。」顥卒，文彥博表其墓曰「明道先生」。弟頤序之曰：「孟軻死，聖人之學不傳，先生生于千四百年之後，得不傳之學於遺經，自孟子之後，一人而已。」

55(戊寅)，以奉議郎、知安喜縣事清平王巖叟爲監察御史。初，神宗詔近臣舉御史，舉者意屬巖叟而未及識。或謂可一往見，巖叟笑曰：「是所謂呈身御史也。」卒不見。至是，用劉摯薦入臺。

56癸未，呂公著入見，太皇太后遣中使賜食。公著上奏十事：一曰畏天，二曰愛民，三曰修身，四曰講學，五曰任賢，六曰納諫，七曰薄斂，八曰省刑，九曰去奢，十曰無逸。又上奏言：「先帝新定官制，設諫議大夫、司諫、正言，員數甚備。宜選骨骾敢言之士，徧置左右，使職諫爭。又，御史之官，號爲天子耳目，而比年以來，專舉六察故事。伏乞盡罷察按，止置言事御史四人或六人。仍詔諫官、御史並須直言無諱，規主上之過失，舉時政之紕繆，指羣臣之姦黨，陳下民之疾苦。」

57詔：「戶部拘催市易息錢準赦除放外，其本錢特與展限三年。」

58丁亥，詔曰：「朕初攬庶政，鬱于大道，夙夜祗畏，懼無以章先帝之休烈而安輯天下之民。永惟古之王者，御治之始，必明目達聰以防壅蔽。詩不云乎，『訪予落止』。此成王所以求助而羣臣所以進戒，上下交儆，以遂文、武之功，朕甚慕焉。應中外臣僚及民庶，並許實封直言朝政闕失，民間疾苦，在京於登聞鼓、檢院投進，在外於所屬州軍驛以置聞，朕將親覽，以考求其中而施之。」司馬光凡三奏乞改前詔，於是始用其言也。

59 呂公著既上十事，太皇太后遣中使諭公著曰：「覽卿所奏，深有開益。當此拯民疾苦，更張何者爲先？」庚寅，公著復上奏曰：「自王安石秉政，變易舊法，羣臣有論其非便者，指以爲沮壞法度，必加廢斥。是以青苗、免稅之法行而取民之財盡，保甲、保馬之法行而用民之力竭，市易、茶鹽之法行而奪民之利悉，若此之類甚衆。更張須有術，不在倉卒。且如青苗之法，但罷逐年比校，則官司既不邀功，百姓自免抑勒之患。免役之法，當少取寬剩之數，度其差雇所宜，無令下戶虛有輸納。保甲之法，止令就冬月農隙教習，仍委本路監司提按，既不至妨農害民，則衆庶稍得安業。至於保馬之法，先朝已知有司奉行之繆；市易之法，先帝尤覺其有害而無利；及福建、江南等路配賣茶鹽過多，彼方之民殆不聊生，恐當一切罷去，而南方鹽法，三路保甲，尤宜先革者也。陛下必欲更修庶政，使不驚物聽而實利及民，莫若任人爲急。」又上奏言：「孫覺方正有學識，可以充諫議大夫。范純仁剛勁有風力，可以充諫議大夫或戶部右曹侍郎。李常清直有守，可備御史中丞。劉摯資性端厚，可充侍御史。蘇軾、王巖叟並有才氣，可充諫官或言事御史。」

太皇太后封公著劄子付司馬光：「詳所陳更張利害，直書以聞。」光奏：「公著所陳與臣言正相符合。惟保甲一事，既知其爲害於民，無益于國家，當一切廢罷，更安用教習！」

光又奏言：「陛下推心於臣，俾擇多士。竊見劉摯公忠剛正，始終不變；趙彥若博學有父風，內行修飭；傅堯俞清立安恬，滯淹歲久；范純仁臨事明敏，不畏強禦；唐淑問行己有恥，難進易退；范祖禹溫良端厚，修身無缺。此六人者，皆素所熟知，若使之或處臺諫，或侍講讀，必有裨益。餘如呂大防、王存、李常、孫覺、胡宗愈、韓宗道、梁燾、趙君錫、王巖叟、晏知止、范純禮、蘇軾、蘇轍、朱光庭，或以行義，或以文學，皆爲衆所推，伏望陛下紀其名姓，各隨器能，臨時任使。至文彥博、呂公著、馮京、孫固、韓維等，皆國之老成，可以倚信，亦令各舉所知，庶幾可以參考異同，無所遺逸。」【考異】李燾云：此奏得之雜錄，不著姓名，推究本末，蓋司馬光也。

60 知慶州范純仁言：「郡邑之弊，守令知之；一路之弊，監司知之；茶鹽、利局、民兵、刑法、差役之弊，提其局及受其寄者知之；軍政之弊，三帥與將領者知之；邊防之弊，守邊者知之。伏望特下明詔，各使條陳本職，限一月內聞奏。亦可因其所陳，略知其人之才識，然後審擇而行之。」

61 秋，七月，甲午，詔諸鎮寨市易抵當並罷。

62 戊戌，以資政殿大學士兼侍讀呂公著爲尙書左丞。

公著言：「國朝之制，每便殿奏事，止中書、樞密院兩班。昨先帝修定官制，中書、門下、尙書省各爲一班，雖有三省，同上進呈者，蓋亦鮮矣。執政之臣，皆是朝廷遴選，正當一心同力，集衆人之智，以輔維新之政。」遂詔應三省合取旨事及臺諫章奏，並同進呈施行。

63詔：「府界三路保甲，自來年正月以後，並罷團教，仍依義勇舊法，每歲農隙赴縣，敎閱一月。」

64甲辰，司馬光乞盡罷諸處保甲，保正長使歸農。依舊置耆長、壯丁，巡捕盜賊；戶長催督稅賦。其所養保馬，揀擇句狀，太僕寺量給價錢，分配兩騏驥院。蔡確等執奏不行。詔：「保甲依樞密院今月六日指揮，保馬別議立法。」

65時臣僚民庶應詔言新法不便者數千人。司馬光奏：「乞降付三省，委執政看詳，擇其可取者用黃紙簽出再進，或留置左右，或降付有司施行。」從之。

66丙午，遼遣使來弔祭。

67丙辰，吏部侍郎熊本奏歸化儂智會異同，坐罰金。罷沅州增修堡砦。（校者按：「罷沅州增修堡砦」應移「考異」後，另作一條。）【考異】東都事略熊本傳：本爲吏部侍郎，以疾乞外，知洪州。言者譏本棄八洏爲失謀，奪一官，徙知杭州。宋史熊本傳同，皆不言儂智會事，蠻夷傳廣源州下亦不載，今據宋史哲宗紀及長編。

68戊午，遼主獵於赤山。

69八月，乙丑，詔：「按察官所至，有才能顯著者，以名聞。」

70丁卯，遼主如慶州；戊辰，謁慶陵。

71癸未，諫議大夫孫覺言：「乞依天禧元年手詔，言事左右諫議大夫、左右捕闕、拾遺，凡發令舉事，有不便于時，不合于道，大則廷議，小則上封。若賢良之遺滯于下，忠孝之不聞於上，則條其事狀而薦言之。」詔依此申明行下。

72（丁亥），詔：「府界新置牧馬監並提舉經度制置牧馬司並罷。」

73己丑，司馬光言：「近降農民訴疾苦實封狀王嚞等一百五十道，除所訴重複外，俱以簽帖進入。竊惟農蠶者，天下衣食之源，人之所以仰生也，是以聖王重之。竊聞太宗嘗遊金明池，召田婦數十人於殿上，賜席坐，問以民間疾苦，勞之以帛。太宗興於側微，民間事固無不知，所以然者，恐富貴而忘之故也。眞宗乳母秦國夫人劉氏，本農家也，喜言農家之事，眞宗自幼聞之；及踐大位，咸平、景德之治，爲有宋隆平之極；景德農田敕，至今稱爲精當。自非大開言路，使畎畝之民皆得上封事，則此曹疾苦，何由有萬分之一得達于天聽哉！」

初，熙寧六年立法，勸民栽桑，有不趨令，則倣屋粟、里布爲之罰。至是楚丘民胡昌等言其不便，詔罷之，且蠲所負罰金。興平縣抑民田爲牧地，民亦自言，詔悉還之。

74九月，（乙未，罷免行錢。）

戊戌，上大行皇帝謚曰英文烈武聖孝皇帝，廟號神宗。

75 己酉，以祕書少監劉摯爲侍御史。

摯上疏曰：「伏見諫官止有大夫一員，御史臺自中丞、侍御史、兩殿中，法得言事外，監察御史六員，專以察治官司公事。欲望聖慈於諫院增置諫官員數，本臺六察御史並許言事，其所領察按自不廢如故。所貴共盡忠力，交輔聖政。」

76 召朝奉郎、知登州蘇軾爲禮部郎中。

77 戊午，監察御史王巖叟上疏曰：「今民之大害，不過三五事，如青苗實困民之本，須盡罷之；而近日指揮，但令減寬剩而已。保甲之害，蓋由提舉一司上下官吏逼之使然，而近日指揮，雖止令冬敎，然官司尙存。此皆姦邪遂非飾過，將至深之弊略示更張，以應陛下聖意。願令講究而力除之。」

78 冬，十月，癸亥，遼主如好草淀。

79 甲子，夏國遣使進助山陵馬。

80 癸酉，詔：「倣唐六典置諫官，其具所置員以聞。」從劉摯之言也。

81 丁丑，詔：「尙書、侍郎、給、舍、諫議、中丞、待制以上，各舉堪充諫官二人以聞。」

初，中旨除范純仁爲左諫議大夫，唐淑問爲左司諫，朱光庭爲左正言，蘇轍爲右司諫，范祖禹爲右正言，令三省、樞密院同進呈。太皇太后問：「此五人何如？」章惇曰：「故事，諫官皆令兩制以上奏舉，然後宰執進擬。今除目由中出，臣不知陛下從何知之，得非左右所薦？此門不可浸啓。」太皇太后曰：「皆大臣所薦，非左右也。」惇曰：「大臣當明揚，何以密薦？」由是呂公著以范祖禹，韓縝、司馬光以范純仁親嫌爲言。惇曰：「臺諫所以糾繩執政之不法。故事，執政初除，親戚及所舉之人見爲臺諫者皆徙他官。今當循故事，不可違祖宗法。」光曰：「純仁、祖禹作諫官，誠協衆望，不可以臣故妨賢者路，臣寧避位。」惇曰：「縝、光、公著必不至有私，萬一他日有姦臣執政，援此爲例。」純仁、祖禹請除他官，仍令兩制以上各得奏舉。」故有是詔。淑問、光庭、轍除命皆如故；改純仁爲天章閣待制，祖禹爲著作佐郎。

82 詔：「監察御史兼言事，殿中侍御史兼察事。」用呂公著及劉摯言也。

83 詔：「罷義倉，其已納數，遇歉歲以充賑濟。」

84 己卯，詔：「均寬民力。有司或致廢格者，監司、御史糾劾之。」

85 河決大名小張口，河北諸郡皆被水災。知澶州王令圖建議濬迎陽埽舊河，又發孫村金隄置約，復故道。轉運使范子奇仍請于大吳北岸修進鋸牙，擗約河勢。于是回河東流之議起。

86侍御史劉摯言：「州縣之政，廢舉得失，其責在監司。宜稍復祖宗故事，于三路各置都轉運使，用兩制臣僚充職以重其任。自餘諸路，亦望推擇資任較高、練達民情、識治體、近中道之人，使忠厚安民而不失之寬弛，敏給應務而不失之淺薄。」

87癸未，以龍圖閣待制趙彥若兼侍讀，朝請郎傅堯俞兼侍講。先是劉摯言：「皇帝陛下春秋鼎盛，左右前後宜正人與居。伏見兼侍講陸佃、蔡卞，皆新進少年，欲望於兩制以上別選通經術、有行義、忠信孝悌、淳茂老成之人，以充其任。」於是佃、卞皆罷，以彥若、堯俞代之。

88甲申，遼以蕭烏納爲南院樞密使。烏納奏請掾史宜以歲月遷敍，從之。

89乙酉，葬神宗英文烈武聖孝皇帝于永裕陵。

90丙戌，詔罷方田。

91丁亥，以夏國主母喪，遣使弔祭。

92詔：「提舉府界三路保甲官並罷，令逐路提刑及府界提點司兼領。」

93己丑，王巖叟言：「風聞章惇于簾前問陛下御批除諫官事，語涉輕侮，又問陛下從何而知，是不欲威權在人主也，乞行顯黜。」劉摯言：「神宗皇帝靈駕進發，準敕，前一日五夜，三省執政官宿于幕次。宰臣蔡確獨不入宿，慢廢典禮，有不恭之心。」奏入，皆不報。左正言朱光庭言：「蔡確先帝簡拔，位至宰相，靈駕發引，輒先馳去數十里之遠以自便，爲臣不恭，莫大于此。」又言章惇欺罔肆辯，韓縝挾邪冒寵，章數上，其言甚切。

94 十一月，癸巳，詔：「按問強盜欲舉自首者毋減。」

95 遼耶律儼爲景州刺史，繩胥徒，禁豪猾，撫老䘏貧，未數月，善政流播，郡人刻石頌德。儼，仲禧之子也。

96 乙未，遼主詔曰：「比者外官因譽進秩，久而不調，民被其害。今後皆以資級遷轉。」

97 丁酉，祧翼祖，祔神宗主于太廟第八室，廟樂曰大明之舞。

98 以主管西京御史臺鮮于侁爲京東轉運使。司馬光語人曰：「今復以子駿爲轉運使，誠非所宜。然朝廷欲救東土之弊，非子駿不可。此一路福星也，可以爲轉運使模範矣，安得百子駿布在天下乎！」【考異】按侁前後兩爲京東轉運使，撰通鑑者或以光此語竄入元豐二年，今據宋史鮮于傳改正。子駿，侁字也。侁自奏罷萊蕪、利國兩監鐵冶，又乞海鹽依河北通商，民大悅。

99 辛丑，減兩京、河陽囚罪一等，杖以下釋之；民緣山陵役者蠲其賦。

100 己酉，遼遣使來賀卽位。

101 辛亥，遼史臣進太祖以下七帝實錄。先是耶律盂〔孟〕簡自保州放還，上表於遼主曰：

「本朝之興，幾二百年，宜有國史以垂後世。」遼主乃命置局編修。盂〔孟〕簡謂同官曰：「史筆天下之大信，一言當否，百世從之。苟無明識，好惡徇情，則禍不測；故左氏、司馬遷、班固、范蔚宗，俱罹殃禍，可不愼歟！」

102 丙辰，遼遣使高麗，册封三韓國公王勳之子運爲高麗國王。

103 丁巳，以鄉貢進士程頤爲汝州團練推官、充西京國子監教授，用司馬光、呂公著、韓絳之薦也。

104 己未，遼禁僧尼不得無故赴闕。

105 十二月，壬戌，詔：「今月十五日開經筵，講論語，讀三朝寶訓，講讀官日赴資善堂，以雙日講讀，仍輪一員宿直。初講及更旬，宰相執政並赴。」

106 罷太學保任同罪法。

107 于闐進獅子，詔卻之。

108 丙寅，劉摯言：「宰臣蔡確山陵使回，必須引咎自劾；而確不顧廉隅，恐失爵位，無故自留。伏望早發睿斷，罷確政事，以明國憲。」

109 詔：「府界三路保甲第五等兩丁之家免冬教。」從王巖叟請也。

110 夏人以其母遺留物、馬、白駝來獻。

111 甲戌，罷後苑西作院。

112 以天章閣待制范純仁、中書舍人王震並爲給事中。王巖叟言震出使無廉介之譽，立朝無端亮之稱；封駁之任，非震所當處。尋命震出守。

113 初，蔡確與章惇、邢恕等共謀誣罔太皇太后，自謂有定策功，韓縝素懷不平。及確爲山陵使，縝乃于簾前具陳確等姦狀，由是內朝與外廷備知之。劉摯言：「昨者確等覃恩轉官，學士草確制，有云『獨高定策之功』，命下之日，識者皆知其過，而確乃偃然受之。又，確與章惇固結朋黨，自陛下進用司馬光、呂公著以來，意不以爲便，故確內則陽爲和同，而陰使惇外肆強悍，陵侮沮害。中外以爲確與惇不罷，則善良無由自立，天下終不得被仁厚之澤。」

114 乙亥，帝初御邇英閣，講論語。

115 丙子，朱光庭奏言：「蔡確、章惇、韓縝，宜令解機務；司馬光、范純仁，宜進之宰輔；韓維宜置之宥密。退三姦於外以清百辟，進三賢于內以贊萬幾，太平之風，自茲始矣。」

116 戊寅，罷增置鑄錢監十有四。

117 遼牛溫舒知三司使，國民兼足。遼主以爲能，加戶部侍郎。

續資治通鑑卷第七十九

賜進士及第兵部尚書兼都察院右都御史總督湖北湖南等處地方軍務兼理糧餉世襲二等輕車都尉畢沅編集

宋紀七十九 起柔兆攝提格（丙寅）正月，盡六月，凡六月。

哲宗憲元繼道顯德定功欽文睿武齊聖昭孝皇帝

諱煦，神宗第六子，母曰欽聖皇后朱氏。熙寧九年，十二月，七日己丑，生於宮中，赤光照室。初名傭，授檢校太尉、天平軍節度使，封均國公；元豐五年，遷開府儀同三司，進封延平郡王。八年，二月，神宗寢疾，宰相王珪乞早建儲，為宗廟社稷計，又奏請皇太后權同聽政，神宗首肯，遂奉制立為皇太子。

元祐元年 遼太安二年。（丙寅、一〇八六）

1 春，正月，庚寅朔，詔改元。

2 辛卯，遼主如混同江。

3 承議郎、守起居舍人邢恕，嘗教高公繪上書，乞尊禮朱太妃，為高氏異日之福。太皇太后呼公繪問曰：「汝不識字，誰為汝作此書？」公繪不敢諱。言者又論恕游歷權貴，不自檢愼。甲午，謫恕，以本官權發遣隨州。時恕已除中書舍人，於是罷其新命，並黜之於外。

【考異】李燾曰：恕敎公繪上書，據邵伯溫辯誣。邢恕之孫繹作其祖父言行錄云：欽成皇后爲皇太妃，自山陵回，御藥吳靖方窺伺宣仁意旨，以太妃過失爲獻，謂隨靈駕曾發笑。韓絳以故相留守西京，親至境上迎迓，引見皇太妃，納拜，殊不爲禮，亦無慰勞之言。公聞之，朝路與宣仁猶子公繪相遇，因及此。公曰：「太妃昔則先帝之妃，今乃主上之母，小人間議〔諜〕，漸不可長。」公繪髮然，遂密奏疏，以爲宜加尊禮，仍引〔書〕語切直過當，不止如公所言。宣仁覽之，詰公繪太計〔忤〕，知公繪與公素厚，直遣人詰曰：「誰敎汝爲之，莫是邢某與汝做來？若不實諾〔說〕，即根治！」公繪迫急，即吐實云：「入疏時，邢某不知，臣自爲之。然邢某之意亦如此。」韓縝微聞之，因而媒孽，無所不至。劉拯，縝客也，乃入札言公闕與政事，交游執政。遂以爲名，罷中書舍人，以本官知隨州。溫公即有簡與公曰：「和叔此行，出於意外。光居政府，不能爲和叔別白，負愧誠深。蓋以中京〔旨〕有交游執政之言，恐益爲和叔累故也。」其後明堂前兩月，溫公檢叔〔公〕被責一宗文字，欲將上辨白。諸公勸之，以爲不至〔若〕待至赦後，而赦前兩日溫公薨矣。時呂公亦在政府，與溫公意合。而林希素忌公，其弟旦方爲言官。初，旦事溫公，欲爲省郎，未及白用，希薦於韓，乃爲工部員外郎，遂除殿中侍御史，恐公遂還朝，乃於赦後未聞〔開〕假日，入疏論公曰：「呂公著素與邢某厚善，今來既經明堂，公著必須復引邢某還朝，乞未得令還。」自是中公避嫌不復敢言。然希、旦亦不爲公論所容，未幾，兄弟相繼逐去。時中公方盛，且既犯中公，衆論不與，非特爲公也。繹所載如此，蓋多妄言，今不取。

4甲辰，王巖叟奏：「自冬不雪，今涉春矣，旱暵爲災，變異甚大。陛下於天下之大害，朝中之大姦，已悟而復疑，將斷而又止。大害莫如青苗、免役之法，陰困生民，茶鹽之法，流毒數路。大姦莫如蔡確之陰邪險刻，章惇之讒欺狠戾，陛下乃容而留之，此天心之所以未祐也。」

5 丁未，以集賢校理黃廉爲戶部郎中。先是廉提舉河東路保甲凡六年，司馬光閒居，往來河、洛間，聞其治狀，呂公著亦言河東軍與邊民德之，遂有是除。

6 詔回賜高麗王鞍馬、服帶、器幣有加。

7 罷陝西、河東元豐四年後凡緣軍興增置官局。

8 己酉，五國諸部長貢於遼。

9 辛亥，朱光庭言：「蔡確、章惇、韓縝，不恭，不忠，不恥。議論政事之際，惇明目張膽，肆爲辨說，力行醜詆。確則外示不校，中實同欲，陽爲尊賢，陰爲助邪。縝則每當議論，亦不扶正，唯務拱默爲自安計。願罷去確等柄任，別進忠賢以輔聖治。」不報。

10 癸丑，太皇太后躬詣中太一宮、集禧觀祈雨。

11 遼主召權翰林學士趙孝嚴、知制誥王師儒等講五經大義。

12 丙辰，太皇太后詔曰：「原廟之立，所從來久矣。前日神宗皇帝初卽祠宮，並建寢殿以崇嚴祖考，其孝可謂至矣。今神宗既已升祔，於故事當營館御以奉神靈。而宮垣之東，密接民里，欲加開展，則懼成煩擾；欲采搢紳之議，皆合帝后爲一殿，則慮無以稱神宗欽奉祖考之意。聞治隆殿後有園池，以后殿推之，本留以待未亡人（校者按：未亡人三字本作予。）也，可即其地立神宗原廟。吾萬歲之後，當從英宗皇帝於治隆，上以寧神明，中以成吾子之志，下以安臣民之心，不亦善乎！」

13 帝幸相國寺祈雨。

14 時新法多所釐革，獨免役、青苗、將官之法猶在，而西戎之議未決。司馬光以疾謁告，凡十有三旬，不能出，歎曰：「四患未除，吾死不瞑目矣！」乃力疾移書三省曰：「今法度宜先更張者，莫如免役錢，光見欲具疏奏聞，若降至三省，望諸公協力贊成。」又手書與呂公著曰：「光自病以來，以身付醫，以家事付愚子，唯國事未有所託，今以屬晦叔矣。」

中書舍人范百祿言於光曰：「熙寧免役法行，百祿爲咸平縣，開封罷遣衙前數百人，民皆欣幸。其後有司求羨餘，務刻剝，乃以法爲病。今第減助苗〔免〕錢額以寬民力可也。」光不聽。

15 二月，辛酉，以河決大名，壞民田，艱食者衆，詔安撫使韓絳詢訪賑濟。

16 乙丑，命蔡確提舉修神宗實錄，以鄧溫伯、陸佃並爲修撰官，林希、曾肇並爲檢討官。

17 詔權罷修河，放諸路兵夫。

18 先是司馬光奏：「免役之法有五害：舊日上戶充役有所陪備，然年滿之後卻得休息，今則年年出錢，錢數多於往日陪備者，其害一也。舊日下戶元不充役，今來一例出錢，其害二也。舊日所差皆土著良民，今召募四方浮浪之人，作公人則曲法受贓，主官物則侵欺盜用，一旦事法〔發〕，挈家亡去，其害三也。農民所有，不過穀帛與力，今日我不用汝力，輸我錢，我自雇人，若遇凶年，則不免賣莊田、牛具、桑柘以求錢納官，其害四也。提舉常平司惟務多斂役錢，廣積寬剩，希求進用，其害五也。爲今之計，莫若降敕，應天下免役錢一切並罷，其諸色役人並依熙寧以前舊法定差。惟衙前一役，最號重難，向有破家產者，朝廷爲此始議作助役法。今衙前陪備少，當不至破家；若猶慮力難獨任，卽乞依舊於官戶、僧道、寺觀、單丁、女戶有屋業者，並令隨貧富等第出助役錢，遇衙前重難差遣，卽行支給。然役人利害，四方不能齊同，乞指揮降諸路轉運使下諸州縣，限五日內縣具利害申州，州限一月申轉運司，司限一季奏聞，委執政官參詳施行。」是日，三省、樞密院同進呈，得旨，依奏。

19 丁卯，詔：「侍從各舉堪任監司者二人，舉非其人有罰。」

20 韓維言：「光祿大夫致仕范鎭，在仁宗朝首開建儲之議，而鎭未嘗以語人，人亦莫爲言者，故恩賞獨不及鎭。伏望特降明詔，褒顯厥功。」於是具以鎭十九疏上之。己巳，拜鎭端明殿學士、致仕，仍以其子百揆爲宣德郎。

21庚午，禁邊民與夏人爲市。

22辛未，以侍御史劉摯爲御史中丞。

23詔：「起居舍人依舊制不分記言動。」

24武威郡王棟戩舊作董氈，今改。卒，以其養子阿里骨爲河西軍節度使，封寧塞郡公。阿里骨嚴峻刑殺，其下不遑寧。詔飭以推廣恩信，副朝廷所以封立、前人所以付與之意。

25司馬光奏復差役法，既得旨，知開封府蔡京即用五日限，令兩縣差一千餘人充役，亟詣東府白光。光喜曰：「使人人如待制，何患法之不行乎！」議者謂京但希望風旨，苟欲媚光，非其實也。

26癸酉，以監察御史王巖叟爲左司諫。

27右司諫蘇轍始供職，上言：「帝王之治，必先正風俗。風俗既正，中人以下皆自勉於爲善；風俗一敗，中人以上皆自棄而爲惡。邪正盛衰之源，未有不始於此。昔眞宗獎用正人，孫奭、戚綸、田錫、王禹偁之徒，既以諫諍顯名，忠良之士，相繼而起。及耄期厭事，丁謂乘間將竊國命；而風俗已成，無與同惡，謀未及發，旋卽流放。仁宗仁厚，是非之論，一付臺諫。孔道輔、范仲淹、歐陽修、余靖之流，以言事相高。時執政大臣豈皆盡賢，然畏忌人言，不敢妄作。一有不善，言者卽至，隨卽屏去；故雖人主寬厚，而朝廷之間無大過失。及先帝嗣位，執政大臣變易祖宗法度，惟有呂誨、范鎮等明言其失。二人既已得罪，臺諫有以一言及者，皆紛然逐去，由是風俗大敗。臣願陛下永惟邪正盛衰之漸，始於臺諫，修其官則聽其言，言有不當，隨事行遣。使風俗一定，忠言日至，則太平之治，可立而待也。」

28 甲戌，御邇英閣，侍讀韓維言：「陛下仁孝發於天性，每行見昆蟲螻蟻，輒違而過之，且敕左右勿踐履，此亦仁術也。願陛下推此心以及百姓，則天下幸甚！」

29 丙子，司馬光言：「復行差役之初，州縣不能不少有煩擾，伏望朝廷執之，堅如金石，雖小小利害未周，不妨徐爲改更，勿以人言輕壞利民良法。」章惇取光所奏，凡疏略未盡者，枚舉而駁奏之，又嘗與同列爭曰：「保甲、保馬一日不罷，則有一日之害。如役法者，熙寧初以雇代差，行之太速，故有今弊。今復以差代雇，當詳議熟講，庶幾可行。而限止五日，其弊將益甚矣。」呂公著言：「光所建明，大意已善，其間不無疏略。惇言出於不平之氣，專欲求勝，不顧朝廷大體。乞選差近臣三四人，專切詳定奏聞。」

30 庚辰，夏國遣使來貢。

31 辛巳，寶文閣待制、刑部侍郎蹇周輔，坐變湖南鹽法，抑勒騷擾，落職，知和州。

32 蘇軾言於司馬光曰：「差役、免役，各有利害。免役之害，聚斂於上而下有錢荒之患。差役之害，民常在官，不得專力於農，而吏胥緣以爲姦。此二害，輕重蓋略等矣。」光曰：「於君何如？」軾曰：「法相因則事易成，事有漸則民不驚。三代之法，兵農爲一，至秦始分爲二，及唐中葉，盡變府兵爲長征卒。自是以來，民不知兵，兵不知農；農出穀帛以養兵，兵出性命以衞農，天下便之，雖聖人復起，不能易也。今免役之法實類此。公欲驟罷免役而行差役，正如罷長征而復民兵，蓋未易也。」光不以爲然。

初，差役行於祖宗之世，法久多弊，編戶充役，不習官府，吏虐使之，多致破產，而狹鄉之民或有不得休息者。免役使民以戶高下出錢，而無執役之苦；但行法者不循上意，於雇役實費之外，取錢過多，民遂以病。光爲相，知免役之害而不知其利，欲一切以差役代之，軾獨以實告，而光不悅。軾又陳於政事堂，光色忿然。軾曰：「昔韓魏公刺陝西義勇，公爲諫官，爭之甚力；韓公不樂，公亦不顧，軾嘗聞公道其詳。豈今日作相，不許軾盡言邪！」光笑而謝之。

范純仁與光素厚，謂光曰：「治道去其太甚者可也。差役一事，尤當熟講而緩行；不然，滋爲民病。且宰相職在求人，變法非所先也。願公虛心以延衆論，不必謀自己出；謀自己出，則詔諛得乘間迎合矣。設議或難回，則可先行之一路以觀其究竟。」光不從，持之益堅。純仁歎曰：「以是使人不得言爾。若欲媚公以爲容悅，何如少年合安石以速富貴哉！」

光居政府，凡王安石、呂惠卿所建新法，剗革略盡。或謂光曰：「熙、豐舊臣，多憸巧小人，他日有以父子義間上，則禍作矣。」光正色曰：「天若祚宋，必無此事！」

衛尉丞畢仲游遺光書曰：「昔王安石以興作之說動先帝而患財不足也，故凡政之可得民財者無不舉，蓋散青苗，置市易，斂役錢，變鹽法者，事也；而欲興作，患不足者，情也。蓋未能杜其興作之情，而徒欲禁散斂變置之法，是以百說而百不行。今遂廢青苗，罷市易，蠲役錢，去鹽法，凡號爲利而傷民者，一掃而更之，則向來用事於新法者必不喜矣。不喜之人，必不但曰不可廢罷蠲去，必操不足之情，言不足之事，以動上意，雖致石而使聽之，猶將動也，如是則廢罷蠲去者皆可復行矣。爲今之策，當大舉天下之計，深明出入之數，以諸路所積之錢粟，一歸地官，使經費可支二十年之用，數年之間，又將十倍於今日，使天子曉然知天下之餘於財也，則不足之論不得陳於前，然後新法永可罷而無敢議復者矣。昔安石之居位也，中外莫非其人，故其法能行。今欲救前日之弊，而左右侍從、職司使者，十有七八皆安石之徒，雖起二三舊臣，用六七君子，然累百之中存其數十，烏在其勢之可爲也！勢未可爲而欲爲之，則青苗雖廢將復散，況未廢乎！市易雖罷且復置，況未罷乎！役錢、鹽法，亦莫不然。以此救前日之弊，如人久病而少間，其父子兄弟喜見顏色而未敢賀者，以其病之猶在也。」光得書聳然，後竟如其慮。

33 是月，遼主駐山榆淀。

34 閏月，己丑朔，王巖叟入對，言：「祖宗遺戒不可用南人，如蔡確、章惇、張璪皆南人，恐害於國。」帝曰：「爲是舊臣。」巖叟曰：「孰非舊臣？」帝曰：「近日頗旱。」巖叟曰：「以聖德如此，無致災變之理；唯政府有此人，所以致旱也。」

35 庚寅，尚書左僕射蔡確罷。

山陵使事畢，確猶偃蹇於位，於是劉摯、王巖叟、孫覺、蘇轍、朱光庭彈章交上十數。確浸不自安，遂連表乞解機務，表詞有曰：「收拔當世之耆老以陪輔王室，蠲省有司之煩碎以慰安民心，嚴邊備以杜强鄰之窺覦，走軺傳以察遠方之疲瘵，明法令之美意以揚先帝之惠澤，厲公平之大道以合衆志之異同。」其高自矜伐如此。孫覺、蘇轍愈不平，復上疏論之，疏曰：「自法行以來，民力困斂，海內愁怨。先帝晚年，寢疾彌留，灼知前事之失，親發德音，將洗心自新以合天意；此志不遂，奄棄萬國。是以皇帝踐阼，聖母臨政，奉承遺旨，罷導洛，廢市易，捐青苗，止助役，寬保甲，免買馬，放修城池之役，復茶鹽鐵之舊，黜吳居厚、呂孝廉、宋用臣、賈青、王子京、張誠一、呂嘉問、蹇周輔等；命令所至，細民鼓舞相賀。今小臣既經罷黜，至於大臣則因而任之，臣竊惑矣。確所上表，雖外逼人言，若欲求退，而論功攘善，實圖自安。所云收拔當世之耆艾以陪輔王室，臣謂當世之耆艾，乃確昔日之所抑遠者也。所云蠲省有司之煩碎以慰安民心，臣謂有司之煩碎，乃確昔日創造者也。此二事，皆確爲政無狀，以累先帝之明；非陛下卓然獨見，誰能行此！確不自引咎，反以爲功，則是確等所造之惡皆歸先帝，而陛下所行之善皆歸於確也。」時司馬光、呂公著進用，蠲除煩苛，確言皆己所建白，公論益不容，太皇太后猶不忍遽斥。至是始罷爲觀文殿學士、知陳州，尋改亳州。

36 以門下侍郎司馬光爲尚書左僕射兼門下侍郎。光以疾方賜告，不能入謝，帝遣閤門副使齎告印至其家賜之，光辭。疾稍間，將起視事；詔免朝覲，以肩輿三日一入都堂或門下尚書省，光不敢當，曰：「不見君，不可以視事。」詔光肩輿至內東門，子康扶入對小殿，且命無拜；光惶恐，請對延和殿。詔許乘肩輿至崇政殿，垂簾日引對，餘依前降指揮。光入對，再拜，遂退而視事。王安石時已病，弟安禮以邸吏狀示安石。安石曰：「司馬十二丈作相矣！」悵然久之。

37 詔韓維、呂大防、孫永、范純仁詳定役法以聞，從呂公著言也。

38 壬辰，以尚書左丞呂公著爲門下侍郎。

39 命司馬光提舉編修神宗實錄。

40 丙申（校者按：「丙申」二字應移39「命司馬光」上。）詔：「提舉官累年積蓄，盡椿作常平倉錢物，委提點刑獄交割主管，依舊常平倉法。」

41丁酉，王巖叟入對，言求治不可太急，太急則姦人有以迎意進說。又奏乞察賢不賢而去留之，若賢者留，不賢亦留，則賢者恥而不樂爲用。又奏兩宮垂簾，杜絕內降，太皇太后曰：「此事必無，不須憂也。」

42己亥〔癸卯〕，劉摯言：「保甲罷團教，臣竊有私憂過計者。夫鄉野之民，其性易於轉習。今之保甲，衣必華細，食必酒肉，固已變其向者布麻粗糲之習矣；羣聚而笑喧，奮臂而矜勇，固已移其椎魯勞苦之習矣。臣愚以爲宜有法以斂制之。凡保甲之技藝，強弱高下，州縣皆有等籍；今按取優等，願爲兵者刺以爲本州禁軍，自餘中下等，亦依近制募充弓手、刀手、耆壯、戶長之役。」

蘇轍言：「河北之民，喜爲剽劫，近歲創爲保甲，驅之使離南畝，教之使習凶器；今雖已罷，而弓刀之手不可以復執鉏，酒肉之口不可以復茹蔬，旣無所歸，勢必爲盜。臣願於元豐庫或內藏庫乞錢三十萬貫，爲招軍例物，選文武臣僚有才幹者各一二人，分往河北，於保甲中招其強勇精悍者爲禁軍，隨其人才，以定軍分。上爲先帝收恩於旣往，下爲社稷消患於未萌。」

43劉摯言：「知樞密院章惇，素無才行。近者差役之復，乃三省同樞密進呈，惇果有所見，當卽敷陳講畫，今敕命宣布，始退而橫議。惇非不知此法之是與非也，蓋寧負朝廷而不忍負王安石，欲存面目以見安石而已。」

44 甲辰，劉摯言：「臣伏見戶部尚書曾布，在熙寧初，王安石託以腹心，故其政皆出於布之謀，其法皆造於布之手。臣時爲御史，曾以此告之先帝曰：『大臣誤朝廷，而大臣所用者誤大臣。』蓋指布輩也。」

45 朱光庭奏：「今日廟堂之上，司馬光未出，唯有呂公著一人忠朴可倚，其餘皆姦邪。伏望聖慈早進范純仁，庶得賢者在位，同心一德，以輔聖政。」

46 丙午，以西京國子監教授程頤爲校書郎，用王巖叟薦也。

47 庚戌，詔：「英州編管人鄭俠特放自便，仍除落罪名，尚書吏部先咨注舊官，與合入差遣。」從監察御史孫升、左司諫蘇轍所奏也。

48 辛亥，知樞密院事章惇罷。

司馬光、呂公著改更弊事，惇與蔡確在位，窺伺得失，惇尤以詆侮困光，臺諫交章疏其罪，未報。已而惇復與光簾前爭論喧悖，至曰他日安能奉陪喫劍，太皇太后怒。於是劉摯奏言：「惇佻薄險悍，諂事王安石，以邊事欺罔朝廷，遂得進用。及安石補外，又傾附呂惠卿，貪緣至於執政。以強市兩浙民田及寄語臺官等事爲言路所擊，而先帝益薄其爲人。黜之未幾，復爲蔡確所引，以至今日。夫去惡莫如盡，陛下既去確而今尚留惇，非朝廷之利。

乞正其橫議害政。强愎慢上之罪。」

王巖叟奏言：「惇廉隅不修，無大臣體，每爲俳諧俚語，侵侮同列。諫官孫覺嘗論邊事，不合惇意，而惇肆言於人，云議者可斬，中外聞之，無不駭愕，自古未嘗有大臣敢出此語脅諫官者。陛下詔求直言，而惇斥上書人爲不逞之徒，其意不欲陛下廣聰明也；陛下登用老臣舊德，而惇亦指爲不逞之徒，其意不喜陛下用正人也。今復於簾前爭役法，辭氣不遜，陵上侮下，敗羣亂衆，蓋見陛下用司馬光作相，躁忿忌嫉，所以如此。伏乞罷免以慰天下之望。」

惇遂罷，以正議大夫知汝州。

49 甲寅，詔：「侍從、御史、國子司業各舉經明行修可爲學官者二人。」

50 乙卯，以同知樞密院事安燾知樞密院事，試吏部尚書范純仁同知樞密院事。

權給事中王巖叟言：「安燾資材闒茸，器識暗昧，舊位且非所據，况可冠洪樞，顓兵柄！所有畫黃，謹繳進。其范純仁除命，伏乞分爲別敕行下。」蘇轍、孫覺、劉摯，亦相繼論燾不當驟遷。

51 （丙辰），罷諸州常平管句官。

52 丁巳，安燾辭免新命；敕黃付王巖叟書讀，巖叟又封還。

53 詔：「放免內外市易錢并坊場淨利錢。」又詔：「已前積欠免役錢，與減放一半。」

54三月，己未，王巖叟言：「陛下用范純仁雖賢，何故無一人有言，蓋賞賢也。一進安燾，則諫官、御史交章論奏，蓋非公望所與也。臣兩次論駁，竊聞已有指揮，門下省更不送給事中書讀，令疾速施行。臣位可奪也，而守官之志不可奪；身可忘也，而愛君之心不可忘。陛下既重改成命，則願差官權給事中，以全孤臣之守。」

55庚申，劉摯言：「安燾、范純仁告命不由給事中，直付所司，陛下自墮典憲，使人何所守乎！」不報。

56詳定役法所言：「乞下諸路，除衙前外，諸色役人只依見用人數定差，官戶、僧道、寺觀、單丁、女戶出錢助役指揮勿行。」從之。

王安石聞朝廷變其法，夷然不以爲意，及聞罷助役、復差役，愕然失聲曰：「亦罷及此乎？」良久曰：「此法終不可罷也。」

57壬戌，司馬光言：「取士之道，當以德行爲先，文學爲後。就文學之中，又當以經術爲先，辭采爲後。爲今日計，莫若依先朝成法，合明經、進士爲一科，立周易、尙書、毛詩、周禮、儀禮、禮記、春秋、孝經、論語爲九經，令天下學官依注疏講說，學者博觀諸家，自擇短長，各從所好。春秋止用左氏傳，其公羊、穀梁、陸淳等說，並爲諸家。孟子止爲諸子，更不試大義，應舉者聽自占。習三經以上，多少隨意，皆須習孝經、論語。」

光以奏稿示范純仁，純仁答光曰：「孟子恐不可輕。且朝廷欲求衆人之長，而元宰先之，似非明夷涖衆之義。不若清心以俟衆論，可者從之，不可者更俟諸賢議之，如此則逸而易成，有害亦可改矣。」光欣然納之。

58戊辰，蘇轍言：「陛下用司馬光爲相，而使韓縝以屠沽之行與之同列，以臣度之，不過一年，縝之邪計必行，邪黨必勝，光不獲罪而去，則必引疾而避矣。去歲北使入朝，見縝在位，相顧反脣微笑。縝舉祖宗七百里之地，無故與之。聞契丹地界之謀，出於耶律用正，今以爲相。彼以闢國七百里而相用正，朝廷以蹙國七百里而相縝，臣愚所未諭也。」

59辛未，以吏部侍郎李常爲戶部尚書。常，文士，少吏幹，或疑其不勝任，以問司馬光，光曰：「使此人掌邦計，則天下知朝廷非急於征利，貪吏掊克之患，庶幾少息矣。」

60以中書舍人胡宗愈爲給事中，起居舍人蘇軾爲中書舍人。

61軍器監丞王得君言：「臣僚上章與議改法，但許建明事情，不得妄有指斥。」內出手詔曰：「予方開廣言路，得君意欲杜塞人言，無狀若此，可罷職與外任監當。」得君於是謫監永城縣倉。

62詔：「毋以堂差衝在選已注官。」

63置訴理所，許熙寧以來得罪者自言。

64命太學官試，司業、博士主之，如春秋補試法。

65壬申，詔：「安燾堅辭知樞密院事，特依所乞，仍同知樞密院事；仍令班左丞李清臣上。」【考異】宋史哲宗紀、宰輔表皆失書此事，則次年六月除燾知樞密院事一條爲重出矣。今依長編。

66癸酉，置開封府界提點刑獄一員。

67女直貢良馬於遼。

68乙亥，罷熙河、蘭會路經制財用司。

69己卯，復廣濟河輦運。

70辛巳，詔：「民間疾苦當議寬卹者，監司具聞。」

71以校書郎程頤爲崇政殿說書，從司馬光言也。

頤進三劄，其一曰：「陛下春秋方富，輔養之道不可不至。大率一日之中，接賢士大夫之時多，親宦官、宮妾之時少，則自然氣質變化，德器成就。乞選賢士入侍勸講，講罷，常留二人直日，夜則一人直宿，以備訪問。或有小失，隨事獻規，歲月積久，必能養成聖德。」其二曰：「三代必有師、傅、保之官。師，道之教訓；傅，傅其德義；保，保其身體。臣以爲傅德義者，在乎防見聞之非，節嗜好之過；保身體者，在乎適起居之宜，存畏謹之心。欲乞皇帝左右扶侍祗應宮人、內臣，並選年四十五以上厚重小心之人，服用器玩皆須質朴；及擇內臣十人，充經筵祗應，以伺候起居，凡動息必使經筵官知之。」其三曰：「竊見經筵臣僚，侍者皆坐而講者獨立，於禮爲悖。乞今後特令坐講，以養主上尊儒重道之心。臣以爲天下重任，惟宰相與經筵，天下治亂係宰相，君德成就責經筵，由此言之，安得不以爲重！」

頤每以師道自居，其侍講，色甚莊，言多諷諫。聞帝在宮中盥而避蟻，問：「有是乎？」帝曰：「有之。」頤曰：「推此心以及四海，帝王之要道也。」帝嘗凭檻偶折柳枝，頤正色曰：「方春時和，萬物發生，不可無故摧折。」帝不悅。

72 御史呂陶言：「司農少卿范子淵，在元豐時提舉河工，糜〔靡〕費巨萬，護隄厭埽之人，溺死無算，而功卒不成，乞行廢放。」於是黜知峽州，制略曰：「汝以有限之財，興必不可成之役；驅無辜之民，置諸必死之地。」中書舍人蘇軾詞也。

73 夏，四月，己丑，右僕射韓縝罷。

先是臺諫前後論縝過惡甚衆，皆留中不報。太皇太后宣諭孫覺、蘇轍曰：「進退大臣，當存國體。縝雖不協人望，要須因其求去而後出之。」劉摯等攻之益急，縝遂乞出，以觀文殿大學士知潁昌府。內批：「縝自以恐妨賢路，故乞出外，視矜功要名而去者，縝爲得進退之體，宜於制詞中聲說此意。」矜功要名，蓋指蔡確、章惇也。

74 詔太師致仕文彥博肩輿赴闕，令河南津置行李。

先是司馬光除左僕射，固辭以疾，乞召用彥博；范純仁亦以彥博老成，勸帝召致之。及將罷韓縝，太皇太后以御劄付光，欲除彥博太師兼侍中、行右僕射事。光奏：「彥博官爲太師，年八十一，臣後進而位居其上，非所以正大倫也。」不聽。

75 庚寅，蘇轍言：「禮部欲復詩賦，司馬光乞以九經取士，二議並未施行。乞先降指揮，明言來年科場一切如舊，但所對經義兼取注疏及諸家議論，不專用王氏之學，仍罷律義，然後徐議，更未爲晚也。」

76 （辛卯），司馬光乞「令提點刑獄司指揮逐縣令佐，體量鄉邨人戶有闕食者，一面申知上司及本州，更不候回報，卽將本縣義倉及常平倉米穀直行賑濟；夏秋成熟，令隨稅送納，毋得收息。令佐有能用心存卹，民不流移者，優與酬奬；否則取勘聞奏。」從之。

77 辛卯，詔：「諸路旱傷，蠲其租。」

78 壬辰，以旱慮囚。

79 癸巳，特進、荆國公王安石卒，年六十有六。【考異】宋史及柯氏新編皆作六十八。按吳曾漫錄，謂介甫以辛酉十一月十二日生，楊萬里揮塵錄云，荆公年六十六。自天禧辛酉至元祐丙寅，恰是六十六歲，今從之。

安石性強忮，自信所見，執意不回。至議變法，在廷交執不可，安石傅經義，出己意，辨論輒數百言，衆不能詘。甚者謂天變不足畏，祖宗不足法，人言不足卹。罷黜中外老成人幾盡，多用門下儇慧少年。久之，以旱引去。洎復相，歲餘罷，終神宗世不復召。安石著日錄七十卷，如韓琦、富弼、文彥博、司馬光、呂公著、范鎭、呂誨、蘇軾及一時之賢者，皆重爲詆毀。晚居金陵，於鍾山書室多寫「福建子」三字，蓋恨爲呂惠卿所誤也。

及卒，司馬光於病中聞之，亟簡呂公著曰：「介甫文章節義，頗多過人，但性不曉事而喜遂非，今方矯其失，革其弊。不幸介甫謝世，反覆之徒，必詆毀百端；光以爲朝廷特宜優加厚禮，以振起浮薄之風。」其不修怨如此。

80 戊戌，遼主北幸，遣使加統軍使及靜化軍節度使爵秩，仍賜賚諸軍士。

81 辛丑，詔：「執政大臣各舉可充館閣者三人。」

82 壬寅，詔：「文彥博特授太師、平章軍國重事。以門下侍郎呂公著爲尚書右僕射兼中書侍郎。」【考異】彥博、公著除官，長編書於五月丁巳朔，今從宋史紀、表。

太皇太后欲用彥博爲右相，劉摯、王覿並言彥博春秋高，不可爲三省長官。朱光庭亦三上章，以爲：「彥博師臣，不宜煩以吏事。若右相，則呂公著、韓維、范純仁皆可爲之。」帝問司馬光，光對曰：「若令彥博以太師平章軍國重事，亦足尊老成矣。」又言宜爲右相者莫如呂公著，帝皆聽之。又詔：「彥博一月兩赴經筵，六日一入朝，因至都堂與輔臣議事；

如遇有軍國機要，即不限時日，並令入預參決。」

先是執政官每三五日一聚都堂，吏目抱文書歷諸廳白之，故爲長者得以專決，同列難盡爭也。光嘗懇蔡確，欲數會議，庶各盡所見，而確終不許。公著既秉政，乃日聚都堂，長貳並得議事，遂爲定制。

83 乙巳，詔戶部裁冗費，著爲令。

84 黜內侍李憲等於外。

劉摯言：「宦者李憲，貪功生事，漁斂生民膏血，興靈、夏之役，首違師期，乃頓兵蘭州，遺患今日。王中正將兵二十萬出河東，逗遛違詔，精卒勁騎，死亡殆盡。宋用臣董大工役，侵陵官司，誅求小民，奪其衣食之路。石得一領皇城司，縱遣伺者，飛書朝上則暮入狴犴，朝士都人相顧以目者殆十年。此四人者，權勢烽熖，張灼中外，幸而先帝神武，足以鎮壓，不然，其爲禍豈減漢、唐宦者哉！」侍御史林旦亦以爲言。詔並降官，憲、中正、得一提舉宮觀，用臣監太平州稅務。

85 辛亥，文彥博入對，命其子貽慶扶掖上殿，賜貽慶金紫章服。

86 揚王顥、荊王頵並特授太尉。

87 司馬光請立經明行修科，歲委升朝文武各舉所知，以勉厲天下，使敦士行，以示不專取文學之意。若所舉人違犯名教，必坐舉主毋赦。於是詔：「自今凡遇科舉，令升朝官各舉經明行修之士一人，俟登第日，與升甲；罷謁禁之制。」

88 知誠州周士隆撫納谿峒民一千三百餘戶，賜士隆銀帛。

89 癸丑，三省言：「尚書六曹，職事閑劇不等，今欲減定，以主客兼膳部，職方兼庫部，都官兼司門，屯田兼虞部，定爲三十五員。」又言：「常平奏春秋斂散，以陳易新，及歲饑賑貸，主司並依法推行。降貸常平錢穀，絲麥豐熟，隨夏稅先納所輸之半，願幷納者，止出息一分。」並從之。

90 五月，丁巳朔，以資政殿大學士兼侍讀韓維爲門下侍郎。

91 罷諸路重祿，復熙寧前舊制。

92 遼自馬羣太保蕭托輝舊作陶隗，今改。括羣牧實數以定籍，厥後東册國歲貢千匹，女直諸國及鐵驪諸部歲貢良馬，仍禁朔州路鬻羊馬於南朝，吐渾、党項鬻馬於西夏，以故牧馬蕃息，多至百有餘萬。遼主賞羣牧官，以次進階。

93 庚申，夏國遣使來賀即位。

94 壬戌，詔侍從、臺官、監司各舉縣令一人。

95 丁卯，劉摯上疏曰：「學校爲育材首善之地，教化所從出，非行法之所。雖羣居衆聚，帥而齊之，不可無法，亦有禮義存焉。先帝養士之盛，比隆三代。然太學屢起獄訟，有司緣此造爲法禁，煩苛甚於治獄，條目多於防盜，上下疑貳，以求苟免。尤可怪者，博士、諸生禁不相見，教諭無所施，質問無所從，月巡所隸之齋而已。齋舍既不一，隨經分隸，則又易博士兼巡禮齋，詩博士兼巡書齋，所至備禮請問，相與揖諾，亦或不交一言而退，以防私請，以杜賄賂。學校如此，豈先帝所以造士之意哉！願罷其制。」戊辰，詔孫覺、顧臨、程頤同國子監長貳修立太學條制。

96 己巳，幸揚王、荆王第，官其子九人。

97 乙亥，蘇轍言：「前參知政事呂惠卿，詭變多端，見利忘義。王安石初任執政，以爲心腹，青苗、助役，議出其手。韓琦始言青苗之害，先帝翻然感悟，欲退安石而行琦言。當時執政皆聞德音，安石亦累表乞退，天下欣然有息肩之望矣。惠卿方爲小官，自知失勢，上章乞對，力進邪說，熒惑聖聽，巧回天意。身爲館殿，攝行內侍之職，親往傳宣，以起安石，肆其僞辨，破難琦說，仍爲安石畫劫持上下之策。自是諍臣吞聲，有識喪氣，而天下靡然矣。至於排擊忠良，引用邪黨，惠卿之力，十居八九。其後又建手實簿法，尺椽寸土，檢括無遺，雞豚狗彘，抄劄殆徧，小民怨苦，甚於苗役。又因保甲正長，給散青苗，結甲赴官，不遺一戶，上下騷動，不安其生，遂至河北人戶流移。旋又興起大獄以恐脅士人，如鄭俠、王安國之徒,僅保首領而去。其心本欲株連蔓引,塗汚公卿,獨賴先帝仁聖,每事裁抑,故不得窮極其惡。既而惠卿自以贓罪被黜,於是力陳邊事以中上心。其在延安,始變軍制,雜用蕃、漢,違背物情,壞亂邊政。西戎無變,妄奏警急,擅領大衆,涉入戎境,竟不見敵,遷延而歸,恣行欺罔,立石紀功。自是戎人怨叛,邊鄙騷擾,河、隴困竭,海內疲勞。永樂之敗,大將徐禧,本惠卿自布衣保薦擢任,始終協議,遂付邊政;敗聲始聞,震動宸極,馴致不豫。安石之於惠卿,有卵翼之恩,有父師之義,方其求進,則膠固爲一,更相汲引以欺朝廷。及其權位既均,反眼相噬;始,安石罷相,以執政薦惠卿,既已得位,恐安石復用,遂起王安國、李士寧之獄以扼其歸。安石覺之,被召卽起,迭相攻擊,期至死地。安石之黨,言惠卿使華亭知縣張若濟借豪民錢置田產等事,朝廷遣蹇周輔推鞫,獄將具而安石罷去,故事不復究,案在御史,可覆視也。惠卿發安石私書,其一曰『無使齊年知』,齊年者,馮京也,先帝猶薄其罪;惠卿復發其一曰『無使上知』,安石由是得罪。夫惠卿與安石,出肺肝,託妻子,平居相結唯恐不深,故雖欺君之言見於尺牘,不復疑問。惠卿方其無事,已一一收錄以備緩急之用,一旦爭利,隨相抉擿,不遺餘力,此犬彘之所不爲,而惠卿爲之。惠卿用事於朝廷,首尾十餘年,操執威柄,凶燄所及,甚於安石。乞陛下斷自聖意,略正典刑,追削官職,投畀四裔。」

98 詔特贈呂誨通議大夫,子由庚與堂除合入差遣,以劉摯、呂大防、范純仁言其觸忤時宰，謫死外藩故也。

99 遼主駐納葛濼。

100 戊寅，（校者按：「戊寅」二字應移98「詔特贈呂誨」上。）遼宰相梁穎出知興平府事。

101 壬午，詔：「文彥博已降旨令獨班起居，自今赴經筵都堂，凡同三省、樞密院奏事，並序官位在宰相上。」

102 乙酉，監察御史上官均言：「今之議者，必以爲往時之散青苗，出於抑配，故有前日之弊；今則募民之願取者然後與之，而有司又不以多散爲功，在民必以爲便。臣以爲不然。今天下民，十室之中，資用匱乏者六七，誘以青苗之利，無知之民，不暇遠計，必利一時之得，紛然趨赴；雖曰不强抑配，然而散斂追呼督促之煩，道塗往來之費，輕用妄費，賤售穀帛之患，未免如前日也。故臣願行閏二月八日詔書，罷去青苗法，復常平昔年平糴之法，茲爲萬世之通利也。」

103 是月，遼放進士張轂等二十六人。

104 六月，丁亥朔，遼以左伊勒希巴（舊作夷離畢。）耶律坦爲特里袞，（舊作惕隱。）知樞密院事耶律頳特勒（舊作斡特剌。）兼知伊勒希巴事。

105 戊戌，詔：「自今科場程試，毋得引用字說。」從林旦言也。

106 癸卯，遼遣使按諸道獄。時景州刺史耶律儼入爲御史中丞，按上京滯獄，多所平反，擢同知宣徽院事、提點大理寺。

107 甲辰，置春秋博士。

108 資政殿大學士、正議大夫、提舉嵩山崇福宮呂惠卿，落職，降爲中散大夫、光祿卿、分司南京，蘇州居住。蘇轍、劉摯、王巖叟相繼論惠卿罪惡，故有是命。

109 監察御史韓川言：「市易之設，雖曰平均物直，而其實不免貸交以取利，又所收不補所費；請結絕見在物貨，盡日更不收買。」從之。

110 右正言王覿言：「先帝令常平錢斛存留一半，遇穀貴減市價出糶，成熟時增市價收糴，務在平穀價而已。郡縣之吏，妄意朝廷之法，惟急於爲利，故於青苗新令則競務力行，於糴糶舊條則僅同虛設。伏望朝廷罷散青苗錢，行舊常平倉法，以成先帝之素志。」

111 遼以同知南京留守事耶律諸音（舊作那也，今改。）知右伊勒希巴事。

112 乙巳，準布（舊作阻卜。）部長朝於遼，遼主命燕國王延禧相結爲友。

113 丙午，王巖叟、朱光庭、蘇轍、王覿言：「呂惠卿責授分司南京，不足以蔽其罪。臣等豈不知降四官、落一職爲分司，在常人不爲輕典乎？蓋以堯之四凶，魯之少正卯，既非常人，不當復用常法制也。」

114 戊申，吏部尙書孫永等請以富弼配神宗廟庭，詔從之。初議或欲以王安石，或欲以吳充，太常少卿鮮于侁曰：「勳德第一，惟富弼耳。」

115 遼以契丹行宮都部署耶律阿蘇舊作阿思，今改。兼知北院大王事。

116 庚戌，太白晝見。

117 辛亥，呂惠卿責授建寧軍節度副使，本州安置，不得簽書公事，從王巖叟等四人所奏也。蘇軾草制詞，有曰：「先帝始以帝堯之仁，姑試伯鯀，終以孔子之聖，不信宰予。」又曰：「尙寬兩觀之誅，薄示三苗之竄。」天下傳誦稱快焉。

118 甲寅，詔曰：「先帝講求法度，愛物仁民，而搢紳之間，不能推原本意，或妄生邊事，或連起犴獄，久乃知弊。此羣言所以未息，朝廷所以懲革，整飭風俗，修振紀綱，蓋不得已。況罪顯者已正，惡鉅者已斥，則宜蕩滌隱疵，闊略細故。應今日以前有涉此事狀者，一切不問，言者勿復彈劾。」

始，鄧綰謫滁州，言者未已。太皇太后因欲下詔慰存反側，呂公著以爲宜然，遂從之。或謂公著曰：「今除惡不盡，將遺患他日。」公著曰：「治道去太甚耳。文、景之世，網漏呑舟。且人才實難，宜使自新，豈宜使自棄邪！」

119 復置通利軍。

120 乙卯，程頤上疏曰：「今講讀官共五人，四人皆兼要職；獨臣不領別官，近差修國子監條例，是亦兼也，乃無一人專職輔導者。執政之意，蓋惜人材，不欲使之閒爾，又以爲雖兼他職，不妨講讀，此尤不思之甚也。古人齊戒而告君，臣前後兩得進講，未嘗敢不宿齊戒，潛思存誠，覬感動於上心。若使營於職事，紛其思慮，待至上前，然後善其辭說，徒以頰舌感人，不亦淺乎！今諸臣所兼皆要官，若未能遽罷，且乞免臣修國子監條例，俾臣夙夜精思竭誠，專在輔導。」

頤一日講「顏子不改其樂」，既畢文義，乃復言曰：「陋巷之士，仁義在躬。人主崇高，奉養備極，苟不知學，安能不爲富貴所移！且顏子，王佐才也，而簞食瓢飲；季氏，魯國蠹也，而富於周公。魯君用舍如此，非後世之鑑乎！」文彥博、呂公著等入侍，聞其講說，輒相與歎曰：「眞侍講也！」

彥博對帝恭甚，或謂頤曰：「君之倨，視潞公如何？」頤曰：「潞公三朝大臣，事幼主不得不恭。頤以布衣爲上師傅，其敢不自重！此頤與潞公所以不同也。」

121 是月，夏主遣使來求蘭州、米脂等五砦，司馬光言：「此乃邊鄙安危之機，不可不察。靈、夏之役，本由我起，新開數砦，皆是彼田。今既許其內附，若靳而不與，彼必曰新天子卽位，我卑辭厚禮以事中國，庶幾歸我侵疆，今猶不許，則是恭順無益，不若以武力取之。小則上書悖慢，大則攻陷新城，當此之時，不得已而與之，其爲國家恥，無乃甚於今日乎！羣臣猶有見小忘大，守近遺遠，惜此無用之地者，願決聖心，爲兆民計。」時異議者衆，唯文彥博與光合，太皇太后將許之。光欲幷棄熙河，安燾固爭之曰：「自靈武而東，皆中國故地，先帝有此武功，今無故棄之，豈不取輕於外夷邪？」光乃召禮部員外郎、前通判河州孫路問之，路挾與地圖示光曰：「自通遠至熙州才通一徑，熙之北已接夏境。今自北關瀕大河，城蘭州，然後可以捍蔽，若捐以予敵，一道危矣。」光乃止。

續資治通鑑卷第八十

賜進士及第兵部尚書兼都察院右都御史總督湖北湖南等處地方軍務兼理糧餉世襲二等輕車都尉　畢　沅　編集

宋紀八十 起柔兆攝提格（丙寅）七月，盡著雍執徐（戊辰）六月，凡二年。

哲宗憲元繼道顯德定功欽文睿武齊聖昭孝皇帝

元祐元年 遼太安二年。（丙寅、一〇八六）

1 秋，七月，丙辰朔，詔：「罷試補學官法，令尚書、侍郎、左·右司郎中、學士、待制、兩省、御史臺官、國子司業各舉二人。」

2 丁巳，遼惠妃之母燕國夫人，先以入朝擅取驛馬，奪其封號；復爲巫蠱術厭魅皇孫延禧，事覺，伏誅。妃弟蕭酬斡〔斡〕，隸興聖宮籍，流烏爾古德呼勒部。（舊作烏古敵烈部。）

3 戊午，遼主獵沙嶺。

4 辛酉，立十科舉士法。

舊制，銓注有格，概拘以法，法可以制平而不可以擇才，故令內外官皆得薦舉。其後被舉者既多，除吏愈難，神宗乃革去內外舉官法，但用吏部、審官院選格。及帝卽位，王巖叟言：「自罷辟舉而用選格，可以見功過而不可以見人才。于是不得已而用其平日之所信，故有踏逐、申差之目。踏逐實薦舉，而不與同罪；且選才薦能而謂之踏逐，非雅名也。況委人以權而不容舉其所知，豈爲通術！」遂復內外官舉法。

司馬光奏曰：「爲政得人則治。然人之才，或長於此而短於彼，雖皋、夔、稷、契，各守一官，中人安可求備！故孔門以四科論士，漢室以數路得人。若指瑕掩善，則朝無可用之人；苟隨器指任，則世無可棄之士。臣備位宰相，職當選官，而識短見狹，士有恬退滯淹或孤寒遺逸，豈能周知！若專引知識，則嫌于私；若止循資序，未必皆才。莫如使在位達官各舉所知，然後克協至公，野無遺賢矣。欲乞朝廷設十科舉士：一曰行義純固可爲師表科，有官無官人皆可舉。二曰節操方正可備獻納科，舉有官人。三曰智勇過人可備將帥科，舉文武有官人。四曰公正聰明可備監司科，舉知州以上資。五曰經術精通可備講讀科，有官無官人皆可舉。六曰學問該博可備顧問科，同上。七曰文章典麗可備著述科，同上。八曰善聽獄訟盡公得實科，舉有官人。九曰善治財賦公私俱便科，同上。十曰練習法令能斷請讞科。同上。應職事官自尚書至給、舍、諫議，寄祿官自開府儀同三司至大中大夫，帶職自觀文殿大學士至待制，每歲須於十科內舉三人；仍具狀保任，中書置籍記之。異時有事需材，卽按籍視其所嘗被舉科格,隨事試之,有勞又著之籍。內外官闕,取嘗試有效者隨科授職。所賜告命,仍具舉主姓名。其人任官無狀,坐以繆舉之罪。庶幾人人重愼,所舉得才。」詔從之。

5 甲子,遼賜興聖、積慶二宮貧民錢。

6 乙丑,夏國主秉常殂。是年,改元天安禮定,私謚康靖皇帝,廟號惠宗,墓號獻陵,子乾順卽位。

7 上官均奏乞尙書省事類分輕重,某事關尙書,某事關二丞,某事關僕射,從之。

8 劉摯言:「乃者朝廷患免役之弊,下詔改復差法,而法至今不能成。朝廷患常平之弊,並用舊制,施行曾未累月,復變爲青苗之法。其後又下詔切責首議之臣,而斂散之事,至今行之如初。此二者大事也,而反覆二三,尙何以使天下信從!且改之易之誠是邪?君子猶以爲反令。況改易未必是,徒以暴過舉於天下,則曷若謹之于始乎!」

9 庚午,夏國遣使來賀坤成節。

10 乙酉,遼出粟賑遼州貧民。

11 八月,戊子,遼主以雪罷獵。

12 辛卯,詔復常平舊法,罷青苗錢。

初,范純仁以國用不足,請再立常平錢穀斂散出息之法,朝廷用其言;司馬光方以疾在告，不與也。已而臺諫共言其非，皆不報。光尋具劄子言：「先朝散青苗，本爲利民，並取情願，後提舉官速要見功，務求多散。今禁抑配，則無害也。」蘇軾奏曰：「熙寧之法，未嘗不禁抑配，而其爲害也至此。民家量入爲出，雖貧亦足；若令分外得錢，則費用自廣。今許人情願，是爲設法罔民，使快一時非理之用，而不慮後日催納之患，非良法也。」會王巖叟、朱光庭、王覿等交章乞罷青苗，光始大悟，力疾入朝，于簾前奏曰：「是何姦邪，勸陛下復行此事！」純仁失色，卻立不敢言。太皇太后從之，卽詔：「常平依舊法，青苗錢更不支俵；除舊欠二分之息，元支本錢，驗見欠多少分料，次隨二稅輸納。」

太皇太后諭輔臣曰：「臺諫官言近日除授多有不當。」光曰：「朝廷既令臣僚各舉所知，必且試用；待其不職，然後罷黜，亦可幷坐舉者。」呂公著曰：「舉官雖委人，亦須執政審察人材。」光曰：「自來執政，止于舉到人中取其所善者用之。」韓維曰：「光所言非是，直信舉者之言，不先審察，待其不職而罰之，甚失義理。」公著曰：「近除用多失，亦由限以資格。」光曰：「資格亦不可少。」維曰：「資格但可施于敍遷，若升擢人材，豈可拘資格邪！」

13 壬辰，封弟偲爲祁國公。

14 丁酉，司馬光以疾作，先出都堂，遂謁告，自是不復入朝。

15 癸卯，以崇政殿說書程頤兼權判登聞鼓院。

16 九月，丙辰朔，尚書左僕射兼門下侍郎司馬光卒，年六十六。太皇太后哭之慟，帝亦感涕不已。明堂禮畢，皆臨奠。贈太師、溫國公，謚文正，御篆表其墓道曰「忠清粹德之碑」。光居洛陽十五年，天下以爲眞宰相，田夫野老皆號爲司馬相公，婦人孺子亦知其爲君實也。及爲門下侍郎，蘇軾自登州召還，緣道人相聚號呼曰：「寄謝司馬相公，毋去朝廷，厚自愛，以活我。」遼人敕其邊吏曰：「中國相司馬矣，切毋生事，開邊隙。」光自見言行計從，欲以身徇社稷，躬親庶務，不舍晝夜。賓客見其體羸，舉諸葛亮食少事煩以爲戒，光曰：「死生命也。」爲之益力。病革，不復自覺，諄諄如夢中語，然皆朝廷天下事也。既歿，其家得遺奏八紙，皆手札，論當世要務。百姓聞其卒，罷市而往弔，鬻衣而致奠，巷哭而過，車蓋以萬千數。京師民畫其像，刻印鬻之，家置一本，飲食必祝焉。歸葬陝州，四方來會者數萬人。

光孝友忠信，自少至老，語未嘗妄。自言：「吾無過人者，但平生所爲，未嘗有不可對人言者耳。」于學無所不通，唯不喜釋、老，曰：「其微言不能出吾書，其誕吾不信也。」蘇軾嘗論光所以感人心、動天地者而蔽以二言，曰誠，曰一，君子以爲篤論。

17 己未，朝獻景靈宮。辛酉，大享明堂，以神宗配。

18 程頤在經筵，多用古禮。蘇軾謂其不近人情，深疾之，每加玩侮。方司馬光之卒也，明堂降赦，臣僚稱賀訖，兩省官欲往奠光，頤不可，曰：「子于是日哭則不歌。」坐客有難之者曰：「孔子言哭則不歌，不言歌則不哭。」蘇軾曰：「此乃枉死市叔孫通所制禮也。」衆皆大笑，遂成嫌隙。

19 丁卯，以中書舍人蘇軾爲翰林學士。

20 （癸酉），詔：「諸路坊郭第五等以上，及單丁、女戶、寺觀第三等以上，舊納免役錢並與減放五分，餘皆全放，仍自元祐二年始。」

21 庚午，遼主還上京。壬申，發粟賑上京、中京貧民。（校者按：此條應移20前。）

22 丙子，遼主謁二儀、五鸞二殿。己卯，出太祖、太宗所御鎧仗示燕國王延禧，諭以創業征伐之難。

23 張璪罷爲光祿大夫、資政殿學士、知鄭州。

臺諫交章論璪，凡十數。太皇太后宣諭王巖叟曰：「明堂大禮後，璪必退。」至是乃引疾請外，竟從優禮罷去。

24 （癸未），孫升奏：「祖宗用人，如趙普、王旦、韓琦，此三人者，文章學問不見于世，然觀其德業、器識、功烈、治行，近世輔相未有其比。王安石爲一代文宗，進居大任，施設之方，一出于私智。由是言之，則輔佐經綸之業，不在乎文章學問也。今蘇軾之學，中外所服，然德業器識有所不足，爲翰林學士，可謂極其任矣，若或輔佐經綸，則願陛下以王安石爲戒。」世譏其失言。

25 辛巳，遼主召南府宰相議國政。

26 冬，十月，乙酉朔，遼以南院樞密副使竇景庸知樞密院事。景庸初爲祕書（省）校書郎，聰敏好學，至是始見用，封陳國公。

27 丙戌，改封孔子後爲奉聖公。

鴻臚卿孔宗翰言：「孔子後世襲公爵，本爲侍祠。然兼領他官，不在故郡，于名爲不正。乞自今，襲封之人，使終身在鄉里。」詔：「改衍聖公爲奉聖公，不預他職，增給廟學田百頃，供祭祀外，許均贍族人。賜國子監書，置教授一員，以訓其子弟。」

28 五國長貢于遼。

29 丁亥，遼遣使詔夏國王秉常子乾順知國事。

30 庚寅，太白晝見。

31 壬辰，夏人來告哀。詔：「自元豐四年用兵所得城砦，待歸我永樂所陷人民，當盡畫以給還。」遣穆衍、張楙往弔祭。

32 乙巳，賜范鎮詔，落致仕，除兼侍讀，詔書到日，可即赴闕。

33己酉，宗正寺丞王鞏奏：「神宗玉牒，至今未修，仙源類譜，自慶曆八年張方平進書之後，僅五十年，並無成書。請更立法，玉牒二年一具草繳進，類譜亦如之，候及十年，類聚修纂。」從之。

34（癸丑），劉摯言：「太學條例，獨可按據舊條，攷其乖戾太甚者删去之。若乃高闊以慕古，新奇以變常，非徒無補而又有害。乞罷修學制所，止責學官正、錄以上，將見行條制去留修定。」摯言「慕古變常」，蓋指程頤也。頤大概以爲學校禮義相先之地，而月使之爭，殊非教養之道。請改試爲課，有所未至，則學官召而教之，更不攷定高下。置尊賢堂以延天下道德之士，鐫解額以去利誘，省繁文以專委任，厲繩檢以厚風教。及置待賓、吏、師齋，立觀光法，凡數十條，輒爲禮部疏駁。頤亦自辨理，然朝廷訖不行。

35十一月，乙卯朔，禮部言：「將來冬至節，命婦賀坤成節，例改牋爲表；」從之。程頤建言：「神宗喪未除，節序變遷，時思方切，恐失居喪之禮，無以風化天下，乞改賀爲慰。」不從。

36戊午，以尚書右丞呂大防爲中書侍郎，御史中丞劉摯爲尚書右丞。自張璪罷，中書侍郎久未補人。呂公著言呂大防忠實，可任大事，帝又以手札問公著曰：「卿前日言劉摯可執政，緣未作尚書，恐無此例，欲且除尚書。」公著奏：「國朝自中丞入二府者，如賈昌朝、張昪、趙槩、馮京等甚多。」帝從其言，摰遂自中丞入輔。以傅堯俞爲御史中丞，仍兼侍讀。

37 甲戌，遼爲燕國王延禧行再生禮，曲赦上京囚。

38 先是河決大名，詔祕書監張問相度河北水事，又以王令圖領都水同往。丙子，問奏：「臣至滑州決口相視，迎陽埽至大、小吳，水勢低下，舊河淤仰，故道難復。請于南樂大名埽開直河並簽河，分引水勢入孫村口，以解北京向下水患。」令圖亦以爲然，于是減水河之議復起。會北京留守韓絳奏引河近府非是，詔問別相視。

39 戊寅，以起居郎蘇轍，起居舍人曾肇並爲中書舍人，肇仍充實錄院修撰。王巖叟言肇資望甚卑，因緣得竊館職，素無吏能而擢領都司，殊昧史材而委修實錄，凡八上章，皆不聽。

40 朝廷起范鎮，欲授以門下侍郎，鎮雅不欲起，又移書問其從孫祖禹，祖禹亦勸之。鎮大喜曰：「是吾心也。凡吾所欲爲者，司馬君實已爲之，何復出也！」遂固辭。表曰：「六十三而求去，蓋已引年；七十九而復來，豈云中禮！」卒不起。命提舉崇福宮。數月，告老，以銀青光祿大夫致仕。

41 御史中丞傅堯俞初視事，與侍御史王巖叟同入對。帝諭堯俞曰：「用卿作中丞，不由執政，以卿公正不避權貴。如朝政闕失，卿等當極言之。」

42 三省奏立經義、詞賦兩科，從之。

43 詔：「府界三路保甲人戶，五等以下，地土不及二十畝者，雖三丁以上並免教。」從呂陶請也。

44 庚辰，（校者按：「庚辰」二字應移43上。）蠲鹽井官溪錢。

45 癸未，遼出粟賑乾、顯、成、懿四州貧民。

46 十二月，庚寅，詔：「將來服除，依元豐三年故事，羣臣勿上尊號。」

47 辛卯，遼以蘭陵郡王蕭烏納舊作兀納，今改。爲南院樞密使。烏納奏請據史以歲月遷敍；從之。

48 戊戌，華州鄭縣小敷谷山崩。

49 壬寅，朱光庭言：「學士院試館職策題云：『欲師仁宗之忠厚，而患百官有司不舉其職，或至于媮；欲法神考之厲精，而恐監司守令不識其意，流入于刻。』又稱：『漢文寬大長者，不聞有怠廢不舉之病；宣帝綜核名實，不聞有督察過甚之失。』臣以爲仁宗之深仁厚德，如天之爲大，漢文不足以過也；神考之雄才大略，如神之不測，宣帝不足以過也。今學士院攷試官不識大體，反以媮刻爲議論，乞正攷試官之罪。」策題，蘇軾文也，詔軾特放罪。軾聞而自辨，詔追回放罪指揮。

呂陶言：「蘇軾所撰策題，蓋設此問以觀其答，非謂仁宗不如漢文，神考不如漢宣。臺諫當徇至公，不可假借事權以報私隙。議者謂軾嘗戲薄程頤，光庭乃其門人，故爲報怨。夫欲加軾罪，何所不可！必指其策問以爲訕謗，恐朋黨之弊，自此起矣。」

50 戊申，詔以冬溫無雪，決繫囚。

51 遼崇義軍節度使致仕劉伸卒。

伸初爲大理正，因奏獄，遼主適與近臣語，不顧，伸進曰：「臣聞自古帝王，必重民命，願陛下省臣之奏。」遼主大驚異。累遷大理少卿，民無冤抑。後復以三司副使提點大理寺，明法而恕，按冤獄，全活甚衆。遼主欲大用之，爲耶律伊遜（舊作乙辛。）所阻；伊遜旣敗，其黨猶盛，伸不復仕。適燕薊民飢，伸家居，與致仕官趙徽、韓造濟以糜粥，所活不勝算。至是卒，遼主震悼，賻贈加等。

52 是歲，河北及楚、海諸州水。

二年　遼大安三年。（丁卯、一〇八七）

1 春，正月，乙卯，遼主如魚兒濼。

2 壬戌，王覿言：「朱光庭訐蘇軾策問，呂陶力辨。臣謂軾之辭不過失輕重之體耳；若悉攷同異，深究嫌疑，則兩岐遂分，黨論滋熾。夫學士命詞失指，其事尚小；使士大夫有朋黨之名，此大患也。」太皇太后深然之。時議者以光庭因軾與其師程頤有隙而發，而陶與軾皆蜀人，遂起洛、蜀二黨之說，故覿有是疏。

3 夏國以其故主秉常留遺物遺使來進。乙丑，封乾順爲夏國主〔王〕，如明道二年元昊除節度使、西平王例。

4 戊辰，詔：「自今舉人程試，並許用古今諸儒之說，或出己見，勿引申、韓、釋氏書。攷試官以經義、論、策通定去留，毋于老、列、莊子出題。」

5 辛未，傅堯俞、王巖叟入對，論蘇軾策題不當，太皇太后曰：「此朱光庭私意，卿等黨光庭耳。」堯俞、巖叟同奏曰：「臣等蒙宣諭，謂黨附光庭彈軾，上辜任使，更不敢詣臺供職，伏俟譴斥。」

6 甲戌，遼出錢粟賑南京貧民，仍復其租賦。

7 丙子，詔：「蘇軾所撰策題，卽無譏諷祖宗之意；然自來官司試人，亦無將祖宗治體評議者，蓋一時失于檢會，劄付學士院知。令傅堯俞、王巖叟、朱光庭速依舊供職。」蓋從呂公著議也。

8 辛巳，詔蘇轍、劉攽編次神宗御製。

9 二月，丙戌，遼發粟賑中京饑。

10 丁亥，遣左司諫朱光庭乘傳詣河北路，與監司一員徧視災荒，措置賑濟。

11 （辛卯），賜富弼神道碑，以「顯忠尙德」爲額，仍命翰林學士蘇軾撰文。

12 詔：「施、黔、戎、瀘等州保甲，監司免歲閱。」（校者按：此條應移11前。）

13 己丑，（校者按：二字衍。）知澶州王令圖相度河北水事。張問奏乞如前議，分河水入孫邨口置約，使復歸東流故道，從之。

14 己亥，命吏部選人改官，歲以百人爲額。

15 甲辰，遼以民多流散，除安泊逃戶徵償法。

16 辛亥，觀文殿大學士、知陳州蔡確，坐弟軍器少監碩貸用官錢事，落職，徙知安州。

17 是月，代州地震。

18 三月，乙卯，高麗遣使貢于遼。

19 丁巳，太皇太后詔曰：「祥禫既終，典册告具，而有司遵用章獻明肅皇后故事，謂予當受册於文德殿。雖皇帝盡孝愛之意，務極尊崇，而朝廷有損益之文，各從宜稱。將來受册，可止就崇政殿。」

20 己未，遼免錦州貧民租。

21 壬戌，輔臣奏事延和殿，太皇太后諭曰：「性本好靜，昨止緣皇帝幼沖，權同聽政，蓋非得已。況母后臨朝，非國家盛事。文德殿天子正衙，豈女主所當御！」呂公著等言：「陛下執謙好禮，思慮精深，非臣等所及。」

22 戊辰，詔：「內外待制、大中大夫以上，歲舉第二任通判資序堪知州者一人。」呂陶言任官之弊，其輕且濫者惟郡守爲甚，故有是詔。

23 令御史臺察民俗奢僭者。

24 夏國遣使來謝封册。

25 癸酉，奉安神宗神御于景靈宮宣光殿。

26 甲戌，遼免上京貧民租。

27 遼主如錦州。

28 庚辰，詔：「內侍省供奉官以下至黃門，以百人爲定額。」

29 女直貢良馬於遼

30 是月，神宗大祥。范祖禹上疏太皇太后曰：「今即吉方始，服御一新，奢儉之端，皆由此起，凡可以蕩心悅目者，不宜有加于舊。皇帝聖性未定，覩儉則儉，覩奢則奢，所以訓導成德者，動宜有法。今聞奉宸庫取珠，戶部用金，其數至多，恐增加無已。願止於朱（未）

然，崇儉敦朴，輔養聖性，使目不視靡曼之色，耳不聽淫哇之聲，非禮勿動，則學問日益，聖德日隆，此宗社無疆之福。」故事，服除開樂，當置宴，祖禹以爲：「如此，則似因除服而慶賀，非君子不得已而除之之意也。請罷開樂宴，惟因事則聽樂。」從之。

31 程頤上疏曰：「臣近言邇英漸熱，乞就崇政、延和殿。聞給事中顧臨以延和講讀爲不可，臣料臨之意，不過謂講官不可坐於殿上，以尊君爲說耳。臣不暇遠引，以本朝故事言之，太祖召王昭素講易，眞宗令崔頤正講尙書，邢昺講春秋，皆在殿上，當時仍是坐講。今世俗之人，能爲尊君之言而不知尊君之道；人君惟道德益高則益尊，若勢位則崇高極矣，尊嚴至矣，不可復加也。」

32 王令圖卒，以王孝先代領都水，亦請如令圖議。

時知樞密院事安燾以東流爲是，兩疏言：「朝廷之議回河，獨憚勞費，不顧大患。蓋自小吳未決以前，河入海之道雖屢變移，而仍在中國，故京師恃以北限强敵，景德澶淵之事可驗也。且河決每西，則河尾益北，若復不止，則南岸遂爲遼境，彼必作橋梁，守以州郡。如慶曆中因取河南熟戶之地，遂築軍以窺河外，已然之效如此。蓋自河而南，地勢平衍，直抵京師，長慮卻顧，可爲寒心。今欲便于治河而變于設險，非計也。」文彥博議與燾合，中書侍郎呂大防從而和之。三人者力主其議，同列莫能奪。中書舍人蘇轍謂呂公著曰：「河決而北，自先帝不能回，而諸公欲回之，是自謂智勇勢力過先帝也，盍因其舊而修其未備乎？」公著唯唯，曰：「當與公籌之。」然回河之役遂興。

33 夏，四月，丁亥，果莊（舊作鬼章。）使其子（結呃齪）寇洮東。

34 戊子，遼賜中京貧民帛，及免諸路貢輸之半。

35 己丑，以文彥博累章乞致仕，詔十日一赴朝參，因至都堂議事，仍一月一赴經筵。

36 辛卯，詔：「自今月十一日，避正殿，減常膳，公卿大夫其勉修厥職，共圖消復。」以梁燾奏春夏大旱故也。

37 丙申，遼賜烏庫（舊作烏古。）部貧民帛。

38 丁酉，以四方牒訴上尚書省，或冤抑不得直，令御史分察之，用范純仁之言也。

39 己亥，太皇太后以旱，權罷受册禮。詔諸路監司分督郡縣刑獄。五日而雨。

40 庚子，遼主如涼陘。

41 甲辰，張舜民罷監察御史，依前權判登聞鼓院。

先是舜民言：「夏人政亂，强臣爭權，乾順存亡未可知，朝廷未宜遽加爵命，近差封册使劉奉世等幸勿遣，緣大臣有欲優加奉世者，爲是過舉。」大臣，指文彥博也，故舜民有是責。傅堯俞乞速賜追還，以協易「不遠復」之義，王巖叟、孫升、上官均、韓川、梁燾、王覿皆以爲言，不報。

42 遼南府宰相王績卒。

43 乙巳，以布衣彭城陳師道爲徐州教授。

師道受業于曾鞏，博學，善爲文。熙寧中，王氏經義盛行，師道心非其說，絕意進取。至是以蘇軾、傅堯俞、孫覺薦授是職，尋又用梁燾薦爲太學博士。言者謂在官嘗越境至南京見蘇軾，改潁州教授。又論其進非科第，罷歸。家素貧，或經日不炊，妻子慍見，弗卹也。

44 呂公著請復制科，（丁未），詔復置賢良方正能直言極諫科，自今年始。

45 遼主命出戶部司粟，賑諸路流民及義州之饑。

46 戊申，御殿，復膳。

47 李清臣罷。

時熙、豐法度，一切釐正，清臣固爭之，以爲不可。于是傅堯俞、王巖叟言清臣竊位日久，有患失之心，無自立之志，乞早賜罷黜，上官均、梁燾亦相繼論之，遂罷爲資政殿學士、知河陽。

48 五月，壬子朔，（校者按：五字衍。）王巖叟、傅堯俞等言：「臣等累章論張舜民不當罷御史，不蒙開納，言責難以冒居，伏望降黜。」呂公著慮言者將激怒上意，致朝廷有罪言者之失，乃奏乞稍與優遷，令解言職。（校者按：此條應移50後。）

49（五月），癸丑，夏人圍南川砦。

50 庚申，遼海雲寺進濟民錢千萬。

51 丁卯，以尚書右丞劉摯爲尚書左丞，兵部尚書王存爲尚書右丞。

52 戊辰，貶右諫議大夫梁燾知潞州，侍御史孫升知濟州。

先是燾乞還張舜民臺職，章十上，不聽。又于省中面責給事中張問不能駁還舜民制命，以爲失職，因詬問貪祿不去，不知世所謂羞恥，而升亦劾問，引燾不知羞恥等語，坐朋附同貶。

53 癸酉，以胡宗愈爲御史中丞。

宗愈首進六事，曰端本，正志，知難，加意，守法，畏天。他日，奏對便殿，帝問朋黨之說，宗愈曰：「君子謂小人爲姦邪，則小人必指君子爲朋黨。陛下擇中立不倚者用之，則朋黨自消。」因進君子無黨論。

54 六月，甲申，以京西路提點刑獄彭汝礪爲起居舍人。

執政有問新舊之政者，汝礪曰：「政無彼此之辨，一于是而已。今所更大者，取士及差役法，行之而士民皆病，未見其可也。」

55 辛丑，以同知樞密院安燾知樞密院事。

56 壬寅，有星如瓜，出文昌。

57 阿里骨逼果莊率衆竊據洮州，殺掠人畜，羌酋結藥密使所部怯陵來告。阿里骨遣人執怯陵，結藥恐事覺，以其妻子來歸。丙午，授結藥三班奉職。

58 戊申，以丁騭爲右正言。騭自行新法，即不肯爲知縣，折資監當，幾二十年，人多稱之。

59 以祕閣校理諸城趙挺之爲監察御史。挺之始通判德州，希意行市易法。時黄庭堅監德安鎮，謂鎮小民貧，不堪誅求。及召試館職，蘇軾曰：「挺之聚斂小人，學行無取，豈堪此選！」挺之深銜之。庭堅，分寧人也。

60 秋，七月，辛亥，詔戶部修會計錄。

61 開府儀同三司、判大名府韓絳，以司空致仕。

62 夏人寇鎮戎軍諸堡，劉昌祚等禦之而退。

63 詔府界三路教閱保甲。

64 復課利場務，虧額科罰。

65 乙卯，權開封府推官張商英，出提黜〔點〕河東刑獄。

初，朝廷稍更新法，商英上書言：「三年無改於父之道。今先帝陵土未乾，奈何輕議變更！」又嘗移書蘇軾，求入臺，有「老僧欲住烏寺，呵佛罵祖」之語，或得之，以告呂公著，公著不悅，故出之。

66 丙辰，罷諸州(軍)數外歲貢。

67 遼主獵于黑嶺。丁巳，出雜帛賜興聖宮貧民。

68 戊午，以遼使賀坤成節，曲宴垂拱殿，始用樂。

69 庚申，進封李乾德爲南平王。

70 辛酉，改誠州爲渠陽軍。

71 壬戌，御札付中書省曰：「門下侍郎韓維，嘗面奏范百祿任刑部侍郎所爲不正。輔臣奏劾臣僚，當形章疏，明論曲直，豈但口陳，意欲無迹，何異姦讒！可罷守本官，分司南京。」呂公著上疏言：「自來大臣造膝密論，未嘗須具章疏。維素有人望，忽然峻責，罪狀未明，恐中外人情不安。」呂大防亦以爲言。

甲子，詔維除資政殿大學士、知鄧州。中書舍人曾肇封還詞頭，具狀曰：「古者坐而論道，謂之三公，豈必具案牘爲事！今陛下責維徒口奏而已，遂以爲有無君之意。臣恐命下之日，人心眩惑，謂陛下以疑似之罪而逐大臣。」不報。已而公著復于便殿乞改維詞頭，乃詔中書省以均勞逸意，命舍人蘇轍爲之。維尋以病改汝州。

72 乙丑，以左司諫呂陶爲京西轉運副使，侍御史上官均爲禮（比）部員外郎。

先是御史杜純、右司諫賈易緣張舜民罷職事，劾陶、均面欺同列，不肯論救。陶自請補外，上疏言：「杜純乃韓維之客，以此媚維，賈易乃程頤之死黨，爲頤報怨，必欲臣廢逐而後已，惟陛下幸察！」易凡五狀劾陶，謂詭譎姦人，託朋附以自安，故陶、均皆罷言職，而陶獨外補。

73 庚午，遼主以大雨罷獵。

74 丁丑，遼秦越國王阿輦（舊作阿璉。）卒，尋追封秦魏國王。

75 八月，辛巳，右司諫賈易罷知懷州。

自蘇軾以策題事爲臺諫官所言，而言者多與程頤善，軾、頤交惡，其黨迭相攻。易獨建言請并逐二人，又言呂陶黨軾兄弟，而文彥博實主之，語侵彥博及范純仁。太皇太后怒，欲峻責易；呂公著言易所言頗切直，惟詆大臣太甚爾，乃止罷易諫職，出外。公著退，語同列曰：「諫官所言，未論得失。顧主上春秋方盛，慮異時有導諛惑上心者，正賴左右爭臣，不可預使人主輕言者。」衆皆歎服。

76 程頤罷經筵，權同管句西京國子監。

先是頤赴講會，帝瘡疹，不御邇英已累日。頤退，詣宰相問曰：「上不御殿，知否？」曰：「不知。」曰：「二聖臨朝，上不御殿，太皇太后不當獨坐。且人主有疾而宰相不知，可乎？」翼日，呂公著等始以頤言問疾。由是大臣多不悅，故黜之。頤因三上章，乞納官歸田里，不報；又乞致仕，亦不報。

時呂公著獨相，羣賢在朝，不能不以類相從，遂有洛黨、蜀黨、朔黨之號。洛黨以頤爲首，而朱光庭、賈易爲輔；蜀黨以蘇軾爲首，而呂陶等爲輔；朔黨以劉摯、梁燾、王巖叟、劉安世爲首，而輔之者尤衆。是時熙、豐用事之臣，退休散地，怨入骨髓，陰伺間隙；而諸臣不悟，各爲黨比以相訾議。惟呂大防秦人，戇直無黨；范祖禹、司馬光〔康〕不立黨。

77 癸未，以西蕃寇洮、河，民被害者給錢粟，死者賜帛其家。

78 乙酉，命呂大防爲西京奉安神宗御容禮儀使。

79 丁亥，孔文仲、丁騭進對，太皇太后宣諭曰：「一心爲國，勿爲朋比。」

80 癸巳，以夏國政亂主幼，强臣梁乙逋等擅權逆命，詔諸路帥臣嚴兵備之。

81 庚子，授西蕃首領心牟欽氈銀州團練使，溫溪心瓜州團練使，以不從結嘓龊入寇故也。

82 辛丑，涇原路言夏人寇三川諸砦，官軍敗之。

83 丁未，熙河路言知岷州种誼復洮州，擒果莊青宜結；戊申，宰臣率百官表賀。

果莊桀黠有智謀，所部精銳，數爲邊患。熙寧中，誘陷河州，神宗屢詔王韶，欲生致之。至是與夏人解仇爲援，築洮州居之。誼率衆破其城，擒果莊，檻送京師。誼，諤之弟也。

時二邊少靖，而西塞猶苦寇掠，安燾言：「爲國者不可好用兵，亦不可畏用兵。好則疲民，畏則遺患。今朝廷每戒疆吏，非舉國入寇，毋得應之，則固畏用兵矣。雖僅保障戍，實墮其計中，願復講攻擾之策。且乾順幼豎，梁氏擅權，族黨酋渠，多反側顧望，若有以離間之，未必不回戈而復怨。此制勝一奇也。」其後夏人自相攜貳，來修貢，悉如燾言。

84 九月，乙卯，發太皇太后册寶于大慶殿；丙辰，發皇太后、皇太妃册寶于文德殿。

85 己未，夏人寇鎮戎軍。

86 庚申，王覿奏：「蘇軾、程頤，向緣小忿，浸結仇怨，于是頤、軾素所親善之人，更相詆訐，以求勝勢。前日頤去而言者及軾，故軾乞補外；既降詔不允，尋復進職經筵。今執政大臣有闕，若欲保全軾，則且勿大用，庶幾使軾不遽及于悔吝。」又奏：「小人近乃造爲飛語，有五鬼、十物、十八姦之說，大概不過取一二公義所共惡者以實其言，而餘皆端良之士也。伏望詔榜朝堂，明示不信讒言之意，以安士大夫之心。」

87 丁卯，禁私造金箔。

88 庚午，呂公著言：「十五日以經筵講畢論語，賜輔臣及講官宴，內出御書唐賢律詩，分賜臣等。次日于簾前謝，蒙太皇太后宣諭：『皇帝好學，在宮中別無所爲，惟是留心典籍。』天下幸甚！臣輒于尚書、論語、孝經中節取要語共一百段進呈，庶便于省覽。」他日，三省奏事畢，太皇太后宣諭公著曰：「皇帝取卿所進，每日書寫看覽，甚有益于學問，與詩篇不同也。」

89 乙亥，遼主駐匣魯金。

90 冬，十月，庚辰，遼以參知政事王經爲三司使。

91 甲申，知懷州賈易責知廣德軍。

易謝表謂以忠直獲罪，而指言羣臣讒邪罔極，朋黨滔天；又言蘇轍特〔持〕密〔命〕以告人，轍上疏自辨。于是御史交章論易詔事程頤，默受教戒，附下罔上，背公死黨，乞早賜降黜。詔以易已罷言職，不合于謝上表內指名論事，故有是責。

92 辛卯，減西京囚罪一等，杖以下釋之。

93 壬辰，遼罷節度使以下官進珍玩。

94 庚子，論復洮州功，种誼等遷秩、賜銀絹有差。

95 癸卯，劉摯言：「知陳州傅堯俞，知齊州王巖叟，知潞州梁燾，通判虢州張舜民，知廣德軍賈易，皆忠直不撓，願召入備任使，以慰公議。」

96 甲辰，泉州增置市舶，從戶部尚書李常請也。

97 丁未，范祖禹乞于邇英閣復張挂仁宗時王洙、蔡襄所書無逸、孝經圖，從之。

98 十一月，甲寅，遼以特里袞（舊作惕隱。）耶律坦同知南京留守事。

99 丙辰，復置漣水軍。

100 庚申，獻果莊于崇政殿，詰犯邊之狀，諭以聽招其子及部屬歸附以自贖。果莊服從，赦之，以爲陪戎校尉，遣居泰州。

101 壬申，詔：「講讀官遇不開講日，輪具漢、唐故事有益政體者三條進入。」先是蘇頌言：「國朝典章，大抵沿襲唐舊。乞詔史官采新唐書中臣主所行，日進數事。」故有是詔。頌每進可爲規戒有補時政者，必述以己意，反復言之。

102 乙亥，以大雪，民多凍死，詔加賑卹，其無親屬者，官瘞之。

103 罷內殿承制試換文資格（法）。

104 十二月，己卯朔，遼以樞密直學士呂嗣立參知政事。

105 乙酉，以大寒，賜諸軍薪炭錢。又令開封府閱坊市貧民，以錢百萬，計口量老少給之。

106 丙戌，興龍節，初上壽于紫宸殿。

107 己丑，以大寒，罷集英殿宴。

108 壬辰，兀征聲延部族老幼萬人渡河南，遣使廩食之；仍諭聲延勿失河北地。

109 壬寅，頒元祐敕令式。

110 丙午，趙挺之奏：「蘇軾學術，本出戰國策縱橫揣摩之說。近日學士院策試廖正一館職，乃以王莽、袁紹、董卓、曹操篡漢之術爲問，使軾得志，將無所不爲矣。」【考異】東都事略趙挺之傳：挺之劾奏蘇軾草麻有云「民亦勞止」，以爲誹謗先帝。宋史同。未審即此奏中語否？

111 是冬，始閉汴口。

112 是歲，夏改元天儀治平。

三年遼大安四年。（戊辰、一〇八八）

1 春，正月，庚戌，復置廣惠倉，從侍講范祖禹言也。

2 遼主如混同江。

3 甲寅，太白晝見。

4 己未，朝獻景靈宮。

5 庚申，詔發京西南路闕額禁軍穀五十餘萬斛，減市價出糶，至麥熟日止，以雪寒，物價翔踴也。

6 （丁卯），王覿奏：「蘇軾長于辭華而暗於理義，若使久在朝廷，則必立異妄作。宜且與一郡，稍爲輕浮躁競之戒。」（校者按：此條應移9後。）

7 辛酉，詔廣南西路朱崖軍開示恩信，許生黎悔過自新。

8 壬戌，罷上元遊幸。

9 甲子，五國部長貢於遼。

10 庚午，遼免上京逋逃及貧戶稅賦。

11 壬申，阿里骨奉表謝罪。詔邊將無出兵，仍罷招納。

12 甲戌，遼以上京、南京饑，許良人自鬻。

13 丁丑，遼曲赦西京役徒。

14 二月，甲申，罷修金明池橋殿。

15 乙酉，時久陰不解，翰林學士兼侍讀蘇軾言：「差役之法，天下以爲未便，獨臺諫官數人者主其議，以爲不可改。近聞疏遠小臣張行者力言其弊，而諫官韓川深詆之，至欲重加貶竄。此等亦無他意，方司馬光在時，則欲希合光意，及其既歿，則妄意陛下以爲主光之言。殊不知光至誠盡公，本不求人希合；而陛下虛心無我，亦豈有所主哉！使光無恙至今，見其法稍弊，則更之久矣。臣每見呂公著、安燾、呂大防、范純仁，皆言差役不便，但爲已行之令，不欲輕變，兼恐臺諫紛爭，卒難調和。願陛下問呂公著等，令指陳差、雇二法各有若干利害；昔日雇役，中等人戶歲出錢幾何；今者差役，歲費錢幾何；又幾年一次差役；皆可以折長補短，約見其數，以此計算，利害灼然。而況農民在官，貪吏狡胥，百端蠶食，比之雇人，苦樂十倍，民窮無告，致傷陰陽之和。今來所言，萬一少有可采，即乞留中，作聖意行下，庶幾上答天戒，下全小民。」

16 丙戌，詔河東苦寒，量度存卹戍兵。

17 己丑，以左司諫豐稷爲國子司業。揚王顥、荆王頵嘗令成都府路走馬承受造錦地衣，稷獨奏劾，以爲「近屬奢侈，官吏奏〔奉〕旨，宜皆糾正其罪。」給事中趙君錫曰：「諫官如是，天下必太平矣。」不數日，稷罷言職。

18 癸巳，詔：「殿試經義、詩賦人並試策一道。」從趙挺之請也。

19 甲午，遼曲赦春州役徒，終身者皆五歲免。己亥，遼主如春州。赦泰州役徒。

20 乙巳，知貢舉蘇軾同孫覺、孔文仲言：「每一試進士、諸科及特奏名約八百餘人。舊制，禮部已奏名，至御試而黜者甚多。嘉祐始盡賜出身，近雜犯亦免黜落，皆非祖宗本意。進士升甲，本爲南省第一人唱名近下，方特升之，皆出一時聖斷。今禮部十人以上別試、國子、開封解試、武舉第一人、經明行修進士及該特奏而預正奏者，定著於令，遂升一甲。則是法在有司，恩不歸于人主，甚無謂也。今特升者約已及四百五十人，又許例外遞減一舉，則當復增數百人。此曹垂老無他望，布在州縣，惟務黷貨以爲歸計，殘民敗官，無益有損。議者不過謂宜廣恩澤，不知吏部以有限之官待無窮之吏，戶部以有限之財祿無用之人，而所至州縣舉罹其害，謂之恩澤，非臣所識也。願斷自聖意，止用前命，仍詔考官量取一二十人，委有學問、詞理優長者，卽許出官，其餘皆補文學、長史之類，不理選限。」於是詔定特奏名，考取進士入四等以上、諸科入三等以上，通在試者計之，毋得取過全額之半，後遂著爲令。

21 以正字劉安世爲右正言。司馬光既沒，太皇太后問呂公著：「光門下士素所厚善可任臺諫者，孰當先用？」公著以安世對，遂擢任之。

22 三月，丙辰，司空致仕康國公韓絳卒，諡獻肅。絳喜延接士大夫。始與王安石善，其後頗異，因數稱薦司馬光可大用。然終以黨安石復得政，清議少之。

23 乙丑，遼免高麗歲貢。

24 己巳，賜進士李常寧等並諸科及第、出身共一千一百二十二人。

25 遼賑上京及平、錦、來三州饑。

26 甲戌，增新釋褐進士錢百萬，酒五百壺，爲期集費。

27 乙亥，夏人寇德靜砦，將官張誠等敗之。

28 夏，四月，戊寅，令諸路郡邑具役法利害以聞。

29 己卯，遼賑蘇、吉、復、淶、鐵五州貧民，并免其租稅。

30 尚書右僕射兼中書侍郎呂公著，以年老，數辭位；辛巳，拜司空、平章軍國事，詔一月三赴經筵，二日一朝，因至都堂議事，出省毋拘以時。別建第于東府之南，啓北扉以便執政就議，恩數如其父夷簡，世以爲榮。

31 以中書侍郎呂大防爲尚書左僕射兼門下侍郎，同知樞密院范純仁右僕射兼中書侍郎。制詞皆蘇軾所草也。

是夕，軾對于內東門小殿，既承旨，太皇太后急問曰：「卿前年爲何官？」曰：「臣前年爲汝州團練副使。」「今爲何官？」曰：「臣今待罪翰林學士。」曰：「何以遽至此？」軾曰：「遭遇太皇太后、皇帝陛下。」曰：「非也。」軾曰：「豈大臣論薦乎？」曰：「亦非也。」軾曰：「臣雖無狀，不敢自他途以進。」太皇太后曰：「此乃先帝之意也。先帝每誦卿文章，必歎曰：『奇才，奇才！』但未及用卿耳。」軾不覺哭失聲，太皇太后泣，帝亦泣，左右感涕。已而命坐賜茶，撤御前金蓮燭送歸院。

軾在翰林，頗以言語文章規切時政，畢仲游以書戒之曰：「夫言語之累，不特出口者爲言，其形於詩歌，贊於賦頌，託於碑銘，著於序記者，皆言語也。今知畏於口而未畏于文，是其所是，則見是者喜，非其所非，則蒙非者怨；喜者未必能濟君之謀，而怨者或已敗君之事矣。官非諫臣，職非御史，而好是非人，危身觸諱以遊其間，殆猶抱石而救溺也。」軾不能從。

32 壬午，以觀文殿學士兼侍讀孫固爲門下侍郎，尚書左丞劉摯爲中書侍郎，尚書右丞王存爲尚書左丞，御史中丞胡宗愈爲尚書右丞，戶部侍郎趙瞻爲簽書樞密院事。

33 甲申，韓川、劉安世進對，太皇太后問：「近日差除如何？」安世對曰：「朝廷用人，皆協輿望；惟胡宗愈，公議以爲未允耳。」

34 遼賑慶州貧民。乙酉，減諸路常供服御物。

35 丁酉，遼立入粟補官法。

36 癸卯，遼主西幸。時耶律儼爲樞密直學士，召使講尚書洪範。儼儀觀秀整，遼主數對羣臣稱其才俊。

37 五月，丁未，中書舍人曾肇言：「昨奉使契丹，還至河北，竊聞朝廷命王孝先開孫村口減水河，欲爲回河之計。詢之道路，皆云見今河流就下，故道地形甚高，兼係黃河退背地分，恐難成功。當河北累年災傷之後，未宜有此興作。伏望聖慈更下水官及河北路監司公共講求，不至枉費民力，更招後悔。」

38時熙、豐用事之臣雖去，其黨分布中外，起私說以搖時政。鴻臚丞常安民遺呂公著書曰：「善觀天下之勢，猶良醫之視疾。方安寧無事之時，語人曰：『其後必將有大憂。』則衆必駭笑。惟識微見幾之士，然後能逆知其漸，故不憂其可憂而憂之于無足憂者，至憂也。今日天下之勢，可爲大憂，雖登進忠良，而不能搜致海內之英才，使皆萃於朝以勝小人，恐端人正士未得安枕而臥也。故去小人爲不難，而勝小人爲難。陳蕃、竇武，協心同力，選用名賢，天下想望太平，然卒死曹節之手，遂成黨錮之禍；張柬之五王，中興唐室，及武三思一得志，至於竄移淪沒。此皆前世已然之禍也。今用賢如倚孤棟，拔士如轉巨石，雖有奇特瓌卓之才，不得一行其志，甚可歎也。猛虎負嵎，莫之敢攖，而卒爲人所勝者，人衆而虎寡也。故以十人而制一虎則人勝，以一人而制十虎則虎勝，柰何以數十人而制千虎乎！今怨憤已積，一發其禍必大，可不謂大憂乎！」公著得書默然。安民，邛州人也。

39諫議大夫王覿疏言：「胡宗愈自爲御史中丞，論事建言，多出私意，與蘇軾、孔文仲各以親舊相爲比朋。」內批：「王覿論列不當，落職，與外任差遣。」翼日，呂公著言：「覿若止爲論列宗愈，便行責降，必不協衆情，未敢行下。」後二日，公著與呂大防、范純仁再論於簾前，太皇太后意猶未解。純仁退而上疏曰：「側聞聖訓謂朋黨甚多，宜早施行。以臣愚見，朝臣本無朋黨，但善惡邪正，各以類分，陛下既用善人，則匪人皆憂難進，遂以善人之相稱舉者皆指爲朋黨。昔慶曆時，先臣與韓琦、富弼同爲執政，各舉所知，當時飛語指爲朋黨，三人相繼補外。造謗者公相慶曰：『一網打盡矣！』此事未遠，願陛下戒之。所降貶謫王覿文字，臣未敢簽書。」因極言前世朋黨之禍，并錄歐陽修朋黨論上之。趙挺之、揚康國亦言不當因論人而逐諫官，乞追寢罷覿之命，不聽，竟出覿知潤州，而宗愈居位如故。

40 辛亥，遼主命燕國王廷〔延〕禧寫尙書五子之歌。

41 時以炎暑，權罷講。癸丑，侍講范祖禹上疏曰：「陛下今日學與不學，繫天下他日之治亂。陛下如好學，則天下之君子以直道事陛下，輔助德業而致太平；不好學，則天下之小人以邪諂事陛下，竊取富貴而專權利。君子之得位，欲行其所學也；小人之得君，將濟其所欲也。用君子則治，用小人則亂。君子與小人，皆在陛下心之所召。且凡人之進學莫不於少時，今聖質日長，數年之後，恐不得如今日之專，竊爲陛下惜也。」

42 乙卯，遼賑祖州貧民。丁巳，詔免徒役，終身者五歲免之。己未，賑春州貧民。

43 癸亥，漢東郡王宗瑗卒。

44 丙寅，遼禁挾私引水犯田。

45 六月，丙子朔，詔：「鄉戶銜前役滿未有人替者，依募法支雇食錢。如願投募者聽，仍免本戶身役；不願投募者，速召人替。」

46 庚辰，遼主駐散水原。

47 癸未，詔：「司諫、正言、殿中侍御史、監察御史，倣故事，以升朝官通判資序歷一年者爲之。」

48 丁亥，遼命燕國王延禧知中丞司事，以同知南院樞密使事耶律聶里知右伊勒希巴（舊作夷離畢。）以知右伊勒希巴事耶律鄂嘉（舊作那也。）同知南院樞密使。庚寅，北院樞密使耶律頗德致仕。

49 戊戌，詔：「黃河未復故道，終爲河北之患，王孝先等所議，已嘗興役，不可中罷，宜接續工料，期于必成。」

范純仁乞寢前命以杜希合，尚書王存等亦言：「孝先初未有必然之論，但僥倖萬一以冀成功，且預求免責。若遂聽之，將有噬臍之悔。乞遣使覆按，審度可否，興工未晚。」庚子，三省、樞密院奏事延和殿，文彥博、呂大防、安燾，謂河不東則失中國之險，爲契丹利；范純仁、王存、胡宗愈則以虛費勞民爲憂。存謂：「契丹自景德至今八九十年，通好如一家，設險何與焉！不然，如石晉末耶律德光入汴，豈無黄河爲阻！況今河流亦未必便衝過北界也。」太皇太后曰：「且熟議。」明日，純仁又畫四不可之説以進，且曰：「北流數年，未爲大患，而議者恐失中國之利，先事回改，正如頃西夏本不爲邊患，而好事者以爲不取恐失機會，遂興靈武之師也。」於是收回戊戌詔書。

辛丑，夏人寇塞門砦。

[50]（癸卯），劉安世言：「胡宗愈操行汙下，毀滅廉恥，誠不足以輔佐人主，參預國論，乞特行罷免。」

續資治通鑑卷第八十一

賜進士及第兵部尚書兼都察院右都御史總督湖北湖南等處地方軍務兼理糧餉世襲二等輕車都尉 畢沅 編集

宋紀八十一 起著雍執徐（戊辰）七月，盡上章敦牂（庚午）十二月，凡二年有奇。

哲宗憲元繼道顯德定功欽文睿武齊聖昭孝皇帝

元祐三年 遼大安四年。（戊辰、一〇八八）

1 秋，七月，戊申，荆王頵卒，謚端獻。

2 遼曲赦奉聖州役徒。

3 癸丑，太皇太后詔有司褒崇皇太妃，討論典故以聞。

4 丙辰，遼遣使册李乾順爲夏國王。

5 庚申，遼主如秋山。

6 壬戌，詔：「應大臣奏舉館職，並依條召試除授；其朝廷特除，不用此令。」

先是劉安世言：「祖宗定天下，首開儒館以育人材。近歲以來，寖輕其選，或緣世賞，或以軍功，或酬聚斂之能，或徇權貴之薦，未嘗校試，遂貼職名。」帝以爲然，故有是詔。安世又奏：「陛下過聽臣言，追復舊制，而繼云朝廷特除者不在此限，則是名爲更張，弊原尚在。乞自轉運使以上資序特除者，得不用此制。庶幾塞僥倖之門，重館職之選。」不聽。

7 戊辰夜，東北方明如晝，俄存（成）赤氣，中有白氣經天。

8 己巳，遼禁民出境。

9 癸酉，忠州言臨江塗井鎮雨黑黍。

10 八月，己卯，進封揚王顥爲徐王。

11 庚辰，遼有司奏宛平、永淸蝗爲飛鳥所食。

12 幸（辛）巳，復置荆門軍。

13 丙戌，罷吏試斷刑法。

14 庚寅，遼主謁慶陵。

15 丁酉，渠陽蠻入寇。

16 辛丑，劉安世言：「臣伏見祖宗以來，執政大臣親戚子弟，未嘗敢授內外華要之職。自王安石秉政以來，盡廢列聖之制，專用親黨，務快私意。今在位之臣，猶襲故態，子弟親戚，布滿要津，此最當今大患也。願出此章，徧示三省，俾不廢祖宗之法。」

17 中書舍人曾肇言：「近日以來，頗有干求內降，特與差遣者，竊恐僥倖之人，轉相扳援，謹並錄上仁宗朝緣內降戒飭詔書事迹凡八條，別爲一通，伏乞置之坐右，少助省覽。」

18 九月，庚申，禁宗室聯姻內臣家。

19 乙丑，詔觀察使以上給永業田。

20 丁卯，策賢良方正能直言極諫科謝悰，（己巳），賜進士出身，除初等職官。劉安世言：「近見悰申尙書省辭免新命狀，乃云『所有敕命，未敢抵授』。以『祗』爲『抵』，以『受』爲『授』。昔唐省中有『伏獵侍郎』，爲嚴挺之所譏而罷。陛下初復置舉，豈容有『抵授賢良』乎！」

21 冬，十月，丁丑，遼主獵於遼水之濱。己卯，駐蒴絲淀。癸未，免百姓所貸官粟。

22 丙戌，罷新創諸堡砦。

23 趙瞻乞廢渠陽軍以舒荆湖之力，從之。

24 己丑，遼知北院樞密使耶律阿蘇舊作阿思，今改。封漆水郡王。癸巳，以伊實舊作乙室，今改。大王耶律迪里舊作敵烈，今改。知西北路招討使事，以權知西北路招討事蕭休格舊作朽哥，今改。知伊實大王事。

25 戊戌，復南北宣徽院。

26 御史翟思等言：「清心莫如省事，省事莫如省官。今天下之事，其繁簡多寡，無以異于官制以前，然昔以一官治之者，今析之爲四五，昔以一吏主之者，今增而爲六七。願朝廷參攷古制，以救今弊。」

27 壬寅，遼命諸部長官親鞫獄訟。

28 十一月，甲辰，遣吏部侍郎范百祿、給事中趙君錫相度回河利害，畫圖聞奏。

29 庚申，遼興中府民張化法，以父兄犯盜當死，請以身代，遼主皆免之。

30 丁卯，詔歲以十月給巡城兵衣裘。

31 （甲寅），劉安世言：「屢見近臣連名薦士，多爲捷徑，容使躁求，人懷覬覦，何所不至！」詔：「自今臣僚特有薦舉，毋得列銜聞奏。」

32 十二月，癸未，遼以耶律愼思爲中京留守。

33 劉安世言：「鄆州學教授周穜上書，乞以故相王安石配享神宗廟庭。穜以疏遠微賤之臣，懷姦邪觀望之志，陵蔑公議，妄論典禮，伏望重行竄殛，以明好惡。」蘇軾言：「臣忝備侍從，謬於知人，至引穜以汙學校，謹自劾待罪。」甲午，罷穜教授，歸吏部。

34 壬寅，白虹貫日。

35 戶部侍郎蘇轍上疏言：「回河大議雖寢，然聞議者固執來歲開河分水之策。今小吳決口，入地已深，而孫邨所開，丈尺有限，不獨不能回河，亦必不能分水。況黃河之性，急則通流，緩則淤澱，既無東西皆急之勢，安有兩河並行之理！今建議者乃謂河徙無常，萬一自遼界入海，邊防失備。按河昔在東，自河以西郡縣，與遼接境，無山河之限，邊臣建爲塘水以捍其衝。今河既西，則西山一帶，契丹可行之地無幾，邊防之利，不言可知。且契丹諸水，皆自北南注以入于海。蓋地形北高，河無北徙之道，而海口深浚，勢無徙移，此邊防之說不足聽也。臣又聞謝卿材到闕，言：『黃河自小吳決口，乘高注下，水勢奔決〔快〕，上流隄防，無復怒決之患；朝廷若以河事付臣，不役一夫，不費一金，十年保無河患。』大臣以其異己罷歸，而使王孝先、俞瑾、張景先三人重畫回河之計。蓋由大臣重于改過，故假契丹不測之憂以取必于朝廷；雖已遣范百祿等出按利害，然未敢保無觀望風旨也。願亟收回買梢發兵指揮，使百祿等明知聖意無所偏係，不至阿附以誤國計。」

36 閏月，癸卯朔，頒元祐敕令格式。

37 是日，遼預行正旦禮。

38 甲辰，銀青光祿大夫致仕蜀郡公范鎮定鑄律度量、鐘磬等，并書及圖法上進，較景祐中李照樂又下一律有奇。帝及太皇太后御延和殿，詔輔臣同閱視，賜詔嘉獎，下之太常，令三省侍從臺閣之臣皆往觀焉。鎮時已屬疾，樂奏，三日而卒，謚忠文。

鎮清白坦夷，表裏洞達，遇人以誠，口不言人過；及臨大節，決大議，色和而語莊，雖在萬乘前無所屈。平生與司馬光相得甚歡，議論如出一口，故當時推天下之賢者，必曰君實、景仁。景仁，鎮字也。

39 戶部尚書韓忠彥、侍郎蘇轍、韓宗道言：「本部近編成元祐會計錄，大抵一歲天下所收錢、穀、金銀、幣帛等物，未足以支一歲之出。臣等願明敕本部，隨事看詳，量加裁損，二聖以身率之，大臣以身先之，則誰不信服！」奏入，詔：「戶部取索應干財用，除諸班諸軍料錢、衣糧、賞給特支依舊外，其餘浮費，並行裁省，節次以聞。」

40 御史中丞李常言：「先帝以吏人無祿，不足以責其廉，遂重其罰而祿之。向已命官覈實汰冗，請督責成書。」詔門下、中書後省疾速立法。

41 丙午，遼主如混同江。

42 戊申，減宰執賜予。

43 甲寅，太皇太后詔曰：「官冗之患，所從來尚矣；流弊之極，實萃于今，以闕計員，至相倍蓰。上有久閑失職之吏，則下有受害無告之民，故命大臣攷求其本，苟非裁損入流之數，無以澂清取士之原。吾今自以眇身率先天下，永惟臨御之始，嘗敕有司，蔭補私親，舊無定限，自惟薄德，敢配前人！已詔家庭之恩，止從母后之比，今當又損，以示必行。夫以先帝顧託之深，天下責望之重，苟有利于社稷，吾無愛于髮膚。矧此推恩，實同毫末，忠義之士，當識此情，各忘內顧之誠，共成節約之制。今後每遇聖節，大禮、生辰合得親屬恩澤，並四分減一。皇太后、皇太妃準此。」

44 庚申，置六曹尚書權官。

45 丙寅，詔吏部詳定六曹、（寺監）重復利害以聞。

46 范百祿、趙君錫既受詔，行視東西二河，度地形，究利害，見東流高仰，北流順下，知河必不可回，即條畫以聞。

四年 遼太安五年。（己巳、一〇八九）

1 春，正月，癸未，范百祿等使還，入對，復言：「修減水河有害無利，願罷其役，那移工料，繕築西隄，以護南決口。」頃之，乃詔罷回河及修減水河。

2 遼主如魚兒濼。

3 甲申，以夏人通好，詔邊將毋生事。

4 左司諫韓川，罷爲集賢校理，權發遣潁州，以數言胡宗愈不聽故也。

5 甲午，高麗貢于遼。

6 是月，（己巳），知鄧州蔡確復觀文殿學士。（校者按：此條應移10後。）

7 二月，甲辰，司空、同平章軍國事、申國公呂公著卒，年七十二。太皇太后見輔臣曰：

「邦國不幸，司馬相公既亡，呂司徒〔空〕復逝。」痛惘久之。帝亦悲感，即詣其家臨奠，贈太師，謚正獻。

公著自少講學，即以治心養性爲本，平居無疾言遽色，於聲利紛華，泊然無所好。識慮深敏，量弘而學粹，苟便於國，不以利害動其心。與人至誠，不事表暴。其好德樂善，出於天性，士大夫有以人物爲意者，必問其所知，與其所聞參互攷實，以待上求。神宗嘗謂執政曰：「呂公著之於人材，其言不欺，如權衡之稱物。」每帝前議政事，盡誠去飾，博取衆人之善以爲善，至其所當守，毅然不可回奪也。王安石博辨騁辭，人莫敢與抗，公著獨以精識約言服之。安石嘗曰：「疵吝每不自勝，一詣長者，不覺消釋。」其敬服如此。

8 庚戌，白虹貫日。

9 乙卯，夏國主遣使來謝封冊。

10 壬戌，御邇英閣，詔講讀官講尚書，讀寶訓。司馬康講洪範至「乂用三德」，帝問曰：「止此三德，爲更有德？」康對曰：「皋陶所陳有九德，如『柔而立，剛而塞，強而義』等語是也。」先是帝恭默未言，起居舍人王巖叟喜聞德音，欲因以風諫，退而上言：「陛下既能審問之，必能體而行之。三德者，人君之大本，得之則治，失之則亂，不可須臾去也。三數雖少，推而廣之，足以盡天下之要。」巖叟嘗侍講，奏曰：「陛下宮中何以消日？」帝曰：「並無所好，惟是觀書。」對曰：「聖學須在積累，積累之要，在專與勤，屏去他事，始可謂專；久而不倦，始可謂勤。」帝然之。

11 三月，癸酉，遼主命析津、大定二府精選舉人以聞。遼自清寧後，五京、諸州各建孔子廟，頒五經傳疏，至是復下詔諭學者當窮經明道。

12 甲戌，蘇頌等奏撰進漢唐故事分門增修，詔以邇英要覽爲名。

13 己卯，作渾天儀。

14 胡宗愈罷爲資政殿學士、知陳州，以劉安世屢劾其罪狀故也。

15 太史局奏：「宋以火德王天下，今所造渾儀名水運，甚非吉兆。」詔以元祐渾天儀象爲名。其後翰林學士許將等請卽象爲儀，并爲一器，從之。

16 劉安世言：「去冬迄今春，雨雪愆期，夏苗將稿〔槁〕，秋種未布，伏望特罷宴樂，以示閔雨之意。」丁亥，詔罷春宴。

17 翰林學士兼侍讀蘇軾，罷爲龍圖閣學士、知杭州。

軾嘗讀祖宗寶訓，因及時事，歷言：「今功罪不明，善惡無所勸沮；又，黃河勢方北流而強之使東；夏人寇鎮戎，殺掠幾萬人，帥臣掩蔽不以聞，朝廷亦不問，恐寖成衰亂之漸。」當軸者恨之，趙挺之、王覿攻之尤甚。軾知不見容，請外，故有是命。

18 己丑，詔：「自今大禮毋上尊號。」

19 辛卯晝，有流星自東北向西北急流，至濁沒。

20 乙未，罷幸瓊林苑、金明池。

21 夏，四月，甲辰，遼以知奚六部大王事尼噶舊作涅葛，今改。爲本部大王。

22 乙巳，呂大防等以久旱求罷，不允。

23 丁未，少（太）保、司徒兼中書令、（中）太一宮使、濟陽郡王曹佾卒。佾性和易，美儀度。神宗每咨訪以政，然退朝，終日語不及公事。神宗謂大臣曰：「曹王雖用近親貴，而端拱寡過，善自保，眞純臣也。」進對，未嘗名。

24 戊申，罷大禮使及奏告宰執加賜。

25 先是知漢陽軍吳處厚言：「蔡確昨謫安州，不自循省，包蓄怨心，嘗遊車蓋亭，賦詩十章，內二章譏訕尤甚。」奏至，左司諫吳安詩首聞其事，卽彈論之；梁燾、范祖禹、王巖叟、劉安世等，交章乞正確罪。壬子，詔令確具析聞奏，仍委知安州錢景陽繳進確元題詩本。始，確嘗從處厚學賦，及作相，與處厚有隙。王珪欲除處厚館職，爲確所沮，處厚由是恨確，故箋釋其詩上之。士大夫固多疾確，然亦由此畏惡處厚云。

26 遼主獵於北山。

27戊午，分經義、詩賦爲兩科試士，罷明法科。

尚書省請復詩賦，與經義、詩賦爲兩科試士，又言舊明法最爲下科，今中者卽除司法，敍名反在及第進士上，非是，詔從之。凡詩賦進士，于易、書、詩、周禮、禮記、春秋左傳內聽習一經；初試本經義二道，論、孟義各一道，次試賦及律詩各一首，次試論一首，末試子史時務策二道，凡四場。其經義進士，須習兩經，以詩、禮記、周禮、（左氏）春秋爲大經，書、易、公羊、穀梁、儀禮爲中經，願習二大經者聽，不得偏占兩中經。初試本經義三道，論語義一道，次試本經義三道，孟子義一道，次試論、策如詩賦科。並以四場通定高下，而取解額中分之，各占其半。專經者以理義定取舍，兼詩賦者以詩賦爲去留，其名次高下，則如策論參之。

初，司馬光言：「神宗尊用經義、論、策取士，此乃復先王令典，百王不易之法。但王安石不當以一家私學，欲蓋先儒，令天下師生講解。至於律令，皆當官所須，使爲士者果能知道義，自與法律冥合，何必置明法一科，習爲刻薄，非所以長育人材、敦厚風俗也。」至是遂罷明法科

28是日，尚書省又言：「大河東流，爲中國要險，自大吳決後，由界河入海，不惟淤壞塘濼，兼濁水入界河向去淺澀，則河尾將直注北界入海，中國全失險阻之限，不可不爲深慮。」詔范百祿、趙君錫條畫以聞。百祿言：「臣等按行黃河獨流口至界河，又東至海口，熟觀河流

形勢，并緣界河至海口鋪砦地分。使臣各稱界河未經黃河行流以前，闊一百五十步，下至五十步，深一丈五尺，下至一丈；自黃河行流之後，闊五百四十步，次亦三二百步，深者三丈五尺，次亦二丈。乃知水性就下，行疾則自刮除成空而稍深，與漢張戎之論正合。自元豐四年河出大吳，勢如建瓴，經今八年，衝刷界河兩岸，日漸開闊，連底成空，趨海之勢甚迅，雖遇泛漲非常，而大吳以上數百里，終無決溢，此乃下流深快之驗也。臣等竊謂本朝以來，未有大河安流，合於禹迹如此之利便者。其界河向去趨深走下，湍激奔騰，只有闊深，必無淺澱，河尾安得直注北界，中國亦無全失險阻之理，不至上煩聖慮。」

29 壬戌，弛在京牧地與民。

30 甲子，遼主以霖雨罷獵。

31 五月，辛未，以著作郎范祖禹爲右諫議大夫兼侍講。

祖禹上疏論人主正心修身之要，乞太皇太后日以天下之勤勞，萬民之疾苦，羣臣之邪正，政事之得失，開導上心，曉然存之于中，庶使異日衆說不能惑，小人不能進。

32 癸酉，以御史中丞李常爲兵部尚書，侍御史盛陶爲太常少卿，皆坐不論蔡確改官也。

33 辛巳，知鄧州、觀文殿學士蔡確，責授左中散大夫、守光祿卿、分司南京。

時中書舍人彭汝礪密疏救確，大略以吳處厚開告訐之路，此風不可長爲言；盛陶亦騰章，意與汝礪合。已而安州言確已刮洗詩牌。其明日，確奏亦至，自辨甚悉，汝礪復救解之。論猶未決，梁燾、劉安世言確罪狀著明，何待分析，故有是命。汝礪又封還詞頭，卽謁告；會王巖叟當制，遂草詞行下。

丙戌，梁燾、吳安詩、劉安世言蔡確罪重而責輕，傅堯俞、朱光庭相繼論列，范祖禹亦助之。於是太皇太后宣諭燾等，令密具行遣條例聞奏，燾等卽以丁謂、孫沔、呂惠卿故事條上。

丁亥，宰執入對，太皇太后忽曰：「蔡確可英州別駕，新州安置。」宰執愕立相視。范純仁言方今宜務寬厚，不可以語言文字曖昧不明之過誅竄大臣，劉摯亦以確母老，引柳宗元與劉禹錫播州事。呂大防因曰：「確先帝大臣，乞如摯所論，移一近裏州郡。」太皇太后曰：「山可移，此州不可移也！」於是不敢復言。純仁獨留身，揖王存論之，意不解。純仁曰：「臣奉詔，但乞免內臣押去。」太皇太后曰：「如何？」純仁以曹利用事言之。太皇太后曰：「無慮，彼必不死也。」是夜，批出，差入內供奉裴彥臣等押送，臣僚皆欲救止，而恐與初論相戾，且非體，遂不敢發。

李常、盛陶、翟思、趙挺之、王彭年坐不舉劾，彭汝礪坐營救幷不草責詞，皆罷去。擢吳處厚知衞州。

初，議竄確嶺嶠，純仁謂大防曰：「此路自丁晉公後，荆棘六七十年矣，柰何開之！吾儕正恐亦不免耳。」

知杭州蘇軾未行，密疏言：「朝廷若薄確之罪，則於皇帝孝治爲不足；若深罪確，則於太皇太后仁政爲小損。謂宜皇帝降敕推治，而太皇太后特加寬貸，則仁孝兩得矣。」太皇太后善其言而不能用。

34 詔直龍圖閣邢恕，候服闋日落職，授承議郎、監永州鹽酒稅。

先是恕自襄州移河陽，間道抵鄧州，見蔡確，相與謀所造定策事。及司馬康赴闕，恕特招康道河陽，因勸康作書稱確，爲他日全身保家計。康以恕同年，又出父門下，信之，作書如恕言。恕本意必得康書者，以康爲司馬光之子，言確有定策功，可取信於世。既而梁燾自潞州以左諫議召，恕亦要燾出河陽，既至，恕日夜論確定策功不休，且以康與確書爲證。燾不悅，詣闕奏之。會吳處厚訐確詩，燾因與劉安世等請誅確。確既貶竄，恕亦坐謫。

太皇太后諭三省曰：「帝是先帝長子，子繼父業，其分當然，確有何策立勳邪！若使確他日復來，欺罔上下，豈不爲朝廷害！恐帝年少制御不得，今因其自敗，如此行遣，蓋爲社稷也。」

康初欲從恕招，邵雍子伯溫謂康曰：「公休除喪，未見君，不宜先見朋友。」康曰：「已諾之矣。」伯溫曰：「恕傾巧，或以事要公休，從之則必爲異日悔。」公休，康字也。及燾等論確、恕罪，亦指康書，詔令康分析，康乃悔之。

35 初，梁燾之論蔡確也，密具確及王安石之親黨姓名以進，曰：「臣等竊謂確本出王安石之門，相繼秉政，垂二十年，羣小趨附，深根固蔕，謹以兩人親黨開具于後：確親黨：安燾、章惇、蒲宗孟、曾布、曾肇、蔡京、蔡卞、黃履、吳居厚、舒亶、王覿、邢恕等四十七人；安石親黨：蔡確、章惇、呂惠卿、張璪、安燾、蒲宗孟、王安禮、曾布、曾肇、彭汝礪、陸佃、謝景溫、黃履、呂嘉問、沈括、舒亶、葉祖洽、趙挺之、張商英等三十人。」于是太皇太后宣諭宰執曰：「確黨多在朝。」范純仁進曰：「確無黨。」呂大防進曰：「確黨甚盛，純仁言非是。」劉摯亦助大防言有之。純仁曰：「朋黨難辨，恐誤及善人。」退，卽上疏言：「蔡確之罪，自有典刑，不必推治黨人，旁及枝葉。前奉特降詔書，盡釋臣僚往咎，自此內外反側皆安，上下人情浹洽，盛德之事，誠宜久行。臣心拳拳，實在於此。」范祖禹亦謂確已貶，餘黨可弗問，乃上言：「自乾興貶丁謂以來，不竄逐大臣六十餘年；一旦行之，四方無不震聳。確罷相已久，陛下所用，多非確黨。其有素懷姦心爲衆所知者，固不逃於聖鑒；自餘偏見異論者，若皆以爲黨確而逐之，恐刑罰失中而人情不安也。」

36 遼主駐赤勒嶺。

37己丑，遼以準布舊作阻卜，今改。爲諸部長，以西北路招討使耶律托卜嘉舊作撻不也，今改。薦之也。自蕭竾嚕舊作敵祿，今改。爲招討之後，政務姑息，多擇柔愿者用之，諸部漸至跋扈。托卜嘉含容尤甚，邊防益廢。至是復薦瑪古蘇舊作磨古斯，今改。爲諸部長，以西北路招討使耶律托卜嘉舊作撻不也，今改。

38癸巳，回鶻貢良馬于遼。

39己亥，遼以同知樞密院(南院樞密)使事耶律鄂嘉舊作那也，今改。知右伊勒希巴(舊作夷離畢。)事，以左祗候郎君班詳袞(舊作詳穩。)耶律尼里舊作涅里，今改。知北大王事。

40六月，甲辰，范純仁、王存罷。

時梁燾、劉安世交章論純仁黨附蔡確，純仁亦求出外。吳安詩因言王存嘗助純仁救確，純仁當罷，存不可獨留，遂詔純仁依前官爲觀文殿學士、知潁昌府，存爲端明殿學士、知蔡州。

41丙午，以樞密直學士、戶部尚書韓忠彥爲尚書左丞，翰林學士許將爲尚書右丞，樞密直學士、簽書樞密院事趙瞻爲同知樞密院事。

42丁未，以戶部侍郎蘇轍爲吏部侍郎；三日，改翰林學士。

43夏遣使來貢。

44甲寅，夏遣使如遼謝封册。

45 壬戌，遼以參知政事王言敷爲樞密副使，賈士勳參知政事兼同知樞密院事。

46 秋，七月，庚午，遼主獵於沙嶺。

47 乙亥，安燾以母憂去位。【考異】乙亥，宋史哲宗紀作庚辰，今從長編及宰輔表。

48 （丙申），詔戶部，令諸路提刑司下豐熟州縣，量增錢廣行收糴，從司馬康、劉安世、范祖禹請也。

49 壬辰，遼主駐藕絲淀。

50 丙申，都水監言：「宗城決溢向下，包蓄不定，河勢未可全奪。且爲二股分行，以紓下流之患，雖未保冬夏常流，已見有可爲之勢。必欲經久，當遂作二股，仍須增添役夫，乃爲長利。」詔有司具析保明以聞。

51 八月，壬寅，敕郡守貳以四善三最課縣令，吏部歲上監司考察知州狀。

52 丁未，翰林學士蘇轍言：「臣竊聞河道西行，孫邨側左大約入地二丈以來；而見申報，漲水出岸，由新開口地東入孫邨，不過六七尺。欲因六七尺漲水而奪其地二丈河身，雖三尺童子知其難矣。然朝廷遂遣都水使者開河道，進鋸牙，欲約之使東。方河水盛漲，其西行河道若不斷流，則過之東行，實同兒戲。臣願陛下急命有司，徐觀水勢所向，依累年漲水舊例，因其東溢，引入故道，以紓北京朝夕之憂。其隄防壞決之處，第略加修葺，免其決溢，候河勢稍定，然後議之。不過一月後，漲水既落，則西流之勢決無移理，而羣小妄說，不攻自破矣。」

53 辛酉，太皇太后詔：「今後明堂大禮，毋令百官拜表稱賀。」

54 乙丑，都水監句當公事李偉言：「開撥直隄，放水入孫邨口故道，水勢順快，朝廷當極力閉北流，乃爲上策。若不明詔有司，即令回河，深恐上下遷延，議終不決，觀望之間，遂失機會。乞復置修河司。」從之，仍以都提舉修河司爲名。

55 九月，己卯，朝獻景靈宮。辛巳，大饗明堂，赦天下，百官加恩，賜賚士庶高年九十以上者。

56 乙未，檢舉先朝文武七條，戒諭百官遵守。

57 右諫議大夫范祖禹言：「陛下前者罷修河司，中外無不以爲當。今纔歷三時，復興回河之役。徒以執政恥其前言之失，必欲遂其妄舉大役，河本無事而人強擾之，伏望明諭大臣，博采羣言，息意回河，無以有限之財力塡不測之巨壑，勿徇一言之失而冀必不成之功。乞罷提舉修河司，散遣官吏兵夫，其北河決溢，隨宜救護。」不報。

58 初，遼主以契丹、漢人風俗不同，國法不可異施，命耶律伊遜（舊作乙辛。）等更定條制。時校定官即重熙舊制，删其重複者爲五百四十五條，取律一百七十三條，又創增七十一條，凡七百八十九條，增重編者至千餘條，皆分類列；以太康間所定，復以律及條例參校，續增三十六條。其後因事增校，至大安三年止，又增六十條。條約既繁，典者不能徧習，愚民莫知所避，犯法者衆，吏得因緣爲姦。冬，十月，乙巳，遼主詔曰：「法者，所以示民信，使民可避而不可犯也。比命有司纂修刑法，然不能明體朕意，多作條目以罔民於罪，朕甚不取。自今復用舊法，餘悉除之。」

59 戊申，翰林學士蘇轍上神宗御製集九十卷，詔於寶文閣收藏。

60 癸丑，御邇英閣，進讀三朝寶訓。

61 十一月，丁卯朔，遼以燕國王延禧生子，大赦，妃之族屬進爵有差。

62 癸未，以門下侍郎孫固知樞密院事，中書侍郎劉摯爲門下侍郎，吏部尚書傅堯俞爲中書侍郎。先是梁燾、劉安世入對延和殿，太皇太后令具可用臣僚姓名以進，燾、安世乃以堯俞及蘇頌薦，至是堯俞遂大用。

63 乙酉，有星色赤黄尾，跡燭地。

64 己丑，太皇太后御元日賀禮，令百官拜表。

65 壬辰，改發運、轉運、提刑預妓樂宴會徒二年法。

66 甲午，知杭州蘇軾言：「浙西艱食已甚，今歲兩浙水鄉種麥絶少，深恐來年必有饑饉盜賊之憂。轉運司上供額斛及補塡舊欠共一百六十餘萬石，乞且起一半或三分之二。」詔許留上供米三之一。由是米不翔貴，復得賜度牒百道，易米以救飢者。明年方春，卽減半價糶常平米，又作飦粥藥(餌)，濟活者甚衆。

杭瀕海，水泉鹹苦，唐刺史李泌始導西湖，作六井，民以足用。及白居易復浚西湖，引水入運河，溉田且千頃。然湖水多葑，自唐及錢氏，歲輒浚治，宋興，廢之，葑積爲田而水無幾矣。運河失湖水之利而取給于江，潮水淤河，泛溢闤闠，三年一浚，爲居民大患，六井亦幾廢。軾始至，濬茆山、鹽橋二河，以茆山一河專受江潮，以鹽橋一河專受湖水；復以餘力修治六井，民稍獲其利。軾曰：「若取葑田，積之湖中，爲長隄以通南北，則葑田去而行者便矣。」乃取救荒之餘，復請於朝，得度牒以募役者。隄成，南北徑十三里，植芙蓉、楊柳於其上，望之如畫圖。杭人名曰蘇公隄。

67 十二月，丁酉朔，正議大夫章惇始除喪，降授通議大夫，提舉杭州洞霄宮。初，梁燾等劾奏惇用賤價奪民田，詔候服闋與宮觀差遣，故有此授。

68 癸丑，更定朝儀二舞，曰威加四海，化成天下。

69 甲寅，減鄜延等路戍兵歸營。

70 戊午，以御史闕，令中省〔丞〕、兩省(諫議大夫以上)各舉二人。

71 初，范祖禹聞禁中覓乳媼，以帝年十四，非近女色之時，上疏勸進德愛身，又乞太皇太后保護上躬，言甚切至。太皇太后諭曰：「乳媼之說，外間虛傳也。」祖禹對曰：「外議雖虛，亦足爲先事之戒。臣侍經筵左右，有聞於道路，實懷私憂，是以不敢避妄言之罪。凡事言於未然，則誠爲過，及其已然，則又無所及。陛下寧受未然之言，勿使臣等有無及之悔。」

是月，劉安世又言：「臣前月末，聞權罷經筵，意謂將有燕享。今復半月，講臣久不得望清光。乃者民間喧傳禁中見求乳母，遂謂陛下浸近女寵，此聲流播，實損帝德。」

他日，呂大防奏事，太皇太后諭曰：「劉安世有疏言禁中求乳母事，此非官家所欲，乃先帝一二小公主尙須飲乳也。官家常在吾榻前閤內寢處，安得有此！」

五年遼大安六年。（庚午、一〇九〇）

1春，正月，丁卯朔，御大慶殿視朝。

2丁丑，朝獻景靈宮。

3乙酉，范祖禹上劄子四道：其一曰：「經筵闕官，宜得老成之人。韓維風節素高，若召以經筵之職，物論必以爲愜。」其二曰：「蘇頌近乞致仕。頌博聞强識，詳練典故，陛下左右，宜得殫見洽聞之士以備顧問。」其三曰：「蘇軾文章，爲時所宗，忠義許國，遇事敢言，豈可使之久去朝廷！」其四曰：「趙君錫孝行，書於英宗實錄，輔導人君，宜莫如孝；給事中鄭穆，館閣耆儒，操守純正；中書舍人鄭雍，謹靜端潔，言行不妄。此三人者，皆宜置左右，備講讀之職。」

4 是月，遼主如混同江。

5 二月，己亥，詔都水使者吳安持提舉修減水河。

6 夏人來歸永樂陷沒吏士百四十九人，詔以米脂、葭蘆、浮圖、安疆四砦還之，仍約以委官畫定疆界。

7 知潁昌府范純仁聞朝廷復議修河，上疏曰：「范百祿、趙君錫相度歸，陳回河之害甚明。三兩月來，卻聞復興斯役。望聖恩再下有司，若利多害少，尙覬徐圖；苟利少害多，尤宜安靜。」疏奏，主河議者不悅，欲寢而不行，太皇太后曰：「純仁之言有理，宜從其請。」辛丑，詔罷修黃河。

先是河上所科夫役，許輸錢免夫，令出，上下皆以爲便。純仁獨憂曰：「民力自此愈困矣。力者，身之所出；錢者，非民所有；今取其所無，民安得不病！獨富人不親執役者以爲便耳。且從來差夫不及五百里外，今免夫錢，無遠不屆，若遇掊克之吏，則爲民之害，無甚於此。」

8 遼主如雙山。

9 壬寅，御邇英閣，講尚書無逸篇畢，詔詳錄所講義以進。故事，經筵前一日進講義，自元豐元年說書陸佃始，至是詔今後講義於次日別進。

10 癸卯，詔：「時雨稍愆，應五岳、四瀆州軍，令長吏祈禱。」

11 丁未，減天下囚罪，杖以下釋之。

12 初，文彥博復居政府，期年，即求去。詔曰：「西伯善養老而太公自至，魯繆公無人子思之側則長者去之。公自以爲謀則善矣，獨不爲朝廷惜乎！」又曰：「唐太宗以干戈之時，尙能起李靖於旣老，而穆宗、文宗以燕安之際，不能用裴度於未病，治亂之效，於斯可見。」彥博讀詔聳然，不敢言去，復留四年。至是請去不已，庚戌，詔以太師、開府儀同三司、護國軍·山南西道節度使致仕，令所司備禮册命。壬子，彥博乞免册禮，從之。甲子，宴餞彥博於玉津園。

13 三月，丙寅朔，中大夫、同知樞密院事趙瞻卒，謚懿簡。

14 丁卯，賜故龍圖閣直學士孫覺家緡錢，以給喪事。

15 辛未，女直貢於遼。

16 壬申，以尙書左丞韓忠彥同知樞密院事，翰林學士承旨蘇頌爲尙書左丞。忠彥弟純彥之妻，孫固女也，各以親嫌乞罷，不許。忠彥嘗與傅堯俞、許將論事不合，俱求罷政。殿中侍御史上官均言：「大臣之任，同國休戚，廟堂之上，當務協諧。若悻悻辯論，不顧事體，何以觀視百僚！堯俞、將雖有辯論之失，然事皆緣公，望令就職。」從之。

17己卯，以龍圖閣直學士、知亳州鄧溫伯爲翰林學士承旨。王巖叟封還除命，不聽。溫伯，本名潤甫，時避高魯王諱，故以字行。

18癸未，罷春宴。

19辛卯，以楊畏爲監察御史。劉安世、朱光庭言：「御史闕員，屢詔近臣俾舉所知。楊畏不係所舉之士，未審朝廷何名除授？」不報。

20壬辰，罷幸瓊林苑、金明池。

21夏，四月，丁酉，遼東北路統軍司設掌法官。

22甲辰，呂大防等以旱乞罷，詔答不允。

23甲辰，（校者按：甲辰二字衍。）右光祿大夫、知樞密院事孫固卒。太皇太后及帝皆出聲泣，輟視朝三日，贈開府儀同三司，謚溫靖。

固宅心誠粹，不喜矯亢，嘗曰：「人當以聖賢爲師，一節之士，不足學也。」又曰：「以愛親之心愛其君，則無不盡矣。」傅堯俞曰：「司馬公之淸節，孫公之惇（淳）德，蓋所謂不言而信者。」世以爲篤論。

24癸丑，詔講讀官御經筵退，留二員奏對邇英閣。

25 丁巳，詔以旱避殿，減膳，罷五月朔日文德殿視朝。

26 五月，壬申，詔：「差役法有未備者，令王巖叟、韓川與劉安世看詳，具利害以聞。」

27 遼主駐散水原。

28 乙亥，雨。 己卯，御殿，復膳。【考異】長編於壬申書是日雨，乙亥書御殿復膳，與宋史本紀異，今從史。

29 庚寅，以梁燾爲戶部尙書，劉安世爲中書舍人。 燾、安世並以乞罷鄧溫伯承旨除命不從，辭所遷官不拜。

30 范祖禹留對，言：「慶曆元年，出御製觀文鑒古圖記以示輔臣；皇祐元年，召近臣、三館、臺諫及宗室觀三朝訓鑒圖。仁宗皇帝講學之外，爲圖鑒古，不忘箴儆；又圖寫三朝事迹，欲子孫知祖宗之功烈。願陛下以永日觀書之暇，間覽此圖，亦好學不倦之一端也。」

31 六月，辛丑，錄囚。

32 甲寅，遼遣使決五京囚。

33 自元祐初一新庶政，至是五年，人心已定；唯元豐舊黨，分布中外，多起邪說以撼在位。呂大防、劉摯患之，欲稍引用，以平宿怨，謂之「調停」，太皇太后疑不能決。乙卯，御史中丞蘇轍入對，卽面斥其非，退，復上疏曰：「臣頃面論君子小人不可並處，聖意似不以臣言爲非者。然天威咫尺，言詞迫遽，有所未盡，臣而不言，誰當救其失者！親君子，遠小人，則主尊國安；疏君子，任小人，則主憂國殆；此理之必然。未聞以小人在外，憂其不悅，而引之於內以自遺患也。故臣謂小人雖不可任以腹心，至於牧守四方，奔走庶務，無所偏廢可也。若遂引之於內，是猶患盜賊之欲得財而導之寢室，知虎豹之欲食肉而開之以坰牧，無是理也。且君子小人，勢若冰炭，同處必爭，一爭之後，小人必勝，君子必敗。何者？小人貪利忍恥，擊之則難去；君子潔身重義，沮之則引退。古語曰：『一薰一蕕，十年猶有臭。』蓋謂此矣。先帝聰明聖智，比隆三代，而臣下不能將順，造作諸法，上逆天意，下失民心。二聖因民所願，取而更之，則前者用事之臣，今朝廷雖不加斥逐，其勢亦不能復留；尙賴二聖仁慈，育之於外，蓋已厚矣。而議者惑於衆說，乃欲招而納之，與之共事，謂之『調停』。此輩若返，豈肯徒然而已哉！必將戕害正人，漸復舊事，以快私忿。人臣被禍，蓋不足言，臣所惜者，宗廟、朝廷也。惟陛下斷自聖心，不爲流言所惑，毋使小人一進，復有噬臍之悔。」疏入，太皇太后命宰執讀於簾前，曰：「轍疑吾兼用邪正，其言極中理。」諸臣從而和之，調停之說遂已。

轍又奏曰：「竊見方今雖未大治，而祖宗綱紀具在，州郡民物粗安。若大臣正己平心，無生事要功之意，因弊修法，爲安民靖國之術，雖有異黨，誰不歸心！但患朝廷舉事類不審詳。曩者黃河北流，正得水性，而水官穿鑿，欲導之使東，移下就高，汩五行之理。及陛下遣使按視，知不可爲，猶或固執不從。經今累歲，回河雖罷，減水猶存，遂使河朔生靈，財力俱困。今者西夏、靑唐外皆臣順，朝廷招徠之厚，惟恐失之。而熙河將吏，創築二堡以侵其膏腴，議納醇忠以奪其節鉞，功未可覬，爭已先形。朝廷雖知其非，終不明處置，若遂養成邊釁，關陝豈復安居！如此二事，則臣所謂宜正己平心，無生事要功者也。昔嘉祐以前，鄉差衙前，民間常有破產之患。熙寧以後，出賣坊場以雇衙前，民間不復知有衙前之苦。及元祐之初，務於由舊，一例復差，官收坊場之錢，民出衙前之費，四方驚顧，衆議沸騰；尋知不可，旋又復雇，去年之秋，又復差法。且熙寧雇役，三等人戶，並出役錢。上戶以家產高強，出錢無藝；下戶昔不充役，亦遣出錢；故此二等人戶，不免咨怨。至於中等，昔既已自差役，今又出錢不多，雇法之行，最爲其便。罷行雇法，上下二等欣躍可知，唯是中等則反爲害。如畿縣中等之家，例出役錢三貫，若經十年，爲錢三十貫而已。今差役既行，諸役手力，最爲輕役；農民在官，日使百錢，最爲輕費。然一歲之用，已爲三十六貫，二年役滿，爲費七十餘貫。罷役而歸，寬鄉得閑三年，狹鄉不及一歲。以此較之，則差役五年之費，倍於雇役十年。賦役所出，多在中等，故天下皆思雇而厭差。如此二事，則臣所謂宜因弊修法，爲安民靖國之術者也。四事不去，如臣等輩，猶知其非，而況於心懷異同，志存反覆，幸國之失，有以藉口者乎！恐彼已默識於心，多造謗議，待時而發，以搖撼衆聽矣。伏乞宣諭宰執，事有失當，改之勿疑，法或未完，修之無倦。苟民心既得，則異議自消，海內蒙福，上下攸同，豈不休哉！」

34 秋，七月，遼主如黑嶺。

35 乙酉，夏人來言畫疆界者不以綏州例，詔曰：「已諭邊臣如約矣。夏之封界，當亦體此。」

36 始，元豐所定吏額，主者苟悅羣吏，比舊額幾數倍；朝廷患之，命量事裁減。吏有白中孚者，告蘇轍曰：「吏額不難定也。昔流內銓，今侍郎左選也，事繁莫過於此。昔銓吏止十數，今左選吏至數十，事不加舊而用吏數倍者，昔無重法、重祿，吏通賕賂，則不欲人多以分所入，故竭力辦事，勞而不避；今行重法，給重祿，賕賂比舊爲少，則不忌人多而幸於少事。此吏額多少之大要也。舊法以難易分七等，重者至一分，輕者至一釐以下，積若干分爲一人。今誠取逐司兩月事，定其分數，則吏額多少之限，無所逃矣。」轍以其言爲然，乃具以白執政，請據實立額，俟吏之年滿轉出或事故死亡者勿補，及額而止，不過十年，自當消盡。執政然之，遂申尚書省。後數月，諸司所供文字皆足，因裁損成書，以申三省。左僕射呂大防得其書，大喜，欲此事必由己出，別將詳定。任永壽，本諸司吏也，爲人精悍而滑，嘗預知元豐吏額事，獨能言其曲折。大防悅之，即於尚書省創立吏額房，使永壽與吏數輩典之。

凡奏上行下，皆大防自專，不復經由兩省。一日，內降畫可二狀付中書，其一吏額也。省吏白中書侍郎劉摯，請封送尚書省，摯曰：「當時文書錄黃過門下，今封過也。」對曰：「尚書省以吏額事，每奏入，必徑下本省已久，今誤至此。」摯曰：「中書不知其他，當如法令。」遂作錄黃。永壽見錄黃，愕然曰：「兩省初不與，乃有此邪！」卽白大防，乞兩省各選吏赴局同領其事。大防具以語摯，摯曰：「中書行錄黃，法也，豈有意與吏爲道地！今乃使就都省分功，何邪？」吏額事行畢，永壽等推恩有差。永壽急於功利，勸大防卽以吏額，日裁損吏員，仍以私所好惡變易諸吏局次。吏被排斥者，紛然詣御史臺訴不平，臺官因言永壽等冒賞徇私，不可不懲，諫官繼以爲言。永壽等既逐，而吏訴額祿事終未能決。時轍方爲中丞，具言：「後省所詳定，皆人情所便，行之甚易，而吏額房所改，皆人情所不便，守之最難。且大信不可失，宜速命有司改從其易，以安羣吏之志。」大防知衆不服，徐使都司再加詳定，大略如轍前議行之。

劉摯初以吏額房事與呂大防議稍不合，已而摯遷門下侍郎。及臺諫共攻大防，大防稱疾不出。摯每於上前開陳吏額本末曰：「此皆被減者鼓怨，言路風聞過實，不足深譴。」大防他日語人曰：「使上意曉然不疑，劉門下之力居多。」然士大夫趨利者交鬭其間，謂兩人有隙，於是造爲朋黨之論。摯語大防曰：「吾曹心知無他，然外議如此，非朝廷所宜有，願引避。」大防曰：「行亦有請矣。」八月，癸巳朔，（校者按：五字應改作庚寅。）奏事畢，摯少留，奏曰：「臣久處近列，器滿必覆，願賜骸骨，避賢者路。」既退，連上章，出就外第，期必得請。帝遣中使召摯入對，太皇太后諭曰：「侍郎未得去，須官家親政然後可去。」使者數輩趣入視事，摯不得已受命。未幾，呂大防辭位，亦不許。及摯遷右僕射，與大防同列，未滿歲，言者爭詆摯，摯尋罷，朋黨之論，遂不可破，其釁蓋自吏額始。

37（八月，丙午），右正言劉唐老言：「伏覩大學一編，論入德之序，願詔經筵之臣，訓釋此書上進，庶於清燕之閒，以備觀覽。」從之。

38初，鄧溫伯以母喪終制，除吏部尚書，梁燾權給事中，駁之，改知亳州，閱歲，復以承旨召。梁燾爲御史中丞，與左諫議大夫劉安世、右諫議大夫朱光庭交章論「溫伯出入王、呂黨中，始終反覆。今之進用，實繫君子小人消長之機。」又言：「溫伯嘗草蔡確制，稱確有定策功，以欺惑天下，乞行罷黜。」累疏不報，燾等因力請外。（庚戌），乃出燾知鄭州，光庭知亳州，安世提舉崇福宮。時劉摯疏乞暫出溫伯，留燾等，蘇轍亦三疏論之，皆不聽。

39給事中兼侍講范祖禹上帝學八篇。

40九月，丁丑，詔復集賢院學士。

41丁亥，以孫迥知北外都水丞，提舉北流；李偉權發遣北外都水丞，提舉東流。

42 冬，十月，癸巳，罷都提舉修河司，從中丞蘇轍言也。

43 詔導河水入汴。

44 十一月，壬戌，高麗遣使貢於遼。

45 己巳，遼以南府宰相竇景庸爲武定軍節度使。景庸審決冤滯，輕重得宜，旋以獄空聞。

46 蘇轍累言許將過失，將亦累表乞外。十二月，辛卯朔，以將爲資政殿學士，知定州。

甲辰，侍御史上官均又言：「呂大防堅強自任，不顧是非，每有差除，同列不敢爲異，惟許將時有異同，大防每懷私恨。蘇轍素與大防相善，希合其意，盡力排將，期於必勝。將既以異論罷去，執政、臺諫，皆務依隨，是威福皆歸於大防，紀綱法令，自此敗壞矣。」因乞解言職，於是責知廣德軍。

47 丙辰，禁軍大閱，賜以銀楪匹帛，罷轉資。

48 是歲，京北旱，浙西水災。

49 遼放進士文充等七十二人。

續資治通鑑卷第八十二

賜進士及第兵部尚書兼都察院右都御史總督湖北湖南等處地方軍務兼理糧餉世襲二等輕車都尉畢沅編集

宋紀八十二 起重光協洽(辛未)正月，盡昭陽作噩(癸酉)七月，凡二年有奇。

哲宗憲元繼道顯德定功欽文睿武齊聖昭孝皇帝

元祐六年 遼大安七年。(辛未、一〇九一)

1 春，正月，壬戌，遼主如混同江。

2 癸酉，詔：「祠祭游幸，毋用羔羊。」

3 丙戌，以龍圖閣直學士、知杭州蘇軾為吏部尚書。

4 中丞蘇轍言：「自來河決，必先因下流淤高，上流不快，然後乃決。然則大吳之決，已緣故道淤高，今乃欲回河使行於北，理必不可。且見今北流深處，水行地中，實得水性。捨此不用，而欲引歸故道，使水行空中，雖三尺童子皆知其妄，而建議之臣，恣行欺罔，居之不疑。今雖變回河之名為分水之議，而本司收買馬頭物料，至今不絕；又與本路監司奏隨宜開導口地、河槽，務令深闊，并修葺緊急隄岸，釃爲二渠。臣覩其指意雖爲減水，其實暗作回河之計。欲乞聖慈特選骨鯁臣僚及左右親信，往河北同安撫、轉運諸臣踏行，開述利害聞奏。如臣所言不妄，卽乞罷分水指揮，廢東流一行官吏役兵，拆去馬頭鋸牙。所貴河朔及鄰路兵民早獲休息，國家財賦不至枉費，則天下幸甚！」

5 二月，辛卯，以門下侍郎劉摯爲尙書右僕射兼中書侍郎，龍圖閣待制、知開封府王巖叟僉書樞密院事。

6 癸巳，以御史中丞蘇轍爲尙書右丞。【考異】宰輔編年錄謂轍與劉摯、王巖叟同日除。今從長編及宋史。命既下，而右司諫楊康國不書讀，詔范祖禹書讀行下。蘇軾改翰林學士承旨，避嫌也。

7 以翰林學士承旨鄧溫信〔伯〕爲端明殿學士、禮部尙書。

8 己亥，遼主如魚兒濼。

9 壬寅，遼主命給渭州貧民耕牛布絹。

10 辛亥，王巖叟奏事罷，留身曲謝，言於太皇太后曰：「陛下聽政以來，納諫從善，凡所更改，務合人心，所以朝廷清明，天下安靜。惟願於用人之際，更加審察。」復少進而西，於帝前奏曰：「陛下今日聖學，當辨邪正，聞有以君子小人參用之說告陛下者，此乃深誤陛下也。自古君子小人無參用之理，聖人但云君子內小人外則泰，君子外小人內則否。小人既進，君子必引類而去。若君子與小人競進，則危亡之基也，不可不察。」

11 三月，庚申朔，御邇英閣，呂大防奏仁宗所書三十六事，請令圖置坐隅，從之。

12 癸亥，上神宗實錄，史官范祖禹、趙彥若、黃庭堅所修也。帝東嚮再拜，然後開編。呂大防於簾前披讀，未久，簾中慟哭，止讀，令進。

13 壬午，賜禮部奏名進士馬涓等及諸科及第、出身九百五十七人。

14 丙戌，遼主駐黑龍江。

15 夏，四月，辛卯，罷幸金明池、瓊林苑。先是呂大防請爲賞花釣魚之會，有詔用三月二十六日，而連陰不解。太皇太后諭旨：「天意不順，宜罷宴。」衆皆竦服。

16 夏，四月，（校者按：三字衍。）壬辰，呂大防、劉摯奏：「危竿諭一事，在三十六年之前，注釋失仁宗意。蓋聖意以爲人君居至高至危之地，須用正直之人，譬如危竿須用正直之木。古人謂邪蒿，人君不可食，食之固無害，以其名不正也，況邪佞小人乎！」

17 乙未，復置通禮科，從禮官請也。

18 丙申，詔卹刑。

19 辛丑，詔：「大臣堂除差遣，非行能卓異者不可輕授；仍搜訪遺材以備擢任。」

20 夏人寇熙河、蘭岷、鄜延路。

21 壬寅，太白晝見。

22 壬子，賜南平王李乾德袍帶、金帛、鞍馬。

23 癸丑，以戶部員外郎楊畏爲殿中侍御史，中丞趙君錫所舉也。畏先除監察御史，言者斥其附會呂惠卿、舒亶以進，罷之；至是復有此擢。王巖叟移書詰劉摯，摯不從。畏初刻志經術，以所著書謁王安石，爲鄆州教授，自是尊安石之學，以爲得聖人意。畏與摯善，後呂大防亦善之。大防、摯異趣，皆欲得畏爲助；君錫薦畏，實摯風旨也。然畏卒助大防擊摯焉。

24 五月，己未朔，日有食之；罷文德殿視朝。

25 庚申，詔呂惠卿除中散大夫、光祿卿、分司南京。權中書舍人孫升封還詞頭，以爲「惠卿量移未三年，無名而復，必不可行。」壬戌，進呈，呂大防、劉摯等皆持兩稟旨。太皇太后曰：「候及三年。」樞密都承旨劉安世言：「陛下初踐宸極，以呂惠卿、蔡確之徒殘民蠹國，是以逐之遠方；謂宜永投荒裔，終身不齒。而惠卿自宣城方踰再歲，攷之常法，猶未當敍；不識何名，遽復卿列？議者謂蔡確之母見在京師，干訴朝廷，願還其子，大臣未敢直從（其）請。若惠卿之命遂行，將藉以復確；確既復用，則章惇之類如蝟毛而起，爲天下國家之計者，其得安乎！」不聽。

26 庚辰，詔：「娶宗室女得官者，毋過朝請大夫、皇城使。」

27 詔翰林學士承旨蘇軾兼侍讀。

28 丁亥，後省上元祐敕令格。

29 六月，壬辰，錄囚。

30 甲午，遼主駐赤勒嶺。己亥，倒塌嶺人進古鼎，有文曰「萬歲永爲寶用」。

31 辛丑，回鶻貢方物于遼。

32 癸卯，遼以權知東京留守蕭托輝舊作陶隗，今改。爲契丹行宮都部署。

33 甲辰，置國史院修撰官。

34 丁未，遼端拱殿門災。

35 秋，七月，戊午朔，回鶻貢異物于遼，遼主不納，命厚贈遣之。

36 己巳，蘇軾言：「浙西諸郡二年災傷，而今歲大水尤甚，杭州死者五十餘萬，蘇州三十萬。」己卯，詔賜米百萬石、錢二十萬緡賑之。侍御史賈易率同官楊畏、安鼎疏論浙西災傷不實，乞行考驗，詔用其說。范祖禹封還錄黃，奏曰：「國家根本，仰給東南，今一方赤子，呼天赴愬，開口仰哺，以脫朝夕之急，奏災雖小過實，正當略而不問。若因此懲責，則自今官司必以爲戒，將坐視百姓之死而不救矣。給散無法，枉費官廩，賑救不及貧弱，出糶反利兼幷，此乃監司使者之事，朝廷亦難遙爲處畫也。所言伏乞更不施行。」從之。

37 八月，戊子朔，賈易上疏言：「蘇軾頃在揚州題詩，以奉先帝遺詔爲『聞好語』，草呂大防制云『民亦勞止』，引用厲王詩，以比熙寧、元豐之政。弟轍早應制科，試文繆不及格，幸而濫進，與軾皆誹怨先帝，無人臣禮。」至引李林甫、楊國忠爲喻。奏既入，又有別疏。宰執進呈，具言易前後異同之語，退，復具奏曰：「臣等竊知易乃王安禮所善，安禮以十科薦之。今羣失職之人，皆在江、淮，易來自東南，此疏不惟搖動朝政，亦陰以申羣小之憤。」乃詔與易外任，尋以本官出知廬州。

38 庚寅，遼主以霖雨罷獵。

39 辛卯，詔御史臺：「臣僚親亡十年不葬，許依條彈奏及令吏部檢舉。」

40 壬辰，翰林學士承旨蘇軾罷。軾既爲賈易誣詆，趙君錫相繼言之。後數日，入見，具辨其事，因復請外。詔以龍圖閣學士、知潁州。

41 乙未，御史中丞趙君錫罷爲吏部侍郎，以附和賈易論蘇軾也；尋出知鄭州。

42 己亥，令文武臣出入京城門，書職位、差遣、姓名及所往。

43 壬寅，遼主幸慶州，謁慶陵。

44 乙巳，詔章惇復右正議大夫。惇坐蘇州買田不法，降一官，至是滿，當復，故有是詔。

給事中朱光庭言：「惇不當用常法敍復。」于是更詔候一期取旨。

45 己酉，修神宗寶訓。

46 癸丑，詔：「鄜延路都監李儀等，以違旨夜出兵入界，與夏人戰死，不贈官，（餘）降官等。」

47 初，兩宮幸李端愿宅臨奠，既還，蔡確母明氏自氈車中呼：「太皇萬歲，臣妾有表。」衞士取而去。及三省進呈明氏馬前狀，太皇太后宣諭曰：「蔡確不獨爲吟詩謗讟，緣此人于社稷不利。若社稷之福，確當便死。此事公輩亦須與挂意。」劉摯曰：「只爲見呂惠卿一〔二〕年量移，便來攀例。」蘇轍曰：「惠卿量移時，未有刑部三年之法。」呂大防乞令開封府發遣，從之。既而摯以發遣爲太甚，大防復奏乞且令開封府告示，朱光庭封還錄黃，言：「確罪比四凶，豈有復還之理！乃以刑部常法預先告示，理極不可。」遂寢前詔。摯乃令本房出告示，不復坐聖旨；既而〔不〕復降錄黃過門下，給事中雖欲再論列，不可得矣。

48 甲寅，王巖叟言：「秋氣已涼，陛下閒燕之中，足以留意經史。舜雞鳴而起，大禹惜寸陰，願以舜、禹爲法。」帝曰：「朕在禁中，常觀書不廢也。」

帝問巖叟從誰學，對曰：「從河東甯智先生學，後歷仕四方，無常師。」帝問：「何自識韓琦？」對曰：「因隨侍閑居北門，始識琦，遂薦辟學官，又辟幕府，復隨之居相三年，至其葬乃去。琦嘗教臣以事君之道，前不希寵，後不畏死，左右無所避，中間惟有誠意而已，臣佩以終身。」帝稱歎久之。

他日，又因入對，論取士，巖叟曰：「天下非無材，取之不遠，采之不博耳。所遷所擢，止於已用者數人而已，故朝廷有乏材之患，搢紳有沈滯之歎。且如天下郡守、縣令，最可以見治狀，每歲使本道監司舉一二性行端良、治狀優異者，朝廷召而用之，則人思自奮矣。」又問：「治道何先？」對曰：「在上下之情交通，而無壅蔽之患。上下之情所以通，由舉仁者而用之。仁者之心，上不忍欺其君，下不忍欺其民；故君有德意，推而達于下，民有疾苦，告而達于上，不以一身自便爲心。」帝曰：「安知仁人而舉之？」對曰：「巧言令色，鮮矣仁。剛毅木訥，近仁。」帝頷之。

49 乙卯，夏人寇懷遠砦。

50 閏月，壬戌，嚴飭陝西、河東諸路邊備。

51 甲子，以龍圖閣待制、知鄆州蔡京知永興軍，從呂大防請也。

52 是日，執政會議都堂，呂大防、劉摯欲以知永興軍李清臣爲吏部尚書，王巖叟曰：「恐公議不協。」既而奏可，巖叟謂同列曰：「必致人言。」錄黃過門下省，范祖禹封還進呈，不允；祖禹執奏如初。除命既下，左正言姚勔又論其不當。已而三省復欲用蒲宗孟爲兵部尙書，蘇轍言：「前日除李淸臣，給諫紛然爭之未定，今又用宗孟，恐不便。」太皇太后曰：「柰闕官何？」轍曰：「尙書闕官已數年，何嘗闕事！今日用此二人，正與去年用鄧溫伯無異。此三人者，非有大惡，但與王珪、蔡確輩並進，意思與今日聖政不合。見今尙書共闕四員，若並用此四人，使互進黨與，氣類一合，不獨臣等無可柰何，卽朝廷亦無可柰何。如此用人，臺諫安得不言！臣恐朝廷自此不安靜矣。」議遂止。壬申，以知揚州王存爲吏部尙書，淸臣知成德軍。

53刑部侍郎彭汝礪與執政爭獄事，自乞貶逐，甲申，詔改禮部侍郎。

54九月，丁亥，邊臣言夏人寇麟、府二州。壬辰，詔：「州民爲寇所掠、廬舍焚蕩者給錢帛，踐稼者賑之，失牛者官貸市之。」

55癸巳，策賢良方正能直言極諫科。丁酉，王普等遷官有差。

56詔：「歲出內庫緡錢五十萬，以備邊費。」

57丙申，遼主還上京。

58己亥，日本遣使貢於遼。

59甲辰，幸上淸儲祥宮。壬子，宮成，議將肆赦，王巖叟曰：「昔天禧中祥源成，治平中醴泉成，皆未嘗赦。古人有垂死諫君無赦者，此可見赦無益于聖治也。」乃止(不從)。

60冬，十月，丁卯，有流星晝出東北。

61庚午，朝獻景靈宮，還，幸國子監，詣至聖文宣王殿行釋奠禮，一獻再拜。太學國子祭酒豐稷講尚書無逸終篇。遂幸昭烈武成王廟，肅揖，禮畢，還內。先是范百祿轉對，請視學，故有是舉。

62癸酉，御史中丞鄭雍、侍御史楊畏對甚久，論劉摯及蘇轍也。雍言：「摯善牢籠士人，不問善惡，雖贓汙久廢之人，亦以甘言誘致。」因具摯黨人姓名：王巖叟、劉安世、韓川、朱光庭、趙君錫、梁燾、孫升、王覿、曾肇、賈易、楊康國、安鼎、張舜民、田子諒、葉仲、趙挺之、盛陶、龔原、劉槩、楊國寶、杜純、杜紘、詹適、孫諤、朱京、馬傳慶、錢世榮、孫路、王子韶、吳立禮，凡三十人。左正言姚勔入奏，並言摯朋黨不公。右正言虞策言摯親戚趙仁恕、王鞏犯法，施行不當。甲戌，摯以鞏爲姻家，轍以嘗薦鞏，皆自劾；詔答不允。轍又言：「頃復見臺官安鼎亦論此事，謂臣欺罔詐謬，機械深巧，則臣死有餘責，有何面目尚在朝廷！然鼎與趙君錫、賈易等同構飛語，誣罔臣兄軾以惡逆之罪，賴聖鑒昭察，君錫與易卽時降黜。鼎今在言路，是以盡力攻臣，無所不至。伏乞早賜責降，使鼎私意得伸。」是日〔丁丑〕，轍與摯俱宣押入對，對已，押赴都堂。摯先出，待命於僧舍，乞賜罷免。戊寅〔庚辰〕，王巖叟言：「方今勠力盡忠之臣，摯居其最，豈可因一二偏辭，輕示退棄，安知其間無朋邪挾私而陰與羣姦爲地者！」不報。太皇太后獨遣中使賜蘇轍詔，諭令早入省供職。

辛巳，帝謂呂大防曰：「論劉摯者已十八章，初不爲王鞏事，乃邢恕過京師，摯與通簡，又延接章惇之子，牢籠爲他日計。」

初，邢恕謫永州，舟行過京師，劉摯故與恕善，因以簡別摯，摯答簡，其末云：「爲國自愛，以俟休復。」持簡者問監東排岸官茹東濟：「恕舟安在？」東濟，傾險人也，數有求于摯，弗得，怨之，亟取摯簡，錄其本送鄭雍、楊畏，二人方附呂大防，因釋其語上之。以「休復」爲「復子明辟」之復，謂摯勸恕俟太皇太后他日復辟也。又，章惇諸子故與摯子游，摯亦間與之接，雍、畏遂謂摯延見接納，爲牢籠之計。帝於是始有罷摯意。太皇太后亦怒，面諭摯曰：「言者謂卿交通匪人，爲異日地，卿當一心王室。若章惇者，雖以宰相處之，未必樂也。」摯惶恐，退，上章自辯，且求去位。奏入，不報。

63 遼命燕國王延禧爲天下兵馬大元帥，總北南院樞密使事。

64 癸未，詔京西提刑司，歲給錢物二十萬緡，以奉陵寢。

65 甲申（是日），王巖叟奏：「臣之區區欲有所言，不爲一劉摯，爲陛下惜腹心之人。」太皇太后宣諭曰：「垂簾之初，摯排斥姦邪，實爲忠實。但此二事，非所當爲也。」巖叟曰：「言事官未必皆忠直。楊畏乃呂惠卿黨，但欲除陛下腹心，與姦邪開道路耳。」（甲申，巖叟復上疏言之）。時已有詔鎖學士院草麻制罷摯，而嚴叟未知也。

十一月，乙酉朔，摯罷爲觀文殿大（校者按：大字衍。）學士、知鄆州。麻制以從摯所乞爲辭。給事中朱光庭封還，曰：「摯有功大臣，一旦以疑而罷，天下不見其過。」言者以光庭爲黨，亦罷知亳州。

摯性峭直，有氣節，不爲利怵威誘。自初輔政至爲相，修嚴憲法，辨白邪正，孤立一意，不受請謁，然勇于去惡，竟爲朋讒奇中，天下惜之。

66 初，衞朴曆後天一日，元祐五年十一月癸未冬至，驗景長之日，乃在壬午，遂改造新曆。至是曆成，壬辰，詔以元祐觀天曆爲名。

67 庚子，遼主如藕絲淀。

68 辛丑，中書侍郎傅堯俞卒。太皇太后謂輔臣曰：「堯俞，金玉人也，惜不至宰相。」帝輟朝臨奠，謚獻簡。

初，司馬光嘗謂邵雍曰：「清、直、勇三德，人所難兼，吾于欽之見焉！」雍曰：「欽之清而不耀，直而不激，勇而不猛，是爲難耳。」欽之，堯俞字也。

69 甲子，遼主望祀木葉山。以武定軍節度使竇景庸爲中京留守。【考異】李銳曰：是月乙酉朔，無甲子日，疑史誤。

70十二月，戊辰夕，開封府火。

71呂大防言：「聞有客星在昴、畢間。」王巖叟曰：「天道遠，不可知，但朝廷每事修省，天道自當順應。」太皇太后曰：「天道安敢忽！更在大臣同修政事。」

72夏人犯邊，知太原府范純仁自劾禦敵失策；壬申，詔貶官一等，徙知河南府。

73是歲，夏改元天祐民安。

七年遼大安八年。（壬申、一〇九二）

1春，正月，乙酉，遼主如山榆淀。

2乙巳，張誠一以穿父墓取犀帶，降職與祠。

3二月，丁卯，詔陝西、河東邊要進築守禦城砦。

4三月，甲申朔，御邇英閣，侍讀顧臨讀仁宗寶訓，至鈔法事，左僕射呂大防曰：「臣當陳鈔法本末，祈陛下通知利害之詳。國初輦運香藥、茶、帛、犀、象、金、銀等物，赴陝西變易糧草，計率不下二百四十萬貫。自鈔法行，始令商賈于沿邊入中錢糧草，卻于京師或解池請鹽，赴沿邊出賣，於官私爲便。」帝甚善之。

5丁亥，以程頤爲直祕閣、判西京國子監。

初，頤在經筵，歸其門者甚衆；而蘇軾在翰林，士亦多附之者。二人互相非毁，頤竟罷去。至是頤服闋，三省言宜除館職，判檢院蘇轍進曰：「頤入朝，恐不肯靜。」太皇太后從其言，故頤不復召。

6 禮部侍郎兼侍讀范祖禹言：「臣掌國史，伏覩仁宗皇帝豐功盛德，不可得而名言，所可見者，其事有五：畏天，愛民，敬祖，好學，聽諫，此所以爲仁也。願陛下深留聖思。」又言：「仁宗每因事示人好惡，皇祐中，楊安國講論語史魚、蘧伯玉一章。仁宗曰：『蘧伯玉信君子矣，然不若史魚之直。』仁宗，人主也，欲臣下切直，故言伯玉不如史魚，天下由是知仁宗好直不好佞。此聖人之大德也，願陛下以此爲法。」帝然之。

7 己亥，錄囚。

8 遼主駐達（撻）里捨淀。

9 丁未，遼曲赦中京、蔚州役徒。

10 辛亥，以知河中府蒲宗孟知永興軍。

11 夏，四月，癸丑朔，以知永興軍蔡京爲龍圖閣直學士、知成都府。

先是議兩制差除，宰執異同不決。呂大防顧梁燾，問誰可，燾曰：「公久居朝廷，收養人材固多，惟不以愛憎牽於偏聽，而以朝廷得人爲己任，此所望於公也。」大防曰：「苦乏材耳。」燾曰：「天下何嘗乏材，但賢者不肯自向前求進，須朝廷識拔，則有以來之。立賢無方，不患無人也。」及蔡京帥蜀，燾曰：「元豐侍從可用者多，惟京輕險貪愎不可用。」後竟如其言。

12 帝年益壯，太皇太后議立后，歷選庶家女百餘入宮。孟氏年十六，兩宮皆愛之，教以女儀，己未，太皇太后諭宰執曰：「孟氏能執婦道，宜正位中宮。」命學士草制。又以近世禮儀簡略，詔翰林、臺諫、給舍與禮官議册后六禮儀制以進。甲子，命尚書左僕射呂大防攝太尉，充奉迎使，同知樞密院事韓忠彥攝司徒，副之；尚書左丞蘇頌攝太尉，充發册使，簽書樞密院事王巖叟攝司徒，副之；尚書右丞蘇轍攝太尉，充告期使，皇叔祖同知大宗正事宗景攝大宗正卿，副之；皇伯祖判大宗正事高密郡王宗晟攝太尉，充納成使，翰林學士范百祿攝宗正卿，副之；吏部尚書王存攝太尉，充納吉使，權戶部尚書劉奉世攝宗正卿，副之；翰林學士梁燾攝太尉，充納采、問名使，御史中丞鄭雍攝宗正卿，副之。

13 甲戌，立考察縣令課績法，以德義有聞、清慎明著、公平可稱、恪勤匪懈爲四善，又分治事之最、勸課之最、撫字之最爲三最，仍通取善、最，分爲三等。【考異】李燾云：實錄于四年八月五日壬寅載吏部言考課法，又於七年四月二十二日甲戌重載，蓋至七年四月始行也。今定作甲戌。

14 丁丑，遼主獵于西山。

15 己卯，范祖禹言：「程頤經術、行義，天下共知；司馬光、呂公著與相知二十餘年，然後舉之。頤草茅之人，未習朝廷事體，迂疏則固有之；人謂頤欲以故舊傾大臣，以意氣役臺諫，其言皆誣罔非實。若復召頤勸講，必有補聖明。」又言王存、蘇軾、趙彥若、鄭雍、孔武仲、呂希哲、呂大臨、吳師仁等皆可用。希哲，公著之子；大臨，大防之弟也。

時祖禹屢請知梓州，宰執擬從其請，太皇太后曰：「皇帝未欲令去，且爲皇帝留之。」祖禹乃不敢復請。

16五月，丙戌，詔程頤許辭免直祕閣、權判西京國子監，差管句崇福宮。

初，頤表請歸田里，言：「道大則難容，節（跡）孤者易躓。入朝見嫉，世俗之常態；名高毀甚，史册之明言。如臣至愚，豈免衆口！」又曰：「前日朝廷不知其不肖，使之勸學。人主不用，則亦已矣，若復無恥以苟祿位，孟子所謂是爲壟斷也，儒者進退，當如是乎！」及崇福命下，頤即承領敕牒，但稱疾不拜。假滿百日，亟尋醫，訖不就職。

17戊戌，帝御文德殿，册孟氏爲皇后。后，洺州人，馬軍都虞候元之孫也。太皇太后語帝曰：「得賢內助，非細事也。」既而歎曰：「斯人賢淑，惜福薄耳；異日國家有事，必斯人當之。」

18庚子，罷侍從官轉對。

19甲辰，遼主駐赤勒嶺。

20楊畏，黃慶基言：「王巖叟父子預政，交通貨賂，竊弄威福。」巖叟遂稱疾，章再上；丙午，罷，以端明殿學士知鄭州。

21築李諸平城，賜名定遠城，從陝西轉運使穆衍請也。【考異】穆衍墓誌云：熙河分界議久不決，遣衍往視，請介兩壘之間，城諸平以控要害。明年，築李諸平，賜名定遠，用衍策也。六年，除陝西漕。李燾云：衍于六年十一月十八日自右司郎中除陝西漕，其請築諸平，蓋六年事，至七年三月始築，不一月而城成也。墓誌以爲五年，誤矣。

22是月，遼生女直部節度使和哩布舊作劾里鉢，今改。卒。

和哩布生十一子，其著者，長曰烏雅舒，舊作吳雅束，今改。次曰阿古達，舊作阿骨打，今改。曰烏奇邁，舊作吳乞買，今改。曰棟摩，曰扎喇。舊作查剌，今改。和哩布病篤，呼弟英格舊作盈哥，今改。謂曰：「烏雅舒柔善，若辦集契丹事，阿古達能之。」遂卒。母弟頗拉淑舊作頗剌淑，今改。襲爲節度使。和哩布嚴重多智，每戰，未嘗被甲。初建官屬，統諸部，其官長皆稱貝勒。舊作勃極烈，今改。頗拉淑機敏善辨，尤能知遼人國政民情，每白事于遼，聽者皆信服不疑。

23六月，癸丑朔，詔：「淮南東、西、兩浙路諸逋負，不問新舊有無官本，並權住催理一年。」從知揚州蘇軾請也。

24辛酉，以尙書左丞蘇頌爲尙書右僕射兼中書侍郎，尙書右丞蘇轍爲門下侍郎，翰林學士范百祿爲中書侍郎，翰林學士梁燾爲尙書左丞，御史中丞鄭雍爲尙書右丞，韓宗惪彥知樞密院事，戶部尚書劉奉世簽書樞密院事。

梁燾累章辭位，帝遣中使趣拜。已而入謝，太皇太后曰：「官家聖德日成，正須卿家輔助。」燾對曰：「臣不敢不盡忠。如范純仁、韓維輩，在外賢德尚多，願陛下留意。」又上疏言：「范祖禹、劉安世，久在侍從，宜置諸左右，使斷國事。安燾、許將皆舊人，可倚任。」

25 甲子，置廣文館解額，以侍〔待〕四方游士之試京師者。

26 乙丑，夏人遣使乞援于遼。

27 戊辰，渾天儀象成。

28 秋，七月，丁亥，遼主獵於沙嶺。

29 癸巳，詔修神宗正史。

30 復翰林侍讀學士，以范祖禹爲之。祖禹時爲翰林學士，因叔百祿在中書，改是官。

31 癸卯，以龍圖閣學士、知揚州蘇軾爲兵部尚書。【考異】王宗沐續鑑，於是年九月書蘇軾自揚州召爲兵部尚書兼侍讀。據長編，則除兵部在七月，兼侍讀在八月，均非九月事，今從之。

32 八月，丙辰，罷監酒稅務增剩給賞法。

33 己未，詔西邊諸路嚴備，毋輕出兵。

34 （乙亥），前陷交趾將吏蘇佐等十七人自拔來歸。

35 癸酉，龍圖閣學士、兵部尙書蘇軾兼侍讀。（校者按：此條應移34前。）

36 時朋黨之論寖熾，吏部尙書王存爲帝言：「人臣朋黨，誠不可長；然或不察，則濫及善人，東漢黨錮是也。慶曆中，或指韓琦、富弼、范仲淹、歐陽修爲朋黨，賴仁宗聖明，不爲所惑。今復有進此說者，願陛下察之。」由是與用事者不合。（八月）己〔乙〕卯，詔存出知大名府，辭之，改杭州。（校者按：此條應移40前。）

37 九月〔先是〕，詔議郊祀典禮。顧臨、范祖禹等八人議，請合祭天地；范純禮、彭汝礪、曾肇、孔武仲等二十二人議，南郊合祭天地，不見於經；范百祿亦言圜丘無祭地之禮，先帝所廢，稽古據經，未可輕改。（九月）壬辰，太皇太后謂輔臣曰：「郊祀宜依仁宗、先帝故事。」呂大防言：「皇帝臨御之始，當親見天地，而諸儒獻議欲南郊，不設皇地祇位，恐亦未安。」蘇頌、鄭雍意與大防合，太皇太后是其言。

戊戌，詔曰：「國家郊廟時祀，祖宗以來，命官攝事；惟三歲一親郊，則先饗清廟，冬至合祭天地于圜丘。元豐間，有司援周制以合祭，不應古儀；先帝詔定親祀北郊之儀，未之及行。是歲郊祀，不設皇地祇位，而宗廟之饗，率如權制。朕以涼昧，嗣承六聖休德鴻緒，今茲禋禮，奠幣上帝，祼鬯廟室，而地祇大神，久未親祀。矧朕方郊見天地之始，其冬至南郊，宜依熙寧十年故事，設皇地祇位，以嚴並祀之報。厥後躬行方澤之祀，則修元豐六年五月之制。俟郊禮畢，集官詳議以聞。」

38 己酉，永興軍、蘭州、鎮戎軍地震。

39 冬，十月，庚戌朔，環州地震。

40 丙辰，遼賑西北路饑。

41 時邊部有侵遼者，西北路招討使阿嚕薩古舊作阿魯掃古，今改。召準布（舊作阻卜。）部長瑪古蘇舊作磨古斯，今改。使攻之，俘獲甚衆。阿嚕薩古以功加左僕射，復整軍進討，誤擊瑪古蘇，由是準布諸部俱不服。

42 丁巳，詔：「陝西有前代帝王陵廟處，給民五家充守陵戶。」

43 戊午，以開封府推官咸平來之邵復爲監察御史。

44 辛酉，詔以大河東流，都水監使者吳安持，賜三品服；北平（校者按：平字衍。）都水監丞李偉，任滿日令再任。

45 夏人寇環州及永和諸砦，凡七日，始解去。

初，知慶州章楶數遣輕兵出討，屢有斬獲，部族不敢寧居。楶策其必報，諜知將攻環州，乃料精兵纔萬，統以驍將折可適等，而授之策曰：「敵進一舍，我退一舍。彼必謂我怯，不復備我邊壘，乃銜枚由間道繞出其後，或伏山谷，伺間以擊其歸。」又以境外皆沙磧，近城百里有牛圈，所瀦水足以飲人馬，乃夜遣置毒。夏人圍環數日，無所獲而歸。可適等潛屯洪德城，伺夏師過，識其母梁氏旗幟，城中鼓譟而出，馳突躪蹂，夏師大敗。梁氏幾不得脫，盡棄供帳而逃。又飲牛圈水，人馬被毒，死傷不可勝計。【考異】宋史作丁卯夏人寇環州，據長編，于辛酉日書西夏入寇環州，丁卯環慶路言西賊入寇。是入寇實在辛酉日，丁卯則樞密報日也，今從長編作辛酉。

46 準布部長瑪古蘇叛，殺遼金吾圖古斯。舊作吐古斯，今改。遼主命奚六部呼哩舊作禿里，今改。(耶律郭三)發諸番兵討之。

47 壬申，遼南府宰相王經卒。

48 戊寅，以左伊勒希巴(舊作夷离畢。)耶律足哩舊作涅里，今改。為彰聖軍節度使。

49 十一月，辛巳，太白晝見。

50 甲申，詔：「大中大夫、觀察使以上，許各占永業田十五頃。餘官及民戶願以田宅供祖宗饗祀之費者，亦聽官給公據，改正稅籍。」

51 戊子，遼以樞密副使王是敦兼知樞密院事，以權參知政事韓資讓參知政事。

52 辛卯，朝獻景靈宮。壬辰，饗太廟。癸巳，祀天地於圜丘，赦天下，羣臣中外加恩。罷南京榷酒。民有親喪者，以差等與免徭。【考異】陳師道談叢云：故事，常赦，官典贓入已不赦，熙寧以後始赦吏罪。元祐七年，南郊，赦杖罪。八年，皇太后服藥而赦，則盡赦之矣。按是年始合祭天地，故所赦較廣，而宋志不言其詳，今附見師道說於此。
53 丁酉，遼以通州水潦害稼，遣使賑之。
54 辛丑，賜徐王顥劍履上殿。
55 乙巳，梁燾言：「先帝大臣多以材進，可稍復用，委以別都名藩，以全終始。」
56 戊申，遼北院大王哈魯舊作合魯，今改。卒。
57 十二月，甲子〔寅〕，以京西路轉運副使賈易知蘇州。
58 是歲，遼放進士寇尊文等五十三人。

八年遼大安九年。（癸酉、一〇九三）

1 春，正月，庚辰，遼主如混同江。
2 甲申，英州別駕蔡確卒。
3 丁亥，御邇英閣，顧臨讀寶訓，至漢武籍南山提封爲上林苑，仁宗曰：「山澤之利，當與衆共之；何用此爲？」丁度言：「臣事陛下二十年，每奉德音，未始不本於憂勤，此蓋祖宗家法耳。」呂大防因推廣以進曰：「三代以後，唯本朝百三十年，中外無事，蓋由家法最善。臣請舉其略：自古人主事母后，朝見有時，如漢武帝五日一朝長樂宮；祖宗以來，事母后皆朝夕見，此事親之法也。前代大長公主用臣妾之禮；本朝必先致恭，仁宗以姪事姑之禮見獻穆大長公主，此事長之法也。」帝曰：「今宮中見行家人禮。」大防曰：「前代宮闈多不肅，宮人或與朝臣相見，唐入閤圖有昭容位；本朝宮禁嚴密，內外整肅，此治內之法也。前代外戚多與政事，常致敗亂；本朝母后之族皆不預，此待外戚之法也。前代宮室多尙華侈；本朝止用赤白爲飾，此尙儉之法也。前代人君，雖在宮禁，出輿入輦；祖宗皆步自內庭，出御後殿，豈乏人之力哉？亦欲涉歷廣庭，稍冒寒暑耳，此勤身之法也。前代人主，在禁中冠服苟簡；祖宗以來，燕居必以禮，竊聞陛下昨郊禮畢，具禮服謝太皇太后，此尙禮之法也。前代多深於用刑，大者誅戮，小者遠竄；惟本朝用法最輕，臣下有罪，止於罷黜，此寬仁之法也。至於虛己納諫，不好畋獵，不尙玩好，不用玉器，不貴異味，此皆祖宗家法，所以致太平者。陛下不須遠師前代，但盡行家法，足以爲天下。」帝深然之。

4 壬辰，幸中太一宮。

5 庚子，詔頒高麗所獻黃帝鍼經于天下。

6 丁未，范百祿言：「自元祐四年正月降敕罷回河，今來臣僚回河之意終不肯已，然大河亦終不可回。吳安持等方日生巧計，壅遏北流，前後多端，致大河漸有塡淤之害，寖壞禹迹之舊，豈不深可惜哉！」

7 二月，己酉（辛亥），高麗遣使買歷代史及册府元龜等書，禮部尙書蘇軾言宜卻其請。

省臣許之，軾又疏陳五害，極論其不可，且曰：「漢東平王請諸子及太史公書，猶不肯與；今高麗所請，有甚于此，其可與乎！」詔：「書籍曾經買者聽。」

8壬子，詔：「刑部不得分禁繫人數，瘐死數多者申尚書省。」

9癸丑，詔大寧郡王以下出就外學。

10乙卯，依都水監所奏，作北流軟堰。蘇軾（轍）奏：「臣嘗謂軟堰不可施于北流，利害甚明。蓋東流本人力所開，闊止百餘步，冬月河流斷絕，故軟堰可爲。今北流是大河正溜，比之東流，何止數倍！見今河水行流不絕，軟堰何由能立！蓋水官之意，欲以軟堰爲名，實作破堰，陰爲回河之計耳。」河北轉運副使趙偁亦上議曰：「臣竊謂河事大利害有三：北流全河，患水不能分；東流分水，患水不能行；宗城河決，患水不能閉。是三者，去其患則爲利，未能去則爲害。今不謀此而專議閉北流，止知一日可閉之利，而不知異日既塞之患；止知北流伏槽之水易爲力，而不知闞郚方漲之勢未可併入東流。是見近忘遠，以河爲戲也。請俟漲水伏槽，觀大河全盛之勢，以治東流、北流。」於是詔罷軟堰。

11是月，以崇政殿說書呂希哲爲右司諫，希哲固辭。蘇軾戲謂希哲曰：「法筵龍象，當觀第一義。」希哲笑而不應。退，謂范祖禹曰：「若辭不獲命，必以楊畏爲首。」時畏方在言路，以險詐自任，故希哲有是言，既而不拜。

12 瑪古蘇侵遼，三月，遼西北路招討使耶律阿嚕薩古舊作阿（魯）掃古，今改。追之，都監蕭章糺舊作張九，今改。遇賊，與戰不利，二室韋與六院部、羣牧官（宮）（分）等軍俱陷于敵。阿嚕薩古不以實聞，遼主知之，削其官，決以大杖。

13 壬午〔癸未〕，尚書右僕射蘇頌罷。

頌爲相，務在奉行故事，使百官守法遵職，量能授任，杜絕僥倖，深戒邊臣生事，論議有未安者，毅然力爭之。會除賈易知蘇州，頌以易昔在御史名敢言，爲監司矣，今乃作郡，則是因赦令反下遷也，不可。議未決，諫官楊畏、來之邵謂頌稽留詔命。頌上章辭位，罷爲集禧觀使。梁燾言頌不可降職處外，以示疏遠，遂詔以觀文殿大學士留京師。【考異】李燾曰：邵伯溫云：楊畏攻劉相，出（初）意謂必相蘇轍，朝廷乃以蘇頌爲右僕射。畏又與來之邵言蘇相留賈易詔命不下。時中丞李之純與蘇相爲姻家，偶在病告，畏入臥內見之純曰：「臺諫言蘇頌章累上，未有施行。公與連姻，託病在告，恐言者將及公。」李長者，爲畏所劫，亦上章言：「臣僚論蘇頌章疏，乞早降出。」蘇相遂罷。太皇太后察見畏等私意，自召范純仁，拜右僕射，畏與之邵又言純仁不可用，不報。實錄不載之純有言。李清臣與許將書云：「子容之罷，雖言者乘之，殆別有爲，非面莫悉也。」不知清臣所稱有爲是何事，豈即邵伯溫所記楊畏反覆攻擊，爲蘇轍地乎？當考。

14 庚寅，范祖禹言：「仲春以來，暴風雨雪，寒氣逼人，惟陛下側身修德，以銷大異。」

15 辛卯，中書侍郎范百祿罷。

蘇頌既罷，百祿以同省，待罪請外，不許。御史黃慶基，上疏列百祿五罪，又言洛黨雖衰，川黨復盛，請早賜罷黜以離其黨與，百祿遂力求去，許之。初，罷百祿，不除職，梁燾以爲言，乃除資政殿學士、知河中府。

16 庚子，詔：「來年御試，將詩賦舉人復試三題；經義舉人且令試策，此後全試三題。」

17 是月，門下侍郎蘇轍奏：「近臣以董敦逸言川人太盛，差知梓州馮如晦不當，指爲臣過，遂面陳本末。尋蒙宣諭，深察敦逸之妄，然亦須略加別白。其敦逸言臣章疏，乞早付三省施行。」

敦逸又言：「奏差除之人，唯蘇軾爲多，或是親知，或其鄉人，致仕路有不平之歎。近高麗買書、黃河軟堰之事，皆得旨已行，尋以軾、轍見拒而罷。臣聞人君者，制命者也；人臣者，承君之命而奉行者也。命令重則君尊，命令輕則臣強。今陛下已行之命，而軾、轍違而拒之，語其情犯，又非蘇頌、范百祿之比，釋而不治，命令輕矣。乞斷自宸衷，指揮施行。」

18 夏，四月，丁未朔，夏人來謝罪，願以蘭州易塞門、安遠二砦，詔數以違順不常而卻其請。

19 甲寅，令范祖禹依先朝故事，止兼侍講。

20 乙卯，遼興中府甘露降；遼主遣使祠佛飯僧。

21 丁巳，詔：「今後南郊合祭天地，依元祐七年例施行，罷禮部集官詳議。」

22 甲子，以知永興軍李清臣爲吏部尚書。

23 癸酉，遼主獵於西山。

24 五月，〔癸未〕，蘇軾同呂希哲、吳安詩、豐稷、趙彥若、范祖禹、顧臨，請以唐宰相陸贄奏議校正繕寫進呈。（校者按：此條應移25後。）

25 （五月），己卯，以吏部尚書李清臣爲資政殿學士、知眞定府，姚勔論其不當召用故也。

26 辛卯，御史董敦逸、黃慶基並罷。

敦逸四狀言蘇轍，慶基三狀言蘇軾，謂軾昔爲中書舍人，所行制詞，指斥先帝，而轍相與表裏以紊朝政。三省同進呈，呂大防奏曰：「敦逸、慶基言軾制詞謗毀先帝，臣竊觀先帝聖意，本欲富國強兵以鞭撻四裔，而一時羣臣將順太過，故事或失當。及太皇太后與皇帝臨御，因民所欲，隨時救改，蓋事理當然耳。漢武帝好用兵，重斂傷民；昭帝嗣位，博采衆議，多行寢罷。明帝尚察，屢興慘獄；章帝易之以寬厚，天下悅服。未有以爲謗毀先帝者也。至如本朝眞宗卽位，弛放逋欠以厚民財；仁宗卽位，罷修宮觀以息民力。亦未聞當時士大夫有以爲毀謗先帝者。自元祐以來，言事官有所彈擊，多以謗毀先帝爲辭，非惟中傷善類，兼欲搖動朝廷，意極不善；若不禁止，久將爲患。」蘇轍因奏曰：「臣昨取兄軾所撰呂惠卿制觀之，其言及先帝者，有曰：『始以帝堯之仁，姑試伯鯀，終焉孔子之聖，不信宰予。』兄軾豈謗毀先帝者邪？臣聞先帝末年，亦自深悔已行之事，但未暇改耳；元祐變更，蓋追述先帝美意而已。」太皇太后曰：「先帝追悔往事，至於泣下。」大防曰：「聞永樂敗後，先帝嘗詒兩府大臣略無一人能相勸諫，然則一時過舉，非出先帝本意明矣。」太皇太后曰：「此事官家當深知。」於是斥敦逸、慶基爲湖北、福建轉運判官。中丞李之純、御史楊畏、來之邵，言二人誣陷忠良，其責太輕，丙申，詔各與知軍差遣，敦逸知臨江軍，慶基知南康軍。

蘇軾以劄子自辯，言：「臣任中書舍人日，適值朝廷竄逐數人，所行告詞，皆是元降詞頭所述罪狀，非臣私意所敢增損。內呂惠卿告詞，事涉先朝，不無所忌；臣愚意以爲古今如鯀爲堯之大臣而不害堯之仁，宰予爲孔子高弟而不害孔子之聖。又況再加貶黜，深惡其人，皆先朝本意，則臣區區之忠，蓋自謂無負矣。今慶基乃反指以爲誹謗，不亦矯誣之甚乎！其餘所言李之純、蘇頌、劉誼、唐義問等告詞，皆是慶基文致附會以成臣罪，此風始于朱光庭，盛於趙挺之，而極于賈易，今慶基復宗師之。臣恐陰中之害，漸不可長，非獨爲臣言也。」太皇太后令轍諭曰：「緣近來衆人正相捃拾，且須省事。」軾乃具劄子稱謝曰：「昔東漢孔融，才疏意廣，是以遭路粹之冤；西晉嵇康，才多識寡，是以遇鍾會之禍。臣人〔本〕無二子之長而兼有古〔昔〕人之短，若非陛下至公而行之以恕，至仁而照之以明，則臣已下從二子游久矣，豈復有今日哉！」

27 是月，水官又請進梁邨上下約，束狹河門，趙偁爭不能得。既涉漲水，遂壅而潰，南氾德清，西決內黃，東淤梁邨，北出闞邨，宗城決口復行，魏店北流淤斷，河水四出，壞東郡浮梁，幅員數百里，漂廬舍，敗冢墓。遺民之僅免者，老弱聚金隄上，哀號之聲，數舍不絕。

28 六月，丁未朔，遼主駐散水原。

29 甲寅，禮部尚書蘇軾乞知越州，詔不允。

30 戊午，尚書左丞梁燾，罷爲資政殿學士、同醴泉觀使。故事，宮觀使非宰相不除，遂置同使之名以寵之。

燾初以議邊事不合，卽屬疾求罷；章屢上，帝皆遣內侍封還，仍問所以必去之理，幷密訪人材，燾曰：「信任不篤，言不見聽，而詢人材之可用者，非臣所敢當也。」使者再至，乃具奏曰：「陛下必欲知可大用之人，且圖任舊人中堅正純厚有人望者，不牽左右好惡之言以移聖意，天下幸甚！」尋乞補外，出知潁昌府。臨行，帝遣內侍賜茶藥，宣諭曰：「已用卿言，復相范純仁矣。」

先是劉摯罷相，帝欲復用范純仁，乃出御札以問呂大防。大防對曰：「如所宣示，實允羣議。」遂遣內侍李倬齎詔書召純仁赴闕。己未，楊畏言：「純仁方罷帥降官，名在謫籍，而陛下遽命以爲相，賞罰不明，何以詔示天下！」來之邵又言純仁師事程頤，闇很不才，皆不聽。畏與蘇轍俱蜀人，前擊劉摯，後擊蘇頌，皆陰爲轍道地，太皇太后覺之，故復自外召純仁。畏尋又言轍不可大用云。

31 秋，七月，丙子朔，以范純仁爲尙書右僕射兼中書侍郎。入對，太皇太后曰：「人言相公必先進王覿、彭汝礪，如何？」純仁曰：「此二人實有士望，臣終不敢保位蔽賢，惟陛下加察。」

32 辛卯，遼主如黑嶺。

33 遼樞密使阿蘇，舊作阿思，今改。以蕭托輝舊作陶隗，今改。嘗言其短，深銜之。會西圉不寧，阿蘇奏曰：「邊隅重大，可擇重臣鎭撫。」遼主曰：「托輝何如？」阿蘇曰：「誠如聖旨。」遂以托輝爲西南面招討使。

續資治通鑑卷第八十三

賜進士及第兵部尚書兼都察院右都御史總督湖北湖南等處地方軍務兼理糧餉世襲二等輕車都尉畢沅編集

宋紀八十三 起昭陽作噩（癸酉）八月，盡閼逢閹茂（甲戌）七月，凡一年。

哲宗憲元繼道顯德定功欽文睿武齊聖昭孝皇帝

元祐八年遼大安九年。（癸酉、一〇九三）

1 八月，辛酉，太皇太后不豫，帝不視事。

2 壬戌，遣使按視京東·西、河南·北、淮南諸路水災。

3 戊辰，赦天下。

4 呂大防、范純仁、蘇轍、鄭雍、韓忠彥、劉奉世入崇慶殿後閤，問太皇太后安。太皇太后諭曰：「今病勢有加，與公等必不相見，且善輔佐官家。」又曰：「老身歿後，必多有調戲官家者，宜勿聽之。」乃呼左右賜社飯，曰：「明年社飯，當思老身也。」

九月，戊寅，太皇太后高氏崩。

自垂簾以來，召用名臣，罷廢新法苛政，臨政九年，朝廷清明，華夏綏安。杜絕內降僥倖，裁抑外家私恩，文思院奉上之物，無問巨細，終身不取其一。人以爲女中堯、舜。

己卯，詔以太皇太后園陵爲山陵，命呂大防爲山陵使。

5 庚辰，遣使告哀于遼。

6 戊子，端明殿學士兼翰林侍讀學士、禮部尚書蘇軾，出知定州。【考異】李燾曰：政目於六月二十六日書蘇軾知定州。按軾奏議，八月十九日，猶以端明、侍讀、禮書，論漢、唐正史，則六月二十六日不應已除定州。又實錄于九月十三日再書除定州，恐六月所書或誤，今去前而從後。

7 冬，十月，丙午，中書舍人呂陶言：「太皇太后保佑聖躬，于今九年，一旦棄四海之養，凡在臣庶，痛心泣血。然臣于此時以無可疑爲疑，以不必言而言。蓋自太皇太后垂簾以來，屛黜凶邪，裁抑僥倖，橫恩濫賞，一切革去，小人之心，不無怨憾。萬一或有姦邪不正之言，上惑聖聽，謂太皇太后斥逐舊臣，更改政事，今日陛下既親萬幾，則某人宜復用，某事宜復行。此乃治亂之端，安危之機，君子小人消長之兆，在陛下察與不察也。昔元祐初，臣任臺諫官，嘗因奏事簾前，恭聞德音宣諭云：『朝廷政事，于民有害，即當更改。其他不繫利害，亦不須改。每改一事，必說與大臣，恐外人不知。』臣思此語，則太皇太后凡有更改，固非出於私意，蓋不得已而後改也。至如章惇悖慢無禮，呂惠卿姦回害物，蔡確毀謗不敬，李定不持母喪，張誠一盜父墓中物，宋用臣掊斂過當，李憲、王中正邀功生事，皆是積惡已久，罪不容誅。則太皇太后所改之事，皆是生民之便，所逐之臣，盡是天下之惡，豈可以爲非乎！臣又聞明肅皇太后稱制之日，多以私恩徧及親黨，聽斷庶務，或致過差。及至仁宗親政，有希合上意，言其闕失者；仁宗降詔，應明肅垂簾時事，更不得輒有上言。聖德廣大，度越古今，陛下所宜法而行之。」

8 戊申，羣臣七上表請聽政。

太皇太后既崩，人懷顧望，莫敢發言，翰林學士范祖禹，慮小人乘間爲害，上疏曰：「陛下方總攬庶政，延見羣臣，此乃國家興替之本，社稷安危之基，天下治亂之端，生民休戚之始，君子小人進退消長之際，天命人心去就離合之時也。先太皇太后，性嚴正不可干犯，故能斥逐姦邪，裁抑僥倖。雖德澤深厚，結于百姓，而小人怨恨，亦不爲少，必將有以改先帝之政、逐先帝之臣爲太皇太后過者，此離間之言，不可不察也。初，太皇太后同聽政，中外臣民上書者以萬計，皆言政令不便。太皇太后因天下人心變而更化，既改其法，則作法之人有罪當逐，陛下與太皇太后亦順衆言而逐之。其所逐者，皆上負先帝，下負萬民，天下之所讎疾而共欲去之者也，豈有憎惡於其間哉！惟陛下辨析是非，斥遠佞人，有以姦言惑聽者，明正其罪，付之典刑，痛懲一人以警羣慝，則帖然無事矣。此輩既誤先帝，又欲誤陛下，天下之事，豈堪小人再破壞邪！」蘇轍方具疏進諫，及見祖禹奏，曰：「經世之文也。」遂附名同進而毁己草。疏入，不報。

後數日，祖禹又言：「先太皇太后以大公至正爲心，罷王安石、呂惠卿等新法而行祖宗舊政，故社稷危而復安，人心離而復合。乃至遼主亦與其宰相議曰：『南朝遵行仁宗政事，可敕燕京留守，使邊吏約束，無生事。』陛下觀敵國之情如此，則中國人心可知。今陛下親萬機，小人必欲有所動搖，而懷利者亦皆觀望。臣願陛下上念祖宗之艱難，先太皇太后之勤勞，痛心疾首，以聽用小人爲刻骨之戒，守元祐之政，當堅如金石，重如山岳，使中外一心，歸于至正，則天下幸甚！」

9 呂希哲言：「君子小人用心不同，有昔時自以過惡招致公論，坐法沈廢者，朝思夜度，唯望乘國家變故、朝廷未寧之時，進爲險語以動上心。其說大約不過有三：一謂神宗所立法度，陛下必宜修復；二謂陛下當獨攬乾綱，不可委信臣下；三謂向來遷謫者當復收用。三者之言，行將至矣，陛下不可以不察。」呂陶亦以爲言。皆不報。

10 遼阿嚕薩古（舊作阿魯掃古。）之敗于瑪古蘇（舊作磨古斯。）也，遼主以耶律托卜嘉（舊作撻不也。）代爲西北路招討使。托卜嘉自以嘗薦瑪古蘇，有舊恩，遣人招致之。瑪古蘇聲言約降，托卜嘉遽信之，逆於鎮州西南沙磧間，禁士卒無得妄動。已而瑪古蘇率師驟至，裨將耶律綰、徐盛見其勢銳，不及戰而走，托卜嘉被害。托卜嘉，仁先之子也。庚戌，贈侍中，謚貞憫。

瑪古蘇既勝，準布（舊作阻卜。）諸部皆應之，寇倒塌嶺。壬子，遼遣使籍諸路。癸丑，命烏庫（舊作烏古。）節度使愼嘉努（舊作鄭家奴。）率兵援倒塌嶺。

11 甲寅，遼主駐藕絲淀。

乙卯，命以馬三千給烏庫部。

丙辰，遼有司奏準布掠西路羣牧。

丁巳，遼振西北路貧民。

12 己未，遼以燕國王延禧生子，肆赦；妃之族屬並進級。

13 壬戌，遼以樞密直學士趙延睦參知政事兼同知南院事。

14 己巳，遼主命廣積貯以備水災。

15 十一月，（校者按：三字衍。）庚午，復內侍樂士宣等六人。蘇轍奏：「陛下方親政，中外賢士大夫未曾進用一人，而推恩先及於近習，外議深以爲非。」後數日，復出內批，以劉惟簡、梁從政等四人並除入內內侍省職。中書舍人呂希純封還詞頭，帝曰：「止爲禁中闕人，兼有近例。」轍曰：「此事非爲無例，蓋謂親政之初，先擢內臣，故衆心驚疑。」帝釋然曰：「除命且留，俟祔廟取旨可也。」

16（十一月），范祖禹請追改內侍除命，不報。（庚寅），因請對，曰：「熙寧之初，王安石、呂惠卿造立三新法，悉變祖宗之政，多引小人以誤國，勳舊之臣屏棄不用，忠正之士相繼遠引。又用兵開邊，結怨外夷，天下愁苦，百姓流徙。賴先帝覺悟，罷逐兩人，而所引羣小已布滿中外，不可復去。蔡確連起大獄，王韶創取熙河，章惇開五溪，沈起擾交管，沈括、徐禧、俞充、种諤興造西事，兵民死傷皆不下二十萬。先帝臨朝悼悔，謂朝廷不得不任其咎。以至吳居厚行鐵冶之法于京東，王子京行茶法于福建，蹇周輔行鹽法于江西，李稷、陸師閔行茶法、市易于西川，劉定教保甲于河北，民皆愁痛，比屋思亂。賴陛下與太皇太后起而救之，天下之民如解倒懸。惟是向來所斥逐之人，窺伺事變，妄意陛下不以修改法度爲是，如得至左右，必進姦言。萬一過聽而復用，豈惟正人不敢立朝，臣恐國家自此陵遲，不復振矣。」又論：「漢、唐之亡，皆由宦官。自熙寧、元豐間，李憲、王中正、宋用臣輩用事統兵，權勢震灼。中正兼幹四路，口敕募兵，州郡不敢違，師徒凍餒，死亡最多；憲陳再舉之策，致永樂摧陷；用臣興土木之工，無時休息，罔市井之微利，爲國斂怨；此三人者，雖加誅戮，未足以謝百姓。憲雖已亡，而中正、用臣尚在，今召內侍十餘人，而憲、中正之子皆在其中。二人既入，則中正、用臣必將復用，惟陛下念之。」

時紹述之論已興，有相章惇之意，祖禹力言惇不可用，帝不悅。

丙子，御垂拱殿。（校者按：六字應移上16「十一月」下。）

17 遼樞密使阿蘇（舊作阿思。）使人誣奏蕃部掠漠南牧馬及居民畜產，招討使蕭托輝（舊作陶瑰。）不急追捕，罪當死，遼主命免其官。托輝負氣，怒則鬚髯輒張，每有大議，必毅然決之，雖遼主有難色，未嘗遽已，見權貴無少屈，竟爲阿蘇所陷，時人惜之。

18 十二月，乙巳，范純仁言：「臣多疾早衰，自叨宰執以來，益爲職事所困。竊位已將五月，輔政訖無寸長，上負國恩。又況蒙命之始，已招彈擊之言。伏望察其至誠，退之以禮。」詔不允。帝語呂大防曰：「純仁有時望，不宜去，可爲朕留之，且趣入見。」問：「先朝行青苗法如何？」對曰：「先帝愛民之意本深，但王安石立法過甚，激以賞罰，故官吏急切，以致害民。」退而疏陳其要，以爲「青苗非所當行，行之終不免擾民。」

初，太皇太后寢疾，召純仁曰：「公父仲淹，在章獻垂簾時，唯勸章獻盡母道，及仁宗親政，惟勸仁宗盡子道，可謂忠臣，公必能繼紹前人。」純仁泣謝曰：「敢不盡忠！」至是羣小力排垂簾時事，純仁奏曰：「太皇太后保佑聖躬，功烈誠心，幽明共鑒。議者不恤國是，一何薄哉！」因以仁宗禁言章獻垂簾時事詔書上之曰：「望陛下稽倣而行，以戒薄俗。」韓忠彥亦言於帝曰：「昔仁宗始政，羣臣亦多言章獻之非，仁宗惡其持情甚薄，下詔戒飭。陛下能法仁祖則善矣。」

19 甲寅，倣唐六典修官制。

20 丁巳，遼遣使來弔祭。

21 出錢粟十萬賑流民。

22 遼中京留守竇景庸卒，謚肅憲。

23 是月，蘇軾赴定州。

時國事將變，軾不得入辭，既行，上書言：「臣日侍帷幄，方當戍邊，顧不得一見而行；況疏遠小臣，欲求自通，難矣。然臣不敢以不得對之故不效愚忠。古之聖人將有爲也，必先處晦而觀明，處靜而觀動，則萬物之情畢陳于前。陛下聖智絕人，春秋鼎盛，臣願虛心循理，一切未有所爲，默觀庶事之利害與羣臣之邪正，以三年爲期，俟得其實，然後應而作，使既作之後，天下無恨，陛下亦無悔。由此觀之，陛下之有爲，惟憂太早，不患稍遲，亦已明矣。臣恐急進好利之臣，輒勸陛下輕有改變，故進此說，敢望陛下留神，社稷宗廟之福，天下幸甚！」

24 范純仁之將入也，楊畏嘗有言，純仁不知。至是呂大防欲用畏爲諫議大夫，純仁曰：

「上新聽政，諫官當求正人；畏傾邪，不可用。」大防曰：「豈以畏嘗言公邪？」純仁始知之。大防素稱畏敢言，且先密約畏助己，竟超遷畏爲禮部侍郎。及大防充山陵使，甫出國門，畏首叛大防，上疏言：「神宗更法立制以垂萬世，乞賜講求，以成繼述之道。」疏入，帝卽召對，詢以先朝故臣孰可召用者，畏遂列上章惇、安燾、呂惠卿、鄧溫伯、李淸臣等行義，各加品題。且密奏萬言，具陳神宗所以建立法度之意與王安石學術之美，乞召章惇爲相。帝深納之，遂復章惇資政殿學士，呂惠卿爲中大夫，王中正復遙郡團練使。給事中吳安詩不書惇錄黃，中書舍人姚勔不草惠卿、中正誥詞，乞追回除命，皆不聽。

25 先是水官銳意回河，請曰：「河流淺狹，權堰斷，使水勢入孫邨口。」論奏以千百數。詔率下河北轉運司議，同列多畏恐，不敢正言，或以不知河事爲解。轉運副使趙偁，獨居中持議，不少假借，每沮卻之，因上河議，其略曰：「自頃有司回河幾三年，工費騷動，半於天下；復爲分水，又四年矣。古所謂分水者，回河流，相地勢，導而分之，蓋其理也。今乃橫截河流，置埽約以扼之。開濬河流，徒爲淵潭，其狀可見。況故道千里，其間又有高處，故累歲漲落，輒復自斷。臣謂當完大河北流兩隄，復修宗城廢隄，閉宗城口，廢上下約，開闞邨河門，使河流端直以成深道，聚三河工費以治一河，一二年可以就緒，而河患庶幾息矣。」

紹聖元年　遼大安十年。（甲戌、一〇九四）

1春，正月，丙申，夏國遣使來貢。

2趙偁又上言：「先帝灼見河勢，且鑒屢閉屢塞之患，因順其性，使之北行，此萬世策也。自有司置埽創約，橫截河流，回河不成，因爲分水。初決南宮，再決宗城，三決內黃，水皆西決，則地勢西下，較然可知。今欲弭息河患，而逆地勢，戾水性，臣未見其能就效也。臣請開闞郗河門，修平鄉、鉅鹿埽、焦家等隄，濬澶淵故道以備漲水，如此，則五利全而河患息矣。」

水官又請權堰梁郗，縷斷張包等河門，閉內黃決口，開雞爪，疏口地，回河東流。於是詔遣中書舍人呂希純、殿中侍御史井亮采乘傳相視，且會逐司定議。偁議以爲：「東流闊處無二百步，益以漲水，何可勝約！去歲嘗聞〔開〕雞爪十五餘丈，未幾生淤，形勢可見。一日東流既不容，北流又悉閉，上壅橫潰之患，可勝道哉！請先導張包以存北流，修西隄以備漲水，因其順快，水流既通，則河將自成矣。」時獨東路提刑上官均與偁議合，而衆相論難，累日不決。乃周視東北流，較形勢，審利害，會逐司詰之，曰：「將濬雞爪以決東河于北流，可乎？」水官曰：「不可。張包存則東流敗矣。」詔使曰：「審爾，則水之趨北，勢也，柰何逆之！」由是從偁議，奏請存張包而治北流。會詔中格，復罷。

3是月，遼主如春水。

4 準布別部侵遼，四捷軍都監特默舊作特抹，今改。死之。

5 二月，丁未，以戶部尚書李清臣爲中書侍郞，以兵部尚書鄧溫伯爲尚書右丞。清臣首倡紹述，溫伯和之。

時進用大臣，皆從中出，侍從、臺諫，亦多不由進擬。范純仁乃言於帝曰：「陛下親政之初，四方拭目以觀，天下治亂，實本於此。舜舉皋陶，湯舉伊尹，不仁者遠。縱未能如古人，亦須極天下之選。」帝不納。

6 己酉，葬宣仁聖烈皇后于永厚陵；己未，祔神主於太廟。

7 甲子，詔依章獻明肅皇后故事，罷避高遵惠（甫）諱。

8 是月，夏國進馬，助太皇太后山陵；復遣使再議易地，詔不允。

9 三月，壬申朔，日有食之。

10 癸酉，以知陳州蔡卞爲中書舍人。

11 乙亥，尚書左僕射呂大防罷。

大防位首相踰六年，當國日久，羣怨皆歸。及宣仁始祔廟，侍御史來之邵，乞先逐大防以破大臣朋黨；因疏列神宗簡拔之人章惇、安燾、呂惠卿等，以備進用。大防亦自求去位，帝亟從之，詔以觀文殿大學士知潁昌府。後二日，改知永興軍。【考異】長編稱帝春秋既長，大防未嘗建議親政，雖宣仁有復辟之志，卒不得伸，編年錄亦采之。此崇寧史官采御史周秩誣謗之詞。哲宗年十歲即位，至宣仁上仙之時，纔十八歲，性識未定，豈當咎其不早復辟邪！秩本章惇之黨，造爲斯言，仁甫因而書之，殊非其實，今不取。

12 乙酉，御集英殿，試進士，策曰：「今復詞賦之選而士不知勸，罷常平之官而農不加富，可差可募之說紛而役法病，或東或北之論異而河患滋，賜土以柔遠也而羌夷之患未弭，弛利以便民也而商賈之路不通。夫可則因，否則革，惟當之爲貴，聖人亦何有必焉！」李清臣之詞也。

13 戊子，徙封徐王顥爲冀王。

14 癸巳，詔賑京東、河北流民，貸以穀麥種，諭使還業，蠲今年租稅。

15 丁酉，賜禮部奏名進士、諸科九百七十五人及第、出身。時考官取進士答策者，多主元祐；及楊畏覆考，乃悉下之，而以主熙、豐者置前列，拔畢漸爲第一。自此紹述之論大興，國是遂變矣。

16 是日，蘇轍罷。

先是轍上疏曰：「伏見御試策題，歷詆近歲行事，有紹復熙寧、元豐之意。臣謂先帝以天縱之才，行大有爲之志，其所設施，度越前古，蓋有百世不可改者。在位近二十年，而終身不受尊號，裁損宗室，恩止袒免，減朝廷無窮之費；出賣坊場，顧募衙前，免民間破家之患；黜罷諸料〔科〕誦數之學，訓練諸將慵惰之兵；置寄祿之官，復六曹之舊；嚴重祿之法，禁交謁之私；行淺攻之策，以制西夏；收六色之錢，以寬雜役。凡如此類，皆先帝之睿算，有利無害，而元祐以來，上下奉行，未嘗失墜也。至於其他，事有失當，何世無之！父作之於前，子救之於後，前後相濟，此則聖人之孝也。漢武帝外事四夷，內興宮室，財用匱竭，於是修鹽鐵、榷酤、均輸之政，民不堪命，幾至大亂；昭帝委任霍光，罷去煩苛，漢室乃定。光武、顯宗，以察爲明，以讖決事，上下恐懼，人懷不安；章帝卽位，深鑒其失，代之以寬厚愷悌之政，後世稱焉。本朝眞宗，右文偃武，號稱太平，而羣臣因其極盛，爲天書之說；章獻臨御，攬大臣之議，藏書梓宮，以泯其迹；及仁宗聽政，絕口不言。英宗自藩邸入繼，大臣創濮廟之議；及先帝嗣位，或請復舉其事，寢而不答，遂以安靜。夫以漢昭、章之賢與吾仁宗、神宗之聖，豈以薄於孝敬而輕事變易也哉！願陛下反覆臣言，愼勿輕事改易。若輕變九年已行之事，擢任累歲不用之人，懷私忿而以先帝爲辭，大事去矣。」奏入，不報。

轍又具劄子言：「聖意誠謂先帝舊政有不合改更，自當宣諭臣等，令商量措置。今自宰臣以下，未嘗略聞此言，而忽因策問進士，宣露密旨。譬如家人，父兄欲有所爲，子弟皆不與知，而與行路謀之，可乎？」帝固不說，李清臣、鄧溫伯又先媒蘖之。及面論，帝益怒，遂責轍以漢武比先帝，轍曰：「漢武，明主也。」帝曰：「卿意但謂武帝窮兵黷武，末年下哀痛之詔，豈明主乎！」帝聲甚厲。轍下殿待罪，衆莫敢救。范純仁從容言曰：「武帝雄才大略，史無貶辭，轍以比先帝，非謗也。陛下親政之初，進退大臣當以禮，不可如訶斥奴僕。」鄧溫伯越次進曰：「先帝法度，爲司馬光、蘇轍壞盡。」純仁曰：「不然，法本無弊，弊則當改。」帝曰：「人謂秦皇、漢武。」純仁曰：「轍所論，事與時也，非人也。」帝爲之少霽。轍平日與純仁多異，至是乃服，退，舉笏謝曰：「公，佛地位人也。」歸家，亟具奏，乞賜屏逐，詔以轍爲端明殿學士、知汝州。中書舍人吳安詩草制，有「風節天下所聞」及「原誠終是愛君」之語，帝怒，命別撰詞。轍止散官知汝州，安詩尋亦罷爲起居舍人，從虞策、郭知章等言也。

17 河內尹焞應舉，見發策黜元祐之政，乃歎曰：「尚可以干祿乎！」不對而出。焞少師事程頤，謂頤曰：「焞不復應進士舉矣。」頤曰：「子有母在。」焞歸，告其母陳，母曰：「吾知汝以善養，不知汝以祿養。」頤聞之曰：「賢哉母也！」於是終身不就舉。

18 夏，四月，甲辰，命中書舍人蔡卞同修國史，以國子司業翟思爲左司諫，左朝奉郎上官均爲左正言，右朝散郎周秩、左朝散郎劉拯並爲監察御史。

19 召淮南轉運副使張商英爲右正言。

商英在外久不召，積憾元祐大臣，攻之不遺餘力，上疏言：「神宗盛德大業，跨絕今古，而司馬光、呂公著、劉摯、呂大防，援引朋儔，敢行譏議。凡詳定局之見明，中書之勘會，戶部之行遣，言官之論列，詞臣之誥命，無非指擿抉揚〔揚〕，鄙薄嗤笑，翦除陛下羽翼於內，擊逐股肱於外，天下之勢，岌岌殆矣！今天清日明，誅賞未正；乞下禁省檢索前後章牘，付臣等看詳簽揭以上，陛下與大臣斟酌而可否焉。」又指呂大防、梁燾、范祖禹爲姦邪，以司馬光、文彥博爲負國，言呂公著不當謚正獻，甚者至以宣仁比呂、武。始，商英在元祐時，作嘉禾頌，以文彥博、呂公著比周公，又作文祭司馬光，極其稱美；至是乃追論其罪。又言：「願陛下無忘元祐時，章惇無忘汝州時，安燾無忘許昌時，李清臣、曾布無忘河陽時。」其以險語激怒當世概類此。

20遼主駐春州北平淀。

21乙巳，三省言役法尚未就緒，帝曰：「止用元豐法而減去寬剩錢，百姓何有不便邪？」范純仁曰：「四方利害不同，須因民立法，乃可久也。」帝曰：「令戶部議之。」

22阿里骨遣使來獻獅子。

23丙午，以旱，詔卹刑。

24庚戌，以知江寧府曾布爲翰林學士。

布自瀛州徙江寧，詔許入覲，遂有是命。布言先帝政事，當復施行，且乞改元以順天意。

25以龍圖閣直學士蔡京權戶部尚書。

26臺臣共言蘇軾行呂惠卿制詞，譏訕先帝，壬子，詔軾落職，知英州。

范純仁上疏曰：「熙寧法度，皆呂惠卿附會王安石建議，不副先帝愛民求治之意。至垂簾時，始用言者，特行貶竄，今已八年矣。言者多當時御史，何故畏避不卽納忠，而今乃有是奏，豈非觀望邪？」

27遼自準布侵邊，諸屬國多從之叛。邊臣間有斬獲，諸部亦有降者。而瑪古蘇（舊作磨古斯，今改。）猖獗太甚，遼主乃以耶律額特勒（舊作斡特剌，今改。）爲都統，耶律圖多（舊作禿朵，今改。）爲副都統，耶律圖魯（舊作胡呂。）爲都監，往討之。

28癸丑，詔改元紹聖。

29白虹貫日。

30以侍講學士范祖禹爲龍圖閣直學士，知陝州。

先是帝欲以祖禹代蘇轍，而沮之者甚衆。祖禹力求出，乃有是命。

31太子少師致仕馮京卒。帝臨奠。蔡確之子渭，京壻也，于喪次闌訴父冤。甲寅，詔復確右正議大夫。

32 詔王安石配享神宗廟庭。

33 以吏部尚書胡宗愈爲通議大夫、知定州。

34 壬戌，以資政殿學士、提舉洞霄宮章惇爲尚書左僕射兼門下侍郎。

惇赴召，沙縣陳瓘隨衆道謁。惇素聞其名，獨邀與同載，訪當世之務，瓘曰：「請以所乘舟喻，偏重其可行乎？或左或右，其偏一也。明此，則行可矣。」惇默然。瓘復曰：「天子待公爲政，敢問將何先？」惇竚思良久，曰：「司馬光姦邪，所當先辨。」瓘曰：「公誤矣，此猶欲平舟勢而移左以置右也。果爾，將失天下之望。」惇厲色曰：「光輔母后，獨掌政柄，不務纂紹先烈，肆意大改成緒，誤國如此，非姦邪而何？」瓘曰：「不察其心而疑其迹，則不爲無罪。若指爲姦邪，又復改作，則誤國益甚矣。」乃爲惇極論熙、豐、元祐之事，以爲：「元豐之政，多異熙寧，則先志固已變而行之。溫公不明先志，而用母改子之說，行之太遽，所以紛紛至今。爲今日計，唯當消朋黨，持中道，庶可救弊。若又以熙、豐、元祐爲說，無以厭服公論。」瓘辭辨忼慨，議論勁正，惇雖迕意，亦頗驚異，遂有兼收元祐之語，留瓘共飯而別。

35 范純仁罷爲觀文殿大學士，知潁昌府。

帝既親政，言者爭論垂簾時事。純仁數稱疾求罷，最後出居慈孝寺，請降詔以禁約言者，帝不從。純仁連章求罷，許之。陛辭日，命坐，賜茶，慰勞甚渥。帝曰：「卿耆德碩望，朝廷所倚賴，今雖在外，凡時政有可裨益者，但入文字言之，無事形迹。」純仁頓首受命。
36命曾布修神宗正史。
37丙寅，罷五路經傳（律）通禮科。
38丁卯，詔諸路使：「免役法依元豐八年見行條約施行。」
39鄧溫伯言：「舊名潤甫，昨避高陳王諱，今請復舊名。」從之。
40戊辰，同修國史蔡卞上疏言：「先帝盛德大業，卓然出千古之上，而實錄所紀，類多疑似不根，乞驗索審訂，重行刊定，使後世無所迷惑。」詔從之，以卞兼國史修撰。
41己巳，遼除玉田、密雲流民租賦一年。
42是月，知汝州蘇轍，降授左朝議大夫，徙知袁州。
責詞略曰：「垂簾之初，老姦擅國，置在言路，使詆先朝，反以君父爲仇，無復臣子之義。」中書舍人林希所草。老姦，蓋陰斥宣仁也。希典書命，自司馬光、呂大防、公著、劉摯等數十人之制，極其醜詆。一日，草制罷，擲筆于地曰：「壞盡名節矣！」
43閏月，壬申，以陸師閔等二十三人爲諸路提舉常平官。
44癸酉，罷十科舉士法，從井亮采言也。
45翟思言：「先帝正史，將以傳示萬世。訪聞秉筆之臣，多刊落事迹，變亂美實，以外應姦人誣詆之說。今既改命史官，須別起文，請降旨取日曆、時政記與今實錄參對。」從之。

46甲申，以觀文殿學士安燾爲門下侍郎。

47以禮部侍郎孔武仲爲寶文閣待制、知宣州。

48乙酉，以工部尙書李之純爲寶文閣待制、知單州，御史劉拯言其爲中丞時阿附蘇軾故也。

49丙戌，虞策請復置天下義倉，每苗稅一石，出米五升，自來年爲始，專充賑濟，從之。

50貶通判杭州秦觀監處州茶鹽酒稅，以劉拯言其影附蘇軾，增損實錄也。

51丁亥，詔神宗隨龍人趙世長等遷秩賜賚有差。

52戊子，詔：「在京諸司所受傳宣中批，並候朝廷覆奏以行。」

53癸巳，命知蘇州呂惠卿改知江寧府。

54乙未，章惇入見，遂就職，命提舉修神宗實錄、國史。

55戊戌，詔改隆祐宮曰慈德宮，前殿曰慈德，中曰仁明，後曰壽昌。

56以黃履爲御史中丞。

元豐末，履嘗爲中丞，與蔡確、章惇、邢恕相交結，每確、惇有所嫌惡，則使恕道風旨於履，履卽排擊之，時謂之「四凶」，爲劉安世所論而出。至是惇復引用，俾報復仇怨，元祐正臣，無一得免者矣。

57帝之初卽位也，程顥知扶溝縣，以檄至河南府，留守韓宗師問：「朝事如何？」顥曰：「司馬君實、呂晦叔作相矣。」又問：「果作相，當如何？」曰：「當與元豐大臣同。若先分黨與，他日可憂。」宗師曰：「何憂？」曰：「元豐大臣皆嗜利者，使自變其已甚害民之法，則善矣。不然，衣冠之禍未艾也。」至是其言乃驗。宗師，絳之子也。

58庚子，遼賜西北路貧民錢。

59五月，壬寅，罷修官制局。

60甲辰，罷進士習試詩賦，專治二經。

61遼主駐赤勒嶺。

62己酉，詔以王安石日錄參定神宗實錄、正史。

初，安石將死，悔其所作，命從子防焚之，防詭以他書代。至是蔡卞卽防家取以上之，因芟落事實，文飾姦僞，盡改元祐所修。

63辛亥，劉奉世罷。

奉世爲人，簡重有法度，常云：「家世唯知事君，內省不愧怍士大夫公論而已。得喪，常理也。譬如寒暑加人，雖善攝生者不能無病，正須安以處之。」時以章惇用事，力乞外。

乃罷爲眞定府路安撫使，兼知成德軍。

64 癸丑，詔：「中外學官，非制科、進士、上舍生入官者，並罷。」

65 編類元祐羣臣章疏及更改事條。

66 甲寅，殿中侍御史郭知章言：「先帝闢地進攘〔壤〕，扼西戎之咽喉，如安疆、葭蘆、浮圖、米脂，據高臨下，宅險遏衝，元祐初，用事之臣委四寨而棄之，外示以弱，實生戎心。乞檢閱議臣所進章疏，列其名氏，顯行黜責。」惇等因開列初議棄地者自司馬光、文彥博而下凡十一人。惇奏曰：「棄地之議，司馬光、文彥博主之於內，趙卨、范純粹成之於外，故衆論莫能奪。若孫覺、王存輩，皆闇不曉事，妄議邊計者。至于趙卨、范純粹，明知其便，而首尾異同以傅會大臣，可謂挾姦罔上。夫妄議者猶可恕，挾姦者不可不深治。」帝以爲然。

67 右正言張商英，言先帝謂天地合祭非古，詔禮部、太常詳議以聞。

68 以右正言上官均爲工部員外郎。

章惇方欲擅權，惡均異論，故罷均言職。尋以均權發遣京東西路刑獄。

69 戊午，遼有司言：「德哷勒舊作敵烈，今改。諸部侵邊，統軍使出戰不利，招討使以兵擊破之。敦睦宮太師耶律安努舊作愛奴，今改。及其子歿於陣。」

70 己未，以禮部侍郎楊畏爲吏部侍郎。

初，呂大防既超遷畏，畏知章惇必復用。時惇居蘇州，有張擴者，惇妻之姪，畏託擴致意云：「畏度事勢輕重，因呂大防、蘇轍以逐劉摯、梁燾輩；又欲并逐大防及轍，而二人覺之，遽罷畏言職。畏迹在元祐，心在熙寧、元豐，首爲公闢路者也。」及惇赴召，百官郊迎，畏獨請間，語多斥大防。有直省官聞之，歎曰：「楊侍郎前日詔事呂相公，亦如今日見章相公也。」惇信畏言，故又遷吏部。

71 乙丑，尚書左丞鄧潤甫卒。

潤甫首陳紹述，遂登政府。章惇議重謫呂大防、劉摯，潤甫不以爲然，曰：「俟見上，當力爭。」無何，暴卒。

72 丁卯，嗣濮王宗暉卒。

73 是月，高麗國王運殂，遣使告于遼，遼遣蕭遵列等賻贈。

74 六月，知永興軍呂大防，降授右正議大夫、知隨州，知青州劉摯，落職，降授左朝議大夫、知黃州，知汝州蘇轍，降授左朝議大夫、知袁州，以臺諫交章論列故也。

來之邵等言知英州蘇軾詆斥先朝，甲戌，責授寧遠軍節度副使，忠〔惠〕州安置。

75 壬午，封高密郡王宗晟爲嗣濮王。

76 癸未，以翰林學士承旨曾布同知樞密院事。

77 （甲申），禮部言太學博士詹文奏乞除去王安石字說之禁，從之。

78 （乙酉），詔知鄆州梁燾改知鄂州，知成德軍劉安世改知南安軍，管句西京崇福宮吳安詩監光州鹽酒稅，知虢州韓川改知坊州，權知應天府孫升改知房州，並落職降官，從左司諫翟思言也。

79 乙酉，（校者按：二字衍。）中書舍人林希言：「吏部侍郎、新除廬州王欽臣，傅會呂大防以致進用，豈可以侍從職名，寄之方面！所有制詞，未敢撰進。」詔欽臣除集賢殿修撰，知和州。

80 詔崇政殿說書呂希哲守本官，知懷州，以劉拯言公著父子世濟姦邪故也。

81 丙戌，詔蔡確追復觀文殿學士，贈特進。

82 戊子，詔翰林學士兼侍講蔡卞充國史院修撰兼知院事。

83 辛卯，三省以監察御史周秩所上二章進呈，讀至「向者有御批，欲增隆皇太妃儀物，又如治平中議濮事，呂木〔大〕防所以求去」，帝曰：「大防何嘗有言！今秩越次及之，是迎合也。」又讀至「邪說甚行，使天子不得尊其母」，帝曰：「此言，激怒也。如秩趨操甚狂，若置之言職，朝廷無安靜之理。」遂罷秩知廣德軍。

84 己亥，遼禁邊民與蕃部爲婚。

85 秋，七月，庚子朔，遼主獵於赤山。

86丙辰，張商英言呂希純於元祐中嘗繳駁詞頭不當及附會呂大防、蘇轍事，帝曰：「去冬以宮中缺人使令，因召舊人十數輩，此何繫外廷利害，而范祖禹、豐稷、文及甫，並有章疏陳古今禍福以動朕聽，希純等又繳奏爭之，何乃爾也！」安燾對曰：「聞文及甫輩上書，亦爲人所使。」帝曰：「必蘇轍也。」會中書舍人林希言呂希純嘗草宣仁皇后族人遷官誥，有曰「昔我祖妣正位宸極」，其言失當，及變亂奉祀禮文、薦牙盤食等數事，乃詔落希純職，知亳州如故。

87丁巳，三省言范純仁、韓維，朋附司馬光，毀訕先帝，變亂法度，純仁復首建棄地之議，滋養邊患，詔純仁特降一官。

初，章惇請謫純仁，帝曰：「純仁持議公平，非黨也，但不肯爲朕留耳。」惇曰：「不肯留，即黨也。」帝勉從惇請。

88是日，追奪司馬光、呂公著等贈謚，貶呂大防、劉摯、蘇轍等官，詔諭天下。

元豐末，神宗嘗謂輔臣曰：「明年建儲，當以司馬光、呂公著爲師保。」及公著卒，呂大防奉敕撰神道碑，首載神宗語，帝又親題其額。及章惇、蔡卞欲起史禍，先于日曆、時政記刪去「以司馬光、呂公著爲師保」語，又請發光、公著冢，斲棺暴尸。三省同進呈，許將獨不言；惇等退，帝留將問曰：「卿不言，何也？」將曰：「發冢斲棺，恐非盛德事。」帝曰：「朕亦以爲無益公家。」遂寢其奏。會黃履、張商英、周秩、上官均、來之邵、翟思、劉拯、井亮采，交章言光等畔道逆理，未正典刑，大防等罪大罰輕，未厭公論，凡十九疏。章惇悉以進呈，遂詔追光、公著贈謚，毀所立碑，奪王巖叟贈官，貶大防郢州居住，摯蘄州，轍筠州。曾布密疏請罷毀碑事，不報。

蘇頌方執政時，見帝年幼，諸臣太紛更，常曰：「君長，誰任其咎邪？」每大臣奏事，但取決于宣仁，帝有言，或無對者，惟頌奏宣仁，必再稟帝，有宣諭，必告諸臣以聽聖語。及言者劾頌，帝曰：「頌知君臣之義，無輕議也。」又曰：「梁燾每起中正之論，其開陳排擊，盡出公議，朕皆記之。」由是頌獲免，而燾與外祠。

89 初，李清臣冀爲相，首倡紹述之說，以計去蘇轍、范純仁，亟復青苗、免役法。及章惇相，心甚不悅，復與爲異。惇貶司馬光等，又籍文彥博以下三十人，將悉竄嶺表。清臣進曰：「更先帝法度，不能無過，然皆累朝元老；若從惇言，必大駭物聽。」帝然之。戊午，詔曰：「司馬光、呂公著、呂大防、劉摯等，各以等第行遣責降訖。至於射利之徒，脅肩成市，盡從申儆，俾革回邪，推予不忍之仁，開爾自新之路。今後一切不問，議者亦勿復言，所有見行取會實錄修撰官以下及廢棄渠陽砦人，自別依敕處分。」

90 來之邵、劉拯等乞復免役錢法。

91 是月，準布諸部侵遼之倒塌嶺，盡掠西路羣牧馬去，東北路統軍使耶律實玛舊作石柳，今改。以兵追及，盡獲所掠而還。

92 遼太子洗馬劉輝上書言：「西邊諸蕃爲患，士卒遠戍，中國之民疲於飛輓，非長久之策。爲今之務，莫若城於臚灤，實以漢戶，使耕田聚糧，以爲西北之費。」言雖不行，識者韙之。

續資治通鑑卷第八十四

賜進士及第兵部尚書兼都察院右都御史總督湖北湖南等處地方軍務兼理糧餉世襲二等輕車都尉　畢　沅　編集

宋紀八十四 起閼逢閹茂(甲戌)八月，盡柔兆困敦(丙子)十二月，凡二年有奇。

哲宗憲元繼道顯德定功欽文睿武齊聖昭孝皇帝

紹聖元年 遼大安十年。(甲戌、一〇九四)

1 八月，辛未，詔范純粹降一官，爲直龍圖閣、知延安府，以元祐間嘗獻議棄地也。

2 壬申，三省具呂惠卿、王中正、宋用臣無(元)罪狀進呈，當再敍，章惇曰：「惠卿所坐極無名。」帝曰：「與復舊官幷資政殿學士。」

3 九月，癸卯，遣御史劉拯按河北水災，賑飢民。

4 甲辰，以黃慶基、董敦逸並爲監察御史。

5 丙午，策賢良方正能直言極諫科。庚戌，三省同進呈張咸、吳儔、陳暘三人中第五等，推恩，帝曰：「進士策文理有過於此者。」因詔罷制科。

6罷廣惠倉。

7甲寅，知廣州唐義問，坐棄渠陽砦，責授舒州團練副使。

8己未，遼以南院大王特默舊作特末，今改。爲南院樞密使。

9庚申，太白晝見。

10甲子，德哷勒舊作敵烈，今改。部長降於遼，遼主命釋其罪。

11丁卯，詔京東、西、河北賑卹流民。

12戊辰，流星出紫微垣。

13是月，遼都統額特勒舊作斡特剌，今改。進討準布，舊作阻卜，今改。乘天大雪，擊敗瑪古蘇舊作磨古斯，今改。之衆并其四別部，斬首千餘級。

14冬，十月，己巳朔，以知江寧府呂惠卿知大名府。

三省、樞密院同呈除目，曾布、韓忠彥曰：「若惠卿在朝，善人君子必無以自立。」帝曰：「只令知北京，豈可留也！」布又言：「章惇秉政以來，所引皆闒茸小人，專恣弄權，日甚一日。陛下以天下公論召彭汝礪，而沮格不行；呂升卿於罪謫中致仕，而惇不稟旨，召令再任；王欽臣謝表語侵御史，而惇欲削職降官；周秩譏切朝廷，而惇欲多方曲庇其罪；陛下不欲與惠卿復職而終復，不欲除林希經筵而終除；以是上下畏之。獨臣與韓忠彥曾稍開陳，他人有敢言其非者否？」其意蓋欲傾惇。帝曰：「此固當開陳也。」

15 丙子，遼主駐藕絲淀。

16 丁亥，國子司業龔原奏：「王安石在先朝時，嘗進所撰字說二十二卷。乞差人就其家繕寫定本，降付國子監雕印，以便學者傳習。」詔可。學校舉子之文，靡然從之，其弊自原始。

17 庚寅，以常安民爲監察御史。

先是安民因召對言：「元祐中進言者，以熙寧、元豐之政爲非而當時爲是，今日進言者，以元祐之政爲非而熙寧、元豐爲是，皆偏論也。願陛下公聽並觀，無問新舊，惟歸於當。」帝謂輔臣曰：「安民議論公正，無所阿附。」

18 丁酉，都水使者王宗望言：「北流已閉，全河東還故道，望付史官紀紹聖以來聖明獨斷，致此成績。」詔宗望具析部役官功力等第以聞。然是時東流隄防未及繕固，瀕河多被水患。流民入京師，往往泊御廊及僧舍，詔給券，諭令還本土以就賑濟。

19 十一月，己亥朔，復八路差官法。

20 壬子，蔡確追復觀文殿大學士。

21 甲寅，開封男子呂安斥乘輿，當斬，貸之。

22 十二月，辛未，申嚴銅錢出外界法。

23甲戌，遼以參知政事趙廷睦兼同知樞密院事，以樞密副使王師儒參知政事兼同知樞密院事。

24己卯，遼主命錄西北路有功將士及戰歿者贈官。

25乙酉，遼改明年元曰壽昌，減雜犯死罪以下，仍除貧民租賦。【考異】遼史紀、表、志、傳俱作「壽隆」。余在京師，游陶然亭，見遼碑以壽昌紀年，歸，考東都事略、文獻通考，俱云遼改元壽昌。復徧考遼碑，無不作壽昌者。嘗以語錢辛楣，辛楣云：「遼人謹於避諱，光祿之改崇祿，避太宗諱也；改女眞爲女直，避興宗諱也；追稱重熙爲重和，避天祚嫌名也；聖宗名隆緒，道宗爲聖宗之孫，而以壽隆改元，犯聖宗之諱，此理之必無者。又，洪遵泉志有「壽昌元寶」錢，引李季興諸蕃樞要云：契丹主天祐年號壽昌。北遼通書云：天祚即位，壽昌七年，改爲乾統。按今「壽昌元寶」錢猶有存者，證以諸石刻，知遼史爲誤，今定作壽昌。

26丙戌，滑州浮橋火。

27己丑，滹河決溢，浸洺、磁等州，令計置堙塞。

28甲午，三省同進呈臺諫官前後章疏，言：「實錄院所修先帝實錄，類多附會姦言，詆斥熙寧以來政事，乞重行罷黜。」帝曰：「史官敢如此誕謾不恭，須各與安置。」詔：「范祖禹安置永州，趙彥若澧州，黃庭堅黔州。」

初，章惇、蔡卞與其黨論實錄多誣，俾前史官分居畿邑以待問，摘千餘條示之，謂爲無驗證。既而院吏攷閱，悉有據依，所餘才三十二事。庭堅書「用鐵龍爪治河，有同兒戲」，至是首問焉。對曰：「庭堅時官北都，嘗親見之，眞兒戲耳。」凡有問，皆直辭以對，聞者壯之。

29 遼南府宰相王棠卒。

棠博古，善屬文，鄉貢、禮部、廷試皆第一。練達朝政，臨事不怠，在政府，修明法度，人許其不愧科名云。

30 是歲，京師疫，洛水溢，太原地震；河北水，發京東粟賑之。

二年 遼壽昌元年。（乙亥、一〇九五）

1 春，正月，己亥，遼主如混同江。

2 丙午，立宏詞科。

三省上言：「今進士既純用經術，如詔誥、章表、赦敕、檄書、露布、戒諭之類，皆朝廷官守日用不可缺者，若悉不習試，何以兼收文學博異之士！」於是別置宏詞科，許進士登科者乞試。試者雖多，所取無過五人；詞格超異者，特奏命官。

3 以吏部侍郎楊畏知成德軍。

畏既叛呂大防，附章惇，及李清臣、安燾與惇異議，復陰附安、李。而惇亦覺其險詐，乃命畀出守。

4乙卯，遼賑奉聖州貧民飢。

5乙丑，殿前司奏獄空，詔賜緡錢。

6二月，丁卯朔，日有食之。【考異】遼史不書是年日食，宋史作雲陰不見，今仍從宋史書之。

7戊辰，遼賜左右二皮室錢。

8癸酉，高麗遣使貢於遼。

9甲戌，以知大名府呂惠卿爲資政殿大學士。章惇言惠卿乞留京師，但願得一宮觀，帝曰：「已除大資政，兼北京亦是重地。」又問：「惠卿已行否？」曾布、韓忠彥皆曰：「惠卿乞留，乃是無恥。君子難進而易退，其人可知矣。」帝哂之。

初，監察御史常安民面奏：「新除北都留守呂惠卿，賦性深險，王安石援引爲執政，及得志，遂攻安石。使移此心以事君，其薄可知。惠卿若見陛下，必言先帝而泣，以感動陛下，希望得留朝廷。」至是惠卿過闕請對，果爲帝言先朝事，且泣。帝正色不答，計不得施而去。時論快之。

10乙亥，詔追奪呂大防兩官，徙居安州。

先是中丞黃履言趙彥若等修纂先帝實錄，厚加誣毀，皆已竄逐，唯監修呂大防幸免，故有是命。

11 遼主駐魚兒濼。

12 辛巳，出內庫錢帛二十萬助河北賑饑。

13 乙未，左司諫張商英除左司員外郎。司（校者按：司字衍。）會知開封府王震言商英遣人與蓋漸謀害來之邵，坐謫監江寧府稅。

14 三月，己亥，嗣濮王宗晟卒，謚端孝。

宗晟好古學，藏書數萬卷，仁宗嘉之，益以國子監書。治平初，將郊而雨，或議改卜，英宗訪諸宗晟，對曰：「陛下初郊見上帝，盛禮也，豈宜改卜！至誠感神，在陛下精意而已。」帝嘉納。及郊，雨霽。英宗數被疾，密請早建儲貳以繫天下之望，世稱其忠。

15 甲辰，國子司業龔原等，言王安石嘗進其子雱所撰論語、孟子義，乞下本監雕印頒行。

16 丙午，遼賜東京貧民絹。

17 己未，試宏詞黃符等五人各循一資。

18 夏，四月，丁卯，遼都統奏討準布別部之捷。

19 戊辰，詔：「職事官罷帶職，朝請大夫以下勿分左右，易集賢院學士爲集賢殿修撰，直集賢院爲直祕閣，集賢校理爲祕閣校理。」

20 壬申，封華容郡王宗愈爲嗣濮王。
21 御史郭知章、董敦逸言：「乞循先帝之法，令兩制及臺諫官各舉才行一人。」詔許將、蔡京、黄履、蔡卞、錢勰、林希、王震，不拘資序，各舉堪備任使二員以聞。
22 乙亥，女直遣使貢於遼。
23 丁亥，詔依元豐條制置律學博士二員。
24 庚寅，遼錄西北路有功將士。
25 是月，寶文閣待制、知青州邢恕入覲，涕泣曰：「臣不謂今日得復見陛下！」淚濺御袍。帝不樂，遂令赴郡。
26 五月，乙未朔，遼以南京宣徽使耶律特默爲北院大王。癸卯，贈陣亡者官。
27 乙巳，命蔡卞詳定國子監三學及外州州學制。
28 乙卯，上皇太妃宫曰聖瑞。
29 丁巳，遼主駐特禮嶺。
30 六月，己巳，遼以權參知政事趙孝嚴爲漢人行宫都部署。圍場都管薩巴，舊作撒八，今改。以討準布功加鎮國大將軍。
31 乙酉，詔：「元祐初減定除授正任已下奉祿遞損，物數不多，有虧朝廷優異之禮，其見行條令，悉宜罷去，並依元豐舊制；其宗室公使幷生日所賜，自依元祐法。」

32 壬辰，禁京城士人輿轎。

33 秋，七月，己亥，戶部尚書蔡京，奏乞檢會熙寧、元豐青苗條約以示天下。

34 癸卯，遼主獵於沙嶺。

35 甲寅，遼都統額特勒奏破瑪古蘇之捷。

36 丙辰，詔大理寺復置右治獄，仍依元豐例增置官屬。

37 八月，壬申，封彰信軍節度使宗景爲濟陰郡王。

38 甲申，詔：「呂大防等永不得引用期數及赦恩敍復。」時將大饗肆赦，章惇先期言：「此數十人，當終身勿徙。」故有是詔。

39 嗣濮王宗愈卒，謚恭憲。

40 乙酉，錄趙普後希莊爲閤門祗候。

41 九月，甲午，以安定郡王宗綽爲嗣濮王。

42 壬寅，告遷神宗神御於景靈宮顯承殿。

43 知陳州范純仁，聞呂大防竄居遠州，終身勿徙，欲齋戒上疏申理之。所親勸其勿爲觸怒，萬一遠斥，非高年所宜，純仁曰：「事至於此，無一人敢言。若上心遂回，所繫大矣；如其不然，死亦何憾！」乃上言：「大防等所犯，亦因持心失恕，好惡任情，違老氏好還之戒，忽孟軻反爾之言。然牛、李之禍，數十年淪胥不解，豈可尚遵前軌！大防等年老疾病，不習水土，炎荒非久處之地，又憂虞不測，何以自存！向來章惇、呂惠卿，雖爲貶謫，不出里居，陛下以一蔡確之故，常軫聖念。今趙彥若已死貶所，將不止一蔡確矣。願陛下斷自淵衷，將大防等引赦原放。」癸卯，出御批曰：「范純仁立異邀名，沮抑朝廷已行之命，可落觀文殿大學士、知隨州。」帝始亦有意從所奏，章惇力主前議，且謂純仁同罪未錄，遂幷責之。

44 戊申，加上神宗謚曰紹天法古運德建功英文烈武欽仁聖孝皇帝。

45 辛亥，大饗明堂，赦天下。

46 甲寅，遼主祠木葉山。

47 丙辰，遼命西京礮人、弩人教西北路漢軍，以準布未平故也。

48 章惇專權擅命，監察御史常安民力折其姦。惇遣所親語之曰：「君本以文學聞於時，柰何以言語自任，與人爲怨！少安靜，當以左右相處。」安民正色斥之曰：「爾乃爲時相游說邪！」林希權禮部尙書，安民言：「希爲惇謀客，惇肆橫強很，皆希教之。」又論：「蔡京姦足以惑衆，辨足以飾非，巧足以移動人主之視聽，力足以傎倒天下之是非，內結宦寺，外連臺諫，合黨締交，以圖柄任。陛下不早逐之，他日悔將安及！」是時京之惡尙隱，人多未測，獨安民首發之。又言：「今大臣爲紹述之說者，皆借以報復私怨，一時朋附之流，從而和之，遂至已甚。張商英在元祐時，上呂公著詩求進，其言諛佞無恥；及爲諫官，則上疏毀司馬光、呂公著神道碑。周秩在元祐間爲太常博士，親定司馬光謚文正；爲言官，則上疏論司馬光、呂公著，至欲剖棺鞭屍。是豈士君子之所爲哉！」章疏前後至數十百上，度終不能回，遂乞外，帝開慰而已。

及祀明堂，劉美人侍帝於齋宮，又至相國寺，用教坊作樂，安民以爲衆所觀瞻，虧損聖德。語直忤旨，章惇從而譖之。曾布在樞府，與惇不協，見安民數論惇，意謂附己，於上前屢稱安民。及安民論布與惇互用親故，於是二人者合力排之。布乘間袖安民舊與呂公著書以進，謂安民乞公著消減先朝姦黨，援引其類，百世承續。一日，帝謂安民曰：「卿嘗上呂公著書，以東漢不道之君比朕，可乎？」安民曰：「臣與公著書，勸其博求賢才，嘗引陳蕃、竇武、李膺事，不謂惡臣者指摘臣言，推其世以文致臣，雖辨之何益！」先是安民與國子司業安惇、監察御史董敦逸同在國子監攷試所拆號，安民對敦逸稱「二蘇負天下重望，公不當彈擊」，至是敦逸奏訐安民前語，謂「安民乃蘇轍之黨，平日議論，多主元祐」，安民由是得罪。壬戌，謫安民監滁州鹽酒務。帝初命與安民知軍，惇乃進擬送吏部，降監當。明年，敦逸論瑤華事，帝怒，欲貶之，謂執政曰：「依常安民例與知軍。」乃知帝初不知安民降監當也。

49是月，詳定重修敕令所言：「府界諸路常平斂散等事，除今來申請外，並依元豐七年見行條制；其給納常平錢，有所抑勒，令提舉司覺察奏劾。」從之。

50冬，十月，甲子，尚書右丞鄭雍，罷爲資政殿學士、知陳州。

章惇貶斥元祐舊臣，皆以白帖行遣。安燾等爭論不已，帝疑之，惇甚恐。雍欲爲自安計，私語惇曰：「用白帖有王安石故事。」惇大喜，取其案牘，懷之以白帝，惇得遂其姦。雍雖以此結惇，然卒罷政。

51遼主駐藕絲淀。

52己巳，翰林學士錢勰，落職知池州，仍放辭謝，坐批答鄭雍詔書有「羣邪共攻」等語也。元祐初，章惇罷樞密，出知汝州，勰草制詞，有云「怏怏非少主之臣，悻悻無大臣之節」。及惇入相，勰知開封府，殊懼；已而擢翰林學士，乃安。曾布數毀勰於帝前，帝未聽也。於是蔡卞與黃履同在經筵，爲履誦「弗容羣枉，規欲動搖」等語。履問：「如何？」卞曰：「似近時答詔，不知誰爲之。」亟令學士院檢呈，乃知勰所爲。履與翟思、劉拯相繼論列，言：「臣等忝任風憲，而勰指爲羣邪，意在朋比，妄假陛下之詔以扇惑朝廷。」故雍既罷而勰亦貶。

勰在熙寧時爲流內銓主簿，判銓陳襄嘗登進班簿，神宗稱之，襄曰：「此非臣所能，主簿錢勰爲之耳。」明日，召對，將任以清要官。王安石使弟安禮來見，許用爲御史，勰謝曰：

「家貧母老，不能爲萬里行。」再知開封府，臨事精敏。蘇軾乘其據案時，遺之詩，勰操筆立就以報，軾曰：「電掃庭訟，響答詩筒，近所未見也。」

53 癸酉，告遷宣仁皇后神御於景靈宮徽音殿。

54 (甲戌)，以吏部尚書許將爲尚書左丞，翰林學士蔡卞爲尚書右丞。

55 甲戌，(校者按：二字衍。)遼以北面林牙耶律大悲努(舊作大悲奴。)爲右伊勒希巴。(舊作夷离畢。)大悲努舉止馴雅，好禮儀，爲時人所稱。

56 丙子，以戶部尚書蔡京爲翰林學士兼侍讀、修國史。

57 辛巳，進封冀王顥爲楚王。

58 癸未，遼以參知政事王師儒爲樞密副使，以漢人行宮都部署趙孝嚴參知政事。

59 辛卯，河南府地震。

60 壬辰，遼錄討準布有功將士。

61 十一月，乙未，安燾罷知河南府。燾舊與章惇善，及同省執政，惇憚燾，且惡之，所以排陷者無不至，遂有是命。

62 丙申，太白晝見。

63 女直遣使進馬於遼。

64 戊戌，范諤以轉運使入對，自言有捕盜功，乞賜章服，帝曰：「捕盜，常職也，何足言功！」黜知壽州。

65 己亥，遼以都統額特勒爲西北路招討使，封漆水郡王。

66 甲寅，內侍梁惟簡除名，全州安置。惟簡坐黨附，與張士良、梁知新皆得罪；已又編管白州，徙配朱崖，以爲宣仁后親信故也。

67 黃履、來之邵、張商英、劉拯言：「蔡確先朝顧命大臣，宜盡復官爵卹數。」丙辰，贈確爲太師，謚忠懷，遣中使護其葬。

68 戊午，知大名府呂惠卿入對，引進副使宋球謂曾布曰：「惠卿語良久，上有倦色。既而再出一劄子，不知上有何語，遂不進呈，出笏而退。」布奏事畢，言及惠卿，帝曰：「惠卿極凶橫，升卿亦然。」布曰：「陛下睿明洞見，實天下之福！」惠卿留數月，乃辭去。

69 庚申，遼以高麗王昱有疾，命其子顒權知國事。

先是遼欲過鴨綠江爲界，高麗上表云：「普天之下，莫非王土王臣；尺地之餘，何必我疆我理！」又云：「歸汝陽之舊田，撫綏敝邑；回長沙之拙袖，忭舞昌辰。」其參知政事朴寅亮之詞也。遼主善之，遂寢其議。

70 十二月，癸亥朔，遼以知北院樞密使事耶律阿蘇（舊作阿思。）爲北院樞密使。

71 乙丑，復置監察御史三人，分領六察，不言事。

72 令翰林學士蔡京、御史中丞黃履各舉御史二人。

73 壬申，白虹貫日。

74 乙酉，曾布言文彥博、劉摯、王存、王巖叟輩皆詆訾先朝，去年施行元祐之人多漏網者，惇曰：「三省已得旨，編類元祐以來臣僚章疏及申請文字，密院亦合編類。」帝以爲然。許將再奏曰：「密院已得指揮，編修文字，乞便施行。」從之。

75 戊子，詔如元豐例，孟月朝獻景靈宮。

76 是歲，蘇州地震。

77 遼放進士陳衡有等百三十人。

三年 遼壽昌二年。(丙子、一〇九六)

1 春，正月，甲午，遼主如春水。

2 庚子，知樞密事韓忠彥罷。忠彥屢請外，帝問曾布曰：「忠彥別無事，亦不至姦險。」對曰：「然。」已而章惇言忠彥處置邊事多失宜，帝甚駭之。忠彥請不已，乃除觀文殿學士、知眞定府，尋移定州。

3 甲辰，酌獻景靈宮，徧詣諸殿，如元豐禮。

4戊申，殿中侍御史陳次升言：「紹聖元年赦榜，除已行責降人外，一切不問，議者亦不復言。近者竊見汪浹、李仲等送吏部，與合入差遣，錄黃行下，以元祐所獻文字得罪。則赦榜所云，殆成虛語，將何以取信天下！伏望宣諭大臣，自今以始，同共遵守。若人才委不可用，所見背理，以今日之罪罪之，既往之咎，置而不問，以彰朝廷忠厚之德。」又言：「臣聞差官編排元祐間臣僚章疏，仍厚賞以購藏匿，采之輿議，實有未安。恭惟陛下即政之初，詔令天下言事，親政以來，揭榜許其自新，是亦光武安反側之意。今又攻其一言之失，置於有過之地，是前之詔令，適所以誤天下也，後之赦榜，又所以誑天下也。命令如此，何以示信於人乎！所有編排章疏指揮，乞行寢罷。」

5庚戌，引見蕃官包順、包誠等，賜賚有差。

6詔：「鞫獄非本意所指而蔓求他罪者，論如律。」

7壬子，知熙州范純粹改知鄧州。

8乙卯，詔戶部尚書勿領右曹。

元祐初，司馬光乞尚書兼領左、右曹，使周知其數，則利權歸一，從之。至是復使侍郎專領，尚書不得與焉。

9右正言孫諤言：「知河中府楊畏，在元豐時，其議論皆與朝廷合；及元祐之末，呂大防、蘇轍等用事，則盡變其趨而從之；紹聖之初，陛下躬親總攬，則又欲變其趨而偷合苟容；天下謂之『楊三變』。」詔落畏職，依舊知河中。後以中書舍人盛陶言，移知虢州。

10 戊午，詔罷合祭，間因大禮之歲，夏至日躬祭地祇於北郊。

11 辛酉，遼市牛以給烏古德哷勒舊作烏古敵烈，今改。部之貧民。

12 二月，癸亥，出元豐庫緡錢四百萬，於陝西、河東糴邊儲。

13 癸酉，罷富弼配饗神宗廟庭。

14 癸未，詔封濮安懿王子未王者三人，宗楚爲南陽郡王，宗祐爲景城郡王，宗漢爲東陽郡王。

15 乙酉，嗣濮王宗綽卒，謚孝靖。

16 丙戌，詔：「三歲一取旨，遣郎官、御史按察監司職事。」

17 丁亥，夏人寇義合砦。

18 是月，詔：「三路保甲依義勇法教試。」

19 三月，辛卯朔，尚書省火。壬辰，詔以禁中屢火，罷春宴及幸池苑，不御垂拱殿三日。

20 癸巳，夏人圍塞門砦。

21 丁酉，尚書省火。

22戊戌，劍南東川地震。

23己亥，封南陽郡王宗楚爲嗣濮王。

24辛亥，封大寧郡王佖爲申王，遂寧郡王佶爲端王。

25壬子，帝諭二府，以元祐減賞功格不當，令修定，何未上？衆皆曰：「諸路相度未到。」帝曰：「元豐中方有邊事，欲激厲人用命，不若一用元豐賞格，候邊事息，別議增損。」曾布曰：「當如此。」遂降旨諸路，令告諭將士知悉。

26丁巳，幸申王、端王府。

27夏，四月，辛酉，罷宣徽使。

28己卯，遼賑西北邊饑。

29乙酉，戶部侍郎吳居厚言：「請諸路課利場務及三萬貫以上者，並依元豐條舉官監當，仍各委本路轉運使奏舉。」從之。

30丙戌，三省同奏事，曾布曰：「司馬光之內懷怨望，每事志於必改，背負先帝，情最可誅。」李清臣、許將曰：「文彥博教光云：『須盡易人，乃可舉事。』」布曰：「臣元豐末在朝廷，見光進用，自六月秉政至歲終，一無所爲。及陰引蘇軾、蘇轍、朱光庭、王巖叟輩，布滿要路，至元祐元年二月，乃奏罷役法，盡逐舊人，然後於先朝政事無所不改。以此知大臣陰引黨類，置之言路，蔽塞人主耳目，則所爲無不如欲，此最爲大患。」又曰：「譬光者乃閭巷小人耳。如王安石、臣兄犖，皆有學識之士，臣自少時，已聞兩人者議論，以爲光不通經術，迂僻不知義理，其他士大夫有識者，亦皆知之。」帝忻然聽納。

31 五月，壬子，太白晝見。

32 丙辰，錄囚。

33 是月，左正言孫諤言：「免役者，一代之大法。夫在官之數，元豐多，元祐省，雖省，未嘗廢事也，則多不若省。散役之直，元豐重，元祐輕，雖輕，未嘗廢役也，則重不若輕。數省而直輕，則民之出錢者易；民之出錢者易，故法可久也。願陛下博采羣言，無以元豐、元祐爲間，要以便百姓，無不均平之患而止。」蔡京言：「諤論役法，欲伸元祐之姦，惑天下之聽。」詔諤罷言職，知廣德軍。

34 給事中蹇序辰言：「先帝在位十九年，其應世之迹，未易周覽。請選儒臣著爲神宗寶訓一書，授之讀官，以備勸講之闕。」詔俟正史成書，令史官編修。序辰，周輔之子也。

35 六月，辛酉，遼主駐薩里納。（舊作撒里乃。）

36 癸亥，令眞定立趙普廟。

37 癸未，詔常立罷諸王府侍講，差監永州酒稅；奉議郎趙沖監道州茶鹽酒稅。沖，立門人也。

初，蔡卞請以立爲崇政殿說書；既賜對，又請除諫官，帝未許。卞方與章惇比，曾布欲輕〔傾〕之，乘間爲帝言立附兩人，乃於史院取沖所撰立父秩行事以進，有云「自荊公去位，天下官吏陰變新法，民受塗炭；公獨見幾，知其必敗。」帝駭曰：「何謂必敗？」布言：「立狂悖不遜，自當行法。」及三省對，帝語蔡卞曰：「常立詆神考而卿薦之，何也？」又顧章惇曰：「卿不見其語乎？」惇謝不知，帝怒曰：「語在常秩行狀，其語云：『自安石罷相以來，民在塗炭。』又云：『自秩與安石去位，而識者知其必敗。』其謟厚安石而詆薄神考如此，卞何爲薦之？」惇、卞皆錯愕謝罪。帝卽命中使就史院取秩行狀，親指「塗炭」「必敗」四字以示惇、卞，惇由是始悟爲卞所賣。後一日，三省進呈，帝令與立宮觀，沖別取旨，中書舍人葉祖洽繳錄黃，謂立貶太輕。李清臣具以報布，是日，布對，言：「立謟王安石而毀先帝，情更可誅。乃欲擢之言路，此臣所以不能自已也。」帝亦切齒，故特與遠小處監當。

殿中侍御史陳次升因言：「常立希合權臣，詆誣先帝，而大臣援進唯恐不速，豈非負先帝，欺陛下乎！爲臣之罪，莫大於是，伏望特行黜責，以警官邪。」不報。

38 乙酉，立北郊齋宮於瑞聖園。

39 秋，七月，壬辰，以蔡京爲翰林學士承旨。

40 癸巳，樞密院言：「據知邢州張赴稱，體究得民間願得牧地養馬，但與蠲其租課，仍不責以蕃息，養馬人戶，無追呼勞擾之患，其不願養馬之家，不得抑勒。今相度欲具爲條畫榜示。」從之。

41 己亥，詔知渭州、寶文閣待制呂大忠特除寶文閣直學士、知秦州，以元祐中堅持邊議，又領帥日久故也。

大忠因言：「臣弟大防，自罷謫籍，流落累年，恐一旦不虞，倏先朝露，死生隔絕，銜恨無窮。伏乞寢臣已除職名，只量移大防陝西州郡居住。」不聽。

始，大忠自涇原入對，帝問：「大防安否？」且曰：「大臣初議令過海，朕獨處之安州，卿有書，當令且將息忍耐。大防朴直，爲人所賣，候三二年，可復相見也。」大忠泄其語於章惇，惇懼，繩之愈力，元祐黨人由是再行貶黜。

42 丙午，遼主獵於赤山。

43 庚戌，依元豐職事官以行、守、試三等定祿秩。

44 甲寅，令熙河立王韶廟。

45 乙卯，國子司業龔原，言將來科場止令依舊專治一經，從之。

46 八月，辛酉，夏人寇寧順砦。

47 丙子，詔：「王巖叟遺表幷呂大防等所得恩例及擧官並罷，更不施行。提擧舒州靈仙觀、鄂州居住梁燾，主管洪州玉龍觀、南安軍居住劉安世，並分司南京，仍各於本處居住。」

48 己卯，復置檢法官。

49 帝嘗語章惇曰：「元祐初，太皇太后遣宮嬪在朕左右者凡二十人，皆年長。一日，覺十人者非素使令。頃之，十人至。十人還，復易十人去。其去而還者皆色慘沮，若嘗涕泣者。朕甚駭，不敢問。後乃知因劉安世等上疏，太皇太后詰之也。」惇與蔡卞方謀誣元祐大臣嘗有廢立議，聞帝語，遂指劉安世、范祖禹言禁中覓乳母事爲根，二人重得罪。庚辰，責授祖禹昭州別駕，賀州安置，安世新州別駕，英州安置。

50 九月，曾布言：「蔡卞最陰巧，而章惇輕率，以相媚說，故多爲其所誤。凡惇所主張人物，多出於卞。至議論之際，惇毅然如自己出，而卞噤不啓口。外議皆云：『蔡卞心，章惇口。』如此，實於聖政有害。政府虛位甚多，願早擇人，以助正論。」

51 己亥，邈川首領檢校太保阿里骨卒。

52 庚子，詔姚勔永不磨勘，以給事中蹇序辰言其詆訕先帝，務欲遏絕紹述之意故也。

53 丙午，遼徙烏爾古德哷勒部於烏納水，以扼北邊之衝。

54 己酉，滁、沂二州地震。

55 壬子，太師、淮南·荆南節度使楚王顥卒。

顥天姿穎異，尤嗜學，始就外傅，每一經終，卽遣講讀官以器幣服馬。工飛白，善射，好圖書，博求善本。神宗嘉其志尚，每得異書，亟馳使以示。帝卽位，尊禮尤隆，詔書不名。及卒，謚曰榮，陪葬永厚陵。

56 婕妤劉氏，明艷冠後庭，且多才藝，有盛寵，見皇后不循列妾禮。嘗同后朝景靈宮，訖事，就坐；嬪御皆立侍，婕妤獨背立簾下。后閤中陳迎兒呵之，婕妤背立如故，閤中皆忿。冬至，會朝隆祐宮，俟見於他所。后坐朱髹金飾，婕妤在他座，意象頗慍；其從行者知之，爲易座與后等。衆弗能平，因傳唱曰：「皇太后出。」后起立，婕妤亦起，尋各復其所。或已撤婕妤座，遂頓於地，懟，不復朝，泣訴於帝。內侍郝隨方用事，謂婕妤曰：「毋以此戚戚！願早爲大家生子，此座終當爲婕妤有耳。」

會后女福慶公主疾，后有姊頗知醫，嘗醫后危疾，以故出入掖庭。公主藥弗效，乃持道家治病符水以入，后驚曰：「姊寧不知宮中禁嚴，與外舍異邪？」令左右藏之；俟帝至，具言其故，帝曰：「此人之常情耳。」后卽焚符於帝前。宮禁相傳厭魅之端作矣。

方公主病革，忽有紙錢在旁，后顧視，頗惡忌之，意自婕妤所遣人持來，益有疑心。未幾，后養母聽宣夫人燕氏、尼法端與供奉官王堅爲后禱祠事聞，詔入內押班梁從政、句當御藥院蘇珪即皇城司鞫之，捕逮宦官、宮妾幾三十人，搒掠備至，肢體毀折，至有斷舌者。獄成，命侍御史董敦逸覆錄，罪人過庭下，氣息僅屬，無一人能出聲者。敦逸秉筆疑未下，郝隨等以言脅之。敦逸畏禍及己，乃以奏牘上。乙卯，詔以皇后孟氏旁惑邪言，陰挾媚道，廢居瑤華宮，號華陽教主、玉清妙靜仙師，法名沖眞。

初，章惇誣宣仁有廢立計，以后爲宣仁所立，欲廢之；又陰附劉婕妤，欲請建爲后，與郝隨搆成是獄，莫有敢異議者。既降案付三省、樞密院約法，惇會李清臣、曾布、許將、蔡卞及刑部官徐鐸等議。或謂不可處極典，曾布諭法官但當守法，且曰：「驢媚蛇霧，是未成否？」衆皆瞿然。法官遂執議堅等三人皆處死。

殿中侍御史陳次升言：「所治之獄，不經有司，雖聞追驗證佐，而事迹祕密，朝廷之臣，猶不預聞，士庶惶惑，固無足怪。臣竊謂自古推鞫獄訟，皆付外庭，未有宮禁自治，高下付閹宦之手。陛下但見案牘之具耳，安知情罪之虛實！萬一冤濫，爲天下後世譏笑。欲乞陛下親選在庭侍從或臺諫官公正無所阿附之人，專置制院，別行推勘，庶得實情。」不報。

其後董敦逸亦言：「中宮之廢，事有所因，情有可察。詔下之日，天爲之陰翳，是天不欲廢之也；人爲之流涕，是人不欲廢之也。臣嘗覆錄獄事，恐得罪天下後世。」帝怒。蔡卞欲加重貶，章惇、曾布曰：「陛下本以皇城獄出於近習推治，故命敦逸錄問，今乃貶錄問官，何以取信中外！」乃止。帝久亦悔之，曰：「章惇壞我名節。」

57冬，十月，丁巳朔，以楚榮王喪未成服，罷文德殿視朝。

58以監江寧府稅張商英權知洪州。

59以正字鄧洵武爲神宗正史編修官。洵武，綰之子也。

60壬戌，夏人大入鄜延。戊辰，詔被邊諸路相度城砦要害，增嚴守備。

61遼主駐藕絲淀。

62辛未，西南方有雷聲，次大雨雹。

63癸酉，鍾傳言築汝遮，詔以爲安西城。

64庚辰，高麗遣使貢於遼。

65甲申，以知大名府呂惠卿知延安府。

66是月，夏兵自長城一日馳至金明砦，列營環城，國主乾順與其母親督枹鼓，縱騎四掠。知麟州有備，復還金明，而後騎之精銳者留龍安。邊將悉兵掩擊，不退，金明乃破。守兵二千八百人，惟五人得脫，城中糧草皆盡，將官皇城使張諭〔俞〕死之。既還，留一書寘漢人頸上曰：「貸汝命，爲我投經略使處。」其言曰：「夏國昨與朝廷疆場小有不同，方行理究；不意朝廷改悔，卻與坐團鋪處立界。本國以恭順之故，亦黽勉聽從，遂於境內立數堡以護耕；

而鄜延出兵悉行平蕩，又數數入界殺掠。國人共憤，欲取延州，終以恭順，正〔止〕取金明一砦以示兵鋒，亦不失臣子之節也。」延帥呂惠卿上樞密院而不以聞。【考異】宋史哲宗紀，是年九月壬戌，夏人寇鄜延，陷金明砦，今從夏國傳。

67 知延安府呂惠卿，奏乞依呂大忠例，暫赴闕奏事，章惇謂曾布曰：「邊事方爾，可謂不識緊慢也。」李清臣曰：「此必有挹魁柄之意，或恐有引以爲代者，吾屬危矣。」布曰：「此無慮，魁柄豈易挹邪！」十一月，癸巳，進呈，帝曰：「惠卿何可來！」衆皆言無來理。遂詔止之曰：「如有所陳，條畫聞奏。」

68 丁未，章惇上重修神宗寶錄【考異】丁未，玉海作戊辰，今從宋史哲宗紀。

69 十二月，己未，遼招討使額特勒討準布別部，破之。

70 辛酉，濟陽郡王宗景，坐以立妾罔上，罷開府儀同三司，判大宗正司事。

71 壬戌，遼南府宰相圖嚕幹舊作鐸魯斡，今改。致仕。癸亥，以蕭托卜嘉舊作撻不也，今改。爲北府宰相，以耶律大悲努爲殿前都點檢。

72 甲戌，蔡京上新修太學敕令式。

73 乙亥，夏國遣使獻金明之俘於遼。

74 遼生女直節度使英格舊作盈哥，今改。節度使頗拉淑舊作頗剌淑，今改。之母弟也。頗拉淑歿，英格嗣，以兄和哩卓舊作劾者，今改。子薩哈舊作撒改，今改。爲國相。是歲，赫舍哩舊作紇石烈，今改。部阿蘇、舊作阿疎，今改。穆都哩舊作毛睹祿，今改。阻兵爲難，英格自往伐之。阿蘇訴於遼，遼遣使止英格勿攻，英格留薩哈守阿蘇城而還。會阿閣版等阻五國鷹路，執殺遼捕鷹使者，遼詔英格討之。阿閣版等據險立柵，方大寒，乃募善射者，揉勁弓利矢攻之，數日，入其城，出遼使者數人，歸之。英格兄子阿古達，舊作阿骨打，今改。善射，有大志。遼大國舅帳蕭諧里舊作解里，今改。嘯聚爲盜，有衆數千，奔女直，結英格爲亂，因命英格圖之。英格斬諧里，遣阿古達獻首級於遼，餘悉留不遣。遼人無如何，乃進英格及阿古達官以慰之。

續資治通鑑卷第八十五

賜進士及第兵部尚書兼都察院右都御史總督湖北湖南等處地方軍務兼理糧餉世襲二等輕車都尉畢沅編集

宋紀八十五 起強圉赤奮若（丁丑）正月，盡著雍攝提格（戊寅）十二月，凡二年。

哲宗憲元繼道顯德定功欽文睿武齊聖昭孝皇帝

紹聖四年 遼壽昌三年。（丁丑、一〇九七）

1 春，正月，丙戌朔，班內外學制。

2 丁亥，遼主如春水。

庚寅，以阿里骨子轄戩舊作轄征，今改。襲河西軍節度使、邈川首領。轄戩，卽溪邦彪籛也。

3 甲午，涇原路鈐轄王文振敗夏人於沒煙峽。

4 壬寅，遼烏庫（舊作烏古。）節度使耶律愼嘉努舊作陳家奴，今改。以功加尚書右僕射。

5 癸卯，遼主駐雙山。

6 丙午，詔：「應紹聖二年十二月十五日類定姓名責降人子孫弟姪，各不得住本州；其鄭州內子孫，仍並與次路遠〔遠路〕分合入差遣，已授未赴幷見任人並罷。」

7庚戌，李清臣罷知河南府。

帝幸楚王似第，有狂婦人遮道叫呼，告清臣謀反，乃清臣姑子田氏外婦也。清臣不能引去，御史劾免之。

8二月，丙辰朔，【考異】遼史道宗紀作甲辰朔，誤。今改正。遼南京水，遣使賑之。

9丙午，準布（舊作阻卜。）部長請舊地，貢方物，遼主許之。

10丁巳，資政殿學士、提舉崇禧觀王存，表乞致仕，詔許之，薄其蔭補恩例，言者指存元祐之初論事附會故也。

11己未，三省言：「司馬光、呂公著誣毀先帝，變更法度，罪惡至深，及當時同惡相濟、首尾附會之人，偶緣身死，不及明正典刑，而亡沒之後，尚且優以恩數及其子孫親屬，與見存者罪罰未稱，輕重不倫。至于告老之人，雖已謝事，亦宜少示懲沮。」於是下制，追貶呂公著爲建武軍節度副使，司馬光爲清海軍節度副使，王巖叟爲雷州別駕，奪趙瞻、傅堯俞贈官，追韓維子孫親屬所得蔭補恩例，孫固、范百祿、胡宗愈各與恩例兩人，餘悉追奪。【考異】編年錄係于乙未，誤。今從長編及宋史哲宗紀。

初，議再貶光、公著等，曾布謂章惇、蔡卞曰：「追奪恩澤，此例不可啓；異時姦人施于仇怨，則吾輩子孫皆爲人所害矣。」惇曰：「彼已死，雖鞭尸何益，追削何補！不若奪其恩例乃實事。」布又曰：「不若止治其渠魁爲便。」惇曰：「范百祿、胡宗愈之徒，亦無顯惡，姑置之。」布曰：「韓維在政府不久，又與衆不合而去，恐亦無他。」惇曰：「與光倡和者，正此人也。」布反復甚久，卞曰：「亦有可議。」唯許將默無一言，布疑將以元祐爲嫌，故爾。

12 壬戌，罷夔州路提舉常平張競辰，以御史蔡蹈言其謟事呂大防、蘇軾故也。競辰，蜀人，王安國女壻，與曾布有連；其得提舉官，布實薦之章惇。而蔡卞以競辰嘗忤其妻，最惡競辰，亟罷之。

13 丙寅，夏人寇綏德城。

14 己卯，復元豐榷茶法。

15 庚辰，追奪趙瞻、傅堯俞謚告。

16 詔罷春秋科。

17 三省言：「近降指揮，以司馬光等各加追貶，其首尾附會之人，亦稍奪其所得恩數。謹按呂大防、劉摯、蘇轍、梁燾等，爲臣不忠，罪與光等無異，頃者朝廷雖嘗懲責，而罰不稱愆；內范純仁又自因別過落職，于本罪未嘗略正典刑；輕重失當，生死異罰，無以垂示臣子萬世之戒。其餘同惡相濟，幸免失刑者尙多，亦當量罪示懲。」癸未，制：「呂大防責授舒州團練副使，循州安置；劉摯責授鼎州團練副使，新州安置；蘇轍責授化州別駕，雷州安置；梁燾責授雷州別駕，化州安置；范純仁責授武安軍節度副使，永州安置。劉奉世、韓維、王覿、韓川、孫升、呂陶、范純禮、趙君錫、馬默、顧臨、范純粹、孔武仲、王汾、王欽臣、張耒、呂希哲、呂希純、呂希績、姚勔、吳安詩、晁補之、賈易、程頤、錢勰、楊畏、朱光庭、孫覺、趙卨、李之純、杜純、李周等三十一人，或貶官奪恩，或居住安置，輕重有差。其郴州編管秦觀，移送橫州。」大防等責詞，皆葉濤所草也。【考異】李燾曰：曾布日錄云：庚辰晚，乃聞再貶大防、摯、轍、燾等。實錄貶大防等在癸未，二十八日。今按宋史本紀亦係癸未，與實錄同，當從之。

18 甲申，太師、致仕文彥博，特降授太子少保、致仕。

19 閏月，丙戌朔，詔文彥博諸子並令解官侍養，司馬康追奪贈官。

20 帝以張天說所進書，立意狂妄，詆訕先帝，送開封府取勘。開封府言天說上書詆訕，情不可恕，詔特處死。

21 觀文殿學士、知定州韓忠彥，降充資政殿學士，以中書舍人蹇序辰論其忘恩附姦，毀訾先帝故也。

22 詔：「上清儲祥宮御篆碑文，蘇軾所撰，已令毀棄，宜使蔡京撰文并書。」

23 壬辰，詔：「通州居住王覿，改送袁州；孔文仲、鮮于侁、吳處厚，亦各追貶。」

24鄭雍落資政殿學士，安燾落觀文殿學士，差遣如故，用蹇序辰之言也。

25壬寅，以曾布知樞密院事，許將爲中書侍郎，蔡卞爲尚書左丞，吏部尚書黃履爲尚書右丞，翰林學士林希同知樞密院事。

章惇之初拜相也，曾布在翰林，草惇制詞，極其稱美，望惇用爲同省執政；惇忌之，止拜同知樞密院。故事，樞密日得獨對。惇疑布，更引林希同知樞密院，使察之。希尋爲布所誘，亦背惇。布與惇益不合，卒傾惇，居其位。

26癸卯，大雨雹，自辰至申。

27甲辰，詔：「寧遠軍節度副使、惠州安置蘇軾，責授瓊州別駕，移送昌化軍安置；賀州安置范祖禹，移送賓州；英州安置劉安世，移送高州。」

昌化，故儋耳地。軾初至，僦官屋以居，有司猶謂不可。軾遂買地築室，儋人運甓畚土以助之。獨與幼子過處，著書爲樂，若將終身焉。

28三月，辛酉，遼以燕國王延禧生子，遷妃父之官，仍賜官屬錢。

29壬戌，夏人犯麟州神堂堡，出兵討之，進築胡山砦。

30癸亥，賜禮部奏名進士新淦何昌言等及第、出身，共六百九人。

是日，未啓封，讀程文至第四人，纔讀數百字，曾布、蔡卞俱云：「文字顯不如第三，恐不須讀。」啓封，乃章惇之子持也。至第五人，帝宣諭曰：「對策言先朝法度當損益，恐無可降之理。使先帝在位至今，亦當隨宜損益。」承旨蔡京進曰：「先帝則當損益，陛下方紹述先志，不當損益。」布曰：「恐無此理。」帝顧卞曰：「如何？」卞曰：「不知欲何如損益？」京曰：「但言事當損益者，不可不損益。」布曰：「如此乃是。」卞亦默然。帝曰：「更不須降。」然卒降爲第七。及啓封，則李元膺，乃察之子也。

後五日，布同林希言：「前侍集英，放進士，因言及損益先朝法度事，未敢極陳。時變有所不同，人情有所不便，豈得不損益！如此，則是膠柱而鼓瑟也。況即今行保甲，如先朝團教事，皆未敢行。三省行八路差官法，累經修改，未如舊法。凡此之類，豈非損益！」帝曰：「但不失大意可矣。」布曰：「今在朝之人，設此網罟以爲中傷羅織之術，凡有人言及政事，便以爲非毀先朝，因此斥逐者不一，願陛下更加審察。」希所陳略如布指，帝頗欣納。布又言：「第二人方天若程文中，言元祐大臣當一切誅殺，子弟當禁錮，資產當籍沒，此姦人附會之言，不足取。」帝曰：「只是敢言。」布曰：「此有所憑恃，非敢言也。天若乃蔡京門客，故爲此言。」帝頷之。天若，興化人也。

31 丁卯，詔瀘南安撫司、南平軍毋擅誘楊光榮獻納播州疆土。

32 庚午，夏人大至葭蘆城下，知右〔石〕州張構等擊走之。

33 甲戌，幸金明池。

34 丙子，尅湖〔克胡〕山新砦成，賜名〔平〕羌砦。

35 辛巳，西上閤門使折克行破夏人于長波川，斬首二千餘級，獲牛馬倍之。

36 壬午，中書舍人、同修國史蹇序辰言：「前日追正司馬光等罪惡，實狀具明，乞選官將姦臣所言所行事狀，並取會編類，人爲一本，分置三省、樞密院，以示天下後世之大戒。」從之，章惇、蔡卞請命序辰及直學士院徐鐸主其事。由是搢紳之禍，無一得脫者。

37 是春，高麗王昱殂。

38 夏，四月，甲午〔乙未〕，以校書郎陳瓘通判滄州。曾布、林希言瓘登高料〔科〕，不宜補外，帝曰：「章惇亦云瓘當作館閣。但議論乖僻，故止。」布曰：「瓘不見其乖僻，但議論詆訾蔡卞爾，他無所聞。」希曰：「瓘嘗爲越州簽判，與卞論事不合，遂拂衣去。然人材實不可得。」布曰：「主張士類，正在陛下，願少留聖意。」帝欣然納之。初，瓘爲太常博士，時薛昂、林自乞毀資治通鑑；瓘因策士，題引神宗所製序文以問，二人議沮，遂得不毀。

39 熙河築金城關。

40 丁酉，進編臣僚章疏一百四十三帙。

41 己亥，舒州團練副使、循州安置呂大防卒。

大防赴循，【考異】薛鑑云：大防將赴舒州。按大防以舒州團練副使安置循州，舒爲內地，循則嶺外瘴鄉。大防赴謫所，乃循州，非舒州也，今從長編校正。至虔州信豐而病，語其子景山曰：「吾不復南矣。吾死，汝歸，呂氏尚有遺種。」遂卒，年七十一。其兄大忠請歸葬，許之。

大防身長七尺，聲音如鐘。自少持重，無嗜好，過市不左右游目，燕居如對賓客。每朝會，威儀翼如，神宗常目送之。與大忠及弟大臨同居，論道考禮，冠昏喪祭，一本於古，關中言禮樂者推呂氏。

42 庚子，知保安軍李沂伐夏國，破洪州。

43 辛丑，追貶呂公著昌化軍司戶參軍，司馬光朱崖軍司戶參軍。

先是邢恕爲章惇言：「元豐八年，神宗晏駕，三月二十七日，范祖禹自西京赴召，司馬光送別，謂祖禹曰：『方今主少國疑，宣訓事不可不慮。』」宣訓者，北齊武明婁太后宮名也。婁太后廢其孫少主殷，立其子常山王演。恕誣宣仁有廢立意，又僞造光此言以信己讒。然祖禹以七年冬末赴召，雖惇亦知其妄，故不復窮究，但借此以罪光耳。惇嘗稱司馬光邨夫子，無能爲；呂公著素有家風，凡變改法度，皆公著教之，故亦累加追貶。

44 壬寅，詔：「范純仁元祐四年罷相恩例不追奪，並給還。王巖叟依例追奪。」又詔：「趙禼歷任職名及贈官，亦行追奪。更有似此者，依此施行。」因吏部、刑部有請也。

45 環慶鈐轄張存入鹽州，俘馘甚衆。及還，夏人追襲之，復多失亡。

46 知渭州章楶，以夏人猖獗，上言城葫蘆河川，據形勝以逼夏，朝廷許之。遂合熙河、秦鳳、環慶、鄜延四部之師，陽繕理他砦數十所以示怯，而陰具版築守戰之備，出葫蘆河川，築二砦于石門峽江口好水川之陰。夏人聞之，帥衆來襲，楶追擊，敗之。二旬有二日，城成，甲辰，賜名曰平夏城、靈平砦。章惇因請絕夏人歲賜，而命沿邊諸路相繼築城守要害，以進拓境土，凡五十餘所。

47 詔成都府路產茶州軍復行禁榷。

48 丁未，三省言：「元豐八年二月二十九日，御史中丞黃履言：『訪聞兩府大臣嘗議奏請皇子就傅、建儲事，王珪輒語李清臣云，彼家事，外庭不當與知，蔡確、章惇聞之，對衆窮其所立。珪不得已，方云上自有子，確、惇乃宣言於衆，其議遂定。臣又聞珪陰交高遵裕，嘗招其子士充傳達語言。臣伏思陛下以槐位處珪，以鼎餗養珪，凡十有六年。今聖躬偶感微疹，而珪已懷二心，何以懲勸天下！』至三月初，履又言：『臣論王珪議儲之事，果合於義，珪不可以無罪；不然，則臣亦當有責，伏望早賜指揮。』又，紹聖二年十一月，右正言劉拯言：『王珪持二心爲姦，其卒也恩禮甚厚；蔡確定策受顧命，輔翼陛下，而擠死投竄之地；

功罪不明，孰大於此！伏望究珪之罪，錄確之功。』又今年二月，西京副將高士京進狀稱：『先臣遵裕，當先帝服藥危疑之際，有故宰相王珪召臣親弟承議郎士充密議，取決於先臣，欲知皇太后意所欲立。先臣大怒曰：「國家自有正統，何決于我！」因叱罵士充曰：「敢再往，即杖汝死！」有此忠義，不獲伸訴，乞詳酌優賜褒贈。』又，給事中葉祖洽言：『當先帝違豫，臣適在朝廷，親聞士論籍籍罪珪。』伏乞特下有司，正珪之罪。」於是詔：「珪遺表恩例並行追奪，所賜宅拘收入官，追貶珪萬安軍司戶參軍。」

帝之嗣位，邢恕與蔡確陰有異意，確死貶所，恕亦斥不用，日夜圖報復。黃履舊與恕相得，恕誣謗宣仁，履與其謀。元豐八年二月三日章疏，乃追爲之，非當日所奏也。高士京者，遵裕假子，嘗與恕同官。士京庸暗，恕一日置酒，從容謂士京曰：「公知元祐間獨不與先公推恩否？」士京曰：「不知。」又問：「有兄弟否？」士京曰：「有兄士充，已死。」恕曰：「此乃傳王珪語言者也。當是時，王珪爲相，欲立徐王，遣公兄士充傳道語言於禁中，知否？」士京曰：「不知。」因誘士京以官爵，曰：「公不可言不知，當爲公作此事，第勿語人。」因令所親信王棫爲士京作奏上之，珪由是得罪。

49 己酉，復文德殿侍從轉對。

50 遼南府宰相趙廷睦（出）知興中府；參知政事牛溫舒兼同知樞密院事。

51 五月，丁巳，太子少保致仕潞國公文彥博卒，年九十二。彥博逮事四朝，任將相五十年，名聞四夷。元祐間，契丹使耶律永昌、劉霄來聘，蘇軾館客，與使入覲，望見彥博於殿門外，卻立改容曰：「此潞公邪？」問其年，曰：「何壯也！」軾曰：「使者見其容，未聞其語。其綜理庶務，雖精練少年有不如；貫穿古今，雖專門名家有不逮。」使者拱手曰：「天下異人也！」

52 辛酉，以皇太妃服藥及亢旱，決四京囚。

53 壬戌，詔陝西添置蕃落馬軍十指揮。

54 癸亥，遼西北路招討使額特勒舊作斡特剌，今改。討準布，破之。

55 己巳，遼主駐薩里納。舊作撒里乃，今改。

56 辛未，詔榜示朝堂曰：「朕獲承先構，永惟休烈盛美，欲以昭示萬世。而頃遭羣姦逞憾，力肆詆排，政事人材，隳毀殆盡，思與卿士大夫共承厥志。念今在廷之臣，乃陰懷私恩，顯廢公議，以姦臣所斥逐爲當罪，所變更爲得宜，以先帝所建立爲不然，所裒（褒）擢爲非當，借譽餘黨，幸復甄收，扇爲是非不定之論，欲開善否更用之端。朕察言觀事，灼見邪心，欲正典刑，當申儆戒，其或怙終，必罰無赦！」

元祐初，章惇爭論役法劄子，有云：「役法可以緩改，非如京東鐵馬、福建茶鹽，不改一日則有一日之害也。」及蔡卞與蹇序辰謀共作詔榜，慮惇不從，乃持惇元祐劄子以脅之曰：「若謂吳居厚京東所行非是，則先帝褒詔亦非是矣。」惇噤不能語，於是從序辰所請降詔榜云。

57 太子少保致仕韓縝卒，贈司空，謚莊敏。縝出入將相，寂無功烈，厚自奉養，世以比晉何曾。

58 丁丑，三省言韓維朋附司馬光，最爲盡力，詔維責授崇信軍節度副使，筠州居住。時年八十一，諸子乞盡納己官，聽父里居；且告章惇云：「父執政，與光議論多不合。」故得旨免行。

59 六月，癸未朔，日有食之。【考異】遼史不載是年日食，今從宋史及長編。

60 甲申，遼主命罷諸路馳驛貢新。

61 丙戌，遼主命每冬駐蹕之所，宰相以下構宅，毋役其民。

62 戊子，嗣濮王宗楚卒，以其弟宗祐嗣。

63 丙申，詔：「翰林學士、吏部尚書各舉監察御史二人。」

64 丁酉，環慶路安疆砦成。

65 甲辰，熙河進築青石峽，工畢，詔賜人役及防拓軍兵緡錢有差，尋賜名西平。

66 乙巳，保寧軍觀察留後宗漢爲開府儀同三司，徙封安康郡王。
67 己酉，太原地震。
68 庚戌，遼以契丹行宮都部署耶律鄂嘉舊作吾也，今改。爲南院大王。
69 秋，七月，（壬子朔），太白晝見。
70 遼主獵於黑嶺。
71 八月，乙酉，封世開爲安定郡王。世開，燕懿王德昭曾孫也。
72 丙戌，鄜延將王愍復宥州。
73 丁酉，詔以蔡確無辜貶死，弟除名勒停，又，前朝奉郎碩，特與敍換內殿崇班。

確子少府監主簿渭奏：「臣叔父碩，曩於邢恕處見文及甫元祐中所寄恕書，具述姦臣大逆不道之謀。及甫乃彥博愛子，必知當時姦狀。」詔翰林學士承旨蔡京、權吏部侍郎安惇即同文館究問。初，及甫與恕同爲館職，相善，其與恕書，自謂「畢禮當求外，入朝之計未可必，聞已逆爲機穽以榛梗其塗。」又謂「司馬昭之心，路人所知，濟之以粉昆，朋類錯立，欲以眇躬爲甘心快意之地。」及甫嘗語蔡碩云，司馬昭指劉摯，粉昆指韓忠彥，眇躬及甫自謂。蓋俗謂駙馬都尉曰粉侯，而韓嘉彥尚主，故指其兄忠彥爲粉昆。朋類錯立，謂王巖叟、梁燾也。及甫除都司，爲摯論列；又摯嘗論彥博不可除三省長官，故止爲平章事。彥博致仕，及甫以修撰守郡。母喪除，及甫與恕書請補外，肆爲詆毁之辭。恕以此書與渭，使訴其事。及置對，及甫爲京、惇所脅，即妄自解釋，唯以昭比摯如舊，而眇躬乃以爲指上，粉昆指王巖叟、梁燾。巖叟面如傅粉，故曰粉；燾字況之，以況爲兄，故曰昆也。又言「父彥博臨終屏左右，獨告以摯等將謀廢立，故亟欲彥博罷平章重事。」問其證驗，則俱無有。確母明氏，常有狀訴邢恕，云梁燾嘗對懷州致仕人李詢〔洵〕言，若不誅確，則於徐邸安得穩便！朝廷封其狀，不爲施行。至是渭以告章惇，惇遂檢明氏狀進呈，幷付京、惇追問。詢〔洵〕依違以答，亦無證驗。

74 戊戌，築威戎城。

75 己酉，彗出西方。【考異】遼史作乙巳，今從宋史及長編。九月，壬子，以星變，避殿，減膳，罷秋宴，詔求直言。

76 乙卯，赦天下。出元豐庫緡錢四百萬，付陝西廣糴。

77 丙寅，詔蹇序辰及入內內侍省使臣一員同審問文及甫事，從蔡京請也。

78 戊辰，彗滅。

79 壬申，遼主駐藕絲淀。

80 丙子，御殿，復膳。

81丁丑，遼以武定軍節度使梁援爲漢人行宮都部署。
82戊寅，遼招討使額特勒奏討默埒濟（舊作梅里急，今改。）之捷。
83己卯，封婉儀劉氏爲賢妃。
84五國部長貢於遼。
85冬，十月，乙酉，詔：「鄭雍及〔依〕呂大防等（指揮），永不（得）引用期數及赦恩敍復。」從三省言也。
86壬寅，以權吏部尙書兼侍讀邢恕爲御史中丞。
87庚戌，遼以西北路招討使額特勒爲南府宰相。
88十一月，乙卯，富勒摩多（舊作蒲盧毛朵。）部貢於遼。
89戊午，遼以安車召醫巫閭山僧志達。
遼主好佛法，能自誦其書，每夏季輒令諸京僧徒及其羣臣執經親講，所在修蓋寺院，度僧甚衆。僧徒縱恣，放債營利，侵奪小民，民甚苦之。
90己未，遼以中京留守韓資讓知樞密院事，以同知樞密院事藥師努（舊作藥師奴。）知右伊勒希巴。（舊作夷離畢。）
91丁卯，詔：「諫議大夫以上各舉監察御史一人。」

92 癸酉，詔：「中大夫、郴州安置劉奉世，責授隰州團練副使，弟知常州當時，差監南岳廟。」以邢恕言其陰合劉摯傾害蔡確故也。

93 丁丑，詔：「程頤涪州編管，」坐與司馬光同惡相濟也。李清臣尹洛，即日追遣之。先是帝與輔臣語及元祐事，曰：「程頤妄自尊大，至欲於延和講說，令太母同聽。在經筵多不遜。雖已放歸田里，可與編管。」遂有涪州之命。頤編管蓋林希力，希意邢恕必救頤，則因以傾恕。恕與希曰：「便斬頤萬段，恕亦不救。」聞者笑之。

94 是日，雷州別駕、化州安置梁燾卒。燾自立朝，一以拔引人物爲意，在鄂作薦士錄，具載姓名。客或見其書曰：「公所植桃李，乘時而發，但不向人開耳。」燾笑曰：「燾出入侍從，位至執政，八年之間所薦，用之不盡，負愧多矣！」

95 十二月，癸未，鼎州團練副使、新州安置劉摯卒。先是蔡京、安惇共治文及甫事，將大有所誅戮。會星變，帝諭曰：「朕遵祖宗遺志，未嘗誅殺大臣，劉摯等可釋勿治。」然京、惇極力鍛鍊不少置，而燾先卒；後七日，摯亦卒。衆皆疑兩人不得其死。

摯教子弟，先行實而後文藝，每曰：「士當以器識爲先，一號爲文人，無足觀矣。」【考異】長編載曾布日錄，是年九月辛酉，布獨奏事，因言：「呂大防、劉摯初貶淮南、湖北，至昨來明堂赦，方踰年，故有不得遷敍指揮。今皆在嶺南惡地，與前日不同。今以天變肆赦，謂宜稍徙善地。」上笑曰：「劉摯等安可徙！」布曰：「臣所見如此，更在陛下裁擇。編刺配隸罪人，亦分廣南與遠惡地爲兩等，若稍徙之於端、康、英、連之類，似亦未爲過。」上極難之。按此事不見他書，唯見于布所自錄，又係獨奏，無同時佐證。布姦邪，恐屬虛妄，今不取。

96 乙酉，侍御史董敦逸，坐奏事不實，貶秩，知興國軍。

97 乙未，詔：「鄭佑、李伸〔仲〕各遷一官。」賞回河功也。又詔：「首建言及主議回河者，郭知章、李偉、王孝先，各遷一官，王令圖贈左中散大夫。」

98 丁酉，詔祕閣校理劉唐老落職，監桂陽監稅務。以唐老元祐姦黨，故有是命。

99 甲辰，涪州安置黃庭堅移戎州，避部使者親嫌也。

100 是歲，兩浙旱饑，詔行荒政，移粟賑貸。

101 播州夷楊光榮等內附。

元符元年 遼壽昌四年。（戊寅、一〇九八）

1 春，正月，壬子，遼主如魚兒濼。

2 戊午，以右諫議大夫安惇權國子祭酒。

3 丙寅，咸陽縣民段義，于河南鄉劉銀郇修舍，得古玉印，有光照室，其文曰「受命於天，既壽永昌」，上之。

4 己巳，遼徙準布貧民于山前。

5 甲戌，幸瑞聖園，觀北郊齋宮。

6 二月，丙戌，白虹貫日。

7 壬辰，復罷翰林侍讀、侍講學士。

8 丙申，詔：「河北路轉運副使呂升卿，提舉荆湖南路常平等事董必，並爲廣南東、西路察訪。」

蔡京等究治同文館獄，卒不得其要領，乃更遣二人嶺外，謀盡殺元祐流人。時朝廷猶未知劉摯、梁燾之死；已而知之，二人並罷。

9 丁酉，嗣濮王宗祐卒，以其弟宗漢嗣。

10 戊申，知蘭州王舜臣討夏人於塞外。

11 築興平城。

12 三月，壬子，命三省、樞密使〔院〕三歲一試刑法。

13 丙辰，米脂砦成。

14 丁巳，五王外第成，賜名懿親宅。

15 戊午，三省言究治前皇城使張士良辭服。士良以御藥院官給事宣仁聖烈皇后，與陳衍更直宮中，掌文書，其所從違某事，皆衍輒自予奪頒降，未嘗以聞。間有臣僚奏請東朝還政者，衍匿其奏，置櫃中，不以聞東朝，亦不以聞於帝。於是蔡京、安惇言：「司馬光、劉摯、呂大防等，交通中人張茂則、梁惟簡、陳衍之徒，獵取高位，盡變先帝成法。深懼陛下一日親政，則必有欺君罔上之刑，乃回顧卻慮，密爲傾搖之計。於是疏隔兩宮，及隨龍內侍十人悉行放罷，以去陛下之腹心；廢受遺顧命元臣，置以必死之地，先帝任事之臣，無一存者，以翦陛下之羽翼。大逆不道，死有餘責。陳衍罪在不赦，亦乞更賜審問，正以國法。」詔誅衍於崖州，徙士良羈管白州。

初，章惇、蔡卞恐元祐舊臣一旦復起，日夜與邢恕謀所以排陷之者。既再追貶呂公著、司馬光，又責呂大防、劉摯、梁燾、范祖禹、劉安世等過嶺，意猶未慊；仍用黃履疏高士英狀，追貶王珪，皆誣以圖危上躬。其言浸及宣仁皇后，帝頗惑之。最後起同文獄，將悉誅元祐大臣；內結宦者郝隨爲助，專媒蘖垂簾時事。建言欲追廢宣仁，自皇太后、太妃皆力爭之，帝感悟，焚其奏。隨覘知之，密語惇、卞。明日，惇、卞再有言，帝怒曰：「卿等不欲朕入英宗廟乎！」惇、卞乃已。

張士良者，前竄雷州，惇、卞逮赴詔獄，欲使證宣仁廢立。及士良至，以舊御藥告，并列鼎鑊刀鋸置前，謂之曰：「言有卽還舊官，言無則死。」士良仰天哭曰：「太皇太后不可誣，天地神祇何可欺也！乞就戮。」京、惇無如之何，但以陳衍罪狀塞詔。宣仁廢立之議，由是得息。

16 乙丑，詔蔡京等辨驗段義所獻玉印，京目爲秦璽，遂名曰「天授傳國受命寶」。

17 戊辰，吏部郎中方澤等坐私謁后族宴聚，罰金補外。

18 庚午，遼主如春州。

19 帝幸申王府；辛未，幸端王府。甲戌，進封咸寧郡王俁爲莘王，普寧郡王似爲簡王，祁國公偲爲永寧郡王。

20 丙子，築熙河通會關。

21 夏，四月，庚辰，安定郡王世開卒。

22 甲申，幸睿成宮及莘王、簡王府。

23 丙戌，章惇等進神宗帝紀。

24 詔：「梁燾不許歸葬，家屬令昭州居住。」

25 壬辰，同知樞密院事林希，罷知亳州，御史中丞邢恕，罷知汝州。希旣叛章惇，至是恕論希罪，惇因并去之。
26 丙申，建顯謨閣，藏神宗御集。
27 丁酉，（校者按：二字衍。）詔權禮部尙書蹇序辰兼侍讀。（校者按：此條應移30後。）
28 庚子，幸睿成宮。
29 辛丑，遼主以雨罷獵。
30 壬寅，學士院上寶璽靈光翔鶴樂章。
31 癸卯，詔學官增習兩經。
32 五月，戊申朔，御大慶殿，受天授傳國受命寶，行朝會禮。
己酉，班德音于天下，減囚罪一等，徒以下釋之。
33 蔡京治同文獄畢，言劉摯等有司馬昭之心，爲同時之人所發，乞正典刑以及其子孫，三省進呈。辛亥，詔：「劉摯、梁燾，據文及甫等所供語言，偶逐人皆亡，不及考驗，明正典刑。摯、燾諸子並勒停，永不收敘，仍各令于元指定處居住。」
34 以給事中徐鐸爲吏部侍郎。
35 癸丑，以受寶恭謝景靈宮。
36 庚申，詔獻寶人段義爲右班殿直，賜絹二百匹。

37癸酉，遼烏爾古德哷勒舊作烏古敵烈，今改。部統軍使諾延舊作那也，今改。奏北邊之捷。諾延爲統軍，邊境以寧。其後部民乞留，遼主許再任。

38甲戌，遼主駐薩里納。

39六月，戊寅朔，詔改元。

40夏遣使求援于遼。

41丙戌，遣官分詣鄜延、涇原、河東、熙河按驗所築城砦。

42丁亥，遼以遼興軍節度使尼哩舊作涅里，今改。爲特里袞，（舊作惕隱。）以前知特里袞事耶律郭沙舊作郭三，今改。爲南京統軍使。

43甲午，翰林學士承旨蔡京等上常平、免役敕令格式。

44遼以參知政事牛溫舒攝中京留守；既而部民詣闕請眞授，從之。

45壬寅，詔蹇序辰、安惇看詳元祐訴理所陳述語言於先朝不順者職位姓名，別具以聞。序辰初有是請，帝亦厭之。蔡卞勸章惇力使必行，故有是詔。自後緣訴理被禍者凡七八百人，序辰及惇實啓之。

46秋，七月，庚午，詔：「范祖禹移化州安置，劉安世梅州安置，王巖叟、朱光庭諸子並勒停，永不收敍。」

47遼主如黑嶺。

48壬申，京師地震。

49時有請以王安石三經義發題試舉人者，右正言晉陵鄒浩言：「三經義者，所以訓經，而其書非經也。以經造士，而以非經之題試之，甚非先帝專任經術之義。」乃止。

50八月，丙子朔，熙河蘭岷路復爲熙河蘭會路。□□□□□□□□□□。

51丁亥，詔：「侍從中書舍人以上各舉所知二人，權侍郎以上舉一人，仍指言所堪職任。」

52九月，丁未，以霖雨罷秋宴。

53己酉，吏部尚書葉祖洽言：「王珪罪惡，比劉摯等最爲暴著；今罪罰輕重不侔，何以慰天下公議！」詔：「珪諸子並勒停，永不收敍。」

54庚戌，橫州編管秦觀，特除名，永不收敍，移送雷州。

55丙辰，朝奉大夫充祕閣校理孔平仲，特落職，送吏部與合入差遣，坐黨附元祐用事者非毀先朝所建立也。

56是日（丁巳），蹇序辰、安惇以訴理事入對。曾布言：「此事株連者衆，恐失人心。昨朝廷指揮，令言有不順者具名聞奏，中外皆以爲平允，然恐議論者更有所加，願聖意裁察。臣嘗謂訴理之人，本無可罪。今刑部左右兩曹，一主斷獄，一主敍雪。蓋自祖宗以來，凡得罪經斷訴雪者，比比而有。但元祐用事之人，特置一司以張大其事，信爲可罪，其訴雪者似不足深責。昔眞宗踐阼，有建議欲放天下欠負者，眞宗云：『先帝何以不放？』大臣言：『先帝留此以遺陛下，以固結天下人心。』眞宗欣然從之。蓋人心不可失也。」帝深納其言，而序辰及惇所陳已紛紛矣。

右正言鄒浩言：「初旨但分兩等，謂語及先帝并語言過差而已。而今所施行，混然莫辨，以其近似難分之迹，而典刑輕重，隨以上下，是乃陛下之威福操柄下移於近臣，願加省察，以爲來事之鑑。」

57 壬戌，看詳訴理所言：「鄭俠上書謗訕朝政并王安國非毁安石等罪名，元祐初除雪不當。又，王斻、王斿進狀，內言父安國冤抑未除。」詔：「鄭俠除名勒停，依舊送英州編管，永不量移。王斻罷京東轉運判官，差監衡州鹽酒稅，王斿監江寧府糧料院。」

58 冬，十月，乙亥朔，遼主駐藕絲淀。

59 己卯，遼以南府宰相額特勒兼契丹行宮都部署，以傳導燕國王延禧。

先是南府有訟，各州府得就按之，其後非奉樞密檄，不得鞫問，以故訟者稽留。額特勒奏請如舊制，遼主從之。

60 甲午，昭州別駕、化州安置范祖禹卒。

祖禹平居恂恂，口不言人過；至遇事，別白是非，不少借隱。在邇英，獻納尤多。嘗進唐鑑十二卷，深明唐三百年治亂，學者尊之，目爲「唐鑑公」云。

61 乙未，詔武官試換文資。

62 丁酉，以河北、京東河溢，遣官賑卹。

63 己亥，詔：「朝散郎汪衍，瀛州防禦推官余爽，並除官勒停，永不收敍；衍送昭州，爽送封州編管。」

先是蔡京薦爽，章惇惡之，具言：「元豐末，爽及衍各上書詆誣先朝；爽又元祐中曾上書乞宣仁歸政，險詐反覆。」故有是命。

64 夏人寇平夏城，知渭州章楶禦之，獲其勇將威明阿密，舊作嵬名阿埋，今改。西壽監軍穆爾塔布，舊作妹勒都逋，今改。斬俘甚衆。捷至，帝爲御紫宸殿受賀。

楶在涇原久，時夏人肆暴，邊吏畏懦，楶上言：「夏人嗜利畏威，不有懲艾，邊不得休息。宜稍取其土疆，如古削地之制，以固吾圉；然後諸路出兵，據其要害，不一再舉，勢將自斃。」章惇與楶同宗，言多見采，由是創州一，城砦九，屢敗夏人，而諸路亦多建城砦以逼夏。及平夏之敗，夏人遂不復振。

65 庚子，中書省言：「元祐初，起居舍人邢恕上書言：『王安石、呂惠卿用事，臣時得召對，先帝詢及二人，臣具道安石之短，惠卿之姦，卒見排嫉。』又言：『太皇太后躬親聽斷，並用忠良，全去弊蠹，臣于此時首蒙擢右司員外郎職，爲宰相屬官，與聞政事，臣以謂千載之一時。』又言：『韓維端諒名德，乃與司馬光、呂公著一等。』」詔：「邢恕特降授承議郎、知南安軍。」

恕始罷中丞，以本官知汝州，居五月，改知應天府。章惇恐恕復用，乃檢出恕所上書白帝曰：「邢恕除蔡確一事外，無事不同元祐。」故特責之。

66 癸卯，駙馬都尉張敦禮，坐元祐初上疏譽司馬光，奪留後，授環衞官。

67 詔：「祕閣校理、權知潞州歐陽棐，落職，送吏部與合入差遣。」坐朋附元祐權臣，每希進用也。

68 十一月，癸丑，三省言：「王鞏、張保源，累上書議論朝政，表裏姦臣，欲盡變先朝法度。」詔：「鞏除名勒停，全州編管；保源特勒停，峽州居住。」

69 辛酉，夏復遣使求援于遼。

70 甲子，祀昊天上帝于圜丘，大赦，除元祐餘黨及特旨行遣者，並與量移。

71 十二月，丙子，知淮陽軍葉濤，改管句崇禧觀，以給事中范鏜言其訴理之狀，辭情不遜，侵黷先朝故也。

72 丁丑，以江、淮、荆、浙等路發運副使張商英爲集賢殿修撰、江、淮、荆、浙等路發運使。

73 壬辰，遼爲燕國王延禧行再生禮，曲赦三百里内。

74 遼國舅詳衮（舊作詳穩。）蕭文知易州兼西南面安撫使。

高陽土沃民富，吏其邑者每黷于貨。文始至，悉去舊弊，務農桑，崇禮教。屬縣有蝗，方議捕除，文曰：「蝗天災，捕之何益！」但反躬自責，蝗盡飛去，遺者亦不食苗，散在草莽，爲烏鵲所食。時議以文可大用，遷唐古部節度使。高陽勒石頌之。

續資治通鑑卷第八十六

賜進士及第兵部尚書兼都察院右都御史總督湖北湖南等處地方軍務兼理糧餉世襲二等輕車都尉畢沅編集

宋紀八十六 起屠維單閼(己卯)正月，盡上章執徐(庚辰)十二月，凡二年。

哲宗憲元繼道顯德定功欽文睿武齊聖昭孝皇帝

元符二年 遼壽昌五年。(己卯、一〇九九)

1 春，正月，遼主如魚兒濼。

2 丁卯，出內金帛二百萬，備陝西邊儲。

3 辛未，詔張舜民、畢仲游、孫樸、趙叡、梅灝、陳察、李昭玘並罷館職。

4 二月，甲戌朔，令監司舉本路學行優異者各二人。

5 己卯，詔許高麗國王遣士賓貢。

6 辛巳，詔：「自今應被旨舉官，所舉不當，具舉主姓名以聞。」

7 甲申，夏人以國母喪，遣使來告哀，且謝罪，詔卻其使。

8 戊子，鄜延鈐轄劉安敗夏人于神堆。

9 乙未，詔吏部：「守令課績，從御史臺考察，黜其不實者。」

10 曾布言：「章惇、蔡卞施行元祐人，衆論皆謂過當。然此豈爲詆訾先朝，大抵多報私怨耳。惇、卞初相得，故惇於卞，言無不聽；及相失，卞多反其事，人皆笑之。今朝廷政事一出於卞，無敢違者。」帝曰：「蔡京尤與惇不足。」布曰：「惇於蔡氏兄弟無不畏者，近頗欲屈意求和於京，而京不爲之屈也。」

11 （庚辰），歐陽棐朝見，帝目之，語曾布曰：「此元祐五鬼。」布曰：「亦聞有此名，元祐附麗，亦必有之，治郡亦常才，然棐，歐陽修之子，登進士第；修于英宗定策之際最有功。」帝頷之。（校者按：此條應移5後。）

12 丙申，詔吏部員外郎孫諤與合入差遣，以元祐訴理有銜冤飲恨之語也。

13 夏人告敗于遼以求援。三月，丙辰，遼使蕭德崇來，爲夏人請緩師，仍獻玉帶。

14 築環慶路定邊城。

15 丁巳，秦鳳經略司言吳名革率部族孳畜歸順，詔名革補內殿承旨，首領李哆補右侍禁，及賜錢帛有差。

16 夏，四月，庚辰，幸莘王府。

17 丙戌，築鄜延、河東路暖泉、烏龍砦。

18 丁亥，以旱減四京囚罪一等，杖以下釋之。

19 辛卯，詔：「鞫獄，徒以上須結案，及審錄審奏然後斷遣；不如令者坐之。」

20 癸巳，封永嘉郡王偲爲睦王。

21 遣中書舍人郭知章報聘于遼。

22 甲午，以江、淮、荆、浙等路發運使張商英爲權工部侍郎。

23 丁酉，築威羌城。

24 章惇乞退，遂徑出居僧舍，其家已先出。帝乃令約攔行李，勿受惇乞解機務章奏。

25 五月，甲辰，太白晝見。

26 庚戌，築鄜延路金湯城。

27 癸亥，奉遷眞宗神御於萬壽觀延聖殿。

28 建西安州及天都等砦。

29 是日，遼主謁乾陵。

30 乙丑，進章惇官五等，曾布三等，許將、蔡卞、黃履皆二等。

31 戊辰，詔：「朕閱陳次升任御史日章奏，觀其微意，附會權臣，詆毁先帝。朕含容其過，委以諫職，復敢狃習故態，觀望言事，久居其位，殊無小補。可罷職，與遠小監當。」乃責監全州鹽酒稅。

32 遼以南府宰相額特勒（舊作斡特剌。）兼西北路招討使、禁軍都統。

33 己巳，遼主駐沿柳湖。

34 六月，庚辰，賜（熙河）蘭會州（路）新砦名會州（川）城，（環慶路駱駝巷新砦名綏遠砦。）

35 甲申，遼以知右伊勒希巴（舊作夷離畢。）蕭藥師努（舊作藥師奴。）爲南面林牙兼知契丹行宮都部署事。

36 甲午，賜環慶路之字平曰清（龍）平關。

37 乙未，五國部長朝于遼。

38 戊戌，築定邊、白豹城訖工，閤門使張存等，轉官，賜金帛有差。

39 準布（舊作阻卜。）貢于遼。

40 己亥，河決內黃口，東流斷絕。

41 遼以興聖宮使耶律薩嘉努（舊作郝家奴。）爲右伊勒希巴。

42 秋，七月，壬寅朔，惕德部長貢于遼。

43 庚戌，河北河漲，沒民田廬，遣官賑之。

44 辛亥，遼主如太〔大〕牢古山。

45 丁巳〔己未〕，詔水部員外郎曾孝廣詣河北路相度措置河事。孝廣嘗爲水官，不主東流，故特遣之。

46 邈川首領轄戩，舊作瞎征，今改。性嗜殺，部族攜貳。大酋森摩沁展舊作心牟欽氈，今改。等有異志，以轄戩季父索諾木丹津舊作蘇南黨征，今改。雄武，譖殺之，其黨皆死。獨峗酋沁羅結舊作錢羅結，今改。得逃，以董戩疏族賓巴袞舊作谿巴溫，今改。居隴逋部，河南諸羌多附之，乃往依焉，遂奉賓巴袞之子巴勒藏舊作杓拶，今改。據薩格舊作谿哥，今改。城。轄戩攻殺巴勒藏，沁羅結奔河州，說洮西安撫使王贍以取青唐之策。贍言于朝，章惇許之，贍引兵趨邈川。丙寅，欽彪阿成以城降，贍留屯之。

47 先是蹇序辰言：「請將六曹諸司自元豐八年四月以來應改更法度言涉譏訕者，盡數檢閱，隨事編數，並著所任官姓名具册申納三省。」李積中亦以爲言。三省不行，踰半年矣，至是乃復檢舉降詔，意欲有所羅織故也。

48 八月，壬申，知河南府盛陶，改知和州，以言者論其元祐中詆誣先烈，排毀舊弼也。

49 癸酉，章惇等進新修敕令式。惇讀于帝前，其間有元豐所無而用元祐敕令修立者，帝曰：「元祐亦有可取乎？」惇等對曰：「取其善者。」

50 甲戌，太原地震。

51 詔：「大河水勢十分北流，將河事付轉運司，責州縣共力救護北流隄岸。」

52 戊寅，皇子生，賢妃劉氏產也。

53 乙酉，賜熙河路緡錢百萬，撫綏部族。

54 丁亥，城會州。

元豐中，雖加蘭會與熙河爲一路，而會州實未復。至是始城之，以西安城北六砦隸焉。

55 轄戩自知其下多叛，乃脫身自青唐詣河州，降于王贍，詔胡宗回爲熙河經略使以節制之。

56 癸巳，太白晝見。（校者按：此條應移55前。）

57 甲午，建葭蘆砦爲晉寧軍。

58 九月，庚子朔，夏人來謝罪。

59 （辛丑），左司諫王祖道言：「全河北流，淹沒人戶田苗，請先正吳安持、鄭佑、李伸〔仲〕、李偉之罪，投之遠方，以明先帝北流之志。」詔令工部檢詳東流建議及董役之人，以名聞奏。

60 癸卯，命御史檢點三省、樞密院，並依元豐舊制。

61 甲辰，幸儲祥宮。

62乙巳，幸醴泉觀。

63丁未，詔立賢妃劉氏爲皇后。

孟后既廢，章惇與內侍郝隨、劉友端相結，請妃正位中宮。時帝未有儲嗣，會妃生子，帝大喜，遂立之。

64乙卯〔戊午〕，通判潭州畢漸言：「應元祐中諸路所立碑刻紀事等，請悉令碎毀。」從之。

65己未，青唐酋隆贊舊作隴拶，今改。以城降。

66壬戌，雨，罷秋宴。

67甲子，右正言鄒浩，除名，新州羈管。

時章惇獨相用事，浩上章露劾，數其不忠侵上之罪，未報而劉后立。浩上疏曰：「臣聞天子之與后，猶日之與月，陰之與陽，相須而成；則立后以配天子，安得不審！今陛下爲天下擇母，而所立乃賢妃劉氏，一時公議，莫不疑惑，誠以國家自有仁祖故事，不可不遵用之耳。蓋皇后郭氏與美人尙氏爭寵致罪，仁祖既廢后，不旋踵并斥美人，所以示至公也。及立后，則不選于嬪妃而卜于貴族，所以遠嫌，爲萬世法也。陛下之廢孟氏，與郭氏無以異。然孟氏之罪，未嘗付外雜治，果與賢妃爭寵而致罪乎？世不得而知也；果不與賢妃爭寵而致罪乎？世亦不得而知也。若與賢妃爭寵而致罪，則并斥美人以示至公，有仁祖故事存焉，二者必居一于此矣。孟氏罪廢之初，天下孰不疑賢妃所爲！及讀詔書有別選賢族之語，又聞陛下臨朝慨歎，以爲國家不幸，于是天下始釋然不疑。今竟立之，豈不上累聖德！臣觀白麻所言，不過稱其有子，及引永平、祥符事以爲證。臣請論其所以然。若曰有子可以爲后，則永平貴人未嘗有子，所以立者，以德冠後宮故也；祥符德妃亦未嘗有子，所以立者，以鍾英甲族故也。又況貴人實馬援之女，德妃無廢后之嫌，迥與今日事體不同。頃年冬，妃從享景靈宮，是日雷變甚異；今宣制之後，霖雨飛雹，自奏告天地宗廟以來，陰淫不止；天意昭然。望不以一時改命爲甚難，而以萬世公議爲足畏，追停册禮，別選賢族，如初詔施行。」帝謂浩曰：「此亦祖宗故事，豈獨朕邪！」對曰：「祖宗大德，可法者多矣，陛下不之取而效其小疵，臣恐後世之責人無已者紛紛也。」帝變色，猶不怒。明日，章惇入對，極詆浩狂妄，遂有此責。章留中不下。【考異】留中不下，依東都事略鄒浩傳；宋史浩傳云付外，恐非。使此疏果下三省，爲人所共見，則蔡京他日亦不得僞爲浩奏以誣之矣。

尚書右丞黃履言：「浩犯顏納忠，不宜遠斥之死地。」坐罷，知亳州。【考異】據宰輔編年錄，履罷在閏九月辛巳，在浩貶後十有七日，今併見於此。

初，陽翟田晝，議論忼慨，與浩以氣節相激厲。浩除正言，晝適監廣利門，往見浩，問曰：「平日與君相許者何如？今君爲何官？」浩謝曰：「上遇羣臣，未嘗假以辭色，獨于浩差若相喜。天下事固不勝言，意欲待深相信而後發，貴有益也。」晝然之。既而謝病歸里，邸狀報立后，晝謂人曰：「志完不言，可以絕交矣！」志完，浩字也。浩得罪，晝迎諸塗，二人流連三日。臨別，浩出涕，晝正色責之曰：「使志完隱默官京師，遇寒疾不汗，五日死矣，豈獨嶺海之外能死人哉！願君毋以此舉自滿，士所當爲者，未止此也。」浩茫然自失，歎曰：「君之贈我厚矣！」

浩之將論事也，以告其友宗正寺簿仙遊王回，回曰：「事有大于此者乎？子雖有親，然移忠爲孝，亦太夫人素志也。」及浩南遷，人莫敢顧，回斂交遊錢與浩治裝，往來經理，且慰安其母。邏者以聞，逮詣詔獄，衆爲之懼，回居之晏如。御史詰之，回曰：「實嘗預謀，不敢欺也。」因誦浩所上章，幾二千言。獄上，除名停廢，回即徒步出都門。行數十里，其子追及，問以家事，不答。

68 丙寅，御文德殿，册皇后。

69 閏月，庚午朔，朝請郎賈易，特授保靜軍司馬，邵州安置，以在元祐中任臺諫，羽翼權臣，誣謗先猷故也。

70 癸酉，置律學博士員。

71 詔詳議廟制。

72 轄戩既降于王贍，而贍與總管王愍爭功，交訟于朝。于是青唐大會森摩沁展迎賓巴袞入城，立瑪爾戩舊作木征，今改。之子隆贊爲主，其勢復張。轄戩大懼，自髡爲僧以祈免。熙河帥胡宗回督贍進師，贍急攻，隆贊及森摩沁展等皆出降，贍入據其城。詔青唐爲鄯州、隴右節度；邈川爲湟州，宗哥城爲龍支城，並隸隴右。命王贍知鄯州，王厚知湟州。

73 丙子，遼主駐獨盧金。

74 戊寅，以鄜州爲寧砦城。

75 丙戌，梁州團練使仲忽進古方鼎，識曰「魯公作文王尊彝」。

76 甲午，熒惑犯太微垣左執法。

77 乙未，皇子薨，追賜名茂，贈越王，謚曰沖獻。

78 遼招討使額特勒討西北邊部之爲寇者，俘獲甚衆，獲馬駝牛羊各數萬。

79 冬十月，庚戌，集賢殿修撰文及甫落職，知均州，依呂大防例，不得引用期數赦恩敍復。

80 壬子，詔河北大名二十二州軍置馬步軍指揮，以廣威、保捷爲名。

81 丁巳，遼額特勒奏西北邊之捷。

82 丙寅，遼以同知南京留守事蕭德勒岱舊作得里底，今改。知北院樞密使事。

83 戊辰，遼賑遼州饑，仍免租賦。

84 十一月，甲戌，遼賑南北二紇〔乣〕。

85 丁亥，詔以綏德城爲綏德軍。

86 壬辰，詔：「河北黄河退灘地，聽民耕墾，免租稅三年。」

87 乙未，詔：「諸州置教授者，依太學三舍法考選生徒，升補悉如太學三舍法。州許補上舍一人，內舍二人，歲貢之。其上舍附太學外舍，試中，補內舍，三試不升，遣還其州。其內舍免試補太學外舍生。」

88 十二月，庚子，夏人屢敗，遣其臣令能威明結舊作嵬名濟，今改。等來謝罪，且進誓表。詔許其通好，歲賜如舊。自是西垂民少安。

89 壬戌，水部員外郎曾孝廣言：「大河見行滑州、通利軍之間，蘇邨埽今年兩經危急。請自此埽危急處，候來年水發之時，乘勢開埽，導河使之北行，以遂其性，下合內黄縣西行河道，永久爲便。」從之。

90 甲子，遼以參知政事趙孝嚴爲漢人行宮都部署，以漢人行宮都部署梁援爲遼興軍節度使，以樞密直學士耶律儼參知政事。

91 是歲，夏改元永安。

三年遼壽昌六年。（庚辰，一一〇〇）

1 春，正月，辛未，帝有疾，不視朝。

2 癸酉，遼南院大王耶律鄂嘉（舊作吾也。）卒。

3 丁丑，奉安太宗御容于景靈宮大定殿。

4 戊寅，大赦天下，蠲民租。

5 己卯，帝崩于福寧殿。

皇太后向氏哭謂宰臣曰：「國家不幸，大行皇帝無嗣，事須早定。」章惇厲聲曰：「當立母弟簡王似。」太后曰：「老身無子，諸王皆神宗庶子。」惇復曰：「以長則申王當立。」太后曰：「申王病，不可立。先帝嘗言，端王有福壽，且仁孝，當立。」惇又言：「端王輕佻，不可以君天下。」言未畢，曾布叱之曰：「章惇聽太后處分！」乃召端王佶入卽皇帝位。羣臣請皇太后權同處分軍國事，后以長君辭；帝泣拜移時，乃許之。

庚辰，赦天下常赦所不原者，百官進秩一等，賞諸軍。遣宋淵告哀于遼。

6 辛巳，尊皇后劉氏爲元符皇后。

7 癸未，追尊母貴儀陳氏爲皇太妃。

8 甲申，命章惇爲山陵使。

9 丁亥，遼主如春水。

10 戊子，以章惇爲特進，封申國公。

11 己丑，罷增八廂邏卒。

12 以權工部侍郎張商英爲中書舍人。

13 辛卯，遼招討使額特勒執瑪古蘇舊作磨古斯，今改。以獻。自準布諸部不靖，瑪古蘇尤爲邊患，至是始就擒。加額特勒太保。

14 丙申，遼主下詔問民疾苦。

15 二月，己亥，始聽政。尊先帝妃朱氏爲聖瑞皇太妃。

16 丁未，立順國夫人王氏爲皇后。后，開封人，德州刺史藻之女也。

17 遼以烏庫（舊作烏古。）部節度使愼嘉努（舊作陳家奴。）爲南院大王。

18 己酉，遼磔瑪古蘇于市。

19 庚戌，向宗回、宗良遷節度使。太后弟姪未任者，俱授以官。

20 癸丑，初御紫宸殿。

21 遼出絹賜五京貧民。

22 戊午，以新除吏部尚書韓忠彥爲門下侍郎。忠彥入對，陳四事，曰廣仁恩，開言路，去疑似，戒用兵，太后納之。自是忠直敢言知名之士，稍見收用，時號小元祐。

23 庚申，給事中劉拯言：「韓忠彥乃駙馬都尉嘉彥之兄，元祐中嘗除尚書右丞，以人言遂移樞府。今乃除門下侍郎，使他日援以爲例，恐政府將爲敦愛外戚之地矣。」帝不從。

24 以知亳州黃履爲尚書右丞。

25 辛酉，名懿德宅潛邸曰懿（龍）德宮。

26 壬戌，詔陝西轉運副使馬城等提舉開修解鹽池。

27 甲子，毀承極殿。

28 三月，戊辰朔，詔：「宰臣、執政、侍從官各舉可任臺諫者。」

29 辛未，以給事中范鏜爲龍圖閣待制，知瀛州。

30 甲戌，召權發遣衞州陳瓘爲左正言，監袁州酒稅鄒浩爲右正言，知洛州龔夬爲殿中侍御史，韓忠彥、曾布薦之也。

31 甲申，以中書舍人張商英爲龍圖閣待制、河北路轉運使，兼提舉河事。

先是曾布論劉拯當逐，帝曰：「張商英與拯皆不可留，商英無一日不在章惇處。」布唯唯而退。後旬日，商英乃有是命，蓋韓忠彥輩奉行上旨也。【考異】李燾曰：商英本傳云：時大河決，除水官非其人，商英繳詞頭，且言：「築隄塞河，是塞兒口而止其啼也。」宰相因奏：「觀商英言，必能治河，宜委之。」遂除待制、河北漕。按商英自中書舍人出，曾布日錄載其事，端坐章惇黨也。本傳飾詞，今不取。

32 王贍留鄯州，縱所部剽掠，羌衆攜貳。森摩（舊作心牟。）等結諸族帳謀反，贍擊破之，悉捕斬城中羌，積級如山。初，贍又諷諸羌酋籍勝兵者皆涅其臂，無應者。沁羅結請歸帥本路爲倡，贍聽之去，遂嘯聚數千人圍邈川，夏人十萬衆助之，城中危甚。苗履、姚雄帥所部兵來援，圍始解。贍因棄青唐而還，實巴衮與其子希斯羅斯舊作谿賒羅撒，今改。據之。羣羌復合兵攻邈川，王厚亦不能支。朝論請并棄邈川，且謂隆贊乃瑪爾戩之子，遂命爲河西軍節度使、知鄯州，賜姓名曰趙懷德。其弟巴爾丕勒鄂丹斡舊作邦辟勿丁吪，今改。曰懷義，爲廓州團練使，知湟州。加轄戩懷遠節度使，而貶贍于昌化軍，厚于賀州；胡宗回落職，知蘄州。贍至穰縣，自縊死。

33 遼弛朔州山林之禁。

34 乙酉，以翰林學士承旨蔡京爲端明殿學士兼龍圖閣學士、知太原府。蔡卞言于帝曰：「兄不敢辭行，然論事累與時宰違戾，人但云爲宰相所逐。」帝不答。

翼日，曾布對，帝謂布曰：「蔡京、張商英、范鏜皆已去，只有章惇、劉拯、王祖道未去。」布曰：「言者稍舉職，則此輩亦何可安也！」

35 己丑，以日當食，降德音于四京，減囚罪一等，流以下釋之。

36 庚寅，錄趙普後。

37 辛卯，以日當食，詔求直言。筠州推官雍丘崔鶠應詔上書曰：「方今政令煩苛，風俗險薄，未暇悉陳，而特以判左右之忠邪爲本。臣出于草萊，不識朝廷之士；特怪左右之人有指元祐之臣爲姦黨者，必邪人也。夫毁譽者，朝廷之公議。故責授朱崖軍司戶司馬光，左右以爲姦，而天下皆曰忠。今宰相章惇，左右以爲忠，而天下皆曰姦。此何理也？臣請略言姦人之迹：夫乘時抵巇以盜富貴，探微揣端以固權寵，謂之姦可也；包苴滿門，私謁踵路，陰交不逞，密結禁庭，謂之姦可也；以奇技淫巧蕩上心，以倡優女色敗君德，獨操賞刑，自報恩怨，謂之姦可也；蔽遮主聽，排逐正人，微言者坐以刺譏，直諫者陷以指斥，謂之姦可也；凡此數者，光有之乎，惇有之乎？夫有其實者名隨之，無其實而與之名，其誰信之！傳曰：謂狐爲狸，非特不知狐，又不知狸。光忠信直諒，聞于華夷，而謂之姦，是欺天下也，欺後世也。夫一人可欺也，朝廷可欺也，天下後世不可欺也。至如惇，狙詐凶險，天下士大夫呼曰「惇賊」。貴極宰相，人所具瞻，以名呼之，又指爲賊，豈非以其孤負主恩，玩竊國柄，忠臣痛憤，義士不服，故賤而名之，指其實而號之以賊邪！京師語曰：『大惇、小惇，殃及子孫。』謂惇與中丞安惇也。小人譬之蝮蝎，其殘忍根乎天性，隨遇必發。天下無事，不過賊陷忠良，破碎善類；至緩急危疑之際，必有反覆賣國之心，跋扈不臣之變。比年以來，諫官不論得失，御史不劾姦邪，門下不駁詔令，共持喑默，以爲得計。頃鄒浩以言事得罪，大臣拱而觀之，同列又從而擠之。夫以股肱耳目，治亂安危所係，而一切若此，陛下雖有堯、舜之聰明，將誰使言之，誰使行之！夫日者陽也，食之者陰也。四月正陽之月，陽極盛、陰極衰之時，而陰干陽，故其變爲大。惟陛下畏天威，聽明命，大運乾綱，大明邪正，毋違經義，毋鬱民心，則天意解矣。若夫伐鼓用幣，素服徹樂，而無懿德善政之實，非所以應天也。」帝覽而善之，以爲相州教授。

38乙未，卻永興民王懷所獻玉器。

39四月，丁酉朔，日有食之。

40戊戌，詔知太原府蔡京，依前翰林學士承旨；給事中劉拯，罷知濠州，以其論事觀望也。是日，曾布入對，帝諭布曰：「皇太后疑蔡京不當出，欲且留修史。」布力陳「京、卞懷姦害政，黨援布滿中外，善類義不與之並立，此必有姦人造作言語，熒惑聖聽。」帝曰：「無他，皇太后以神宗史經元祐毀壞，今更難于易人耳。」

41癸卯，遼主如炭山。

42甲辰，以門下侍郎韓忠彥爲尚書右僕射兼中書侍郎，禮部尚書李清臣爲門下侍郎，翰林學士蔣之奇同知樞密院事。【考異】編年錄，清臣、之奇並以癸丑日除授，今從宋史表。

43丁未，以帝生日爲天寧節。

44己酉，皇長子亶生。時帝甫登位，即生嫡長，欲異其禮，越三日，大赦，授亶山南東道節度使，封韓國公。

45癸丑，賞應詔上書可采者鄭敦義、高士育、鹿敏求、何大正、呂彥祖，凡五人。

46丁巳，詔：「范純仁等復官宮觀，蘇軾等徙內郡。」純仁時在永州，遣中使賜以茶藥，諭之曰：「皇帝在藩邸，太皇太后在宮中，知公先朝言事忠直，今虛相位以待，不知目疾如何？用何人醫治？」純仁頓首謝。徙居鄧州；在道，拜觀文殿大學士、中太一宮使。制詞有云：「豈惟尊德尚齒，昭示寵優；庶幾鯁論嘉謀，日聞忠告。」純仁聞制，泣曰：「上果用我矣，死有餘責。」既又遣中使趣入覲。純仁乞歸養，帝不得已許之。每見輔臣，問純仁安否，且曰：「范純仁得一識面足矣！」軾自昌化移廉，徙永，更三赦，復提舉玉局觀，未幾，卒于常州。【考異】軾卒於建中靖國元年七月丁亥，今并見於此。軾與弟轍，師父洵爲文，常自謂文章如行雲流水，初無定質，雖嬉笑怒罵之辭，皆可書而誦之。自爲舉子至出入侍從，必以愛君爲本，忠規讜論，挺挺大節；但爲小人忌惡，不得久居朝廷。

47先是韓忠彥言：「哲宗卽位，嘗詔天下實封言事，獻言者以千百計。章惇既相，乃置局編類，摘取語言近似者，指爲謗訕，前日應詔者，大抵得罪。今陛下又詔中外直言朝政闕失；若復編類之，則敢言之士，必懷疑懼。臣願急詔罷局，盡哀所編類文書，納之禁中。」中書舍人曾肇亦言：「祖宗以來，臣僚所上章疏，未嘗編寫。蓋緣人臣指切朝政，彈擊臣下，皆是忘身爲國，不顧後禍。朝廷若有施行，往往刊去姓名，只作臣僚上言；所以愛惜言事之人，不使招怨。若一一編錄，傳之無窮，萬一其人子孫見之，必結深隙，祖宗以來，未嘗編錄，意恐在此。今編錄既非祖宗故事，又有限定年月。且元豐八年四月已前上至國初，元祐九年四月十二日已後下至今日，章疏何爲皆不編類，而獨編此十年章疏，臣所未喻。欲乞指揮，將中書、樞密寫人等並各放罷。」帝嘉納之。癸亥，詔罷編類臣僚章疏局。翼日，吏部侍郎徐鐸，取已編類成書者，悉行進入。

48 御史中丞安惇，附會權姦，屢興大獄，天下疾怨，爲二惇、二蔡之謠。及召鄒浩爲諫官，惇言：「浩若復用，慮彰先帝之失。」帝曰：「立后，大事也。中丞不言而浩獨敢言之，何爲不可復用！」惇懼而退。陳瓘請曰：「陛下欲開正路，取浩既往之善；惇乃詿惑主聽，規騁其私。若明示好惡，當自惇始。」乃出惇知潤州。

49 五月，丁卯朔，罷理官失出之罰。

50 皇太后將復瑤華之位，會太學上舍生何大正上書言之，癸酉，遂降詔曰：「瑤華廢后，累經大霈，其位號、禮數，令三省、樞密院詳議以聞。」丙子，廢后孟氏復爲元祐皇后，劉氏爲元符皇后。

51 尚書右丞蔡卞，專託紹述之說，中傷善類，皆密疏建白，然後請帝親札付外行之；章惇雖巨姦，然猶在其術中。惇輕率不思，而卞深阻寡言，論議之際，惇毅然主持，卞或噤不啓齒。一時論者，以爲惇迹易明，卞心難見。至是殿中侍御史龔夬言：「昔日丁謂當國，號爲恣睢，然不過陷一寇準而已。及至章惇，而故老、元輔、侍從、臺省之臣，凡天下之所謂賢者，一日之間，布滿嶺海，自有宋以來，未之聞也。蔡卞事上不忠，懷姦深阻，凡惇所爲，皆卞發之。望采之至公，昭示譴黜。」未報，而臺諫陳師錫、陳次升、陳瓘、任伯雨、張庭堅相繼論死〔列〕。乙酉，卞罷，知江寧府。比部員外郎董必，出知興國軍，知無爲軍舒亶，監潭州南岳廟，皆卞黨也。

52 遼漢人行宮都部署趙孝嚴卒。

53 丙戌，遼主駐納葛濼。

54 己丑，追復文彥博、王珪、司馬光、呂公著、呂大防、劉摯等三十三人官。

55 辛卯，還司馬光等致仕遺表恩。

56 癸巳，河北、河東、陝西饑，詔帥臣計度振恤。

57 乙未，遼以東京留守阿嚕薩古舊作阿魯埽古，今改。爲特里袞，（舊作惕隱。）以南院宣徽使蕭常格舊作常哥，今改。爲漢人行宮都部署。

58 六月，丙申朔，遼遣使來弔祭。

59 辛丑，遼以有司案牘書宋主嗣位爲登寶位，奪宰相鄭顓以下官，出顓知興中府事，韓資讓爲崇義軍節度使，御史中丞韓君義爲廣順軍節度使。

60 乙巳，左正言陳瓘言：「龍圖閣待制、知荆南邢恕，昨以北齊宣訓語誣司馬光，而光及范祖禹等貶竄；以文及甫私書證劉摯、梁燾、王巖叟皆有姦謀，而摯等家族幾至覆滅。今朝廷矜恤之恩，徧及存殁，則是恕前日之所行，不爲陛下之所信也。恕反覆詭詐，得罪先朝，公議不容久矣。今寵以華職，付以大藩，中外沸騰，不以爲允。伏望原情定罪，以協公議。」丁未，詔恕以少府少監分司西京，均州居住。

61 戊午，遼遣使決五京滯獄。

62 己未，遼以遼興軍節度使梁援爲樞密副使。

63 遼主召參知政事耶律儼至內殿，詔〔訪〕以政事。遼主晚年倦勤，用人不能自擇，令各擲骰子，以采勝者官之。儼嘗得勝采，遼主曰：「上相之徵也。」遷知樞密院事。儼妻邢氏有美色，嘗出入禁中，儼教之曰：「慎勿失上意。」由是權寵益固。

64 秋，七月，丙寅朔，奉皇太后詔，罷同聽政。

65 庚午，遼主如沙嶺。

66八月，乙未朔，以祕書少監鄧洵武爲國史院編修官，從蔡京之薦也。給事中龔原、葉濤駁奏洵武不宜濫廁史筆，乃令中書舍人徐勣書讀行下。

67庚子，作景靈西宮，奉安神宗神御；建哲宗神御殿于其西。

68辛丑，出內庫金帛二百萬糴陝西軍儲。

69壬寅，葬哲宗欽文睿武昭孝皇帝于永泰陵。

70庚戌，詔以仁宗、神宗廟永世不祧。

71癸亥，祔哲宗神主于太廟。

72左正言陳瓘言：「山陵使章惇，奉使無狀，以致哲宗靈轝陷濘不前，露宿于野。願速罷惇職事，免其朝見，別與差遣，然後降出臣僚前後章疏，別議典刑。」

73遼西北諸部寇邊，招討使額特勒以兵擊敗之，是月，使來獻捷。

74九月，甲子朔，詔修哲宗實錄。

75尚書左僕射章惇，五上表乞罷政事，詔答不允，惇徑出居僧舍。帝謂輔臣曰：「朕待惇如此，體貌不爲不至矣；惇乞越州，當與之。」

初，臺諫豐稷、陳師錫、陳瓘屢劾惇，有以定策時異議爲言者。至是帝將罷惇，謂輔臣曰：「朕不用定策事貶惇，但以扈從靈駕不職罷之，餘事候有人論及，別議行遣。」

76丙寅，遼遣使來賀卽位。

77丁卯，減兩京、河陽、鄭州四罪一等，民緣山陵役者蠲其賦。

78己巳，辛（幸）龍德宮。

79辛未，章惇罷爲特進、知越州，仍放辭謝。

80丁丑，詔修神宗正史。

81己卯，右司諫陳瓘言：「向宗良兄弟，依倚國恩，憑藉慈蔭，夸有目前之榮盛，不念倚伏之可畏，所與遊者，連及侍從，希寵之士，願出其門。裴彥臣無甚幹才，但能交通內外，漏泄機密，遂使物議籍籍。或者以爲萬幾之事，黜陟差除，皇太后至今猶與也。」庚辰，御批：「瓘言虛誕不根，可送吏部與合入差遣。」三省請以瓘爲郡，帝不可，乃添差監揚州糧料院。瓘初不知被責，復求對日見上，閤門不許。瓘卽具以劄子繳進，其一論景靈西京（宮），其二論章惇罷相制所稱國是，其三、其四皆指陳蔡京罪惡。帝密遣使賜以黃金百兩。

82先是御史中丞豐稷、殿中侍御史陳師錫言：「翰林學士承旨蔡京，資政殿學士、知江寧府蔡卞，兄弟同惡，迷國誤朝。卞雖去位，尚竊峻職，玷名邦。京偃然在職，日夜交納內侍、戚里，以覬大用。京好大喜功，銳于改作，若果大用，必變亂舊政，天下治亂自此分，祖宗基業自此墮矣。」辛巳，稷登對，又言：「陛下持萬乘威權，何憚一蔡京不能去，無乃爲聖母主張乎？當紹聖、元符間，章惇、蔡卞，竊弄威權，陷哲宗于有過之地，廢元祐皇后于瑤華宮，京皆與有力焉。惇、卞之惡，賴陛下神斷，投之外服；而京猶泰然在朝，有自得之色。忠臣寒心，良士痛骨，非自愛而憂之，蓋爲陛下憂，爲宗廟憂，爲天下賢人君子憂也。」

83 癸未，遼主望祀木葉山。

84 甲申，詔：「蔡卞落職，提舉洞霄宮，太平州居住；知成都路昌衡，知鄆州呂嘉問，並分司南京，光州居住。」坐尹京時附會惇、卞，殺戮無辜也。河北都轉運使張商英，知瀛州范鏜，並落職，商英知隨州，鏜知滁州，亦坐惇、卞黨，故責。

85 是日，翰林學士曾肇上書皇帝及皇太后曰：「夫以皇太后定策之明，還政之速，著人耳目，可謂盛矣。今陳瓘以一言上及，遂至敗（貶）斥，雖非皇太后聖意，然四方萬里之遠，豈能家喻戶曉！萬有一人或謂皇太后有所不容，則盛德不爲無累。臣愚計謂皇帝以瓘之所言狂率而逐之，皇太后以天地之量隱忍包容而留之，則天下之人，必曰皇帝恭事母儀，不容小臣妄議，其孝如彼；皇太后能含宏光大，雖有狂言，不以爲罪，其仁如此。兩誼俱得，豈不美哉！」丁亥，詔瓘改知無爲軍。

時瓘已出國門，卽于門外露章辭免曰：「臣昨所進劄子，請正蔡京之罪，陛下若以臣言爲是，則當如臣所請；若以臣言爲非，則重加貶竄，乃得允當。所有知無爲軍敕，不敢祗受。」詔不許辭免。

86 戊子，遼主駐蒲絲淀。

87 己丑，復均給職田。

88 冬，十月，丙申，以蔡京爲端明殿學士、知永興軍。

89 初，章惇既罷知越州，陳瓘等以爲責輕，復論「惇在紹聖中置看詳元祐訴理局，凡于先朝言語不順者，加以釘足、剝皮、斬頸、拔舌之刑，其慘刻如此。看詳官如安惇、蹇序辰，受大臣風諭，傳致語言，指爲謗訕。攷之公論，宜正典刑。」于是二人並除名，放歸田里；而貶章惇武昌軍節度副使，潭州安置。

90 丁酉，以尚書右僕射韓忠彥爲左僕射兼門下侍郎。

91 壬寅，以知樞密院事曾布爲尚書右僕射兼中書侍郎。

92 癸卯，五國諸部長貢于遼。

93 辛亥，詔知荆南府楊畏提舉洞霄宮。

94 甲寅，遼以平州饑，復其租賦一年。

95 乙卯，升端州爲興慶軍節度。

96 詔：「資政殿學士、知大名府林希，降端明殿學士，知揚州；龍圖閣待制、知洪州葉祖洽，落職，依舊知洪州；龍圖閣待制、知青州徐鐸，落職，知湖州。」從中丞豐稷言也。

97 戊午，改知南康軍龔原知壽州。

98 己未，詔禁曲學偏見，妄意改作，以害國事者。

99 辛酉，罷平準務。

100 十一月，癸亥朔，改知永興軍蔡京知江寧府。

101 左正言陳祐言：「林希爲中書舍人，草呂大防責詞，以司馬光變法之初，指名老姦，略無忌憚。蘇轍試賢良，而希言轍對策之時已有異志。至于文及甫造爲劉摯甘心快意之事，亦希有以啓之。而罪大責輕，人望不厭。伏望重行降黜，投之閒散，以申公憲。」乙丑，詔：「希落端明殿學士，依舊大中大夫、知揚州。」

102 丙寅，遼以天德軍民田世榮三世同居，詔官之，令一子三班院祗候。

103 丁卯，詔修六朝寶訓。

104 時議以元祐、紹聖均有所失，欲以大公至正消釋朋黨，帝納其言。庚午，詔改明年元曰建中靖國。

初，曾布密陳紹述之說，帝不能決，以問給事徐勣。勣曰：「聖意得非欲兩存乎？天下之事，有是與非，朝廷之人，有邪與正，若不攷其實，姑務兩存，未見其可也。」

105 詔：「知江寧府蔡京，落職，提舉杭州洞霄宮。」從侍御史陳次升言也。

京既貶，輔臣謂蔡卞責輕，于是並責卞爲少府少監分司南京，依舊太平府居住。次升又言：「卞之爲害，不在章惇下。惇既以散官安置潭州，而卞則止于近地分司，何名爲謫！」壬申，詔：「卞降一官，依前分司，移池州居住。」

103 丙子，遼主召醫巫閭山僧志達，設壇于內殿。

107 戊寅，以觀文殿學士安燾知樞密院事。

108 庚辰，尙書右丞黃履，罷爲資政殿大學士、提舉中太一宮。

109 乙酉〔己丑〕，置春秋博士。

110 辛卯，以禮部尙書范純禮爲尙書左〔右〕丞。

111 侍御史陳次升言：「右僕射曾布，頃居樞府，阿順宰臣，進用匪人，大開邊釁。近登宰輔，獨擅國權，輕視同僚，威福由己。進拔親故，羅列京局，以爲耳目；任用門人，置之臺諫，以爲腹心；子弟招權，交通賓客，其門如市。伏望特正典刑，以謝天下。」

112 十二月，甲午，以皇太后不豫，禱於宮觀、祠廟、岳瀆。

113 戊戌，蔡京復龍圖閣直學士，知定州。

114 出廩粟，減價以濟民。

115 己亥，遼以知右伊勒希巴事薩嘉努爲北面林牙。

116 辛丑，慮囚。

117 甲辰，詔修國朝會要。

118 戊申，降德音於諸路，減囚罪一等，流以下釋之。

119 辛亥，遼主命燕國王延禧擬注大將軍以下官。

120 是歲，遼封高麗王顒爲三韓國公。

放進士康秉儉等八十七人。

121 穆都哩舊作毛睹祿，今改。降於女直。

時阿蘇（舊作阿疏。）猶在遼，遼使使來罷兵，未到。英格（舊作盈哥。）使烏淩阿實嚕舊作烏林答石魯，今改。往佐和卓，（舊作劾者。）戒之曰：「遼使來，但換我軍衣服旗幟，與阿蘇城中無辨，勿使遼使知之。遼使可以計卻，勿聽其言遽罷兵也。」遼使果爲〔來〕罷兵，英格使呼嚕、舊作胡魯，今改。穆沁舊作邈遜，今改。二人與俱至阿蘇城。和卓見遼使，詭謂此二人曰：「我部族自相攻擊，干汝等何事？」乃援槍刺殺呼嚕、穆沁之馬。遼使驚駭，遽走，不敢回顧，徑歸。

居數日，破其城，執迪舒保，（舊作狄故保。）殺之。阿蘇復訴於遼，遼遣奚節度使伊哩舊作乙烈，今改。來，英格至拉林舊作來流，今改。水見之。伊哩（舊作乙烈。）問阿蘇城事，命英格曰：「凡攻城所獲，存者復與之，不存者備賞〔償〕。」且徵焉〔馬〕數百匹。英格與其下謀曰：「若償阿蘇，則諸部不復可號令任用也。」乃令和納、舊作主猥，今改。圖塔舊作禿答，今改。兩水之民，陽爲阻絕鷹路，復使鼈〔鼈〕故德部節度使言於遼曰：「欲聞〔開〕鷹路，非生女直節度使不可。」遼不知其爲英格謀也，信之，命英格討絕鷹路者，而阿蘇城事遂止。英格聲言平鷹路，畋于圖袞舊作土溫，今改。水。遼使使賞其功，英格令富嘉努（舊作蒲家奴。）以遼賜物給和納、圖塔之民，且修鷹路而還。

續資治通鑑卷第八十七

賜進士及第兵部尚書兼都察院右都御史總督湖北湖南等處地方軍務兼理糧餉世襲二等輕車都尉畢沅編集

宋紀八十七

起重光大荒落（辛巳）正月，盡玄黓敦牂（壬午）閏六月，凡一年有奇。

徽宗體神合道駿烈遜功聖文仁德憲慈顯孝皇帝 諱佶，神宗第十一子，母曰欽慈皇后陳氏，元豐五年十月丁巳，生於宮中；明年正月，賜名；十月，授鎭寧軍節度使，封寧國公。哲宗即位，封遂寧郡王；紹聖三年，以平江、鎭江軍節度使，封端王；五年，加司空，改昭德、彰信軍節度使。

建中靖國元年 遼壽昌七年；二月，改乾統元年。（辛巳、一一〇一）

1春，正月，壬戌朔，有赤氣起東北，亙西南，中函白氣；將散，復有黑祲在旁。右正言任伯雨言：「正歲之始，而赤氣起於暮夜。日爲陽，夜爲陰；東南爲陽，西北爲陰；朝廷爲陽，宮禁爲陰；中國爲陽，夷狄爲陰；君子爲陽，小人爲陰；此宮禁陰謀，下干上之證。漸衝西，正西散爲白，而白主兵，此夷狄竊發之證也。天心仁愛，以災異爲警戒。願陛下進忠良，黜邪佞，正名分，擊姦惡，使小人無得生犯上之心，則災異可變爲休祥矣。」

2 癸亥，有星自西南入尾，其光燭地。

3 觀文殿大學士、中太一宫使范純仁卒，年七十五。

純仁疾革，呼諸子，口占遺表，命門生李之儀次第之。大略勸帝淸心寡欲，約己便民，絕朋黨之論，察邪正之歸，毋輕議邊事，易逐言官。又辯明宣仁誣謗曰：「本權臣務快其私忿，非泰陵實謂之當然。」又云：「蓋嘗先天下而憂，期不負聖人之學，此先臣所以敎子，而微臣所以事君者也。」詔贈開府儀同三司，謚忠宣，書碑額曰「世濟忠直之碑」。

純仁性寬簡，不以聲色加人，義之所在，則挺不少屈。自爲布衣至宰相，廉儉如一，所得奉賜，皆以廣義莊，前後任子恩，多先疏族。嘗言：「吾平生所學，得之忠恕二字，一生用不盡，以至立朝事君，接待僚友，親睦宗族，未嘗須臾離此也。」每戒子弟曰：「人雖至愚，責人則明；雖有聰明，恕己則昏。苟能以責人之心責己，恕己之心恕人，不患不到聖賢地位也。」親族有請敎者，純仁曰：「唯儉可以助廉，唯恕可以成德。」其人書之坐隅。

4 遼主自去臘有疾，正旦，力疾御殿受賀。是日，如混同江。

5 甲戌，皇太后向氏崩於慈寧殿，遺詔尊皇太妃陳氏爲皇太后。

6 是日，遼主殂於行宫，年七十，廟號道宗。遺詔燕國王延禧嗣位，北面樞密使耶律阿蘇、舊作阿思，今改。知樞密院事耶律儼同受顧命。

道宗即位，求直言，訪治道，勸農桑，興學校，救災卹患，粲然可觀。及誹訕之令既行，告訐之賞日重，羣邪並進，賊及骨肉，諸部寖叛，用兵無寧歲。唯一歲飯僧三十六萬，一日而祝髮者三千人，崇尚佛教，罔知國卹，遼亡徵見矣。

延禧即位柩前，遼羣臣上尊號曰天祚皇帝。

7 丁丑，易大行皇太后園爲山陵，命曾布爲山陵使。

8 己卯，令河、陝募人入粟，免試注官。

9 二月，壬辰朔，遼改元乾統，大赦。詔：「爲耶律伊遜舊作乙辛，今改。所誣陷者，復其官爵，籍沒者出之，流放者還之。」

10 丙申，雨雹。

11 己亥，汰秦、鳳二路兵。

12 甲辰，始聽政。

13 乙巳，出內庫及諸路常平錢各百萬，備河北邊儲。

14 遼主之爲燕國王也，道宗以蕭烏納舊作兀納，今改。有保護功，命其輔導。烏納數以直言忤旨，遼主初即位，即出烏納爲遼興軍節度使，加守太傅。

15 甲寅，詔貶知揚州林希知舒州，降知隨州張商英爲朝奉大夫，右司諫陳祐論其責輕，請重行降黜故也。

16 丁巳，詔：「潭州安置章惇，責授雷州司戶參軍，員外置。」

先是左正言任伯雨疏曰：「章惇久竊朝柄，迷國罔上，毒流搢紳，乘先帝變故倉卒，輒逞異志。向使其計得行，將置陛下與皇太后於何地！若貸而不誅，則天下大義不明，大法不立矣。臣聞北使言：『去年遼主方食，聞中國黜惇，放箸而起，稱善者再，謂南朝錯用此人。』北使又問：『何爲只若是行遣？』以此觀之，不獨國人皆曰可殺，雖敵國莫不以爲可殺也。」章八上，未報。會臺諫陳瓘、陳次升等復極論之，乃有是貶。

初，蘇轍謫雷州，不許占官舍，遂僦民屋。惇又以爲強奪民居，下州追民究治，以僦券甚明，乃止。至是惇問舍於民，民曰：「前蘇公來，爲章丞相幾破我家，今不可也。」

初，惇之入相也，妻張氏病且死，屬之曰：「君作相，幸無報怨。」既祥，惇語陳瓘曰：「悼亡不堪，柰何？」瓘曰：「與其悲傷無益，曷若念其臨絕之語也！」惇無以對。

17 任伯雨又言蔡卞惡甚於章惇，遂陳其大罪有六曰：「誣罔宣仁保佑之功，欲行追廢，一也；凡紹聖以來竄逐臣僚，皆卞啓而後行，二也；宮中厭勝事作，卞乞掖庭置獄，只遣內臣推治，皇后以是得罪，三也；編排元祐章疏，被罪者數千人，議自卞出，四也；激怒哲宗，致鄒浩遠謫，又請治其親故送行之罪，五也；蹇序辰建看詳訴理之義，惇遲疑未應，卞以二心之言脅之，惇卽日置局，士大夫得罪者八百三十家，六也。卞陰狡險賊，惡機滔天，門生故吏，徧滿中外，今雖薄責，猶如在朝，人人惴恐，不敢回心向善。朝廷邪正是非不得分別，馴致不已，姦人復進，天下安危，殆未可保也。」奏入，不省。

18 三月，癸亥，以知杭州呂惠卿爲觀文殿學士、提擧洞霄宮。

19 甲子，始御紫宸殿。

20 乙丑，遼使來告哀，遣謝文瓘、上官均往弔祭，黃寔賀卽位。

21 丁卯，遼主命有司以張孝傑家屬分賜羣臣。

22 甲戌，遼主召僧法頤放戒於內庭。

23 戊寅，以知無爲軍陳瓘爲著作佐郎、實錄院檢討官。

24 壬午，以日當食，避殿，減膳，減天下囚罪一等，流以下釋之。

25 遼殿直達爾旺哈，（舊作小底王華，今改。）知遼主惡直言，心嗛蕭烏納，乃誣告烏納私借內府犀角。遼主命鞫之，烏納奏曰：「臣在先朝，詔許日取帑錢十萬爲私費，臣未嘗妄取一錢，肯借犀角乎？」遼主愈怒，奪其太傅官，降寧邊州刺史。自是遼廷諸臣益務爲柔佞矣。

26 夏，四月，辛卯朔，日食不見。【考異】遼史不書。

27 甲午，上大行皇太后謚曰欽聖憲肅。乙未，追上欽聖皇太后曰欽慈。

28丁酉，御殿，復膳。

29壬寅，詔：「諸路疑獄當奏而不奏者科罪，不當奏而輒奏者勿坐。著爲令。」

30任伯雨初爲右正言，半歲之間，凡上一百八疏。大臣畏其多言，俾權給事中，密諭以少默即爲眞，伯雨抗論愈力。時曾布欲和調元祐、紹聖之人，伯雨言：「人才固不當分黨與，然自古未有君子小人雜然並進，可以致治者。蓋君子易退，小人難退，二者並用，終於君子自去，小人猶留。唐德宗坐此致播遷之禍，建中乃其紀號，不可以不戒。」既而欲劾布，布覺之，徙爲度支員外郎。

31是月，遼地旱。

32五月，辛酉朔，大雨雹，詔三省減吏員，節冗費。

33丙寅，葬欽聖憲肅皇后及欽慈皇后於永裕陵。

34庚辰，太子太保、趙郡公蘇頌卒，年八十二。詔贈司空。頌器局閎遠，禮法自持，雖貴，奉養如寒士。明於典故，朝廷有製作，必就而正焉。

35丙戌，祔二后神主於太廟。

36朝請郎梁寬言：「紹聖之初，姦臣特進，是時不唯朝士革面迎合，雖田舍書生，亦懷覬望捭闔之術。舉人畢漸，廷試對策，欲附會時流以規上第，其言語不顧輕重，有傷事體，傳播四夷，所損不細。又如方天若對策，以不誅南竄大臣家屬爲恨，以不沒元祐公相家貲爲惜。天若，閩中匹夫，於元祐大臣有何宿憾！特以蔡卞用事，欲復其平日私讎。天若者，卞之門人也，鷹犬效力，僕妾事人，其言何所不至！伏見將來科詔不遠，欲乞下禮部司，（校者按：司字衍。）每遇廷試，戒應舉人立爲法（式），無得狂妄，不答所問。有違此者，罪在考官，然後罷黜所（此）流，所貴少厚風俗。」

37 遼主初立，即罷圍場之禁。宋魏國王和囉噶舊作和魯斡，今改。請曰：「天子巡幸爲大事，雖在諒闇，不可廢也。」遼主以爲然，復命有司從備巡幸。六月，庚寅朔，遼主如慶州。

38 戊戌，遼以南府宰相額特勒舊作斡特剌，今改。兼南院樞密使。

39 庚子，遼上道宗尊謚曰仁聖大孝文皇帝，追謚懿德皇后爲宣懿皇后。

40 壬寅，遼以宋魏國王和囉噶爲天下兵馬大元帥。

41 甲辰，責右司諫陳祐通判滁州。

祐累章劾曾布自山陵還不乞出外，且言：「山陵使從來號爲凶相，治平中韓琦、元豐中王珪不去，其後有臣子不忍言者。」又言：「布有當去者三：一，自山陵還；二，虞主不在，腰輿而行；三，不當先與屬官推恩。」章皆留中，祐遂繳申三省。布乃不赴朝參，而有是命。後兩日，左諫議大夫陳次升對，有劄子救佑（祐），帝不省。而右司諫江公望復言之，帝曰：「祐欲逐曾布，引李清臣爲相，如此何可容？」公望遽曰：「陛下臨御以來，易三言官，逐七諫臣。今祐言宰相過失，自其職也，豈可便謂有他意哉！」

先是布甚惡清臣不附己，數使人謂公望，能一言清臣，卽以諫議大夫相處，而公望所言乃如此。其後彭汝霖以論罷清臣得諫議大夫云。

42乙巳，遼以北平郡王淳進封鄭王。

43丁未，北院樞密使阿蘇（舊作阿思。）加裕悅。（舊作于越。）

44戊申，封向宗回爲永陽郡王，向宗良爲永嘉郡王。

45遼以特里袞（舊作惕隱，今改。）阿嚕薩古（舊作阿魯掃古。）宰相耶律儼總山陵事。辛亥，葬仁聖大孝文皇帝、宣懿皇后於慶陵。

46戊午，尚書右丞范純禮，罷知潁昌府。

純禮沈毅剛正，曾布憚之，激駙馬都尉王詵曰：「上欲除君承旨，范右丞不可。」詵怒。會詵館遼使，純禮主宴，詵誣其輒斥御名，遂黜之。

47己未，班鬬殺情理輕重格。

48左司諫江公望上疏言：「自先帝有紹述之意，輔政非人，以媚於己爲同，忠於君爲異，借威以快私隙，使天下騷然，泰陵不得盡繼述之美。元祐人才，皆出於熙、豐培養之餘，遭紹聖竄逐之後，存者無幾矣。神考與元祐之臣，其先非有射鉤斬袂之隙也，先帝信仇人而黜之。陛下若立元祐爲名，必有元豐、紹聖爲之對，有對而爭興，爭則黨復立矣。陛下改元詔旨，亦稱思建皇極，端好惡以示人，本中和而立政，皇天后土，實聞斯言。今若渝之，柰皇天后土何！」

時內苑稍畜珍禽奇獸，公望力言非初政所宜，帝曰：「已縱遣之矣。」唯一白鷳，畜之久，帝以拄杖逐之，終不肯去，乃刻公望姓名於杖頭以識其諫。會蔡王似府史相告，有不遜語，連及於王，公望乞勿以無根之言加諸至親，遂罷知淮陽軍。

49 秋，七月，壬戌，帝謂曾布：「人才在外有可用者，具名以進。」又問：「張商英亦可使否？」布曰：「陛下欲持平用中，破黨人之論以調一天下，孰敢以爲不然。然元祐、紹聖兩黨，皆不可偏用。臣竊聞江公望爲陛下言，今日之事，左不可用軾、轍，右不可用京、卞，爲其懷私挾怨，互相仇害也。願陛下深思熟計，無使此兩黨得志，則天下無事。」帝頷之而已。

布弟翰林學士肇，引嫌出知陳州，嘗以書責布曰：「兄與惇異趣，衆所共知。紹聖、元符間，惇、卞有可以擠兄者，無所不爲。今兄方得君，正當引用善人，扶助正道，以杜絕惇、卞復起之萌。而數月以來，端人吉士，相繼去朝，所進用以爲輔臣、從官、臺諫者，皆嘗事惇、卞之人，一旦勢異今日，彼必首引惇、卞以爲固位計，曾氏之禍，其可逃邪！比來主意已移，小人道長，異時惇、卞縱未至，一蔡京足以兼二人，思之可爲寒心。」布不以爲然，答肇書曰：「布自熙寧立朝，至今時事屢變，唯其不雷同熙、豐，故免元祐之貶斥；唯其不附會元祐，故免紹聖之中傷。其自處亦粗有義理，恐未至詒家族之禍也。」

50 癸未，準布、（舊作阻卜。）鐵驪貢於遼。

51 丁卯，以著作郎陳瓘爲右司員外郎。瓘力辭實錄檢討官，從之。

52 丙戌，知樞密院事安燾罷。

舊制，內侍出使，以所得子（旨）言於院，審實，乃得行。後多輒去，燾請按治之。都知閻守懃領他職，祈罷不以告，亦劾之；帝敕守懃詣燾謝。郝隨得罪，或揣帝意且起用，欲援赦爲階，燾亦爭之。以老避位，遂出知河南府。將行，上疏言：「東京黨禍已萌，願戒履霜之漸。」語尤激切。

53 丁亥，以蔣之奇知樞密院事，吏部尚書陸佃爲尚書右丞，端明殿學士章楶同知樞密院事。

54 八月，甲寅，以右司員外郎陳瓘知泰州。

先是瓘進言曰：「神宗有爲之序，始於修政事，政事立而財用足，財用足而根本固，此國家萬世之利，而今日所當繼述者也。臣近緣都司職事，看詳內降劄子，裁減吏員冗費，以防加賦之漸，爲民遠慮，天下幸甚。然今日朝廷之計，正以乏財爲患，西邊雖已罷兵，費用不可卒補，遂至於耗根本之財，壞神考之政，加職之漸，兆於此矣。臣職事所及，理不可默，今撰到國用須知一本奏聞。」

又進日錄辨曰：「臣瓘去年五月十八日對紫宸殿，奏劄子云：『臣聞王安石日錄七十餘卷，具載熙寧中奏對議論之語。此乃人臣私錄之書，非朝廷之典也。自紹聖再修神考實錄，史官請以此書降付史院。凡日錄、時政記、神宗御集之所不載者，往往專據此書，追議刑賞予奪，宗廟之美，以歸臣下。故臣願詔史官別行删修，以成一代不刊之典。』其日蒙批付三省，後不聞施行。蓋紹聖史官請以日錄降付史院者，今爲宰相故也，事之乖繆，無大於此者。臣因以所見撰成日錄辨一篇，具狀奏聞。」

是日，瓘與左司員外郎朱彥周謁曾布於都堂，以書責布曰：「尊私史而厭宗廟，緣邊費而壞先政，此閣下之過也。違神考之志，壞神考之事，在此二者，而閣下彌縫壅蔽，人未敢議。他日主上因此兩事，以繼述之指問於閣下，將何辭以對？閣下於瓘有薦進之恩，瓘不敢負，是以論吉凶之理，獻先甲之言，冀有補於閣下。若閣下不察其心，拒而不受，則今日之言，謂之負恩可也。」布讀瓘書畢，爭辨移時。瓘色不變，徐起言曰：「適所論者國事，是非有公議，公未可遽失待士禮。」布矍然改容。瓘又以日錄辨、國用須知納布而出。

明日，瓘即以此二篇及所上布書具狀申三省、御史臺，乞敷奏彈劾。三省進呈，帝顧曾布曰：「如此報恩地邪？」布曰：「臣紹聖初，在史院不及兩月，以元祐所修實錄者，凡司馬光日記、雜錄，或得之傳聞，或得之賓客；而王安石有日錄，皆君臣對面反復之語，乞取付史院照對編修；此乃至公之論。其後紹聖重修實錄乃章惇、蔡卞，今提舉史院乃韓忠彥。而瓘謂臣尊私史，厭宗廟，不審何謂也。神宗理財，雖累歲用兵，而所至府庫充積。元祐中非理耗散，又有出無入，故倉庫爲之一空。乃以臣壞三十年根本之計，恐未公也。」帝曰：「卿一向引瓘，又欲除左右史，朕不可。今日如何？」布愧謝。而韓忠彥等言：「瓘必欲去，當與一郡。」帝令責瓘，忠彥及陸佃皆曰：「瓘言誠過當，曾布卻能容瓘。」乃出知泰州。布始欲瓘附己，使人諭意，將大用之，瓘語其子正彙曰：「吾與丞相議多不合，今乃欲以官相餌。吾有一書遺丞相，汝爲我書之。」正彙再拜，願得書。瓘喜，且持入省，甫就席，遽出書。布大怒，信宿，有海陵之命。中書舍人鄒浩、右諫議大夫陳次升皆乞留瓘，不從。

55 遼主謁慶陵。

56 九月，己巳，詔：「諸路轉運、提舉司及諸州、軍有遺利可以講求及冗員浮費當裁損者，議詳〔詳議〕以聞。」

57 壬申，遼主謁懷陵。

58 乙亥，遼主如藕絲淀。

59 冬，十月，壬辰，遼主謁乾陵。

60 癸巳，門下侍郎李清臣，罷爲資政殿大學士、知大名府。【考異】編年錄、宋史表皆作乙未。

61 甲辰，遼主上其考昭懷太子謚曰大孝順聖皇帝，廟號順宗；妣蕭氏曰貞順皇后。旋追贈蕭巖壽同中書門下平章事，耶律薩喇、舊作撒剌，今改。耶律托卜嘉舊作撻不也，今改。系出季父房。並追封漆水郡王，蕭蘇薩、舊作速撒，今改。蕭托卜嘉並追封蘭陵郡王。五人皆繪像宜福殿。又追贈蕭和克舊作忽克〔古〕，今改。龍虎衞上將軍。先是耶律實埒舊作石柳，今改。以附太子流鎭州，至是召爲御史中丞。

62 遼主雖追尊順宗，究莫知其瘞所，遼主亦不亟於求之，後遂不建陵寢。

63 十一月，庚申，以陸佃爲尚書左丞，吏部尚書溫益爲尚書右丞。【考異】編年錄作丙子，今從宋史表。

益初知潭州，鄒浩南遷過潭，暮，投宿邨寺，益卽遣州都監將數卒夜出城，逼使登舟，竟凌風絕江而去。他逐臣在其境內者，如范純仁、劉奉世、韓川、呂希純、呂陶輩，率爲所侵困，用事者悅之。

64 壬戌，以西蕃錫羅薩勒（舊作賒羅撒勒。）爲西平軍節度使、邈川首領。

65 辛未，出御製南郊親祀樂章。

66 庚辰，祀天地於圜丘，赦天下。改彰信軍爲興仁軍，昭德軍爲隆德軍。改明年元曰崇寧，以曾布主紹述，從其請也。

67 壬午，三省奏事訖，曾布獨留，進呈內降起居郎鄧洵武所進愛莫助之圖，其說以爲陛下方紹述先志，羣臣無助之者。其圖如史書年表例，自宰相、執政、侍從、臺諫、郎官、館閣、學校分爲七隔，每隔旁通，左曰紹述，右曰元祐。左序助紹述者，執政中唯溫益一人，其餘每隔止三四人，如趙挺之、范致虛、王能甫、錢遹之屬而已。右序舉朝皆在其間，至百餘人。又於左序別立一項，小貼揭去。布密稟揭去臣僚姓名，帝曰：「洵武謂非相蔡京不可，以不與卿同，故去之。」布曰：「洵武所陳，既與臣所見不同，臣安敢與議。」明日，遂改付溫益。益欣然奉行，乞籍記異論之人，於是帝決意用京矣。【考異】李燾曰：曾布子緈作家傳云：建中靖國元年，六月，太常少卿鄧洵武進愛莫助之圖。所稱六月及洵武官名，皆誤也，今不取。

68 十二月，戊子，遼以樞密副使張琳知樞密院事，翰林學士張奉珪參知政事兼同知樞密院事。

69 遼知樞密院使越國公耶律儼徙封秦國公。儼以諂佞得信任於道宗，及遼主即位，元妃之兄蕭奉先爲遼主所眷注，儼舊與奉先相結，益務爲逢迎取媚，遂主又寵任之。嘗與牛温舒有隙，各進所親厚，朋黨紛然。儼恃奉先爲內主，温舒不能勝。

70庚寅，以知洪州葉祖洽爲寶文閣待制，代呂希純知瀛州；呂希純改知潁州。帝以河朔諸帥皆元祐人，欲盡易之，故希純、祖洽有是命，皆曾布爲請也。布初擬召祖洽爲侍郎，帝許之；韓忠彥以爲不可，乃止。

先是責降者皆得旨以赦恩牽復，唯章惇、蘇轍進呈不行。惇子援刺血上書，帝封援書付曾布，布欲留白，未果。已而丁憂人曾誕持長書抵布，并奏疏一通，所陳十事，其四言惇有功於國，責太重，當復收用，類皆狂妄語。是日，呈援書，帝頗稱其孝，有憐之之意。布欲且與徙廣南近裏一州，帝許之。又以誕所陳事目進呈，帝曰：「須與勒停編管。」既而韓忠彥見之，怒，請除名，送湖南，從之。惇亦不復內徙。

71左僕射韓忠彥與曾布異議，布數傾之。忠彥累乞罷相，不許。甲午，遂出居東府，有詔押入。

72戊戌，提舉洞霄宮蔡京，復龍圖閣直學士，知定州。

供奉官童貫，開封人，性巧媚，善測人主微旨，先事順承，以故得幸。及使三吳，訪書畫奇巧，留杭累月。京與之游，不舍晝夜，凡所畫屏障扇帶之屬，貫日以達禁中，且附言語論奏於帝所，由是屬意用京。左階道錄徐知常，以符水出入元符皇后所，太學博士范致虛與之厚，因薦京才可相。知常入宮言之，已而宮妾、宦官合詞譽之，遂起京知定州。

73辛丑，以知陳（隨）州張商英權戶部侍郎，尋改吏部。

74壬寅，知滁州范鏜復職，知潭州。少府少監邢恕，光祿少卿呂嘉問，司農少卿路昌衡，並落分司，恕知隨州，嘉問知蘄州，昌衡知滁州。放歸田里人安惇、蹇序辰，並散官，予祠。通議大夫林希，追復資政殿學士。尋又詔蔡卞復官，予祠。

75乙巳，遼主詔：「先朝已行事不得陳告。」時方治耶律伊遜（舊作乙辛。）之黨，其黨多賂權貴以求寬免，遼主不悟，而下此詔。

76丙午，奉安神宗神御於景靈西宮；丁未，詣宮行禮。

77己酉，降德音於西京，減囚罪一等，徒以下釋之。

78癸丑，詔：「章惇親子孫，許在外指射差遣，不得輒至京師及上章疏。」從曾布所請也。

79祕書省正字陳師道，性孤介，與趙挺之爲友壻，而素惡其人。適預郊祀，天寒甚，衣無綿，其妻就假於挺之家，師道問所從得，卻去，不肯服，遂中寒疾，乙卯，卒。【考異】薛鑑於元祐二年十月書召師道爲祕書省正字，并載預郊祀，以寒疾卒。考其年月，甚爲舛謬。據魏衍撰彭城先生集記，則除正字在元符三年，其卒在建中靖國元年十二月廿九日，當從之。

80是歲，以修奉景靈西宮，下蘇、湖二州采太湖石四千六百枚。【考異】修景靈西宮，采太湖石，宋史薛、王二鑑皆不書，程俱北山小集具載其事。東南花石綱，實昉於此。

河東地震，京畿蝗，兩浙、湖南、福建旱。

崇寧元年遼乾統二年。（壬午、一一〇二）

1春，正月，丁丑，河東、太原等郡地震；詔死者家賜錢有差。

2遼主如鴨子河。

3二月，丙戌朔，以聖瑞皇太妃疾，慮囚。

4辛卯，遼主如春州。

5甲午，皇太子亶改名烜。

6以蔡確配享哲宗廟庭。

7丙申，雄州防禦推官、知鄧州錄事參軍朱肱奏言：「陛下即位以來，兩次日蝕，在正陽之月；河東十一郡地震，至今未止，人民震死，動以千數；自古災異，未有如此。臣不避死亡，妄舉輔弼之失，以究災異之應，言詞激切，死有餘罪。然惓惓孤忠，不敢隱默者，食陛下之祿，念國家之重，而不敢顧其私也。」并以其所上宰相曾布書隨進。書曰：「今監察御史劉燾，相公門人也。相公爲山陵使，辟燾掌牋表，又薦入館，相公於燾厚矣。如燾者，置之詞掖，不忝也；以燾爲御史，則不可也。相公有過舉，燾肯言乎？言之則忘恩，不言則欺君，蓋非所以處燾也。今右正言范致虛兄上舍生致君，相公之姪壻也。致虛乃致君之親弟，如致虛者，置之館閣，不忝也；以致虛爲諫官，不可也。相公有過舉，致虛爭之則忤親，不爭則失職，亦非所以處致虛也。相公旁招俊乂，陶冶天下，肱之所論，止及燾與致虛者，特以臺諫人主耳目之官，非若百職可以略而不論也。相公以門人、親戚爲諫官、御史，此日月所以剝蝕，天地所以震動也。」又曰：「章惇之過惡，不可殫數，其最大者四五。相公在樞府，坐視默然，亦不得爲無過。再貶元祐臣僚，范純仁能言之，相公未嘗救也；廢元祐皇后，龔夬能言之，相公未嘗救也；置諫官於死地，黃履能言之，相公未嘗救也；册元符皇后，鄒浩能言之，相公未嘗救也。此四五事，惇之過惡最大，而相公無半詞之助，肱竊疑之。伏唯相公遇災而懼，然後可以弭天變，來直言。肱之區區所望於相公者，如此而已。」詔付三省。肱，烏程人，禮部侍郎服之從弟也。

8 戊戌，詔：「士有懷抱道德、久沈下僚，及學行兼備、可厲風俗者，待制以上各舉所知二人。」

9 奉議郎趙睿〔諗〕謀反，伏誅。

10 辛丑，以知定州蔡京爲端明殿學士、知大名府，蔡卞改知揚州。

先是大名闕帥，曾布白帝，前兩府唯有劉奉世，帝默然。韓忠彥與布交惡，陰欲結京，乃言熙寧故事，嘗除學士，不必前兩府，因請用京，故有是命。

11 聖瑞皇太妃朱氏薨，追尊爲皇太后，上謚曰欽成。

12 追封孔鯉爲泗水侯，孔伋爲沂水侯。

13 三月，丁巳，奉安哲宗神御於景靈西宮寶慶殿；戊午，詣宮行禮。

14 辛酉，以兵部侍郎鄒浩爲寶文閣待制、知江陵府，以浩乞補外也。尋改知杭州。

15 甲戌，以知大名府蔡京爲翰林學士承旨，兼修國史。

16 是月，遼地大寒，冰復合。

17 夏，四月，丙戌，詔權吏部侍郎張商英落權字。

18 遼主命北院樞密使耶律阿蘇、同知北院樞密蕭德勒岱舊作得里底，今改。治伊遜之黨，有司泄泄，莫以爲意，久之始具獄。辛亥，命誅伊遜黨，徙其子孫於邊，發伊遜、張孝傑、蕭德哩特、舊作得里特，今改。蕭錫沙舊作十三，今改。之墓，剖棺戮屍，以其家屬分賜被殺之家。

時阿蘇納賄，多出姦黨之罪，德勒岱不能制，亦附會之。蕭達和克舊作達魯古，今改。親害太子，亦得以賄免。御史中丞耶律實埒上書曰：「臣前爲姦臣所陷，斥竄邊郡，幸蒙召用，不敢隱默。恩賞明則賢者勤〔勸〕，刑罰當則姦人消；二者既舉，天下不勞而治。伏見耶律伊遜，身出寒微，位居樞要，竊權肆惡，不勝名狀，蔽先帝之明，誣陷順帝〔聖〕，搆害忠讜，敗國罔上，自古所無。賴廟社之休，陛下獲纂成業，積年之冤，一旦洗雪，正陛下英斷克成孝道之秋，如蕭德哩特，實伊遜之黨，耶律哈嚕（舊作合魯。）亦不爲早辨，賴陛〔下〕之明，遂正其罪。臣見陛下多疑，故有司顧望，不切推問。伊遜在先帝朝，權寵無比，先帝若以順考爲實，則伊遜爲功臣，陛下豈得立邪！先帝黜逐孽后，詔陛下在左右，是亦悔前非也。今靈骨未獲，而求之不切。傳曰：『聖人之德，無加於孝。』昔唐德宗因亂失母，思慕悲傷，孝道益著。周公誅飛廉、惡來，天下大悅。今逆黨未除，大冤不報，上無以慰順考之靈，下無以釋天下之憤，怨氣上結，水旱爲沴。願陛下下明詔，求順考之瘞所，盡收姦黨，以正邦憲，快四方忠義之心，昭國家賞罰之用，然後致治之道，可得而舉矣。謹別錄順聖升遐及伊遜等事，昧死以聞。」書奏，不報。

19 五月，丁巳，熒惑入斗。

20 庚申，尙書右僕射韓忠彥罷。

忠彥爲相，召還流人，進用忠讜之士，於是張庭堅、陳瓘、鄒浩、龔夬、江公望、常安民、任伯雨、陳次升、陳君錫、張舜民等皆居臺諫，翕然稱爲得人，然與曾布不協。至是左司諫吳材、右正言王能甫希布意，論忠彥變神考之法度，逐神考之人材，遂以觀文殿大學士出知大名府。

21（乙丑），臣僚上言：「神考在位凡十有九年，所作法度，皆本先王。元祐黨人秉政，紊亂殆盡，朋姦罔上，更倡迭和者，皆神考之罪人也。紹聖追復，雖已竄逐，陛下即位，仁德涵養，使之自新，一旦牽復，不以其漸，內外相應，寖以滋蔓，爲害彌甚。今姦黨姓名具在，文案甚明，有議法者，有行法者，有爲之倡者，有從而和者，罪有輕重，情有淺深，使有司條析區別行遣，使各當其罪，數日可畢。伏望早賜施行。」

詔：「知河南府梁（安）燾、知潤州王壽（覿）、知越州豐稷、知潁昌府陳次升，並奪職；知應天府呂仲甫，落職；故資政殿大學士李清臣，奪職，追所贈官幷例外所得恩例。」

22吏部侍郎張商英，改刑部侍郎兼同修國史；尋又兼侍讀。

23庚午，臣僚上言：「先朝貶斥司馬光等，異議害政，播告中外，天下共知。方陛下即位之初，未及專攬萬機，當國之臣，不能公平心意，檢會事狀，詳具進呈，以次牽復，今日再招人言，遂至煩紊。伏望陛下明諭執政大臣，使公共參議，詳酌事體，原輕重之情，定大小之罪，上稟聖裁，特賜行遣。如顯有欺君負國之實迹，自宜放棄，不足收䘏。其間亦有干連牽挂，偏執愚見，情非姦誣者，乞依近年普博之恩，使有自新之路，則天下之氣平，而紛紛之論息矣。」【考異】李燾謂上言者必鄒餘，然無明證，今仍闕之。

乙亥，詔：「故追復太子太保司馬光、呂公著，太師文彥博，光祿大夫呂大防，大（太）中大夫劉摯，右中散大夫梁燾，朝奉郎王巖叟、蘇軾，各從裁減，追復一官，其元追復官告並繳納。王存、鄭雍、傅堯俞、趙瞻、趙卨、孫升、孔文仲、朱光庭、秦觀、張茂則、范純仁、韓維、蘇轍、范純粹、吳安詩、范純禮、陳次升、韓川、張耒、呂希哲、劉唐老、歐陽棐、孔平仲、畢仲游、徐常、黃庭堅、晁補之、劉（韓）跂、王鞏、劉當時、常安民、黃（王）隱、張保（源）、汪衍、余爽、湯馘、鄭俠、常立、程頤、張巽等四十人，行遣輕重有差。唯孫固爲神考潛邸人，已復職名及贈官，免追奪。任伯雨、陳祐、張庭堅、商倚等，並送吏部，令在外指射差遣。陳瓘、龔夬並予祠。」其司馬光等責詞，皆曾布所草定也。又詔：「應元祐並元符今來責降人韓忠彥曾任宰臣，安燾係前執政，王覿、豐稷見任侍從外，蘇轍、范純禮、劉奉世等五十七人，令並三省籍記，不得與在京差遣。」

24後苑欲增葺殿宇，內侍有請以金箔爲飾者，計用五十六萬七千，帝曰：「用金爲箔，以飾土木，一壞不可復收，甚無謂也。」詔黜之。

25丙子，詔：「應元祐以來及元符末未嘗以朋比附會得罪者，除已施行外，自今以往，一切釋而不問，在言責者亦勿復輒言。」

26己卯，尚書左丞陸佃罷。

佃執政，與曾布比，而持論多近恕，每欲參用元祐人才；尤惡奔競，嘗曰：「天下多事，須不次用人。苟安寧時，人才無大相遠，當以資歷序進，少緩之，則士知自重矣。」又曰：「今天下之勢，如人大病向愈，當以藥餌輔養之，須其平安。苟爲輕事改作，是使之騎射也。」朝議欲更懲元祐餘黨，佃言不宜窮治。或言佃名在黨籍，不欲窮治，正恐自及耳，遂出知定州。

27 庚辰，以許將爲門下侍郎，溫益爲中書侍郎，翰林學士承旨蔡京爲尙書左丞，吏部尙書趙挺之爲尙書右丞。

京素與屯田員外郎孫鼛善，鼛嘗曰：「蔡子，貴人也，然才不勝德，恐貽天下憂。」及是，京謂鼛曰：「我若用於天子，願助我。」鼛曰：「公誠能謹守祖宗之法，以正論輔人主，示節儉以先百吏，而絕口不言兵，天下幸甚。」京默然。

挺之爲中丞，與曾布比，建議紹述，排擊元祐諸賢，由是進居政府。

28 六月，己丑，祔欽成皇后神主於太廟。

29 辛卯，左司諫王能甫言：「曾誠家富於財，目爲青錢學士，乞罷其史官。」左正言吳材言：「史官王防，在元豐勒停，又以訴理得罪，兼無出身，當罷。」是日，曾布獨對，言：「吳材緣引呂惠卿、蹇序辰等，議論不勝；王能甫乃吳安持壻，近日以安持追削職名；皆挾私怨，故以此攻曾誠、王防，欲中傷臣耳。」帝曰：「彼責在蔡京，不干卿事。」布曰：「臣亦知此二人乃京所薦，但以臣門下士爲言路所攻，則謂臣必搖動。小人用意如此，臣實不安。方元祐之人布滿朝廷，臣一身與衆人爲敵，是時助臣者唯此三數人。今元祐之黨方去，而言者乃欲斥逐此等，是爲元祐人報怨耳。」帝矍然。布因言：「張商英亦章惇門下士，王潙之乃其壻，議論之際，多與惇爲比，故商英力稱引范致虛及吳材，乃其志趣同耳。若有所陳，願陛下加察。」

30 壬辰，減西京、河陽、鄭州四罪一等，民緣山陵役者蠲其賦。

31 遼主以雨罷獵，駐散水原。

32 癸卯，詔：「六曹尙書有事奏陳，許獨員上殿。」

33 丁未，遼南院大王慎嘉努（舊作陳家奴。）致仕。

34 己酉，太白晝見。

35 壬子，改渝州爲恭州。

36 癸丑，詔倣唐六典修神宗所定官制。

37 封伯夷爲淸惠侯，叔齊爲仁惠侯。

38 閏月，甲寅朔，更名哲宗神御殿曰重光。

[39]己未，以提舉洞霄宮呂惠卿爲觀文殿學士、知杭州，尋改揚州。

[40]庚申，遂策試賢良。禮部郎中劉輝對策，多中時病，擢史館修撰。輝善屬文，疏簡有遠略，時稱得人。未幾，卒。

[41]辛酉，殿中侍御史錢遹言：「尚書右僕射曾布，力援元祐之姦黨，分列要塗；陰擠紹聖之忠賢，遠投散地。挈提姻婭，驟致美官；汲引儇浮，盜竊名器。愛壻交通乎近習，諸子邀結乎搢紳，造請輻湊其門，苞苴日盈私室，呼吸立成禍福，喜怒遽變炎涼。鉤致齊人之簽言，欲破紹聖之信史；曲徇法家之謬說，輕改垂世之典刑。爲臣不忠，莫大於此。況日食、地震、星變、旱災，豈盛時常度之或愆，乃柄臣不公之所召。欲乞早正典刑，慰中外之望。」於是布連上章乞罷。

壬戌，詔布爲觀文殿大學士、知潤州。

布於元符末，欲以元祐兼紹聖而行，故力排蔡京，逐出之。至崇寧初，知帝意有所向，又欲力排韓忠彥而專其政。無何，京已爲右丞，大與布異。會布擬陳祐甫爲戶部侍郎，京於榻前奏曰：「爵祿者，陛下之爵祿，奈何使宰相私其親！」曾布壻陳迪，祐甫之子也。布忿然爭辨，久之，聲色稍厲，溫益叱之曰：「曾布，上前安得失禮！」帝不悅而罷。御史遂攻之，言：「布與韓忠彥、李清臣交通爲私，使其子壻吳則禮、外甥壻高茂華往來計議，共成元祐之黨。暨登相位，復與淸臣析交離黨，日夜爭勝，遂攬天下之權，皆歸於己，而怨望之心逞矣。故不及半月，首罷市易，中外之人，望風希指，變法之論，相因而至。於是范純粹乞差衙前，以害神考之免役；李夷行乞復詩賦，以害神考之經術。又力引王古爲戶部尙書，王覿爲御史中丞，二人者，元祐之黨也，而用以掌開闔斂散之權，定是非可否之論，豈非敗壞神考之法度乎！」於是更詔布落職，提舉明道宮，太平州居住。

42 以刑部侍郎張商英爲翰林學士。

43 甲子，詔：「諸路州縣官有治績最著者，命兩司、帥臣各舉一人。」

44 丙寅，寶文閣待制、知杭州鄒浩，改知越州。

45 辛未，詔曰：「朕仰唯哲宗皇帝元符之末，是生越王，姦人造非，謂非后出。比閱諸僚舊疏，適見椒房訴章，載加攷詳，咸有顯證。且朕（其時）兩宮親臨撫視，嬪御執事在旁，緣何外人，得入宮禁私行（殺母）取子，實爲不根。爲人之弟，繼體承祧，豈使沽名之賊臣，重害友恭之大義，詆誣欺罔，罪莫大焉！鄒浩可重行黜（責），以戒爲臣之不忠者。仍檢會鄒浩元奏劄子，并元符皇后訴章，宣示中外。」【考異】長編載鄒浩劄子曰：「臣聞仁宗皇帝在位四十二年，邦國無流離之患，邊境無征伐之苦，黎民繁庶，萬國咸寧。當是時，可以嬉游後宮，非焦心勞力之秋也，而謂宰相寇準曰：『朕觀自古亂天下、敗國家者，未嘗不因女子，是以褒姒滅周，妲己亡商。朕之後宮女子，巧媚百生，朕未嘗顧盼焉。』然則仁祖之意，豈不欲垂裕後昆，奈何陛下遽忘其槩〔業〕乎？臣觀陛下之所爲，愈於桀、紂而甚於幽王也。殺卓氏而奪之子，欺人可也，詎可欺天乎！卓氏何罪哉，得不愈於桀、紂也！廢孟氏而立劉氏，快陛下之志可也。劉氏何德哉，得不甚於幽王也！臣觀祖宗有唐、虞、堯、舜之德，而陛下有桀、紂二王之行，不識寢餗〔食〕安乎？頃年彗孛出於西方，災譴爲大。陛下避正殿以塞天變，減常膳以銷天譴，宰相章惇謂陛下曰：『未足損陛下盛德。』又聞江西累年饑饉，陛下召惇，責以宰相燮理之功，宰相章惇謂陛下曰：『天災流行，無世無之。』且以堯九年水、湯七年旱爲解。惇爲輔弼，忍發此言！今聞陛下以立劉氏，惇之策也。臣今諫陛下，去廢后之醜行，行復后之大德，聽臣之直諫而出惇之姦言，使天下之人共仰首以見日月之光，盛大之世；不然，祖宗有百餘年基業，將顚覆於陛下之手矣。昔唐褚遂良諫高宗立武昭儀，不聽，叩頭流血，以笏置殿階曰：『還陛下此笏，乞歸田里。』今臣諫陛下不聽，願歸田里，力農圃，爲亂世之民。願膾臣心肝以獻上，斬惇首以謝天下。」按此劄蓋章惇、蔡京之黨所爲，其述仁宗謂宰相寇準之語，尤爲謬妄，寇準何嘗事仁宗哉！今附辨，以見作僞之不可掩。若元符后訴章及謝徽宗表，皆出僞手，長編雖曾附載，今並削去。

初，浩以諫立后被謫，章留中不下。元符末，還朝，入見，帝首及諫立后事，獎歎再三。問：「諫草安在？」對曰：「焚之矣！」退，告陳瓘，瓘曰：「禍其在此乎！異時姦人妄出一緘，則不可辨矣。」及蔡京用事，忌浩，欲擠之，果使其黨僞爲浩奏，言劉后殺卓氏而奪其子，且多狂妄指斥語，復僞爲元符皇后上皇太后表，流布中外。帝見之，大怒，遂下詔治浩之罪，貶衡州別駕，永州安置。京又使其黨爲元符皇后撰謝表以上，詔並送史官。

浩初除諫職，入白其母張曰：「有言責者不可默，恐或以是詒親憂。」母曰：「兒能報國，我顧何憂！」及浩兩被竄責，母不易初意，人稱其賢。【考異】李燾曰：新錄辨誣云：鄒浩復召用，蔡京忌浩，因求浩舊疏不得，乃使其黨作僞疏。繼而京執政，故有是責。要之此段皆非實事，鄒浩疏、元符皇后上太后表及謝徽宗表，皆京爲之也。丁未錄云：上欲再貶浩，而三省求浩元疏不獲，下浩取稿，浩奏以元疏稿不存。陳瓘聞而歎曰：「若後或有撰惡語以進者，將何以自明！」已而章惇果僞撰浩疏，袖以進。按惇元符三年九月已罷相，僞撰鄒浩疏者乃京也。今按宋史鄒浩傳，徽宗卽位，浩還朝，帝首及諫立后事，問：「諫草安在？」對曰：「焚之矣。」而丁未錄云：上欲再貶浩，三省求浩元疏不獲，下浩取稿，浩奏以元稿不存。二說互異，一係元符，一係崇寧，今從宋史。蓋焚稿之語，京久已聞之。時向太后已崩，而朱太妃尙在，京猶未敢爲此也。及是年二月，朱太妃薨，京特以此時入對，故旣撰浩僞疏，又撰元符皇后僞訴章，以無太后、太妃可以證其妄者耳。僞疏，僞表，一時一手所作，大抵在是年四月後也。元符皇后固甘心於浩者，自當與京合謀，而京素交結內侍，俾以此僞疏表置諸帝前，亦甚易也。所可疑者，浩旣自焚其稿，京求浩奏亦不可得，而徽宗實錄鄒浩傳及東都事略、宋史鄒浩傳，俱載浩元奏，與僞疏大異，不知從何處得來，豈宮中所留元奏，羣小一時難檢，不及焚毀，若有神物爲之護持而其後出者與？

46 壬申，遼降惠妃蕭氏爲庶人，幽於宜州，諸弟沒入興聖宮。

47 遼方治耶律伊遜之黨，其首惡旣以賄免，而蔓引轉及無辜。御史知雜事左企弓爲辨析其冤，警巡使馬人望奉命推究，處以平心，所活甚衆。

48 戊寅，知江寧府鄧祐甫，乞以府學所建王安石祠堂著祀典，從之。

49 壬午，追貶李清臣爲武安軍節度副使。

50 癸未，詔：「監司、帥臣，於本路小使臣以上及親民官內，有智謀勇略可備將帥者，各舉一人。」

續資治通鑑卷第八十八

賜進士及第兵部尚書兼都察院右都御史總督湖北湖南等處地方軍務兼理糧餉世襲二等輕車都尉　畢　沅　編集

宋紀八十八　起玄黓敦牂（壬午）七月，盡閼逢涒灘（甲申）四月，凡一年有奇。

徽宗體神合道駿烈遜功聖文仁德憲慈顯孝皇帝

崇寧元年遼乾統二年。（壬午、一一〇二）

1 秋，七月，甲申朔，建長生宮以祠熒惑。

2 丙戌，詔：「省、臺、寺、監及監司、郡守，並以三年成任。」

3 戊子，以蔡京爲尚書右僕射兼中書侍郎。

制下之日，賜坐延和殿，命之曰：「神宗創法立制，先帝繼之，兩遭變更，國是未定，欲上述父兄之志，卿何以教之？」京頓首謝曰：「敢不盡死！」制辭極其褒美，翰林學士張商英所草也。

4 己丑，焚元祐法。

5甲午，詔于都省置講議司。

蔡京既得志，陰託紹述之柄，箝制天子。用熙寧條例司故事，卽都省置講議司，自爲提舉，以其黨吳居厚、王漢之等十餘人爲僚屬；取政事之大者，如宗室、宂官、國用、商旅、鹽澤、賦調、尹牧，每一事以三人主之。凡所設施，皆由是出，而法制屢變無常矣。

6詔杭州、明州置市舶司。

7庚子，同知樞密院事章楶罷，以老故也。詔授資政殿學士、中太一宮使。未幾，卒，謚莊簡。【考異】姑蘇志：章楶，謚莊敏。今從宋史及宰輔編年錄。

8甲辰，以雨水壞民廬舍，詔開封府振卹壓溺者。

庚戌，臣僚上言：「管句明道宮張耒，在潁州聞蘇軾身亡，出己俸於薦福禪院爲軾飯僧，縞素而哭。」詔：「張耒責授房州別駕，黃州安置。」

9辛亥，詔：「昨降置講議司手詔內事件，許中外臣庶具所見利害聞奏。」

10復罷春秋博士。

11是月，遼主獵于黑嶺，以霖雨，給獵人馬。永興宮太師蕭呼圖，舊作胡篤，今改。見遼主好遊畋，每言從禽之樂以逢其意，遼主悅而從之，國政墮廢自此始。

12準布（舊作阻卜。）侵遼，遼招討使頡特勒（舊作斡特剌。）戰敗之。

13 八月，乙卯，皇子烜改名桓。

14 臣僚上言：「陛下卽位之始，淵默不言。嘗開獻書之路，而以書獻者，有自布衣取甲科以令百里，或加秩一等，或解武弁而寄寺監丞、簿之祿。天下之士，不知彼所論列爲何等語言，往往懷疑，迄今不釋，欲望出其所上封事，布之四方。果其言有補國是，則至公之議，帖然自厭；脫或志在覬望，僥倖名器，無忠嘉一定之論，有姦憸兩可之語，附下罔上，累先烈而害初政，則於此時，豈可以置而不問！如以臣言可采，乞早賜施行。」

乙丑，詔：「除鄭敦義、江繹外，鹿敏求追所授承事郎，降充簿、尉，高士育追所授官，何大正追所賜出身及所授官，並不得應舉。」

15 辛未，置安濟坊，養民之貧病者，仍令諸州縣並置。

16 甲戌，詔天下興學貢士，建外學于國南。

蔡京請「天下州縣並置學，州置教授二員，縣置小學。縣學生選考，升諸州學，州學生每三年貢太學，至則附試，別立號；考分三等，入上等補上舍，入中等補下等上舍，入下等補內舍，餘居外舍。諸州、軍解額各以三分之一充貢士，州給常平或係省田宅充養士費；縣用地利所出及非係省錢。凡州縣學生曾經公私試者，復其身。如有孝悌睦婣任恤中和，若行能尤異爲鄉里所推者，縣上之州，免試入學。州守貳及教授詢審無謬，卽保任入貢；

不實者坐罪。」京又請外學以待州縣學之貢士。乃詔卽京城南門外相地營建，外圓內方，爲屋千百七十二楹，是爲辟雍。太學專處上舍生、內舍生，而外學則處外舍生。初貢至，皆入外學，經試補入上舍、內舍，始得進處太學。太學外舍亦令出居外學，其敕令格式，悉用太學見制。于是上舍至二百人，內舍六百人，外舍三千人。凡州學上舍生升舍，以其秋卽貢入辟雍，長吏集闔郡官及提學官具宴設，以禮敦遣，限歲終卽集闕下。自川、廣、福建入貢者，續其路食，以學錢給之。奏入，詔悉如其法施行。

17 丙子，詔：「司馬光、呂公著、王巖叟、朱光庭、孔平仲、孔文仲、呂大防、劉安世、劉摯、蘇軾、梁燾、李周、范純仁、范祖禹、汪衍、湯馘、李淸臣、豐稷、鄒浩、張舜民子弟，並毋得官京師。」

18 己卯，以趙挺之爲尙書左丞，翰林學士張商英爲尙書右丞。

19 九月，戊子，京師置居養院，以處鰥寡孤獨，仍以戶絕財產給養。

20 乙未，詔中書籍元符三年臣僚章疏姓名，分正邪，各爲三等。於是中書奏：「正上，鍾世美、喬世材、何彥正、黃克俊、鄧洵武、李積中六人；正中，耿毅等十三人；正下，許奉世等二十二人；邪上尤甚，范柔中等三十九人；邪上，梁寬等四十一人；邪中，趙越等一百五十人；邪下，王犖〔革〕等三百十二人。」

21 內侍郝隨，諷蔡京再廢孟后。會昌州判官馮澥，上書言復后爲非，於是御史中丞錢遹、殿中侍御史石豫、左膚連章論「韓忠彥等乘一布衣誑言，復瑤華之廢后，掠流俗之虛美。當時物議固已洶洶，乃至疏逖小臣詣闕上書，忠義激切，則天下公議從可知矣。望詢考大臣，斷以大義，無牽于流俗非正之論，以累聖朝。」

丁酉，治臣僚議復元祐皇后及謀（廢）元符皇后（者）罪，降韓忠彥、曾布官，追貶李清臣雷州司戶參軍，黃履祁州團練副使，安置曾肇、豐稷、陳瓘、龔夬等十七人于遠州，擢馮澥鴻臚寺主簿。

22 己亥，御批付中書省：「應元祐責籍幷元符末敍復過當之人，各具元籍定姓名進入。」于是蔡京籍文臣執政官文彥博等二十二人，文彥博、呂公著、司馬光、安燾、呂大防、劉摯、梁燾、王巖叟、范純仁、王珪、王存、傅堯俞、趙瞻、韓維、孫固、范百祿、胡宗愈、李清臣、蘇轍、劉奉世、范純禮、陸佃。待制以上官蘇軾等三十五人，蘇軾、范祖禹、王欽臣、姚勔、顧臨、趙君錫、馬默、孔武仲、王汾、孔文仲、朱光庭、吳安持、錢勰、李之純、孫覺、鮮于侁、趙彥若、趙卨、孫升、李周、劉安世、韓川、賈易、呂希純、曾肇、王覿、范純粹、楊畏、呂陶、王古、陳次升、豐稷、謝文瓘、鄒浩、張舜民。餘官秦觀等四十八人，秦觀、湯馘、杜純、司馬康、宋保國、吳安詩、張耒、黃隱、歐陽棐、呂希哲、劉唐老、晁補之、黃庭堅、畢仲游、常安民、汪衍、孔平仲、王鞏、張保源、余爽、鄭俠、常立、程頤、余卞、唐義問、李格非、商倚、張庭堅、李祉、陳佑、任伯雨、陳郛、朱光裔、蘇嘉、陳瓘、龔夬、呂希績、歐陽中立、吳儔、呂仲甫、徐常、劉當時、馬琮、謝良佐、陳彥默、劉昱、魯君貺、韓跋。內臣張士良等八人，張士良、魯燾、趙約、譚扆、楊偁、陳詢、張琳、裴彥臣。武臣王獻可等四人，王獻可、張巽、李備、胡田。等其罪狀，謂之姦黨，請御書刻石於端禮門。

【考異】此據長編所列姓名、人數。李燾曰：七月二日，魯君貺、劉昱、李常、呂仲甫、朱光裔、馬琮、劉當時、謝良佐、陳彥默八人已出籍，恐此姓名不當又見九月十七日，十七日即己亥也。今按宋史徽宗紀，崇寧元年九月己亥，籍元祐及元符末宰相文彥博等、侍從蘇軾等、餘官秦觀等、內臣張士良等、武臣王獻可等凡百有二十人，御書刻石端禮門。而長編所列姓名，止一百十七人，尚少三人，恐有遺脫。其出籍八人，又不當在內，則所闕共十一人矣。又二年九月，從臣僚之請，頒端禮門石刻于天下。長編載御史臺抄錄到名數，又止九十八人，彼此參錯不齊，未知何故，更須博考。

23 庚子，贈宣德郎鍾世美爲右諫議大夫，錄其子爲郊社齋郎。世美，元符末提舉福建路常平，應詔上書，乞復熙寧、紹聖政事，至是第爲正上等第一，故有此恩。餘正等四十人，悉加旌擢。其邪等五百四十二人，降責有差。

24 壬寅，降授中大夫、守司農卿、分司南京、太平州居住曾布，責授武泰軍節度副使，衡州安置。

25 冬，十月，乙卯，蕭哈里舊作海里，今改。叛遼，劫乾州武庫器甲。遼主命北面林牙蕭嘉努（舊作郝家奴。）捕之。蕭哈里亡入女直之克展舊作阿典，今改。部。

26 癸亥，知樞密院事蔣之奇罷爲觀文殿學士、知杭州。

27 遼招討使額特勒乞致仕，遼主不許，止罷招討、南院樞密使；丙寅，封混同郡王，遷北院樞密使，加太子太師，賜推誠贊治功臣號。以參知政事牛溫舒知南院樞密使事。

28 己巳，以觀文殿學士、知太原府呂惠卿爲武昌軍節度使、知大名府。

29 蔡京、許將、溫益、趙挺之、張商英力主錢遹等說，請廢孟后，帝不得已從之。甲戌，詔罷元祐皇后之號，復居瑤華宮。

30 丙子，臣僚上言：「元祐黨人，朝廷近已施行。所有元符之末，共成黨與，變更法度復爲元祐者，伏望詳酌施行。」於是詔周常、龔原、劉奉世、呂希純、王覿、王古、謝文瓘、陳師錫、歐陽棐、呂希哲、劉唐老、晁補之、黃庭堅、黃隱、畢仲游、常安民、孔平仲、王鞏、張保源、陳郛、朱光裔、蘇嘉、余卞、鄭俠、胡田並罷祠祿，各于外州軍居住，仍依陳乞宮觀新格，不得同在一州。

31 戊寅，以資政殿學士蔡卞知樞密院事。【考異】據宰輔編年錄，當在癸亥日，今從宋史表。

32 詔：「河南府草澤裴筠上書，語言狂悖，特送五百里外州軍編管。所有講議司許陳言利害指揮勿行。」

33 十一月，乙酉，邵州言知溪洞徽州楊光衜內附。

34 戊子，以婉儀鄭氏爲賢妃。

35 辛卯，置河北安濟坊。

36 癸巳，置西、南西〔兩〕京宗正司及敦宗院。

37 乙未，遼蕭嘉努以不獲蕭哈里免官。

38 戊戌，置顯謨閣學士、待制官。

39 壬寅，遼以上京留守耶律愼思爲北院樞密副使。

40 劇賊趙鍾格（舊作鐘哥。）犯遼上京，掠宮女、御物，副留守馬人望率衆捕之，右臂中矢，炷以艾，力疾馳逐，賊棄所掠而遁。人望令關津譏察行旅，悉獲其盜，尋擢樞密都承旨。

41 遼有司請以遼主生日爲天興節。

42 己酉，立卿監、郎官三歲黜陟法。

43 十二月，癸丑，中丞錢遹言：「哲宗用王贍策，取青唐、邈川，可謂不世出之略。權臣欺朝廷，盡委而棄之，更以他罪戮及贍身；若不追正其罪，無以伸往者之冤而激忠勇折衝之氣。」於是責授韓忠彥爲崇信軍節度副使；曾布爲賀州別駕，仍舊衡州安置；安燾爲寧國軍節度副使；范純禮爲試少府監，分司南京。

44 庚申，臣僚上言范純仁謚忠宣未當，詔：「定議、覆議官各罰銅，其神道碑令潁昌府毀磨。」

45鑄當五錢。

46丙寅，詔：「應責降安置及編管、羈管人，令所在州軍依元符令常覺察，不得放出城。」

47丁丑，詔：「諸邪說詖行非先聖之書，并元祐學術政事，不得教授學生，犯者屏出。」

48戊寅，蔡京等上州縣學敕令格式，乞鏤板頒降，從之。

49是歲京畿、京東、河北、淮南蝗，江、浙、熙、河、漳、泉、潭、衡、郴州、興化軍旱。

50辰、沅州猺入寇。

51遼蕭哈里之亡入女直克展部也，遣其族人額特勒結和于英格（舊作盈哥。）曰：「願與太師爲友，同往伐遼。」英格執額特勒。會遼命英格捕討哈里，遂送額特勒于遼，募兵，得甲千餘，阿古達（舊作阿骨打，今改。）喜曰：「有此甲兵，何事不可圖！」蓋前此女直甲兵之數，未嘗滿千也。軍次混同水，與哈里遇。時遼追哈里兵數千，攻之不能克，英格謂遼將曰：「退爾軍，我當獨取哈里。」遼將許之。阿古達策馬突戰，哈里中流矢，墮馬下，執而殺之，大破其軍。英格自是知遼兵之易與矣。

52夏改元貞觀。

二年遼乾統三年。（癸未、一一〇三）

1春，正月，辛巳朔，遼主如混同江。女直函蕭哈里之首來獻，遼主大喜，賜予加等。蕭哈嚕（舊作合魯。）言于遼主，請修邊備，樞密使耶律阿蘇（舊作阿思。）力沮之，時譏其以金賣國云。

2 乙酉，貶竄元符末臺諫官于遠州：任伯雨昌化軍，陳瓘廉州，龔夬象州，馬涓澧州，陳祐歸州，李深復州，張庭堅鼎州，並除名勒停，編管。江公望責授衡州司馬，永州安置；鄒浩除名勒停，昭州居住。已上並永不得收敍。王覿臨江軍居住，豐稷建州，陳次升建昌軍，謝文瓘邵武軍，張舜民房州，亦皆除名勒停。蔡京、蔡卞怨任伯雨等之論己，檢會其章疏以進，故有是貶。京之帥蜀也，張庭堅在其幕府，及入相，欲引以自助，庭堅不從，京恨之，至是亦除名編管。

3 知荆南府舒亶平辰、沅猺賊，復誠、徽二州，改誠爲靖州，徽爲蒔竹縣。曲赦荆湖兩路。

4 己丑，詔許茅山道士劉混康修建道觀，仍令直奏災福，無得隱匿。混康有節行，頗爲神宗所敬重，故帝禮信之。

5 壬辰，中書侍郎溫益卒。益仕宦無片善可紀，至其狡譎傅會，蓋天性也。

6 丁未，以蔡京爲尚書左僕射兼門下侍郎。

7 以知岢嵐軍王厚權發遣河州兼洮西沿邊安撫司公事。厚少從父韶兵間，暢習羌事。元祐棄河湟，厚疏陳不可，且詣政事堂言之。蔡京既治元祐棄地之罪，仍欲開邊，故有是命。

8 戊申，遼主如春州。

9 二月，辛亥，安化蠻人〔入〕寇，廣西經略使程節敗之。

10 壬子，遣官相度湖南、北猺地，取其材植，入供在京營造。

11 甲寅，尊元符皇后爲皇太后，宮名崇恩。

12 辛酉，置殿中監。

13 庚午，初令陝西鑄折十銅錢并夾錫錢，召募私鑄人赴官充鑄錢工匠，從蔡京奏也。

14 遼以武清縣大水，弛其陂澤之禁。

15 癸酉，奉安哲宗御容于西京會聖宮及應天院。

16 丙子，置諸路茶場。

茶自嘉祐通商，至熙寧中，李稷稍復榷法，而利復歸于官。及是蔡京請荆湖、江、淮、兩浙、福建七路，仍舊禁榷官買，卽產茶州軍隨所置場，申商人、園戶私易之禁。商人買茶，貯于籠篰，官爲抽盤第敍收息訖，批引販賣，歲入百萬緡以進御。自此盜販公行，民滋病矣。

17 戊寅，王厚言：「熙寧間，神宗以熙河邊事委任先臣韶，當時中外臣僚，凡有議論熙河事者，蒙朝廷批送先臣看詳可否，議論歸一，無所搖奪。今朝廷措置一方邊事，已究見利害本末。欲乞自今中外臣僚言涉靑唐利害者，依熙寧故事，並附本路經略司及所委措置官看詳。」從之。又詔：「入內供奉官童貫往來句當，仰本路經略、安撫、都總管司，公共協力濟辦。」

18三月，乙酉，詔：「黨人親子弟毋得擅到闕下；其應緣趨附黨人罷任，在外指射差遣，及得罪停替臣僚亦如之。」

19辛卯，管句玉龍觀黃庭堅，除名勒停，送宜州編管，以湖北轉運判官陳舉奏庭堅撰荊南承天院碑，語涉謗訕也。

20癸卯，賜禮部奏名進士、諸科及第、出身霍端友等五百三十八人。其嘗上書在正等者升甲，邪等者黜之。

時李階舉禮部第一。階，深之子，而陳瓘之甥也。安忱對策，言使黨人之子魁多士，無以示天下，遂奪階出身而賜忱第。忱，惇兄也。又，黃定等十八人皆上書邪等，帝臨軒召謂之曰：「卿等攻朕短可也，神宗、哲宗何負於卿等！」亦並黜之，皆從蔡京言也。

21詔：「知河州王厚權管句熙河蘭會路經略司職事。」

22夏，四月，甲寅，詔侍從官各舉所知二人。

23丁卯，詔毀呂公著、司馬光、呂大防、范純仁、劉摯、范百祿、梁燾、王巖叟景靈西宮繪像。

24己巳，童貫至熙州，傳語勞軍。

25庚午，詔國子監印書賜諸州縣學。

26甲戌，王厚奏：「河南、河北諸羌，以大小隆贊舊作隴撥，今改。爭國之故，人心不寧，諸族酋豪，互有猜忌，遂更相侵掠殺戮，正所謂以夷狄攻夷狄，乃中國之利。臣見與童貫計議，乘此從長措置，起候〔候起〕發別具奏聞。」

27乙亥，詔：「蘇洵、蘇軾、蘇轍、黃庭堅、張耒、晁補之、秦觀、馬涓文集，范祖禹唐鑑，范鎮東齋記事，劉攽詩話，僧文瑩湘山野錄等印板，悉行焚毀。」

28戊寅，以趙挺之爲中書侍郎，張商英爲尚書左丞，戶部尚書吳居厚爲尚書右丞，兵部尚書安惇同知樞密院事。

29詔：「追奪王珪贈謚；王仲端、王仲薿並放罷，遺表恩例減半。追毀程頤出身以來文字，除名，其入山所著書，令本路監司覺察。」時臣僚上言：「神宗大漸，王珪不早請建儲，密召高士充，欲成其姦謀。」又言：「程頤學術頗僻，素行譎怪，勸講經筵，有輕視人主之意；議法太學，則專以變亂成憲爲事。」故有是詔。范致虛又言：「頤以邪說詖行，惑亂衆聽，而尹焞、張繹爲之羽翼，乞下河南盡逐學徒。」頤於是遷居龍門之南，止四方學者，曰：「尊所聞，行所知，可矣，不必及吾門也。」

30 五月，辛巳，以賢妃鄭氏爲淑妃。

31 丙戌，曾布以妻魏氏及子紆、繰等交通請求，受賂狼籍，責授廉州司戶參軍，仍舊衡州安置，紆永州編管，繰除名。

32 戊子，遼以獵人多亡，嚴以科禁。

33 甲午，詔頒梁安國等二十二人昨上書謗訕節文，降責有差。

34 乙巳，遼主清暑赤勒嶺；丙午，謁慶陵。

35 遼西北招討使蕭德勒岱舊作得里底，今改。自恃后族，慢侮僚吏，戍長耶律棠古不爲屈，乃罷之。棠古訟於朝，不省。棠古性坦率，好別白黑，人有不善，必盡言無隱，時號「强棠古」。

36 六月，庚申，詔：「元符末上書進士，類多詆訕，令州郡遣入新學，依太學自訟齋法，候及一年能革心自新者，許將來應舉；其不變者，當屏之遠方。」

37 辛酉，王厚、童貫發熙州。初，厚與貫會諸將部分軍事，諸將皆欲并兵直趨湟中。厚曰：「賊恃巴金、把拶之險，挾大河之阻，分兵死守以抗我師，若進戰未克，青唐諸部之兵繼至，夏賊必爲之援，非小敵也。不若分兵爲二，南道出安鄉，衝其前；北道出京玉，擣其後。賊腹背受敵，勢不能支，破之必矣。」貫猶未決。厚曰：「他日身到其地，計之熟矣，願毋過疑。」遂以岷州將高永年爲統制官，權知蘭州姚師閔佐之，及管句招納王端等率蘭、岷州、通遠軍漢蕃兵馬二萬出京玉關，厚與貫親領大軍出安鄉關，渡大河，上巴金嶺。

癸亥，厚次河州；甲子，次安鄉關。貫率李忠等以前軍趨巴金城，舊名安川堡，在巴金嶺上，多羅巴使其三子長曰阿令結、次曰廝鐸麻令、次曰阿蒙率衆拒守。城據岡阜，四面皆天塹，深不可測，道路險狹。我師至，望見城門不閉，偏將辛叔詹、安永國等爭先入，賊出兵迎擊，師少卻。永國墮天塹死，叔詹等馳還，幾爲所敗，會雨，各收軍而止。翼日，乙丑，賊以大衆背城而陣，埤間建旗鳴鼓；決戰，復有疑兵據高阜，張兩翼。會厚以軍至，賊望見氣沮。厚乘高，列大帥旂幟，遣人諭以恩信，開示禍福。數返，阿令結等不肯降，語益不遜，遂命諸將攻城。賊力戰拒險，我軍不能過天塹。厚親至陣前，督強弩射之，賊稍卻。別遣偏將鄒勝率精騎由間道繞出其背，賊大驚；因鼓之，諸軍四面奮擊，殺阿令結、廝鐸麻令於陣。阿蒙流矢中目貫腦，遁去；多羅巴率衆來援，聞敗，亦遁去。日未中，大破賊衆，遂克其城，遠近爭降附。厚誅強悍首領數百人，入據城，遣高永年引兵萬餘出京玉關。

丙寅，厚進軍次瓦吹，舊名寧洮寨。永年等進據把拶、宗城。

阿蒙道遇其父多羅巴引衆來援，告之曰：「兵大敗，二兄皆死，我亦重傷，漢家已入巴金城矣！」父子相持慟哭，恐追騎及，偕馳而去。至乩當城，所居附順者張心白旗甚衆，復懼見禽，踰城奔青唐。然餘黨猶盛，王厚慮其或掎我軍後，丁卯，大軍留寧洮，厚與童貫率李忠等將輕騎二千餘人趨乩當，破不順部族，焚其巢穴，臨大河據險，命忠等率衆守之。厚即日還寧洮。

戊辰，進下隴朱黑城，城舊名安隴寨。

己巳，進至湟州。會高永年等軍於城東坂上，諸將各率所部環城，遣人約降，其大首領丹波禿令結盡拘城中欲降者，據城不下。厚與童貫登城南山，視城中，盡見其戰守之備，分遣諸將各守一面攻城。賊援兵自城北宗水橋上繼至，勢益張。日暮，諸將有言：「賊得援力生，我師攻戰久已疲，請暫休士卒，徐圖之。」厚謂貫曰：「大軍深入至此，是爲死地，不急破其城，青唐王子擁大衆來援，據橋而守，未易以旬日勝也；形見勢屈，將安歸乎！諸將不以計取，顧欲自便，豈計之得邪！敢再言者斬！」于是諸將各用命。死士乘城，賊以石縋擊，垂至堞而墜，奮復上者，不可勝數。鼓四合，晝夜不絕聲，矢下如雨，城中負盾而立。庚午，別遣驍將王用率精騎出賊不意，亂宗水上流，擊破援兵，絕其路，乘勝奪水寨。初，元符間，築城宗水之北以護橋，至是賊據守之。有蕃將包厚緣城而上，搗槍擊賊，引衆踰入城，退保橋南。厚開其門，王用因以其衆入據橋城，而戰勢猶未沮，遂火其橋，中夜如晝。諸將乘火光盡力攻城，城中不能支。大首領蘇南抹令吒潛遣人縋城送款，請爲內應，許之。是夜，王亨奪水門入，與其麾下登西城而呼曰：「得湟州矣！」諸軍鼓譟而進。丹波禿令結以數十騎由西門遁去。辛未，黎明，大軍入湟州。假高永年知州事，完其城而守之。前後招納湟州境內漆令等族大首領七百五十人，管戶十萬。厚具捷書以聞。

初，湟州未克，青唐王子谿賒羅撒率衆來援，過安兒峽，聞城已破，遂駐宗哥城，以丹波禿令結不能守，斬之以徇。時論者皆欲席卷而西，王厚與童貫及諸將議曰：「湟州雖下，形勢未固，新附之人，或持兩端，青唐餘燼尚强，未肯望風束手，我師狃於新捷，其實已罷，若貪利深入，戰有勝負，後患必生。歲將秋矣，塞外苦寒，正使遂得青唐，諸將未可興築。若不暴師勞費，別〔則〕必自引而歸，玩敵致寇，非萬全之策。往年大軍之舉，事忽中變，正以此耳。湟州境內要害有三：其一曰乩當，在州之南，前已城之矣。其二曰省章，在州之西，正爲青唐往來咽喉之地，漢世謂之隍陿，唐人嘗修閣道，刻石記其事，地極險阻，若不城之，異日出兵，賊必乘間斷我歸路。其三曰南宗寨，在州之北，距夏國卓羅右廂監軍司百里而近，夏人交構諸羌，易生邊患，今若城之，可以控制。況此三城正據鄯、湟腰背，控制之利，可斷其首尾之患。厚在元符間，已嘗建論不從，竟致棄地之事，覆車之轍，何可復蹈！且三城既畢，湟境遂固，降者悉爲吾用，地利可佐軍儲，形勢所臨，威聲自遠，益知招撫降衆必多，此支解羌虜之術也。明年乘機一舉，大功必成。」或謂厚曰：「朝廷之意，必欲亟定青唐，從而有功，必受重賞；違之且得罪。」厚曰：「忠臣之誼，知體國耳，遑他卹乎！」遂以是日甲戌移軍趨省章東峽之西，得便地曰灑金平，建五百步城一座，後賜名曰綏遠關。

大軍駐關中，谿賒羅撒尙在宗哥，遣其大首領奔巴令阿昆等五輦〔輩〕持蕃書詣軍門，請保渴驢嶺以西而和，書辭每至益卑。時軍中已定議保完湟境，來春進取，且欲懈賊鬬志，使不爲備，於是以便宜聽所請，移書張示威信，賊中大震。

38 是月，中太一宮火。

39 秋，七月，己卯，以收復湟州，百官入賀。

40 辛巳，進蔡京官三等，蔡卞以下二等。

41 壬午，白虹貫日。

42 詔以王厚爲威州團練使，知熙州；童貫轉入內皇城使、果州刺史，依前熙河蘭會路句當公事；賞復湟州功也。

43 甲申，降德音于熙河蘭會路，減囚罪一等，流以下釋之。

44 庚寅，曾肇責授濮州團練副使。

45 辛卯，詔：「上書進士見充三舍生者罷歸。」

46 丁酉，詔：「自今戚里、宗屬勿復爲執政官，著爲令。」

47 庚子，賜茅山道士劉混康號葆眞觀妙先生。

48乙巳，吏部言程頤子端彥，見任鄢陵縣尉，卽係在京府界差遣，宜放罷，從之。因下詔：「責降人子弟毋得任在京及府界差遣。」

49是月，遼中京雨雹傷稼。

50八月，丁未朔，再論棄湟州罪，除許將已放罪、曾布已責廉州司戶外，韓忠彥、安燾、范純禮、蔣之奇各貶官，龔夬化州、張庭堅象州編管，陳次升循州、姚雄光州居住，錢景祥、秦希甫並勒停，李清臣身死，其子祉當時用事，送英州編管。又詔：「胡宗回頃帥熙州日，屢陳堅守鄯、湟之議，見落職罷任，可特與復寶文閣待制、知秦州。」

51戊申，御史中丞石豫、殿中侍御史朱紱、余深奏：「尙書左丞張商英，於元祐丁卯嘗爲河東守臣李昭敍作嘉禾篇，謂『成王沖幼，周公居攝，誅伐讒慝，卒以天下聽於周公，時則唐叔得嘉禾。推古驗今，迹雖不同，理或胥近。』方是時，文彥博、司馬光等來自洛郊，方掌機務，比之周公，可乎？逮元符之末，起鄒浩於新州，商英草詞曰：『思得端士，司直在庭。』又曰：『浩徑行直情，無所顧避。』所謂浩之直情徑行，果先帝之所取乎？先帝不取而商英取之，可乎？」詔：「張商英秉國機政，議論反復，臺憲交章，豈容在列，可落職，知亳州。」【考異】李燾曰：蔡絛國史後補鹺法篇云：鈔法既行，一日，榷貨務申入納見錢已積三百萬緡，魯公將上進呈，上駁曰：「直有爾許邪？」張丞（相）商英時爲中書侍郎，忽儳進曰：「啓陛下，皆虛錢。」魯公愕然，卽奏曰：「臣據有司申如此。商英今以謂虛錢，乞命商英與臣各選差官點檢。」字號分明，皆在庫也。翼曰，奏聞，張大慚，由是不安。後又以陰通宮禁事，未幾罷去。又宣和殿記：魯公在元豐中與商英素厚善，其後商英出入魯公門下，又與伯氏親翼〔款〕。魯公將爲相，商英預爲草麻，其辭甚美，遂拜左丞，遷中書侍郎。及爭進，頗攻魯公。一日，上在禁中，偶視貴人之冠釵間垂一小卷文書，戲取開視之，乃細字曰：「張商英乞除右僕射。」上語貴人，汝勿預外庭事，因密降出示魯公。上大怒，而貴人方不安位，魯公亦甚懼，曰：「此獨商英無狀耳，恐事干宮禁，不可治。」於是掩之，以他事黜商英。商英亦陰德魯公，至是以所出小卷進云。臣僚因言商英作爲謗書，肆行誣詆，宜更加誅責，置之元祐籍中。辛酉，詔以商英入元祐黨籍，改知蘄州；尋罷職，提舉靈仙觀。

52 湟州既平，王厚奉詔措置河南生羌。其地在大河之南，連接河、岷，部族頑梗，厚以爲若不先事撫存，據其要害，大軍欲向鄯、廓，必相影助；或于熙河州界出沒，爲牽制之勢，擾我心腹，其害甚大。乃留王端、王亨在湟州，與高永年等就近招納宗哥、青唐一帶部族，存撫新屬羌人。甲子，大軍由來賓城濟河，南出來羌，拔當標城，又進至分水嶺、平一公城，達南宗。癸酉，厚引軍赴米川城，遇蕃賊三千餘騎，與戰，破之，賊焚橋遁去。明日，厚修橋欲濟，賊復來扼據津渡，厚及童貫幾爲流矢所傷。乙亥，來賀城陷，賊掠取財物，仍各散去。

53 九月，壬午，詔：「宗室不得與元祐姦黨子孫及有服親爲婚姻，內已定未過禮者並改正。」

54 庚寅，詔：「尙〔上〕書邪等人，知縣以上資序並與外祠，選人不得改官及爲縣令。」

55 壬辰，置醫學。

56 癸巳，令天下郡皆建崇寧寺。

57 辛丑，改吏部選人七階，曰承直郎，儒林郎，文林郎，從事郎，通仕郎，登仕郎，將仕郎，從刑部尙書鄧洵武言也。舊制以職爲階官而以差遣爲職，名實混淆，元豐雖定官制，此猶未正，故更名以革其弊。

58 臣僚上言：「近出使府界，陳州士人有以端禮門石刻元祐姦黨姓名問臣者，其姓名雖嘗行下，至於御筆刻石，則未盡知。近在畿甸且如此，況四遠乎！乞特降睿旨，以御書刊石端禮門姓名下外路州軍，於監司長吏廳立石刊記，以示萬姓。」從之。【考異】長編：御史臺抄錄到元祐姦黨：曾任宰臣，文彥博、呂公著、司馬光、呂大防、劉摯、范純仁、韓忠彥、王珪；執政官，梁燾、王巖叟、王存、鄭雍、傅堯俞、趙瞻、韓維、孫固、范百祿、胡宗愈、李淸臣、蘇轍、劉奉世、范純禮、陸佃、安燾；待制以上官，蘇軾、范祖禹、王欽臣、姚勔、顧臨、趙君錫、馬默、孔武仲、王汾、孔文仲、朱光庭、吳安持、錢勰、李之純、孫覺、鮮于侁、趙彥若、趙卨、孫升、李周、劉安世、韓川、賈易、呂希純、曾肇、王覿、范純粹、楊畏、呂陶、王古、陳次升、豐稷、謝文瓘、鄒浩、張舜民；餘官，秦觀、湯馘、杜純、司馬康、宋保國、吳安詩、張耒、歐陽棐、呂希哲、劉唐老、晁補之、黃庭堅、黃隱、畢仲游、常安民、孔平仲、王鞏、張保源、汪衍、余爽、鄭俠、常立、程頤、唐義問、余卞、李格非、商倚、張庭堅、李祉、陳祐、任伯雨、陳邦、朱光裔、蘇嘉、陳瓘、龔夬、呂希績、陽中立、吳儔。而內臣、武臣不與焉。通計止九十八人。其所列姓名次序，亦與元年小異。今具錄以備參考。

59 冬，十月，甲辰，遼主如中京。【考異】李銳曰：考是月丁未朔，無甲辰日，恐史誤。

60 王厚奉詔班師。甲寅，還至熙州，遣童貫領護大首領掌年杓椤遵廝雞及酋長溫彪赴闕。

61 己未，吐蕃貢于遼。

己巳，遼有事於觀德殿。

62 丙子，郎阿章領河南部族寇來賓、循化等城，洮西安撫李忠統兵往救之。

63 是月，遼生女直部節度使英格卒，兄子烏雅舒（舊作烏雅束。）襲節度使。初，諸部各有信牌，馳驛訊事。英格用阿古達議，擅置信牌者罪之。由是號令始一，兵力益强。【考異】長編於「建中靖國元年，女直楊割死，阿古達立」注云：此據金盟本末及直筆、北遼事、亡遼錄增入。今按楊割即英格，金史世紀，英格癸未歲卒，實宋之崇寧二年。而長編以爲卒於建中靖國元年，一誤也。是歲烏雅舒嗣英格襲節度使，在位十一年乃卒。而長編以爲英格死，阿古達立，竟脫卻烏雅舒一代，二誤也。蓋沿金盟本末諸書之謬，而未加考證耳。

64 十一月，庚辰，詔：「以元祐學術政事聚徒傳授者，委監司舉察，必罰無赦。」

65 辛巳，詔：「元祐係籍人，通判資序以上，依新條與管句宮觀；知縣以下資序，與注監岳廟，並令在外投狀指射差注。」

66 乙酉，江南西路提舉常平韓宗直、知亳州孫載並放罷，臣僚論其嘗附元祐姦黨故也。

67 洮西安撫李忠，行至骨廷嶺，距循化城尙五六里，與賊遇，三戰三敗。忠及諸將李士且、辛叔詹、辛叔獻皆爲賊所傷，卻奔懷羌城；是夕，忠死。

68 丙申，遼羣臣加上遼主尊號曰惠文智武聖孝天祚皇帝。大赦。以宋魏國王和囉噶舊作和魯斡，今改。爲太叔，皇子梁王達嚕舊作撻魯，今改。進封燕國王，以鄭王淳爲東京留守，進封越國王，各進一階。

丁酉，以特里袞（舊作愓隱。）阿嚕薩古（舊作阿魯掃古。）爲南院大王。

戊戌，以受尊號告廟。乙巳，謁太祖廟，追尊太祖之高祖廟號肅祖，曾祖廟號懿祖；召〔詔〕監修國史耶律儼纂太祖、諸帝實錄。

69 十二月，戊申，遼主如藕絲淀。

70 丁巳，詔：「臣僚姓名有與姦黨人同者，並令改名，」從權開封府吳拭奏請也。時改名者五人，朱紱、李積中、王公彥、江潮、張鐸。

71 癸亥，祧宣祖皇帝、昭憲皇后。

72 丙寅，詔：「六曹長貳歲考郎官治狀，分三等以聞。」

73癸酉，詔：「別建熙河蘭會措置邊事司。王厚措置邊事，童貫同措置，仍兼領秦鳳，得以節制兵將，應副興發。」

74遼以蕭烏納（舊作兀納。）爲臨海軍節度使。烏納上書曰：「自蕭哈里亡入女直，彼有輕朝廷心，宜益兵以備不虞。」不報。

75初，遼主幸耶律達噶（舊作撻葛，今改。）第，見國舅大父房之女蕭氏，小字瑟瑟，悅之，匿宮中數月。皇太叔和囉噶勸遼主以禮選納，至是立爲文妃。

76是歲，諸路蝗。

77纂府蠻楊晟銅、融州楊晟天、邵州黃聽內附。

78遼放進士馬恭回等百三人。

三年（遼乾統四年。）（甲申、一一〇四）

1春，正月，己卯，安化蠻降。

2辛巳，詔：「上書邪等人毋得至京師。」

3戊子，鑄當十大錢。

4遼主幸魚兒濼。

5壬辰，增縣學弟子員，大縣五十人，中縣四十人，小縣三十人。

6甲午，賜蔡攸進士出身。

攸，京長子也，元符中，監在京裁造院。帝時爲端王，每退朝，攸適趨局，遇諸塗，必下馬拱立。王問左右，知爲攸，心善之，及卽位，遂有寵。至是自鴻臚丞賜進士出身，拜祕書郎。

7帝銳意制作以文太平，蔡京復每爲帝言：「方今泉幣所積羸〔贏〕五千萬，和足以廣樂，富足以備禮。」帝惑其說，而制作營築之事興矣。至是京擢其客劉昺爲大司樂，付以樂政。

8壬寅，遼主獵于木嶺。

9癸卯，太白晝見。

10遼燕國王達嚕卒。達嚕，蕭德妃所生也，妃以哀慼卒。

11甲辰（校者按：二字衍。）劉昺引蜀方士魏漢津見帝，獻樂議，言：「伏羲以一寸之器名爲含微，其樂曰扶桑；女媧以二寸之器名爲葦籥，其樂曰光樂；黃帝以三寸之器名爲咸池，其樂曰大卷。三三而九，爲黃鍾之律，後世因之，至唐、虞未嘗易。洪水之變，樂器漂蕩，禹效黃帝之法，以聲爲律，以身爲度，用左手中指三節三寸，謂之君指，裁爲宮聲之管；又用第四指三節三寸，謂之臣指，裁爲商聲之管；又用第五指三節三寸，謂之物指，裁爲羽聲之管。第二指爲民，爲角；大指爲事，爲徵。民與事，君臣治之，以物養之，故不用爲裁管之法。得三指，合之爲九寸，卽黃鍾之律定矣。黃鍾定，餘律從而生焉。商、周以來，皆用此法，因秦火，樂之法度盡廢。漢諸儒張蒼、班固之徒，惟用累黍之法，遂至差誤；晉永嘉之亂，累黍之法廢。隋時，牛弘用萬寶常水尺，至唐室田疇及後周王朴，並用水尺之法。本朝爲王朴樂聲太高，令竇儼等裁損，方得律聲諧和，然非古法。今欲請帝三指爲法，先鑄九鼎，次鑄帝坐大鍾，次鑄四韻清聲鍾，次鑄二十四氣鍾，然後均絃裁管，爲一代之樂。」帝從之。漢津本剩員兵士，自云師事唐仙人李良，授鼎樂之法，皇祐中，與房庶俱被召至京，而黍律已成，不得伸所學而退。或謂漢津嘗執役于范鎭，見其制作，因掠取之、蔡京神其說，託以李良授云。然漢津曉陰陽數術，多奇中，嘗語所知曰：「不三十年，天下亂矣。」

（甲辰），鑄九鼎。

12 二月，丙午，以淑妃鄭氏爲貴妃。

13 以刊定元豐役法不當，黜錢遹以下九人。

14 丁未，置漏澤園。

15 己酉，詔：「王珪、章惇別爲一籍，如元祐黨。」

16 詔：「自今御後殿，許起居郎、舍人侍立。」

17 庚申，令天下坑冶金銀悉輸內藏。

18 辛未，雨雹。

19 是月，詔翰林學士張康國編類元祐臣僚章疏。

20 三月，辛巳，置文繡院。

21 丁亥，作圜土，以居强盜貸死者。

22 甲午，躋欽成皇后神主於欽慈皇后之上。

23 辛丑，大內災。

24 壬寅，奉議郎黃輔國言：「元豐中，太學生休假日，引詣武學射廳習射，紹聖嘗著爲令。乞頒其法於諸路州學。」從之。

25 成都府路轉運副使李孝廣遷一官，以點檢學生費乂、韋直方、龐汝翼答策詆訕元豐政事故也。三人並送廣南編管，永不得入學。

26 童貫自京師還至熙州，凡所措置，與王厚皆不異，于是始議大舉。是日，厚、貫帥大軍發熙州，出篩金平，隴右都護高永年爲統制諸路蕃、漢兵將隨行，知蘭州張誠爲同統制。厚恐夏人援助青唐，于蘭、湟州界侵擾，及河南蕃賊亦乘虛竊發，騷動新邊，牽制軍勢；乃遣知通遠軍潘逢權領湟州，知會州姚師閔權領蘭州，控禦夏國邊面，別遣知河州劉仲武統制兵將駐安强寨，通往來道路。由是措置完密，無後顧之憂，大軍得以專力西向。

27 夏，四月，甲辰朔，尚書省勘會黨人子弟，不問有官無官，並令在外居住，不得擅到闕下，因具逐路責降安置、編管等臣僚姓名以進，凡一百四十四人。

[28]乙巳，以火災降德音于四京，減囚罪一等，流以下原之。

[29]庚戌，王厚、童貫率大軍次湟州。諸將狃於累勝，多言青唐易與，宜徑往取之，厚曰：「不然。青唐諸羌，用兵詭詐，若不出弓兵，分道而進，不足以張大聲勢，折賊姦謀。且湟州之北有勝鐸谷，西南有勝宗隘、汪田、丁零宗谷，而中道出綏遠關，斷我糧道，然後諸部合勢夾攻渴驢嶺、宗哥川之間，勝負未可知也。」於是定議分出三路，厚與貫率三軍由綏遠關、渴驢嶺指宗哥城，都護高永年以前軍由勝鐸谷沿宗河之北，別將張誠同招納官王端以其所部由汪田、丁零宗谷沿宗河之南，期九日會于宗哥城下。

是日，貫猶以諸將之言爲然，先趨綏遠，用馮瓘統選鋒登渴驢嶺，候騎言青唐兵屯嶺下者甚衆，貫止綏遠。翼日，厚以後軍至，始下渴驢嶺。

谿賒羅撒遣般次迎於路，窺覘虛實，勞而遣之。誠曰：「歸語而主，欲降宜亟決；大軍至，鋒刃一交，將無所逃矣。」般次還報，以爲我軍不甚衆，初不知分而進也。谿賒羅撒喜曰：「王師若止如此，吾何慮哉！」以其衆據朴江古城。俄聞三路兵集，遽退二十里。宗哥城之東，地名葛陂湯，有大澗數重，可恃而戰，賊遂據之。

是夕，中軍宿于河之南鴿子隘之左，永年軍于丁零宗口。

壬子，厚、貫遣選鋒五將前行，中軍渡河而北，繼永年之後。張誠夾河而行，日未出，至賊屯所。賊衆五六萬人據地利列陣，張疑兵于北山下，其勢甚銳。厚命馮瓘統選鋒五將與賊對陣，王亨統策選鋒繼其後。永年馳前視賊，未知所出。厚謂貫曰：「賊以逸待勞，其勢方熾。日漸高，士馬飢，不可少緩。宜以中軍越前軍，傍北山整陣而行，促選鋒入戰，破賊必矣。」既行，諜者言：「谿賒羅撒與其用事酋長多羅巴等謂衆曰：『彼張蓋者，二太尉也，爲我必取之。』」貫欲召永年問賊勢，厚曰：「不可，恐失支梧。」貫不聽。及永年至，攬轡久之，無一語，厚謂永年曰：「兩軍相當，勝負在頃刻間，君爲前軍將，久此何邪？」永年惶恐馳去。時賊軍與我選鋒相持未動，谿賒羅撒以精兵數千騎自衞，登其軍北高阜之上，張黃屋，列大旆，指揮賊衆。其北山下疑兵望見厚與貫，引中軍傍山，欲來奔衝，厚遣游騎千餘登山，潛攻其背。賊覺而遁，游騎追擊之，短兵接，中軍伐鼓大譟，永年遽揮選鋒突陣，賊少卻。張誠以輕騎涉河，擣其中堅，取谿賒羅撒之旆及其黃屋，乘高而呼曰：「獲賊酋矣！」諸軍鼓聲震地。會暴風從東南來，塵大起，賊軍不得視，我軍士乘勢奮擊，自辰至午，賊軍大敗，追北三十餘里。谿賒羅撒單騎趨宗哥城，城閉不納，遂奔靑唐；諸將爭逐之，幾及，會暮而還。是日，斬首四千三百一十六，降俘三千餘人，大首領多羅巴等被傷逃去，不知所在。宗哥城中僞公主瞎叱牟藺氈兼率酋首以城歸順。宗哥城，舊名龍支城，取兵將守之。

是夕，合軍于河之南。翼日，勝宗首領欽厮雞率衆來降。甲寅，厚、貫入安兒城。乙卯，引大軍至鄯州，僞龜茲公主青宜結牟及其酋豪李河溫率回紇、于闐、般次諸族大小首領等開門出降，鄯州平。

初，谿賒羅撒敗于宗哥，夜至青唐，謀爲守計，部族莫肯從之者。翼日，挈其長妻逃入谿蘭宗山中。厚遣馮瓘統輕鋭萬騎由州南青唐谷入，賊復覺之，遁于青海之上，追捕，不獲。

丙辰，下林金城，西去青海約二百里，置兵將守之。

己未，王厚等帥大軍入廓州界，大首領洛施軍令結率其衆降。辛酉，厚入廓州，馳表稱賀。大軍駐于城西，河南部族日有至者，厚諭以朝廷撫存恩意，宗哥戰敗所誅，禍福之因，戒其不得妄作，自取屠戮，皆唯諾聽命。

[30]乙丑，罷講議司。

[31]詔：「王厚、童貫提兵出塞，曾未數月，青唐一國，境土盡復。其以厚爲武勝軍留後，熙河蘭會經略安撫使，兼知熙州；貫爲景福殿使、襄州觀察使，依舊句當內東門司。」

[32]丁卯，羣臣以盡復青唐故地賀。

己巳，曲赦陝西。

[33]庚午，王厚過湟州，沿蘭州大河並夏國東南境上，耀兵巡邊，歸于熙州。

續資治通鑑卷第八十九

賜進士及第兵部尚書兼都察院右都御史總督湖北湖南等處地方軍務兼理糧餉世襲二等輕車都尉畢沅編集

宋紀八十九 起閼逢涒灘（甲申）五月，盡柔兆閹茂（丙戌）十二月，凡二年有奇。

徽宗體神合道駿烈遜功聖文仁德憲慈顯孝皇帝

崇寧三年 遼乾統四年。（甲申、一一〇四）

1 五月，丁丑，以收復鄯、廓，遣親王奏告太廟，侍從官分告社稷、諸陵。

2 戊寅，罷開封權知府，置牧、尹、少尹；改定六曹，以士、戶、儀、兵、刑、工爲序，增其員數，倣唐六典易胥吏之稱。

3 己卯，以復鄯、廓推賞，進蔡京守司空，封嘉國公。

庚辰，許將、趙挺之、吳居厚、安惇、蔡卞各轉三官。

4 甲申，改鄯州爲西寧州，仍爲隴右節度。

5 辛丑，詔黜守臣進金助修宮庭者。

6 罷行水磨茶。

7 六月，壬寅朔，圖熙寧、元豐功臣於顯謨閣。

8 甲辰，遼主駐旺國崖。

9 丙午，詔：「諸路州軍未曾立學者並增置。」

10 戊申，詔以荆國公王安石配饗孔子。

11 壬子，置書、畫、算學，其生皆占經以試，其取士法略如太學上舍，三等推恩，以通仕、登仕、將仕郎爲次。

12 戊午，詔：「重定元祐、元符黨人及上書邪等者，合爲一籍，通三百九人，刻石朝堂，餘並出籍，自今毋得復彈奏。」

元祐姦黨，文臣曾任宰臣、執政官，司馬光（等）二十七人，司馬光、文彥博、呂公著、呂大防、劉摯、范純仁、韓忠彥、曾布、梁燾、王巖叟、蘇轍、王存、鄭雍、傅堯俞、趙瞻、韓維、孫固、范百祿、胡宗愈、李清臣、劉奉世、范純禮、安燾、陸佃、黃履、張商英、蔣之奇。待制以上官，蘇軾等四十九人，蘇軾、劉安世、范祖禹、朱光庭、姚勔、趙君錫、馬默、孔武仲、孔文仲、吳安持、錢勰、李之純、孫覺、鮮于侁、趙彥若、趙卨、王欽臣、孫升、李周、王汾、韓川、顧臨、賈易、呂希純、曾肇、王覿、范純粹、呂陶、王古、豐稷、張舜民、張問、楊畏、鄒浩、陳次升、謝文瓘、岑象求、周鼎、徐勣、路昌衡、董敦逸、上官均、葉濤、郭知章、楊康國、龔原、朱紱、葉祖洽、朱師服。餘官，秦觀等一百七十六人，秦觀、黃庭堅、晁補之、張耒、吳安詩、歐陽棐、劉唐老、王鞏、呂希哲、杜純、司馬康、宋保國、張保源、孔平仲、湯馘、黃隱、畢仲游、常安民、汪衍、余爽、鄭俠、常立、程頤、唐義問、余卞、李格非、陳瓘、任伯雨、張庭堅、馬涓、孫諤、陳郛、朱光裔、蘇嘉、龔夬、王回、呂希績、歐陽仲〔中〕立、吳儔、尹材、葉伸、李茂直、吳處厚、李積中、商倚、陳祐、虞防、李祉、李深、李之儀、范正平、曹蓋、楊綝、蘇昞、葛茂宗、劉謂〔渭〕、柴衮、洪羽、趙天佐、李新、衡鈞、衮公適、馮百藥、周誼、孫宗、范柔中、鄧考甫、王察、趙珣、封覺民、胡端修、李傑、趙令畤、郭執中、石芳、李賁、金極、高公應、安信之、張集、黃策、吳安遜、周永徽、高漸、張夙、鮮于綽、呂諒卿、王貫、朱紘、吳朋、梁安國、王古、蘇迥、檀固、何大受、王箴、鹿敏求、江公望、曾紆、高士育、鄧忠臣、种師極、韓治、都貺、秦希甫、錢景祥、周綽〔綍〕、何大正、呂彥祖、梁寬、沈千、曹興宗、羅鼎臣、劉勃、王極、黃安期、陳師錫、于肇、黃遷、黃〔王〕挾正、許堯輔、楊朏、胡良、梅君俞、寇宗顏、張居、李修、逢純熙、高遵裕、黃才、曹盥、侯顧〔顯〕道、周遵道、林膚、葛輝、宋壽岳、王公彥、王交、張溥、許安修、劉吉甫、胡潛、董祥、楊環〔瓌〕寶、倪直孺、蔣津、王守、鄧允中、梁俊民、王陽、張裕、陸表民、葉世英、謝潛、陳唐、劉經國、扈允〔充〕、張恕、蕭刓、趙越、滕友、江洵、方括〔适〕、陳井〔弁〕、洪芻、周諤、許端卿、李昭玘、向訓、陳察、鍾正甫、高茂華、楊彥璋、廖正一、李夷行、彭醇、梁士能。【考異】同時有兩王古：其一，官戶部尚書，乃旦之曾孫，在曾任待制以上官；其一，在餘官，蓋以元符上書列邪等得罪者，其爵里未詳。武臣，張巽等二十五人，張巽、李備、王獻可、胡田、馬諗、王履、趙希夷、任濬、郭子旂、錢盛、趙希德、王長民、李永、王庭臣、吉師雄、李愚、吳休復、崔昌符、潘滋、高士權、李嘉亮、王珫、劉延肇、姚雄、李基。內臣，梁惟簡等二十九人。梁惟簡、陳衍、張士良、梁知新、李倬、譚扆、竇鉞、趙約、王卿、馮說、曾燾、蘇舜民、楊偁、梁弼、陳恂、張茂則、張琳、裴彥臣、李偁、閻守勤、王紱、李穆、蔡克明、王化基、王道、鄧世昌、鄭居簡、張祐、王化臣。爲臣不忠，曾任宰臣，王珪、章惇。

壬戌，蔡京奏：「奉詔，令臣書元祐姦黨姓名。恭唯皇帝嗣位之五年，旌別淑慝，明信賞罰，黜元祐害政之臣，靡有佚罰。乃命有司，夷攷罪狀，第其首惡與其附麗者以聞。得三百九人，皇帝書而刊之石，置於文德殿門東壁，永爲萬世子孫之戒。又詔臣京書之，將以頒之天下。臣敢不對揚休命，仰承陛下孝悌繼述之志，謹書元祐姦黨名姓，仍連元書本進呈。」於是詔頒之州縣，令皆刻石。

有長安石工安民當鐫字，辭曰：「民愚人，固不知立碑之意；但如司馬相公者，海內稱其正直，今謂之姦邪，民不忍刻也。」府官怒，欲加之罪。安民泣曰：「被役不敢辭，乞免鐫安民二字於石末，恐得罪後世。」聞者愧之。【考異】按元祐姦黨姓名有二碑：一立於崇寧元年之九月，徽宗手書刻石，置端禮門，凡百有二十人，首文彥博。明年九月，臣僚請頒端禮門石刻於外路州軍，即此也。一立於三年之六月，徽宗手書刻石，置文德殿門之東壁，凡三百九人，首司馬光。又命蔡京書大碑，頒之天下。此在長編及宋紀具有明文。京所書者乃三百九人，非百二十人也。而陳桱通鑑續編於崇寧二年大書云：頒蔡京所書元祐姦黨碑，刻石於州縣。三年則但云重定元祐、元符黨人，刻石於朝堂，反不及蔡京書碑事。薛應旂、王宗沐皆因之，舛謬極矣。今據長編、宋紀，悉爲改正。

13 癸亥，吐蕃遣使貢於遼。

14乙丑，詔：「內外官毋得越職論事。」

15秋，七月，壬申朔，詔：「應入籍人父，並不得任在京差遣。」

16癸酉，以婉儀王氏爲德妃。

17戊寅，降授中大夫蔣之奇，追復右正議大夫，念其進對之際嘗陳紹述之說也。

18庚辰，詔：「自今大禮不受尊號，羣臣毋上表。」

19是日，遼主獵於南山。

20癸未，遼以西北路招討使蕭德勒岱（舊作得里底，今改。）北院樞密副使耶律愼思並知北院樞密使事。

21辛卯，蔡京等言：「自開阡陌，使民得以田私相賣（貿）易。富者恃其有餘，厚立價以規利；貧者迫於不足，薄移稅以速售。富者莫非膏腴，而賦調反輕；貧者所存瘠薄，而賦調反重。因循至今，其弊愈甚。熙寧初，神宗灼見此弊，遂詔有司講究方田利害，作法而推行之。蓋以土色肥磽別田之美惡，定賦之多寡，方爲之帳，而步畝高下丈尺不可隱；戶給之帖，而賦調升合尺寸無所遺。以賣買則民不能容其巧，以推收則吏無所措其姦，邦財自此豐，民賦自此省。五路州縣有經方田者，至今公私以爲利。遭元祐紛更，美意良法，未徧於天下。今檢會熙寧方田敕，推廣神考法意，刪去重複，取其應行者，爲崇寧方田敕令格式，乞付三省頒降施行。」從之。

22 遼以同知南院樞密使事蕭迪里舊作敵里，今改。爲西北路招討使。

23 八月，壬寅朔，大雨壞民廬舍，令收瘞死者。

24 甲辰，蔡京等上神宗正史。

25 丙午，門下侍郎許將罷。

將居政府十年，不能有所建明。中丞朱諤，劾將在元祐則盡更元豐之所守，居紹聖則陰匿元祐之所爲，遂以資政殿學士出知河南。諤，蔡京之黨也。

26 荆湖南路轉運判官（兼提舉學事）元書，言澧州醴陵縣學生季邦彥試卷，言涉謗訕，辛酉，詔：「邦彥特送五百里外編管，其攷校長諭屏出學。」

27 九月，乙亥，以趙挺之爲門下侍郎，吳居厚爲中書侍郎，翰林學士承旨張康國爲尚書左丞，刑部尚書鄧洵武爲尚書右丞。

康國，揚州人，紹聖中，蔡京治役法，薦爲屬。及京當國，定元祐黨籍，置看講議司，編彙章牘，康國皆預密謀，故京引援之甚力。自福建轉運判官，不三歲入翰林爲承旨，遂登政府。復以其兄康伯代爲翰林學士。

28 壬辰，詔：「諸路州學別置齋舍，以養材武之士。」

29 初，東南六路糧斛，自江、浙起綱，至於淮甸以及眞、揚、楚、泗，爲倉七，以聚畜軍儲，復自楚、泗置汴綱，般運上京，以江淮發運使董之，故常有六百萬石以供京師，而諸倉常有數年之積。州郡告歉，則折納上等價錢，謂之額斛；計本州歲額，以倉儲代輸京師，謂之代發。復於豐熟以中價收糴，穀賤則官糴，不至傷農，饑歉則納錢，民以爲便。本錢歲增，兵食有餘。及蔡京求羨財以供侈費，乃以其姻家胡師文爲發運使，以糴本數百萬緡充貢，擢戶部侍郎。自是繼者效尤，時有進獻，而本錢竭。本竭則不能增糴，儲積空而轉般之法壞矣。

30 冬，十月，辛丑朔，大雨雹。

31 丁未，賢妃張氏薨。

32 己酉，鳳凰見於遼境之瀨陰。

33 初，蔡京使王厚招夏卓羅右廂監軍仁多保忠，厚言保忠雖有歸意而下無附者，章數上，不聽。京責厚愈急，厚乃遣弟詣保忠；還，爲夏邏者所獲，遂追保忠赴牙帳。厚以保忠縱不爲夏所殺，亦不能復領軍政，使得之，一匹夫耳，何益於事！京怒，必令以金幣招之。夏乃點兵延、渭、慶三路，各數千騎，遣使求援於遼。朝議命西邊能招致夏人者，毋問首從，賞同斬級。又以陶節夫經制陝西、河東五路，在延州大加招誘。夏主遣使巽請，皆拒之，且令殺其放牧者。夏人遂寇涇原；戊午，圍平夏城，河西節度使趙懷德等出降。夏人又入鎮戎軍，掠數萬口而去。於是羌酋谿賒羅撒合兵逼宣威城，知鄯州高永年出禦之，行三十里，爲羌人所執。多羅巴謂其下曰：「此人奪我國，使我宗族漂泊無處所。」遂殺之，探其心肝以食焉。谿賒羅撒復焚大通河橋，新疆大震。事聞，帝怒，親書五路將帥劉仲武等十八人姓名，敕御史侯蒙往秦州逮治。蒙至秦，仲武等囚服聽命，蒙諭之曰：「君輩皆侯伯，無庸以獄吏辱君，第以實對。」獄既具，蒙奏言：「漢武帝殺王恢，不如秦穆公赦孟明。今羌殺吾一都護，而使十八將由之而死，是自艾其支體也，欲身不病，得乎？」帝悟，釋不治。唯王厚坐逗遛，責授郢州團練使。

34 己未，遼主如南京。

35 己巳，立九廟，復祀翼祖、宣祖。

36 庚午，貴妃邢氏薨。

37 十一月，甲戌，幸太學，官論定之士十六人。遂臨辟雍，賜司業吳絪、蔣靜四品服，學官推恩有差。

38 乙亥，遼主御迎(月)樓，賜貧民錢。

39 庚辰，詔：「上書邪等選人，除不得注知縣、令、丞外，其職官錄、參、判、司、簿、尉並許差注。」

40時雖設辟雍太學，以待士之升貢者，然州縣猶以科舉貢士，蔡京以言。丁亥，詔：「天下取士，悉由學校升貢，其州郡發解，凡試禮部法並罷。」而每歲試上舍生，則差知舉如禮部法云。

41癸巳，改上神宗謚曰體元顯道帝德王功英文烈武欽仁聖孝皇帝；【考異】東都事略作「紹天法古運德建功英文烈武欽仁聖孝皇帝」，蓋誤以紹聖二年所上之謚移於是年耳。今從宋史徽宗紀。加上哲宗謚曰憲元繼道顯德定功欽文睿武齊聖昭孝皇帝。

42丙申，祀圜丘，大赦。應係貶謫官員，除元祐姦黨籍及別有指揮不許移放之人外，並量移者與量移。

43十二月，辛丑，遼以戶部使張琳爲南府宰相。

44乙巳，升通遠軍爲鞏州。

45復封孔子後奉聖公端友爲衍聖公。

46是歲，諸路蝗。

47桂州黎洞蠻楊晟免等內附。時蔡京務開邊，知桂州王祖道欲乘時徼利，乃誘王江酋楊晟免等使納土，誇大其辭，言：「向慕者百三十洞，五千九百家，十餘萬口，其旁通江洞之衆尚未論也。王江在諸江合流之地，山川形勢據諸洞要會，幅員二千里，宜開建城邑，控制百蠻，以武臣爲守，置谿洞司主之。」

48同知樞密院事安惇卒，【考異】宋史不書，今據陳桱通鑑續編增入。贈特進。後二年，惇長子郊，擢福建轉運判官，登對歸，與客言：「穆若之容，不合相法，當有播遷之厄。」客告其語，坐指斥乘輿誅。流其弟邦於涪州，而追貶惇單州團練副使，其祀遂絕。

四年遼乾統五年。（乙酉、一一〇五）

1春，正月，庚午朔，改熙河蘭會路爲熙河蘭湟路。

2丙戌，築谿哥城。

3庚寅，遼以遼興軍（節度使）常格舊作長哥，今改。爲北府宰相。

4壬辰，詔察諸路監司貪虐者，論其罪。

5乙未，尚書省言：「水磨茶場係元豐舊法，不可罷。欲並存留，但罷官差人動磨，召磨戶六十戶，承認歲課三十萬緡，每月均納。」從之。

6丙申，詔：「京畿路改置轉運使、提點刑獄官。」

7知樞密院事蔡卞罷。

卞以兄京晚達而位在上，致己不得相，故二府政事，時有不合。至是京將用童貫爲陝西制置使，卞言不宜用宦者，必誤邊計。京於帝前詆卞，卞求去，遂出知河南府。

8 立武學法。

9 丁酉，秦鳳蕃落獻邦、潘、疊三州。以童貫爲熙河蘭湟秦鳳路經略安撫制置使。

10 二月，癸卯，遼主微行，視民疾苦。

11 乙巳，築御謀城。

12 丙午，遼主如鴛鴦濼。

13 己酉，中書省言：「周官宮伯掌王宮之士庶子。蓋王宮之內有士庶子爲衞，而士庶子者，非王族則功臣之世，故休戚一體，上下親而內外察。逮漢以郎執戟宿衞殿中，舉衣冠子弟充選；至唐遂分三衞、五府，其法詳密。今殿庭設仗，悉以禁旅。宜倣古立三衞郎一員，三衞中郎爲之貳，文武各一員，博士二員，主簿一員。親衞府郎十員，中郎十員；勳衞府亦如之；翊衞府郎二十員，中郎二十員。親衞立於殿上兩旁，勳衞立於朵殿，翊衞立於兩階衞士之前。三衞官並以勳戚親兄弟子孫試充；直退，皆入府誦書，各占一經，一月一私試，季一公試；習武藝者許赴武學。」從之。

14 甲寅，以尚書左丞張康國知樞密院事，兵部尚書劉逵同知樞密院事，吏部尚書何執中爲尚書左丞。

15 乙卯，班方田法。

16 庚申，詔：「西邊用兵，法（校者按：法字衍。）能招羌人者，與斬級同賞。」

17 壬戌，升趙州爲慶源軍。

18 甲子，雨雹。

19 乙丑，改三衞郎爲三衞侍郎。

20 閏月，壬申，復元豐銓試斷案法。

21 令州縣倣尚書六曹分六案。

22 夏屢遣使請婚於遼，至是遼封族女爲成安公主，嫁夏國王李乾順。

23 甲申，置陝西、河東、河北、京西監，鑄當二夾錫鐵錢。

自太祖以來，閩、蜀、陝西多用鐵錢，每十文當銅錢一文。至是河東轉運判官洪中孚言：「遼、夏以鐵錢爲兵器，若雜以錫鉛，則脆而不可用，請改鑄之。」故有是詔。

24 河西節度使趙懷德來降，己丑，御端門受之，授感德軍節度使，封安化郡王。

25 壬辰，曲赦熙河蘭湟路。

26 詔：「知大名府呂惠卿提舉洞霄宮。」

惠卿再上表乞弟諒卿出籍，表詞有「明昭先烈，以推美於泰陵；闊略微文，用保全於蔡邸。」言者論其引諭失當，特責之。

27 三月，壬寅，置青海馬監。

28 甲辰，以趙挺之爲尚書右僕射兼中書侍郎。

29 丙午，詔建古王砦爲懷遠軍。

30 庚戌，提舉洞霄宮呂惠卿，特令致仕。

31 戊午，蔡京言九鼎告成，詔：「於中太一宮之南爲九殿以奉安，各周以垣，上施睥睨，墁以方色之土，外築垣環之，名曰九成宮。中央曰帝鼐，其色黃，祭以土王日，爲大祠，幣用黃，樂用宮架。北方曰寶鼎，其色黑，祭以冬至，幣用皁。東北曰牡鼎，其色青，祭以立春，幣用皁。東方曰蒼鼎，其色碧，祭用春分，幣用青。東南曰岡〔風〕鼎，其色綠，祭以立夏，幣用緋。南方曰彤鼎，其色紫，祭以夏至，幣用緋。西南方曰阜鼎，其色黑，祭以立秋，幣用白。西方曰晶鼎，其色赤，祭以秋分，幣用白。西北曰魁鼎，其色白，祭以立冬，幣用皁。八鼎皆爲中祠，祭饗用素饌。其樂舞，帝鼐奏嘉安之曲，八鼎皆奏明安之曲。」帝鼐銘御製，八鼎銘命京爲之。

32 樞密院言鄜延路經略司奏，已收復銀州，乞賜名，詔依舊。

先是陶節夫議出師城銀州，官屬皆不願從，至有引永〔水〕洛事爭者，又曰：「夏人東出，不過至麟府，此去不踰旬，柰何？」節夫曰：「我計之熟矣，夏人必西趨涇原，諸君不我從，我當以二子與士卒同死生。」遂選耿彥端爲都統制，而節夫二子隨行。疾驅至銀州，夏衆來拒者猶萬人；我師既陣，一擊而敗，遂城之，五日而畢。夏人果趨涇原，擾蕭關築事；洎聞城銀州，亟引兵來爭城，成已幾月矣，遂遁去。【考異】收復銀州，史最不詳。今據長編所載陶節夫家傳增修。事聞，節夫、彥端各遷一官。

33 乙丑，詔：「州縣屬鄉聚徒教授者，非經書子史毋習。」

34 丁卯，牂牁、夜郎首領以其地內附。

35 是月，夏人攻塞門砦。

36 夏，四月，辛未，遼使樞密直學士高端禮來聘，爲夏人請罷兵也。【考異】遼史天祚紀：乾統二年，六月，李乾順爲宋所攻，遣李造福、田若水求援。三年，十月，夏國復遣使求援。四年，二月，夏國遣李造福、田若水求援。五年，正月，夏國遣李造福等求援，且乞伐宋。此夏國求援於遼之始末也。是年，遼以族女嫁夏國主，始遣高端禮來請罷兵，其議未成，次年，復使蕭德勒岱（舊作得里底。）等來定議耳。宋史止書四年蕭良來聘，於前後情事不備，今從遼史。

37 戊寅，夏人寇臨宗砦。

38 辛巳，詔：「諸路走馬承受毋得預軍政及邊事。」

39 甲申，遼主射虎於炭山。

40 己丑，夏人寇順寧砦，鄜延路第二副將劉延慶擊破之；復攻湟州北蕃市城，知州辛叔獻等擊卻之。

41 五月，戊申，除黨人父兄子弟之禁。

42 壬子，遣王戩報聘於遼。

43 賜信州龍虎山道士張繼元號虛靖先生，漢張道陵三十代孫也。張氏自是相襲爲山主，傳授法籙者，即度爲道士。

44 癸丑，罷轉運司檢察鉤攷法。

45 辛酉，命官分部決獄。

46 六月，丙子，御紫宸殿，以修復解池，百官入賀。解池爲水浸壞八年，至是始開四千四百餘畦。

47 丁丑，慮囚。

48 辛巳，罷陝西、河東力役。

49 甲申，曲赦熙河、陝西、河東、京西路。

50 戊子，尚書右僕射趙挺之罷。

初，帝以蔡京獨相，謀置右輔，京力薦挺之。既相，與京爭權，屢陳京姦惡，且請去位以避之；遂罷爲中太一宮使，留京師。

51 秋，七月，丙申朔，罷三京國子監官，各置司業一員。

52 辛丑，置熒惑壇。

53 甲辰，大司樂劉昺，轉一官，賜五品服，（大樂府）師、授大樂局制造官魏漢津賜號沖顯寶應先生，以九鼎成推賞也。

54 甲寅，詔奪元祐姦惡呂大防等十九人所管墳寺，並改賜敕額爲壽寧禪院，別召僧居之。

55 右司諫姚祐請置輔郡以拱大畿。丁巳，蔡京等奏：「以潁昌府爲南輔，升襄邑縣建輔州，爲東輔，鄭州爲西輔，澶州爲北輔，各屯馬步軍二萬人，積貯糧草，每州五百萬。」從之。

【考異】宋史徽宗紀：七月，辛丑，置四輔郡。今從長編。

56 手詔：「應上書奏疏見羈管、編管人，可特與放還鄉里，仍令三省量輕重，具名立法聞奏。」

57 戶部尚書曾孝廣，坐錢帛皆闕，出知杭州。

58 是月，遼主謁慶陵。

59 八月，戊辰，以德妃王氏爲淑妃。

60 庚午，以王江古州歸順，置提舉谿洞官二員，改懷遠軍爲平州，從知桂州王祖道所請也。

61 丙子，改東輔輔州爲拱州。

62 癸未，太常少卿馮澥，責授永州別駕，道州安置。

先是澥知鳳翔府，上書曰：「竊以湟、鄯、西寧三州，本不毛之地，在大河之外，天所限隔。陛下空數路，耗內帑，竭生靈膏血而取之，何嘗得一金一縷入府庫，一甲一馬備行陣！而三州歲用以億萬計，仰之官也而帑藏已空，取之民也而膏血已竭，有司束手，莫知爲計。塞下無十日之積，戰士飢餒，人有菜色。今殘寇游魂，未卽歸順，黠羌阻命，公爲脣齒，窺伺間隙，忽肆姦侮，則兵將復用，役必再籍，殘獘之後，尙安可堪！臣愚欲采前世羈縻之義，擢其酋豪，授以麾鉞，第其首領，等級命官，嚴其誓約，結以恩信，彼將畏威懷德，稽顙聽命。有得地之名，無費財之患，兵革不用，藩籬永固，而又可以逆折北虜之辭，旁釋西羌之怨。一舉而衆利得，策無上於此者。」至是詔以澥動搖國是，疑阻新民，可送吏部與遠小監當。臣僚又言澥罪大責輕，未當公議，遂重責之。

63 甲申，奉安九鼎於九成宮。乙酉，詣宮酌獻，至北方寶鼎，鼎忽破，水流溢於外。

64 丁亥，庫部員外郎姚舜仁請卽國東丙巳之地營建明堂，繪圖式以獻，詔依所定營建。

65 庚寅，崇政殿奏新樂，詔賜名曰大晟，其舊樂勿用。

66 壬辰，詔：「應上書編管進士，已放歸鄉里，責親戚保任者，若犯流以上罪，或擅出州界，或不改革，輒有謗訕，其保任與同。」

67 九月，乙未朔，以九鼎成，御大慶殿受賀，始用新樂。賜魏漢津號嘉成侯。於鑄鼎之地作寶成宮，置殿以祠黃帝、夏禹、周成王、周公旦、召公奭，置堂以祀唐李良及漢津。漢津尋死於京師，年九十矣。

己亥，大赦天下。詔：「元祐姦黨，久責遐裔；用示至仁，稍從內徙，應嶺南移荊湖，荊湖移江淮，江淮移近地，唯不得至四輔畿甸。」除上書已經量移及近鄉人外，其被詔量移者凡五十七人，鄒浩、陳次升、余爽、范正平、范柔中、黃庭堅、陳瓘、任伯雨、張庭堅、龔夬、李祉、王道、梁弼、陳恂、馬諗、王履、郭子旂、趙希德、王張〔長〕民、張林、范純粹、閻守懃、王化基、曾布、劉安世、孫琮、馬涓、李深、曾紆、蔡克明、鄭居簡、韓忠彥、范純禮、安燾、王古、曾肇、朱師服、張耒、呂希純、王覿、豐稷、張舜民、謝文瓘、龔原，昊〔吳〕安遜、馮說、梁安國、王箴、曾燾、裴彥臣、朱紱、李穆、鄧世昌、王化臣、李之儀、江公望、陳祐、〔劉奉世〕。

68 乙巳，詔：「京畿三路保甲，並於農隙時教閱。」

69 賜魏漢津宅一區，田六十頃，銀、絹五百匹、兩，劉昺轉三官，餘各推恩有差。

70 丙午，詔：「諸路方田，更不專差官點檢，令提舉司於本路見任人內委官。」

71 辛亥，遼主如藕絲淀。

72 乙卯，賜上舍生三十五人及第。

73 是日，遼主謁乾陵。

74 丙辰，詔：「自今非宰臣毋得除特進。」

75 冬，十月，己巳，詔：「明堂功力浩大，須寬立期限營建，俟過來年丙戌妨礙外，取旨興功，其見役工可權罷。」

76 庚午，熙河蘭湟路經略安撫判官李忱降兩官。言者論：「忱前爲陝西漕臣，詔令措置興復解池，忱專欲推行東北鹽法，曲加沮抑。今解池既興復，忱尙云所產皆是硝鹻，更五七年亦未知如何，恣行詆訾，殊無忌憚。」故有是責。

77 甲申，以左右司所編紹聖、元符以來申明斷例班天下，刑名例班刑部。

78 丁亥，升武岡縣爲軍。

79 壬辰，日中有黑子。

80 自七月雨不止至於是月。

81 十一月，戊戌，遼禁商賈之家應進士。

82丙辰，高麗國王容殂，子俁遣其中書舍人金緣告哀於遼。緣至遼，賜宴，將奏樂，緣曰：「臣來時本國羣臣皆服衰絰，今至上國，獲蒙賜宴，臣子之情，不忍聞樂。」遼主義而從之。

83置諸路提舉學事官。

84尚書省言：「私鑄當十錢，利重不能禁，深慮民間物重錢濫，乞荆湖南、北、江南東、西、兩浙路並改作當五錢，舊當二錢依舊。又慮冒法運入東北，宜以江爲界。」從之。

85己未，舒州團練副使、湖州安置章惇卒。

惇四子連登科，訖無顯者。死之日，羣妾分爭金帛，停屍數日，無人在側，爲鼠食其一指。

86遼人之請罷伐夏之兵也，信使往來，迄無定議，至是遣翰林學士林攄【考異】遼史作林洙，今從宋史及契丹國志作林攄。聘遼。攄本蔡京所引，以言邊事受上知，京密使攄激遼人怒，啓邊釁以邀功。及見遼主，跪上國書，仰首曰：「夏人數寇邊，朝廷興師問罪，以北朝屢遣講和之使，故務含容。今踰年不進誓表，不遣使賀天寧節。又築席經嶺、馬練川兩堡，侵寇不已。北朝若不窮詰，恐非講和之意。」時遼主狃於宴安，聞攄言，雖怒，不欲加責讓以啓邊釁，但遣使來告而已。攄自入境，即盛氣以待迓者，小不如儀，即辨詰。遼國中新爲碧室，云如中國之明堂，伴使舉令曰：「白玉石，天子建碧室。」攄對曰：「口耳王，聖人坐明堂。」伴使曰：

「奉使不識字，只有口耳王，即無口耳王。」遽辭窘，罵之；及辭，答語復不遜。遼人大怒，空客館水漿，絕煙火者三日，乃遣還，凡饔餼祖犒皆廢。歸復命，議者以爲怒鄰生事，猶以京之力，進除禮部尚書。既而遼人以使人失禮來言，始責知潁州。

87 十二月，癸酉，升拱州爲保慶軍節度。

88 乙亥，詔：「四輔屏翰京師，兵力不可偏重，可各以二萬人爲額。」

89 尚書省言：「諸路學校各已就緒，其所貢人，今來中選，多舊日科舉遺落老成之士。鄉舉里選之效，已見於此。士之在學，月書、季考，苟有成材，理當不俟歲月，便合入貢。今倣周官每歲考德行道藝、三年大比之意，爲歲貢之制，俟滿三歲，則赴殿試，第其高下推恩，庶使士益加勉。」詔大司成薛昂等看詳增損，修立條約以聞。

90 甲申，分平州置允州、格州。

91 癸巳，御筆手詔曰：「昨降手劄，應上書奏疏見編管、羈管人，令還鄉里，責親屬保任；而有司止從量移。其詆謗深重，除范柔中、鄧考甫不放外，餘並依已降指揮，放還鄉里，令親屬保任如法。」

92 是歲，蘇、湖、秀三州水，賜乏食者粟。秦州禾生穭。

93 以朱勔領應奉局於蘇州。

初，蔡京過蘇，欲建僧寺閣，會費鉅萬，僧言：「必欲集此緣，非郡人朱沖不可。」沖，勔之父也。京卽召沖語之，沖願獨任。居數日，沖請京詣寺度地，至，則大木數千章積庭下，京器其能。踰年，京召還朝，遂挾勔與俱，竄其父子名姓於童貫軍籍中，皆得官。帝頗垂意花石，京諷沖密取浙中珍異以進。初致黃楊三本，帝嘉之。後歲歲增加，然歲不過再三貢，貢物裁五六品。至是漸盛，舳艫相銜於淮、汴，號「花石綱」；置局蘇州，命勔總其事。

五年遼乾統六年。（丙戌、一一〇六）

1 春，正月，戊戌夕，彗出西方，由奎貫胃、昴、畢。

2 庚子，復置江、湖、淮、浙常平都倉。

3 甲辰，以吳居厚爲門下侍郎，劉逵爲中書侍郎。

4 乙巳，以星變，避殿，減膳。詔中外臣僚，並許直言朝政闕失。

毀元祐黨人碑。又詔：「應元祐及元符末係籍人等，遷謫累年，已定懲戒，可復仕籍，許其自新。朝堂石刻，已令除毀，如外處有姦黨石刻，亦令除毀，今後更不許以前事彈糾，常令御史臺覺察，違者劾奏。」【考異】宋史劉逵傳：初以附蔡京躐進。京以彗星見去相，而逵貳中書，首勸徽宗碎元祐黨碑，寬上書邪籍之禁。陳桱通鑑續編采此說，後人皆因之。按毀碑寬禁，在京罷相前一月，宋史誤。又，東都事略劉逵傳及李氏長編並不載逵語，恐非事實，今不取。續編又云：帝夜半遣黃門毀石刻，翼日，蔡京見之，厲聲曰：「石可毀，名不可滅也！」亦未知出何書，姑附記於此。

5 丙午，尚書省言：「當十錢東南私鑄甚多，民間買賣阻滯。其荆湖、兩浙、江南、淮南路已降指揮，並改作當五行使。尚慮民間盜鑄不已，其當十錢並行罷鑄，仰鑄小平錢。」從之。

6 丁未，太白晝見。大赦天下，除黨人一切之禁。應合敍用人，依該非次赦恩與敍。應見貶責命官，未量移者與量移。應官員犯徒罪以下，依條不以赦降去官原減者，許於刑部投狀，本部具元犯因依聞奏，未斷者，並仰依令赦原減。又詔：「已降指揮除毁元祐姦黨石刻，及與係籍人敍復注擬差遣，深慮愚人妄意臆度，覬欲更張熙、豐善政，苟害繼述，必置典刑。」權罷方田。

戊申，詔侍從官奏封事。

己酉，罷諸州歲貢供奉物。

庚戌，三省同奉旨敍復元祐黨籍曾任宰臣、執政官劉摯等十一人，劉摯、梁燾、李清臣、王巖叟；輕第二等，韓忠彥、曾布、范純禮、安燾、劉奉世，（章惇）；輕第三等，黄履。待制以上官蘇軾等十九人，蘇軾、劉安世、曾肇、鄒浩、朱光庭；輕第二等，孔文仲、范純粹、豐稷、王古、張舜民、朱師服、謝文瓘、賈易、呂希純、楊畏；輕第三等，陳次升、郭知章，朱紱、葉祖洽。文臣餘官任伯雨等五十五人，重第一等，任伯雨、范柔中、鄧考甫、（龔夬、陳瓘、）張庭堅、馬涓、封覺民；輕第一等，黄庭堅、陳祐、李祉、張耒、李深、李之儀、周誼、孫琮、胡端修、趙令時、吳安遜、(梁安國)、王箴、曾紆、江公望、李積中、汪衍、梁寬、沈千、曹興宗、王極、陳師錫、楊瓌寶、陳并(弁)、(洪芻、周鍔)、黃安期、高漸、蕭刓、趙越、滕友、陳唐、李昭玘、倪直孺、(王鞏)、高茂華、歐陽棐、陳察、寥(廖)正一、劉唐老、楊彥璋、張恕、梁士能、錢景祥、李夷行、吳處厚、張夙、輕第三(二)等，秦希甫、都貺、鍾正甫、許端卿、向紱(訓)。選人呂諒卿等六十七人。輕第三等，呂諒卿、鄭佽、余爽、范正平、楊琳、蘇昞、葛茂宗、劉渭、柴衮、洪羽、趙天祐、李新、馮百藥、趙珣、李傑、李賁、郭執中、石芳、金極、高公應、安信之、張集、黃策、周永徽、鮮于綽、王貫、蘇迥、檀固、何大受、于肇、黃遷、万俟正、許堯輔、楊朏、胡良、梅君俞、寇宗顏、張居厚、李修、黃才、曹盥、候(侯)顯道、周遵道、林膚、宋壽岳、王交、張溥、許安修、胡潛、董庠(祥)、蔣津、王守、鄧允中、梁俊民、王陽、張裕、陸表民、江洵、王公彥、方適、鹿敏求、葉世英、呂彥祖、何大正、衡鈞、衮公適、王察。

7 辛亥，御殿，復膳。

8 壬子，詔：「新建四輔，城隍、廨舍、軍營等，漸次興修，毋得擾民。」

9 罷圜土法。

10 甲寅，以致仕呂惠卿知青州。

11 丁巳，詔罷書、畫、算、醫四學。

12 戊午夕，慧滅，自始見至此凡二十日。

13 二月，甲子朔，詔監司條奏民間疾苦。

14丙寅，尚書左僕射蔡京，罷爲開府儀同三司、中太一宮使。以觀文殿大學士趙挺之爲特進、尚書右僕射兼中書侍郎。

挺之與京交惡，京恐其留京師伺察己所爲；挺之亦懼京中傷，數乞歸青州私第，詔從之。既辦舟裝，將入辭矣，會彗見，帝震恐責己，深察京之姦罔，由是旬日之間，凡京所爲者一切罷之。遣中使齎御筆手詔賜挺之曰：「可於某日來上。」挺之既對，帝曰：「蔡京所爲，皆如卿言。」挺之因奏：「京援引私黨，布列朝廷，又建四輔，非國家之利。祖宗以來，屯重兵於京師，沿汴河雍丘、襄邑、陳留三縣，沿蔡河咸平、尉氏兩縣，皆列營屯，取其漕運之便。至神宗，卽其所分隸諸將而教習之，士卒皆精銳，若有所用，虎符朝出而夕至。今創置四輔，不唯有營壘修建之勞，且不通水運，何以轉輸糧餉！」帝曰：「行且罷矣。」又奏：「諸營之兵等尺高者，所請衣糧，但依舊例，又更番屯戍西邊，使冒鋒鏑，戰鬬死亡者，不可勝數。今京立法，召募四輔新軍，減等尺，增例物，添月給錢糧，且免出戍。小人之情，唯利是從，若見新軍如此，則舊兵皆不爲朝廷用矣。」又言：「神考建立都省，規模宏壯。一旦京因妄人家〔宋〕安國獻言，以爲不利宰相而毀之，深可痛惜！」帝皆以爲然，且曰：「天久旱，今京且求去而雨，可喜。」既罷京，挺之遂相。

15庚午，詔：「翰林學士、兩省官及館閣自今並除進士出身人。」

16 壬申，省外內宂官，罷醫官兼宮觀者。

17 丁丑，以前後所降御筆手詔，模印成册，班之中外；州縣不遵奉者，監司按劾；監司推行不盡者，諸司互察之。

18 遼遣知北院樞密使蕭德勒岱、舊作得里底，今改。【考異】德勒岱，或作蕭良，蓋良一名德勒岱，遼史從其本俗書之耳。或作蕭保先，誤。知南院樞密使牛溫舒來聘，請歸侵地於夏也。先是諜言遼人集兵甚急，及使至，人情洶洶，張康國、何執中等俱請設備。趙挺之獨曰：「遼人書詞甚遜，且遣二相臣爲使，所以尊朝廷也。況所求但云元符講和以後所侵西界而已。」帝曰：「先帝已畫封疆，今不復議。若自崇寧以來侵地，可與之。」乃許遼人。【考異】遼史牛溫舒傳云：夏爲宋所攻，來請和解。溫舒與蕭德勒岱使宋，方大宴，優人爲道士裝，索土泥藥鑪，優曰：「土少不能和。」溫舒遽起，以手藉土懷之。宋主問其故，溫舒對曰：「臣奉天子威命來和，若不從，則當卷土收去。」宋人大驚，遂許夏和。按此時遼人爲夏請地，非宋請地於遼也。所云「土少不能和」及「卷土收去」之語，俱非當日情事，疑傳聞之譌，今不取。

19 三月，丙申，詔：「星變已消，罷求直言。」

20 辛丑，改威德軍爲石堡砦。

21 丁未，罷諸州武學。

22 乙卯，廢銀州爲銀川城。

23 丙辰，蔡王似薨。

24 己未，賜禮部奏名進士及第、出身蔡薿等六百七十一人。

25 監察御史沈畸言：「小錢之便於民久矣。古者軍興，錫賞不繼，或以一當百，或以一當十，此權時之宜，非可行於無事之日。今當十之議，固足以紓目前，然不知事有召禍，法有起姦，游手之民，一朝鼓鑄，無故有倍稱之息，何憚而不爲！雖日斬之，勢不可遏。所在鼓鑄，不獨閭巷細民，而多出於富人、士大夫之家，曾未期歲，而東南之小錢盡矣。錢輕故物重，物重則貧下之民愈困，此盜賊之所由起也。伏乞速賜寢罷。」

26 夏，四月，丁丑，停免兩浙水災州郡夏稅。

27 臣僚言：「知江寧府徐勣，知虔州郭知章，知潭州陳次升，知福州朱紱，是四人者，皆元祐邪黨，今任以牧守，尙典方面，非所以明是非、示好惡也。」於是詔勣等各予祠。

28 五月，丁酉，左正言詹丕遠進對，論當十錢。帝曰：「當十並行，本以便民，今反爲民害如此，非卿有陳，朕不知也。便欲改作當三，恐遠方客人有積貨鉅萬以上者，驟鑄之，不無怨咨。」丕遠曰：「聖慮哀矜，恥一夫不獲。欲且改從當五亦可。」帝慨然曰：「王安石佐神宗理財，未嘗行當十，在廷非之者，猶謂以利不以義。」丕遠曰：「安石秉政多年，尙不及茶鹽榷取。蔡京引用匪人，詒害無窮，豈可比王安石！」帝曰：「與其有聚斂之臣，寧有盜臣。

事君以利，只此可見也。」

29 丁未，班紀元曆，劉昺所造也。

30 乙卯，罷辟舉，盡復元豐選法。

31 臣僚上言：「知鄂州張商英，傾邪狂悖。方元祐間，附會邪朋，著爲文頌，詆及宗廟。逮崇寧初，交結中貴，潛通貨賂，覬幸宰輔。朝廷灼見姦慝，投置閑散。近以寬大之詔，假守方州，輒因謝表，妄議時政，言涉謗訕。伏望嚴行降黜，以正國論。」詔：「商英提舉崇福宮。」

32 是月，遼主清暑於散水原。

33 六月，癸亥，立諸路監司互察法，庇匿不舉者罪之，仍令御史臺糾劾。

34 改格州爲從州。

35 甲子，詔求隱逸之士，令監司審覈保奏；其緣私者，御史察之。

36 丁卯，詔輔臣條具東南守備策。

37 壬申，慮囚。

38 乙亥，詔：「官所鑄當十錢，已令諸路以小鈔換易。其私錢，若不立法，使盡歸官，必冒法私用，陷民深刑。可令限一季內納官，計銅價二分，以小鈔還之。如或隱藏不換，以私鑄法論。」

39 秋，七月，庚寅朔，日當食不虧。

40 夏人奉表謝罪，詞極恭順。答詔略曰：「除先朝所畫之疆，損崇寧新取之地。」時知樞密院張康國奏曰：「詔內難及北朝請解和語。」帝曰：「北朝於夏國以此爲恩，若不言及，卽疑中國不信。」趙挺之曰：「陛下之言，神人咸悅。大哉王言，今見之矣。」乃詔：「夏國城堡，俟誓表至則賜之。」

41 癸巳，準布（舊作阻卜。）貢於遼。

42 甲午，遼主如黑嶺，旋獵於鹿角山。

43 壬寅，改明年元曰大觀。

44 甲寅，茅山道士劉混康，加號葆眞觀妙沖和先生。

45 八月，以與夏通好，遣禮部侍郎劉正夫如遼報聘。【考異】遼本紀，是年十月，宋遣劉正符、曹穆來告。正符卽正夫，聲相近而誤也。宋史徽宗紀載於四年八月，則不應踰年之久始抵遼庭，今改書於今年八月，庶與遼紀不相抵悟。正夫酬對敏博，與遼人議，皆如約。帝嘉之，遂有大用之意。

46 九月，己巳，詔：「置武士齋，仍以所給解額取一充貢，無則貢文士。」

47 冬，十月，己卯，升澶州爲開德府。庚辰，降德音，減開德府罪囚，徒以下釋之。

48 遼以皇太叔和囉噶舊作和魯斡，今改。爲特里袞，舊作惕隱，今改。越國王淳爲南府宰相。

49十一月，乙未，遼以色家努舊作謝家奴，今改。爲南院大王，以瑪努舊作馬奴，今改。爲奚六部大王。

50丙申，遼主行柴册禮。戊戌，大赦。以和囉噶爲義和仁壽皇太叔，【考異】遼史本紀作仁聖，今從表作仁壽。進封越國王淳爲魏國王，封皇子額嚕溫舊作敖盧斡，今改。爲晉王，寔納埒舊作習泥烈，今改。爲趙王。（校者按：應作饒樂郡王。）

51己亥，遼主謁太廟。甲辰，祀木葉山。

52乙巳，立武士貢法，從大司成薛昂等言也。

53辛亥，并京畿提刑入轉運司。

54癸丑，臣僚上言：「伏覩崇寧五年七月三日赦：『應係舊籍人子弟許到闕者，見訖赴部，令預集注三次，集滿不授差遣者，將與直差。又，選人限一季，若在外指射差遣者，聽免直差。朝辭訖，限三日出門。』此陛下慮浸久有害紹述，故略爲防限以示好惡也。然到闕而見，與見訖赴部，初無日限。伏望特旨令到闕三日，即投下文字，朝見訖，三日即赴部，所有集注直差，朝辭出門，自從舊條。則異趨之徒，不得倚法之脫略，而害紹述之聖政。若乃上書邪等人，公肆狂妄，非上之所建立，所謂躬自蹈之，殆與係籍子弟連坐者異矣，是宜得罪重於子弟。今陛下縱以仁心矜貸此曹，亦當固爲防限。臣愚以謂宜於七月三日赦內添入『上書邪等』，庶幾繼志述事，明示四海，仁心義政，並用不廢。」從之。

55 十二月，戊午朔，日當食不虧，羣臣表賀。【考異】是年七月、十二月，遼史俱不書日食，蓋本日官之失，而宋室諸臣借以貢諛也。

56 己未，中書侍郎劉逵罷。逵居政府，凡蔡京所行悖理虐民事，稍稍澄正。趙挺之慮有後患，每建白，第開其端，而使逵終其說，逵頗自以爲功。京乃令其黨進言於帝曰：「京之改法度，皆稟上旨，非私爲之。今一切皆罷，恐非紹述之意。」帝惑其說，復有用京之心，然羣臣未有覺之者。鄭居中往來鄭妃父紳所，知之；即入見，言：「陛下建學校興禮樂以藻飾太平，置居養安濟院以周拯窮困，何所逆天而致威譴乎？」帝悅。居中退，語禮部侍郎劉正夫，正夫因請對，語與居中合，帝遂疑逵擅政。於是京黨御史余深、石公弼論逵專恣反覆，盡廢紹述良法，啓用邪黨，乃出知亳州。

57 壬戌，詔臣僚休日請對，特御便殿。

58 己巳，詔：「監司按事有懷姦挾情不盡實者，流竄不敍。」

59 遼封耶律儼爲漆水郡王，餘官進爵有差。儼惡樞密都承旨馬人望不附己，遷南京諸宮提轄制置。

60 是歲，廣西黎洞韋晏鬧等內附。

續資治通鑑卷第九十

賜進士及第兵部尚書兼都察院右都御史總督湖北湖南等處地方軍務兼理糧餉世襲二等輕車都尉畢沅編集

宋紀九十 起強圉大淵獻（丁亥）正月，盡上章攝提格（庚寅）十二月，凡四年。

徽宗體神合道駿烈遜功聖文仁德憲慈顯孝皇帝

大觀元年 遼乾統七年。（丁亥、一一〇七）

1 春，正月，戊子朔，大赦天下。

2 甲午，中太一宮使、魏國公蔡京，復爲尚書左僕射兼門下侍郎。

3 庚子，御筆：「議禮局依舊於尚書省置局，仍差兩制二員詳議，屬官五員檢討，應緣禮制，可具本末，議定取旨。」

4 甘露降於帝鼒中，羣臣稱賀。

5 壬寅，尚書左丞吳居厚，以老避位，罷爲東太一宮使。

6 壬子，以何執中爲中書侍郎，鄧洵武爲尚書左丞，戶部尚書梁子美爲尚書右丞。

子美初爲河北都轉運使，傾漕計以奉上，至捐緡錢三百萬市北珠以進；由是諸路漕臣效尤，爭進羨餘矣。此珠出於女直，子美市於遼；遼嗜其利，虐女直，捕海東青以求珠，女直深怨之。而子美用是顯。

7是月，遼主鈞〔鉤〕魚于鴨子河。

8二月，己未，詔令道士序位在僧上，女冠在尼上。

9壬戌，向宗回徙封安康郡王。

10甲子，詔：「淮南、兩浙應私鑄錢，限一季首納；限滿不首，並依私錢法。其納到私錢，並許發赴京畿錢監改鑄御書當十錢。」

11以黎洞納土，曲赦廣西。

12乙亥，復醫學。

13己卯，復行方田。

14丙戌，以平昌郡君韋氏爲才人。

15鳳翔府于仙姑，授清眞沖妙先生。尋遣李瓌齎御封香往鳳翔太平宮等處道場，因就宣于仙姑赴闕。

又有虞仙姑者，年八十餘，狀貌如少艾，行大洞法。一日，帝誦大洞經，舉首，見有仙官侍立者。蔡京嘗具飯招仙姑，見大貓，指而問京曰：「識之否？此章惇也。」意以諷京，京大不樂。帝嘗問仙姑致太平之期，對曰：「當用賢人。」帝曰：「賢人謂誰？」曰：「范純粹也。」帝以語京，京曰：「此元祐臣僚所使。」遂逐之。于是士大夫爭言虞仙姑亦入元祐黨矣。

16 遼主駐大魚濼。

17 三月，己丑，幸金明池，賜宰相蔡京等宴。

18 丁酉，尚書右僕射趙挺之，罷爲祐神觀使。以何執中爲門下侍郎，鄧洵武爲中書侍郎，梁子美爲尚書左丞，吏部尚書朱諤爲尚書右丞。諤出蔡京門，善附會，故有是命。

19 以蔡攸爲龍圖閣學士兼侍讀。

20 甲辰，詔以八行取士，【考異】東都事略作甲寅以八行取士，今從宋史作甲辰。善父母爲孝，善兄弟爲悌，善內親爲睦，善外親爲婣，信於朋友爲任，仁於州里爲恤，知君臣之義爲忠，達義利之分爲和；孝悌忠和爲上，睦婣爲中，任恤爲下。又制爲不忠、不孝、不悌、不和、不婣、不睦、不任、不恤之刑。諸犯八刑者，縣令佐、州知通以其事自書於籍，報學。應有入學，不睦十年，不婣八年，不任五年，不恤三年，能改過自新不犯罪而有二行之實，耆鄰保伍申縣，縣令佐審聽入學；在學一年，又不犯第三等罪，聽齒於諸生之列。

21 癸丑，觀文殿大學士、祐神觀使趙挺之卒。贈司徒，謚清憲。

22 以葉夢得爲起居郎。夢得附蔡京，得爲祠部員外郎。京罷相，趙挺之更其所行；及京再相，復反前政。夢得入對，因曰：「陛下前日所建立者，出於陛下乎，出於大臣乎？豈可以大臣進退而有所更張也！」帝悅，故有是命。

23 夏，四月，乙丑，以淑妃王氏爲貴妃。

24 五月，己丑，朝散郎吳儲，承議郎吳侔，坐與妖人張懷素謀反，伏誅。懷素獄起，蔡京欲因以傅致呂惠卿之罪，下其子淵於獄，搒笞數千下，欲令招伏與懷素謀反；淵卒不服，得免。是日，惠卿責授祁州團練副使，宣州安置，坐上表自劾，黨庇其子，無責己之詞也。

25 庚寅，中書侍郎鄧洵武罷。張懷素獄，朝士多株連者，而洵武妻吳氏，侔之兄女也，坐出知隨州，提舉明道宮。

26 甲午，詔班新樂于天下。

27 癸卯，詔：「自今凡總一路及監司之任，勿以元祐學術及異議人充選。」

28 以安化蠻犯邊，益兵赴廣西討之。

29 乙巳，皇子構生，才人韋氏所產也。尋進韋氏爲婕妤。

30 六月，己未，以梁子美爲中書侍郎。

31 壬戌，詔景靈宮建僖祖殿室。

32 甲子，以黎人地爲庭、孚二州。

33 庚午，令諸州學以御製八行、八刑刻石，從江東轉運副使家彬請也。

34 癸酉，賜上舍生二十九人及第。

35 乙亥，尚書右丞朱諤卒。贈光祿大夫，謚忠靖。諤初名紱，以與黨籍人同姓名，故改名。

36 是月，以蔡嶷爲給事中。

嶷以學錄試策，揣蔡京且復用，即對曰：「熙、豐之德業，足以配天，不幸繼之以元祐；紹聖之纘述，足以永賴，不幸繼之以靖國。陛下兩下求賢之詔，冀以聞至言，收實用也；而見於元符之末者，方且幸時變而肆姦言，乘間隙而投異意，詆誣先烈，不以爲疑，動搖國是，不以爲悍。願逆處於未至而絕其原。」於是擢爲第一，以所對頒天下。甫解褐，即除祕書正字，不踰年至侍從，前此未有也。

37 遼主如散水原。

38 遼耶律盂〔孟〕簡爲六部院太保，處事不拘文法，時多笑其迂。盂〔孟〕簡聞之，曰：「上古之時，無簿書法令而天下治。蓋簿書法令，適足以滋姦倖，非聖人致治之本也。」旋改高州觀察使。

39 秋，七月，乙酉朔，伊、洛溢。

40 戊子，詔括天下漏丁。

41 壬寅，班祭服于州郡。

42 乙巳，賢妃武氏薨。

43 丙午，臣僚上言：「蘇州錢法之壞，始於蔡渭，成於蹇序辰，二人之罪惟均；而小平錢之害，又出序辰。渭已除名勒停，送蔡州羈管，而序辰止降三官，安居善郡；罪同罰異，士論咸疑。」詔：「蹇序辰責授單州團練副使、江州安置。」

44 崇寧更錢法，以一當十，民嗜利犯法者紛紛。或捕得，以錢數大缶誣爲樞密章楶子綖所鑄。

綖，劉逵之婦兄也，蔡京怨逵，因而興獄。初遣監察御史張茂直就平江鞫之，案上，綖不服；再遣侍御史沈畸。畸既至，繫者數百人，盡釋之，歎曰：「爲天子耳目司，而可傅會權要，殺人以苟富貴乎！」遂閱實，平反以聞。京大怒，別遣官鍛鍊，綖竟竄海島，籍沒其家。於是臣僚上言：「畸去春嘗上封事，訾毁朝廷法度，意在迎合大臣，懷姦異議。」詔貶畸監信州酒稅，未幾卒。

45 遼主如黑嶺。

46 遼主以漠南大風傷草，馬多死，執馬羣太保蕭托斯和，舊作陶蘇斡，今改。鞭之三百，免其官。

47 八月，乙卯，太中大夫、提舉崇福宮曾布卒于潤州。

48 丁巳，封皇子構爲蜀國公。

49 庚申，以戶部尚書徐處仁爲尚書右丞，兵部尚書林攄同知樞密院事。

張懷素妖事覺，攄以開封尹與中丞余深雜治，得士民交關書疏數百，攄請悉焚蕩以安反側。衆稱爲長者，不知蔡京與懷素游最密，攄實爲京地也。京深德之，用鞫獄明允，連擢數官，至是遂登樞府。

50 己巳，降德音於淮、海、吳、楚二十六州，減囚罪一等，流以下釋之。

51 九月，庚寅，建顯烈觀于陳橋。

52 己酉，加上僖祖謚曰立道肇基積德起功懿文憲武睿和至孝皇帝。朝獻景靈宮。

庚戌，饗太廟。

辛亥，饗明堂，赦天下。

53 升永興軍爲大都督府。

54 章綖坐冒法，竄海島，李景直等四人，以上書覩望罪，並編管嶺南。

55 庚子，宣義郎致仕程頤卒，年七十五。

頤于書無所不讀，其學本于誠，以大學、論語、孟子、中庸爲標指，而達于六經；動止語默，一以聖人爲師。嘗言：「吾無功澤及人，唯綴緝聖人遺書，庶幾有補耳。」平生誨人不倦，故學者出其門，淵源所漸，皆爲名士，謝良佐、游酢、呂大臨、尹焞、楊時尤著。世稱頤爲伊川先生。（校者按：此條應移51後。）

56 冬，十月，己未，詔：「士有才武絕倫者，歲貢，準文士上舍上等法。」

57 庚申，和賜蔡京君臣慶會閣落成詩。

58 辛酉，蘇州地震。

59 乙丑，提舉崇福宮張商英，責授安化軍節度副使，歸州安置，以臣僚言其罪大責輕也。

60 己巳，大雨雹。【考異】東都事略作癸亥大雨雹，今從宋史作己巳。

61 遼主謁乾陵，獵于醫巫閭山。

62 閏月，丙戌，以林攄爲尚書左丞，資政殿學士鄭居中同知樞密院事。

初，居中自言爲鄭貴妃從兄弟，【考異】宋史后妃傳以居中爲妃從子，今從居中傳。妃家世微，亦倚居中爲重，由是連擢至翰林學士，除同知樞密院事。時妃寵冠後宮，於居中無所賴，乃用宦官黃經臣策，以外戚秉政辭，改資政殿學士、中太一宮使兼侍讀。蔡京再得政，居中之助爲多，厚責報於京，京爲言樞密本兵之地，與三省殊，無嫌於用親。經臣力抗前說，京言不效，居中疑不己援，始怨之，乃與張康國間京。都水使者趙霖，得龜兩首於黃河，獻以爲瑞，京曰：「此齊小白所謂象罔，見之而霸者也。」居中曰：「首豈宜有二！人皆駭異，而京獨主之，殆不可測。」帝命棄龜金明池，謂「居中愛我」，遂申前命。

63 乙未，詔：「守令以戶口爲殿最。」

64 升桂州爲大都督府，建鎮州于黎母山心，賜軍額曰靖海，用知桂州王祖道策也。

65 乙巳，升太原府、鄧州並爲大都督府。

66 十一月，壬子朔，日有食之。蔡京以不及所當食分，率羣臣稱賀。【考異】遼史不書是年日食，契丹國志與宋史同。

67 癸亥，詔以「議禮當追述三代之意，適今之宜；開元禮不足爲法。今親製冠禮沿革十一卷，付議禮局。餘五禮令視此編次。」

68 乙丑，置內外符寶郎。

宋初諸寶，多階石爲之。元豐中，詔依古作天子皇帝六璽，有玉而未成。元符初，始得玉工之善者琢之，但疊篆而已，玉亦不甚良。至是得漢傳國璽，實秦璽，乃藍田玉，李斯之魚蟲篆也，文曰「受命于天，既壽永昌」。帝獨取其文而黜其璽不用，因自作受命寶，其方四寸有奇。時又得古小玉印文曰「承天福，延萬億、永無極」者，帝又以其文倣李斯魚蟲作寶，大將五寸，皆爲螭紐，其篆則蔡京命其子儵以意斆之，名爲鎭國、受命二寶，合先帝六璽，是爲八寶，命置官以掌之。

尚書省言：「今禁中已有常用之寶，所用至多，不可改移。欲鎭國、受命寶皆寶而不用，惟封禪則用之；皇帝之寶，答鄰國書則用之；皇帝行寶，降御劄則用之；皇帝信寶，賜鄰國書及物則用之；天子之寶，答外國書則用之；天子行寶，封册則用之；天子信寶，舉大兵則用之，餘皆用常用之寶。」從之。

69 己巳，升瀛州爲河間府、瀛海軍節度。

70 戊寅，尚書右丞徐處仁，以母憂去位。【考異】東都事略作十月徐處仁以母憂去位，今從宋史作十一月。

71 南丹州地與宜州及西南夷接壤，世爲莫氏所居，自署刺史。王祖道欲取之，乃誣其酋莫公佞阻東蘭州，不令納土，發兵討之，擒公佞，以南丹州爲觀州。公佞弟公晟，結溪峒報復，侵掠城邑，殺刺史，蔡京匿不以聞。特置黔南路，領庭、孚、平、允、從、宜、柳、融、觀九州。

十二月，庚寅，蔡京以功加太尉，進何執中以下官二等，而召祖道爲刑部尙書。祖道在桂四年，厚以官爵金帛挑諸夷，建城邑，調兵鎭戍，輦輸內地錢布鹽粟，無復齊限。地瘴癘，戍者十亡五六，實無尺土一民益於縣官。時廣西轉運副使張莊與祖道表裏，遂以代其任。祖道、莊旣鑿空超取顯美，由是龐恭孫、趙遹、程鄰相與效之，邊壤益多故矣。

72 癸巳，以江寧、荆南、杭、越、洪、福、潭、廣、桂並爲帥府。

73 丁酉，置開封府府學。

74 己亥，以婉容喬氏爲賢妃。

75 是歲，秦鳳旱。

京東水，河溢，遣官振濟，貸被水戶租。

廬州雨豆。

76 乾寧軍言黃河淸，踰八百里，凡七晝夜，詔以乾寧軍爲淸州。

77 涪州夷駱世葉等內附，以其地爲珍、承二州，知州龐恭孫誘之以來也。

78 太廟齋郎方軫上書言：「蔡京睥睨社稷，內懷不道，專以紹述之說爲自媒之計。內而執政、侍從，外而帥臣、監司，無非其門人親戚。京每有奏請，盡作御筆行出，語人曰：『此上意也；』明日不行，又語人曰：『京實啓之也。』善則稱己，過則稱君，必欲陛下斂天下之怨而後已。自元符末陛下嗣服，忠義之士，投匭者無日無之。京分爲邪等，黥配編置，不齒仕籍，則誰肯爲陛下言哉！京又使子攸日以花石禽鳥爲獻，使陛下不知天下治亂。臣以爲京必反也，請誅京以安天下！」詔宣示京。京請下鞫獄，竟流嶺南。

79 遼放進士李石等百餘人。

二年　遼乾統八年。（戊子、一一〇八）

1 春，正月，壬子朔，受八寶於大慶殿，大赦天下，文武進位一等。蔡京表賀符瑞。

2 乙卯，以婉儀劉氏爲德妃。

3 己未，太尉蔡京進太師，加童貫節度使，仍宣撫。【考異】東都事略云：丙子，以內侍童貫爲武庫（康）軍節度使，今從宋史作己未。

4 庚申，進封京兆郡王桓爲定王，蜀國公構爲廣平郡王。

5 戊寅，徙封向宗回爲漢東郡王，向宗良爲開府儀同三司。

6 改封趙懷德爲順義郡王、昭化軍節度使、河南蕃部總領。以河南蕃將緬什羅蒙爲節度觀察留後，賜名趙懷忠。

7 河東、河北盜起。

8 遼主如春州。

9 二月，甲申，置諸路曹掾官。

10 丙戌，歸州安置張商英，移峽州居住。

11 甲午，詔建徽猷閣，藏哲宗御集，置學士、直學士、待制官。

12 以婕妤韋氏爲修容。

13 三月，庚申，班金籙靈寶道場儀範于天下。

14 戊寅，賜上舍生十三人及第。

15 門下中書後省左右司言：「檢會今年正月一日赦書，『元祐黨人，懷姦睥睨，報怨不已，公肆詆誣，罪在宗廟者，朕不敢貸。其或情輕法重，例被放棄；或非身自犯，因人得罪；或志非詆謗，言有近似；或本緣辨理，語涉譏訕；或止因職事，偶涉更改；凡此之類，不據元貶責罪犯，審量其情分輕重等第，取情理輕者，與落罪籍，甄敍差遣。』今將元編類册內依詳赦文，看詳到孫固等四十五人。」孫固、陸佃、王存、蔣之奇、趙瞻、安燾、顧臨、張問、朱師服、錢勰、王欽臣、楊長、李之純、三汾、馬默、周鼎、向紃(訓)、李昭玘、歐陽棐、陳察、梁士能、楊彥章、李賁、鍾正甫、許端卿、趙彥若、賈易、姚勔、呂希績、歐陽中立、葉伸、陳郭(郛)、朱光裔、蘇嘉、吳濤(儔)、常立、李茂直、司馬康、都貺、鄧忠臣、廖正一、呂希哲、秦希甫、張耒、杜純。詔除孫固、安燾、賈易外，餘並出籍。又，看詳到葉祖洽等六人，葉祖洽、郭之章、上官均、朱紱、种師極、錢景祥。詔並出籍。【考異】李燾曰：初草王珪、孫固出籍在四月十三日，今不取。

16 詔：「監司歲舉所部郡守二人，縣令四人，赴三省審察。」

17 夏，四月，辛巳，手詔以追述先王寓馬於農之意，募人給地免租牧馬。行之期年，熙河頗見就緒。凡縣鎮寨關堡官銜內，並帶管句給地牧馬事，佐官同管句，庶使人人各知任責。

18 丙申，遼封高麗國王俁爲三韓國公。【考異】東國通鑑云：二月，遼遣崇祿卿張掞來命王蒸起復；淸安節度使蕭良、益州觀察使李仁洽來冊王爲守太尉兼中書令，加食邑，賜冠冕等物。今從遼史作四月。

19 甲辰，童貫遣統制官辛淑獻、馮瓘等復洮州。

20 五月，庚戌朔，日有食之。【考異】遼史不書是年日食，今從宋史。

21 辛亥，以復洮州功，賜蔡京玉帶。初，神宗用唐故事，以玉帶賜王安石，止繫三日。及京受賜，遂爲常服。

22 提舉京西南路學事路瑗言：「臣所領八州三十餘縣，比諸路最爲褊小，學舍乃至三千三百餘區，教養生徒三千三百餘人，贍學田業等歲收錢斛六萬三千餘貫石。竊計諸路學舍生徒田業錢斛之數，何翅數百萬，此曠古所未嘗有也。乞詔有司總會諸路州、軍、縣文武大小學生幷學費所入所用實數，具圖册上之御府，副在辟廱，仍宣付史館。」從之。

23 壬子，谿哥城王子臧征撲哥降，復積石軍。臧征撲哥以咒詛扇蕃族，居谿哥空城。邊吏謂既能動衆，必爲邊患，童貫欲實其事，遂會諸路進兵，仍遣知西寧州劉仲武出奇趨谿哥城。臧征撲哥迎降，并女弱才二十八人，初未嘗有兵也。洎就擒，邊吏張大其功，過爲緣飾，以金紙糊桶爲頭冠，木椅爲胡牀，淺紅絹爲繖，種種皆非羌物。捷聞，蔡京率百官稱賀。詔俘臧征撲哥至京師，授正任團練使、鄧州鈐轄；尋死于鄧州。

24 甲寅，復諸路歲貢供奉物。

25 丁巳，以童貫爲檢校司空、奉寧軍節度使，賞收洮州、積石功也。

初，童貫議欲收積石軍，積石與西陵〔寧〕接境，劉仲武詣貫計事，曰：「大兵入境，賊窮，必走夏國，路由西寧，當卽掩捕；欲降，則招納之。或深入巢穴，可乘其便；但河橋功力未易辦，若稟命待報，慮失事機。」貫許以便宜。臧征撲哥果欲降，丐一子爲質，仲武卽遣子錫往。而河橋亦成，仲武以兵渡河，挈與歸，獻捷宣撫司。貫掠其功，止錄河橋之勞，仲武終不自言。後帝遣使持金醆，賜先得積石軍招納降王者，使者訪其實，以醆授仲武，且召對。帝慰勞久之，曰：「高永年失律，以不用卿言。今招納降王，撫定河南，皆卿力也。」仲武謝。問幾子，曰：「九子。」乃以錫爲右班殿直、閤門祗候，餘悉補三班借職；命仲武復知西寧州。

26 壬戌，詔臨洮城依舊爲洮州，以收復功，詔蔡京特許奏補一子一孫官，餘依轉官恩數。

戊辰，詔：「張康國以下各進官一等。」

己卯，以收復功，命戶部侍郎洪中孚奏告天地、宗廟、社稷。

27 葆眞觀妙沖和先生劉混康卒，特贈大中大夫。

28 遼主清暑於散水原。

29 六月，乙酉，以涪夷地爲軫〔珍〕州。

30 壬辰，遼西北路招討使蕭迪里舊作敵里，今改。率諸蕃來朝。

31 甲午，以平夏城爲懷德軍。

32 乙未，以殿中六尙、算學、太官局、翰林儀鸞司皆隸六察。

33 丙申，遼射柳祈雨。

34 戊戌，門下、中書後省左右司復依赦看詳到韓維等九十五人，詔並出籍。韓維、楊康國、趙卨、鮮于侁、龔原、董敦逸、呂希純、岑象求、孔武仲、葉壽〔濤〕、唐義問、余卞、宋保國、李深、陳佑、商倚、李之儀、范正平、李祉、韓治、曾紆、黃隱、馬諗、王履、任濬、趙希德、郭子旂、劉延肇、錢盛、吳休復、崔昌符、李遇、李玩、吉思雄、趙希夷、王廷臣、高士權、李永、王猷可、李嘉亮、姚雄、潘滋、高茂華、滕友、張溥、梅君俞、楊瓌寶、林膚、彭醇、呂彥祖、陳唐、曹盥、王守、曹興宗、高公應、黃才、江公望、黃安期、梁俊民、王貫、張集、鹿敏求、李賁、高士育、逢純熙、趙令時、倪直孺、沈千、宋壽岳、侯顧〔顯〕道、趙越、周鍔、蕭刓、高遵裕、劉渭、楊珠〔琳〕、鄧允中、董祥、王交、楊朏、于肇、劉勃、許堯輔、謝潛，張風

〔夙〕、何大正、張裕、洪芻、鮮于綽、李積中、馮百藥、袞公適、李新、許安修。按此據長編所列，止九十四人，蓋脫去一姓名。

35 丁未，遼主如黑嶺。

36 戊申，三省檢會正月一日赦書，「應元祐黨人不以存亡及在籍，可特與敍官。」勘會前任宰臣、執政官見存人韓忠彥、蘇轍、安燾，身亡人文彥博、呂公著、呂大防、劉摯、曾布、章惇、梁燾、王巖叟、李清臣、范純禮、黃履。詔見存人與一復〔復一〕官，文彥博等亦各追復有差。

37 秋，七月，庚戌，罷建僖祖殿室。

38 乙卯，以婉容王氏爲賢妃。

39 戊辰，遼主以雨罷獵。

40 八月，辛巳，邢州河水溢，壞民廬舍，復被水者家。

41 丙申，中書侍郎梁子美罷，知鄆州。

42 己亥，置保州敎宗院。

43 九月，辛亥，以林攄爲中書侍郎，吏部尚書余深爲尚書左丞。

44 壬戌，以向宗回爲太子少保，致仕。

45 乙丑，詔：「諸路州學有閣藏書，皆以經史爲名。方今崇八行以迪多士，尊六經以黜百家，史何足言！應置閣處賜名曰稽古。」【考異】宋史徽宗紀：大觀三年，九月，己未，賜天下州學藏書閣名稽古，今從長編。

46 癸酉，皇后王氏崩。

后性恭儉，鄭、王二妃方亢寵，后待之均平。宦寺希旨，有誣后之過者，驗之無跡。后見帝，未嘗語及，帝轉憐之。崩，年二十五。

47 削向宗回官爵。

48 丙子，曲赦熙河蘭湟、秦鳳、永興軍路。

49 冬，十一月，丁未朔，太白晝見。

50 辛酉，詔訪求古禮器。

51 壬戌，命討論臣庶祭禮。

52 乙丑，上大行皇后謚曰靖和。

53 丙寅，呂惠卿復宣奉大夫，提舉明道宮，任便居住。

54 戊辰，詔受命寶增「鎮國」二字。

55 十二月，己卯，峽州居住張商英，許任便居住。商英有別業在宣〔宜〕都縣，懇蔡京乞歸其地。京從都省批狀依所申，商英深德之。

56 壬寅，陪葬靖和皇后於永裕陵。【考異】東都事略作壬辰葬靖和皇后於永裕陵之次，今從宋史作壬寅。

57 是歲，同州黄河清。

58 夏人入貢。

59 涪州夷任應舉、湖南楊猺〔猺楊〕再光内附。

60 知桂州張莊奏：「安化上三州、一鎮諸蠻納土，共五萬餘戶，二十六萬餘人，幅員九千餘里。」又奏：「寬樂州、安沙州、譜州、四州、七原等州納土，計二萬人，一十六州、三十三縣、五十餘峒，幅員萬里。」蔡京率百官表賀，謂混中原風氣之殊，當天下輿地之半。進莊兼黔南經略安撫使。

61 溆州蠻趙泰等内附，以其地爲溱州。

62 詔孔伋從祀孔子廟庭。

63 秦州觀察使、知府州折克行卒，贈武安軍節度使，以其子可大爲榮州團練使、知府州。克行沈勇有力，善撫士卒，在邊三十年，戰功最多。夏人畏其威名，號「折家父」。

三年 遼乾統九年。（己丑、一一〇九）

1 春，正月，丙午朔，遼主如鴨子河。

2 乙卯，祔靖和皇后神主于别廟。己未，減兩京、河陽囚罪一等，民緣園陵役者蠲其賦。

3 丁卯，以涪夷地爲承州。

4 甲戌，升湟州爲嚮德軍節度。

5 二月，丙子朔，播州楊文貴納土，以其地置遵義軍。

6 丁丑，提舉崇福宮儀國公韓忠彥，以宣奉大夫致仕。

7 庚子，臣僚上言：「知和州胡師文，昨爲發運使，獨銜建議將當二銅錢改鑄當十。自古積山之利，以銅鑄錢，不聞以錢鑄錢。當二錢法與小平錢輕重相等，故私錢不禁而自止，民間便之，此神宗良法也。師文諂奉大臣，妄亂變更，將已行當二錢毀而改鑄，識者痛心。」詔師文提舉萬壽觀。

8 遼主如春州。

9 三月，丙午，立海商越界法。

10 辛酉，詔：「四川郡守，並選內地人任之。」

11 壬戌，併黔南入廣西路。

12 乙丑，賜禮部奏名進士及第出身賈安宅等六百八十五人；小璫梁師成，亦竄名進士籍中。

【考異】九朝編年備要作奏名進士七百餘人，今仍從宋史。

13 壬申，知樞密院事張康國卒。

康國始因附蔡京而進，及在樞密府，寖爲崖異。時帝惡京專愎，陰令康國狙其姦，且許以相。京忌康國，遂引吳執中爲中丞，執中卽劾京客劉昺、宋喬年。帝嘉執中之不阿，康國曰：「是乃爲逐臣地耳。」已而執中將論康國，康國先知之，且奏事，留白帝曰：「執中今日入對，必爲京論臣，臣願避位。」既而執中對，果陳其事，帝怒，黜執中知滁州。至是康國因退朝趨殿廬，暴得疾，仰天吐舌，舁至待漏院死，或疑中毒云。

14 時童貫權益張，與黃經臣胥用事，中丞盧航表裏爲姦，搢紳側目。右正言陳禾曰：「此國家安危之本也，吾任言責，此而不言，可乎！」遂上疏劾貫、經臣怙寵弄權之罪，願亟竄之遠方。論奏未終，帝拂衣起。禾引帝衣，請畢其說，衣裾落，帝曰：「正言碎朕衣矣！」禾言：「陛下不惜碎衣，臣豈惜碎首以報陛下！此曹今日受富貴之利，陛下他日受危亡之禍。」言愈切。帝變色曰：「卿能如此，朕復何憂！」內侍請帝易衣，帝卻之曰：「留以旌直臣。」翼日，貫等相率前訴，謂國家極治，安得此不祥語！盧航奏禾狂妄，謫監信州酒。

15 夏，四月，戊寅，中書侍郎林攄罷。

集英臚唱貢士，攄當傳姓名，不識甄盎字，帝笑曰：「卿誤邪？」攄不謝，而語詆同列。御史論其寡學，倨傲不恭，失人臣禮，黜知滁州，猶爲帝言：「頃使遼，見其國中攜貳，若兼而有之，勢無不可。」蓋欲報其辱也。帝由是始有北伐之意。

16 壬午，五國部貢于遼。

17 癸巳，以鄭居中知樞密院事，吏部尚書管師仁同知樞密院事。師仁，龍泉人也。

18 癸卯，以余深爲中書侍郎，兵部尚書薛昂爲尚書左丞，工部尚書劉正夫爲尚書右丞。昂與余深、林攄附蔡京爲至久，至舉家爲京避私諱，或誤及之，輒加笞責。昂嘗誤及，卽自批其口。

19 五月，乙巳朔，孟翺獻所畫卦象，謂宋將中微，宜更年號，改官名，變庶事以厭之。帝不樂，詔竄之遠方。

20 丙辰，令辟雍宴用雅樂。

21 丁巳，慮囚。

22 戊辰，大雨雹。

23 六月，甲戌朔，詔修樂書。

24 同知樞密院事管師仁以疾罷爲佑神觀使，尋卒。

25 乙亥，遼主淸暑于特禮嶺。

26 遼馬羣太保蕭托斯和旣免官，遼主念其謹愿，命爲天齊殿宿衞。

27 丁丑，尙書左僕射蔡京罷。

中丞石公弼、侍御史張克公劾京罪惡，章數十上，乃以京爲中太一宮使，請給恩數並依見任宰相例。公弼始與京有違，故得進用。及居言路，遇事利害，輒言不憚，京始忌之。既免京政，復上言吏員猥冗，戾元豐舊制，於是詔堂選歸吏部者數十員，罷宮廟者千員，都水知埽六十員，縣非大郡悉省丞，在京茶事歸之戶部，諸道市舶歸之轉運司，仕塗頓清。

28 辛巳，以何執中爲特進、尚書左僕射兼門下侍郎。

29 瀘州夷王募弱內附，以其地置純、滋二州。

30 庚寅，冀州河水溢。

31 太學生陳朝老詣闕上書曰：「陛下知蔡京之姦，解其相印，天下之人鼓舞，有若更生。及相何執中，中外黯然失望。執中雖不敢肆爲非法，若蔡京之蠹國害民，然碌碌常質，初無過人。天下敗壞至此，如人一身臟腑受沴已深，豈庸庸之醫所能起乎！」疏奏，不省。

32 秋，七月，丁未，詔：「謫籍人除元祐姦黨及得罪宗廟外，餘並錄用。」

33 甲寅，復張商英提舉玉局觀。

34 是月，遼地隕霜傷稼。

35 遼主以中京饑，命昭德軍節度使耶律孟〔孟〕簡偕學士劉嗣昌減價糶粟，事未畢而孟〔孟〕簡卒。

36遼漕司督賦甚急，縣令多繫獄。寧遠令康公弼上書於朝，乃釋之，因免縣中租賦。寧遠人德之，爲立生祠。

37八月，己丑，嗣濮王宗漢卒，兄子仲增嗣。

38丙申，升融州爲清遠軍節度。

39丁酉，遼主以雪罷獵。

40己亥，宣奉大夫、致仕、儀國公韓忠彥卒。

41冬，十月，癸丑，【考異】是月壬申朔，無癸丑。此據宋史本紀，恐日誤。減六尙局供奉物。

42癸酉，遼主望祀木葉山。丁丑，免令年租稅。

43十一月，丁未，詔：「算學以黃帝爲先師，風后等八人配饗，巫咸等七十人從祀。」

44己巳，蔡京進封楚國公，致仕，仍提舉編修哲宗實錄，朝朔望。長子攸，除樞密直學士；次子儵，除直祕閣。【考異】蔡京致仕，據編年備要作十月，今從宋史作十一月。

45十二月，甲申，高麗貢于遼，奏還女直九城。

46戊子，以張商英爲龍圖閣學士、知杭州。

47己亥，罷東南鑄夾錫錢。

48中丞石公弼言：「蔡京盤旋京師，餘威震於羣臣。願持必斷之決，以消後悔。」侍御史洪彥章言：「京朋姦誤國，公私困弊，既已上印，而偃蹇都城，上憑眷顧之恩，中懷跋扈之志，願早賜英斷，遣之出京。」侍御史毛注言：「孟翔以天文惑衆，嘗獻蔡京詩，言涉不順，京輒喜而受之，因以獻易書而賜官，卒致詆誣以冒重辟，而京不復愧恥。張懷素以地理惑衆，京熟與之游從，京妻葬地卜日，懷素主之，嘗同游淮左，題字刻石，後雖陰令人追毀以掩其迹，而衆所共知。以至尙書省事，多不取旨，直行批下，以作陛下之威；重祿厚賞，下結人心，以作陛下之福。林攄跋扈之黨，而置之政本之地；宋喬年姦雄之親，而置之尹京之任。攷之以心，揆之以事，其志有不可量者。今盤旋輦轂，久而不去，其情狀已可見矣。」太學生陳朝老復疏京惡十四事，乞投畀遠方，皆不報。

49 是歲，江、淮、荆、浙、福建大旱，自六月不雨至於十月。秦、鳳、階、成饑，發粟振之，蠲其賦。

50 峽〔陝〕州、同州黃河清。

51 遼放進士劉楨等九十人。

四年 遼乾統十年。（庚寅、一一一〇）

1 春，正月，庚子朔，中丞吳執中言：「竊聞邇來諸路以八行貢者，如親病割股，或對佛然頂，或刺臂出血，寫青詞以禱，或不茹葷，嘗誦佛書，以此謂之孝。或嘗救其兄之溺，或與其弟同居十餘年，以此謂之悌。其女適人，貧不能自給，取而養之於家，爲善內親。又以婿窮窶，收而教之，爲善外親。此則人之常情，仍以一事分爲睦婣二行。嘗一遇歉歲，率豪民以粥食飢者，而謂之恤。夫粥食飢者，乃豪民自爲之而已，獨謂之恤，可乎？又有嘗收養一遺棄小兒，嘗救一跛者之溺，而以爲恤。如此之類，不可遽數。伏願下之太學，俾長貳、博士攷以道藝，別白是非，懲去冒濫，勿使妄進。中飭郡縣長吏及學事司察驗行實，有其人則舉，無其人勿以妄貢，務在奉承詔旨，不失法意。」從之。

2 辛丑，遼主預行立春禮，如鴨子河。

3 癸卯，詔新置河東、河北、陝西諸監罷改鑄當十錢。

4 辛酉，詔：「士庶拜僧者，論以大不恭。」

5 丁卯，夏人入貢。

6 呂惠卿降授正奉大夫。

侍御史毛注劾惠卿上表謝復官，用詩風雨及青蠅、節南山章句，以古君子自處而以亂世方盛時，罪不可赦，故有是命。

7 二月，庚午朔，遼主駐大魚濼。

8 辛未，以張商英爲資政殿學士、中太一宮使。

初，商英起知杭州，過闕入對，言：「神宗修建法度，務以去害興利而已。今誠一一舉行，則盡紹述之美。法莫〔若〕有弊，不可不變，但不失其意足矣。」

9 戊寅，議禮局奏：「修成大觀禮書二百三十一卷，祭服制度十六卷，制服圖一册，據經稽古，酌今之宜，以正沿襲之誤。又別爲看詳十二卷，祭服看詳二册。」詔行之。

10 庚辰，罷京西錢監。

11 己丑，以余深爲門下侍郎，資政殿學士張商英爲中書侍郎，戶部尙書侯蒙同知樞密院事。帝嘗從容問蒙曰：「蔡京何如人也？」蒙對曰：「使京正其心術，雖古賢相何以加？」京聞而銜之。蒙，高密人也。

12 壬辰，罷河東、河北、京東鑄夾錫錢。

13 癸巳，詔：「方田之法，均賦惠民，訪聞近歲以來，有司推行怠惰，監司督察不嚴，賄賂公行，高下失實。可嚴飭所部，仍仰監司覺察。」

14 三月，庚子，募飢民補禁卒。

15 詔：「醫學生併入太醫局，算入太史局，書入翰林書藝局，畫入翰林畫圖局，其學官等並罷。」

16 甲寅，赦所在賑卹流民。

17 癸亥，詔：「罪廢人稍加甄敍能安分守者，不俟滿歲，各與敍進，以責來效。」
18 丙寅，賜上舍生十五人及第。
19 戊辰，詔：「上書邪下等人，可依無過人例，今後改官升任，並免檢舉。」
20 夏，四月，丙子，五國部長貢於遼。
21 己卯，班樂尺於天下。
22 癸未，蔡京上所修哲宗實錄。
23 丙戌，遼主預行再生禮。癸巳，獵於北山。
24 丙申，立感生帝壇。
25 丁酉，詔修哲宗正史。
26 五月，壬寅，停僧牒三年。
27 丁未，彗出奎、婁。
28 甲寅，立詞學兼茂科。帝以宏詞科不足以致文學之士，改立此科，歲附貢士院試，去檄書而增制誥，中格則授館職，歲不過五人。
29 丙辰，詔以彗見，避殿，減膳，令侍從官直言指陳闕失。
30 戊午，赦天下。

31 壬戌，改廣西黔南路爲廣南西路。

32 癸亥，治廣西妄言拓地罪，追貶帥臣王祖道爲昭信軍節度副使，放張莊于永州。

33 先是御史張克公奏論：「蔡京頃居相位，擅作威福，權震中外。輕錫予以蠹國用，託爵祿以市私恩。謂財利爲有餘積，皆出誕謾；務誇大以興事功，肆爲搔擾。援引小人，以爲朋黨；假借姻婭，布滿要途。以至交通豪民，興置產業；役天子之將作，營葺居第；用縣官之人夫，漕運花石。曾無尊主庇民之心，惟事豐己營私之計。若是之類，其事非一。已有臣僚論列，臣更不敢具陳。及（校者按：及字衍。）至若名爲祝聖壽而修塔以壯臨平之山勢，託言灌民田而決水以符興化之讖辭；致妊保之告變而謬爲心疾，受孟翊之誣言而與之官爵；趙眞欲輔之以妖術，張大成竊伺其姦意。駭動遠邇，聞者寒心，皆足以鼓惑天下，爲害之大者也。」

甲子，詔：「蔡京特降授太子少保，依舊致仕，在外任便居住。」制略曰：「輕爵祿以市私恩，濫錫予以蠹邦用，借助姻婭，密布要途，聚引凶邪，合成死黨。以至假利民而決興化之水，託祝聖而飾臨平之山，豈曰懷忠，殆將邀福。屢有告陳之迹，每連狂悖之嫌，雖僅上於印章，猶久留于里第，偃蹇弗避，傲睨罔悛，致帝意之未孚，昭星文而申譴。言章繼上，公議靡容，固欲用恩，難以屈法。宜褫師臣之秩，俾參宮保之官。聊慰羣情，尙爲寬典。」

34 丙寅，門下侍郎余深罷。【考異】宰輔編年錄作戊午，今從宋史。

深與蔡京結爲死黨。京旣去國，深不自安，上疏乞罷，乃以資政殿學士知青州。

35 六月，庚午，御殿，復膳。

36 甲戌，遼主淸暑于玉山。

37 乙亥，以張商英爲尙書右僕射兼中書侍郎。

蔡京久盜國柄，中外怨疾，見商英能立異同，更稱爲賢，帝因人望而相之。時久旱，彗星中天，商英受命，是夕彗不見，明日雨。帝喜，因大書「商霖」二字以賜之。

38 癸未，夏國貢於遼。

39 壬辰，復向宗回爲漢東郡王。

40 甲午，準布（舊作阻卜。）貢於遼。

41 乙未，慮囚。

42 丙申，門下侍郎薛昂罷爲祐神觀使。【考異】宰輔編年錄云：授資政殿學士、知江寧府；宋史表亦同。

43 秋，七月，辛丑，詔權罷方田。

44 遼主謁慶陵。

45 己未，張商英言：「當十錢，自唐以來，爲害甚明，行之於今，尤見窒礙，蓋小平錢出門，有限有禁，故四方商旅物貨交易得錢者，必入中求鹽鈔、收買官告度牒。而餘錢又流布在街市，故官私內外，交相利養。自當十錢行，一夫負八十千，小車載四百千。錢既爲輕齎之物，則告牒難售，鹽鈔非操虛錢而得實價則難行，重輕之勢然也。今欲傳〔權〕於內庫幷密院諸司借文〔支〕，應于封樁金銀物帛幷鹽鐵等，下令以當十錢盜鑄僞濫害法，半年更不行用；令民間盡所有于所在州軍送納，每十貫官支金銀物帛四貫文，擇其僞鑄者，送近便改鑄小平錢，存其如樣者，俟納錢足十貫作三貫文，各撥還元借處。然後京城作舊錢禁施行，乃可議榷貨通商鈔法。」

46 八月，庚午，張商英又言：「陛下奮發英斷，慨然欲救錢輕物重之弊，一旦發德音，下明詔，捐棄帑藏數千萬緡錢寶，改當十爲當三。令下之日，中外歡呼，萬口一舌。然而姦邪之在內者，密倡其說曰：『不久必復，可畜以待也。』姦邪之在外者，曉民以掠美曰：『當三則虧汝，當七則中矣。』是以小民聽而和之，令出五十日，而猶未大孚也。伏望陛下固志不移，使正議卒行，姦邪愧服，而消其凶悍不平之氣。」

47 乙亥，以劉正夫爲中書侍郎，侯蒙爲尙書左丞，翰林學士承旨鄧洵仁爲尙書左〔右〕丞。

48 戊寅，省內外宂官。

49 庚辰，以資政殿學士吳居厚爲門下侍郎。

50丁亥，行內外學官選試法。

51閏月，辛丑，詔：「諸路事有不便于民者，監司條奏之。」

52辛亥，遼主謁懷陵；己未，謁祖陵。

53辛酉，詔戒朋黨。

54以張閣知杭州。閣思所以固寵，乃因辭日，乞自領花石綱事，自此應奉益繁矣。

55壬戌，遼皇太叔和囉噶(舊作和魯斡。)從獵于慶州，道卒。

56九月，丙寅朔，日有食之。【考異】契丹國志所載與宋史同，遼史不載。

57甲戌，遼主命免行重九節禮。

58冬，十月，丁酉，立貴妃鄭氏爲皇后。

后，開封人，本欽聖殿押班。初，帝爲端王，常朝欽聖太后，太后命后供侍；及帝卽位，遂以賜帝。后性謹，善順承帝意，好觀書，章奏能自製；帝愛其才，竟立爲后。

59蔡京之免，知樞密院事鄭居中自許必得相，帝覺之，不果用。至是復以外戚罷爲觀文殿學士、中太一宮使。

戊戌，以吳居厚知樞密院事。

60太白晝見。

61 遼主駐藕絲淀。

62 十一月，丁卯，祀圜丘，大赦；改明年元日政和。

63 甲戌，罷拱州爲襄邑縣。

64 戊寅，詔通州安置人陳瓘與自便。

初，瓘自合浦放還，居四明。而其子正彙幹至餘杭，適聞蔡崇盛詫蔡京有動搖東宮之語，正彙即日自陳於杭帥蔡薿。薿方結京爲死黨，遂執正彙送京師，而飛書告京，俾預爲計。事下開封府制獄，知開封李孝稱，酷吏也，乃并下明州捕瓘。士民哭送之，瓘不爲動，既就獄，顧其子笑曰：「不肖子煩吾一行。」孝稱脅瓘使證正彙之妄，瓘曰：「正彙聞京將不利於社稷，傳於道路，遽自陳告，瓘所不知。忘父子之恩而指其爲妄，則情所不忍；挾私情以符合其說，又義所不爲。況不欺不貳，平昔所以事君教子，豈於利害之際有所貪畏，自違其言乎！蔡京姦邪，必爲國禍，瓘固嘗論于諫省，亦不待今日語言間也。」時內侍黃經臣監鞫，聞所對，失聲歎息，謂瓘曰：「主上正欲知實狀，右司第依此置對。」獄具，竟坐正彙以所言過實，流竄海島，而瓘亦有通州安置之命。至此方許其自便。

65 十二月，己酉，遼詔明年改元天慶。

66 庚戌，改謚靖和皇后爲惠恭。

67以呂惠卿爲觀文殿學士、知大名府。

68罷內藏東北出剩鹽鈔及六路上供錢鈔。

69是歲，夔州江水溢。海水清。

70出宮女四百八十六人。

71南丹州內附。

72遼境內大饑，惟保靜軍馬人望所治，粒食不闕，路不鳴桴。遙授人望爲彰義軍節度使。時穀價翔踊，宿衞士多不給，蕭托斯和出私廩周之；旋召知南院樞密使事。

續資治通鑑卷第九十一

賜進士及第兵部尚書兼都察院右都御史總督湖北湖南等處地方軍務兼理糧餉世襲二等輕車都尉 畢沅 編集

宋紀九十一 起重光單閼(辛卯)正月，盡閼逢敦牂(甲午)十二月，凡四年。

徽宗體神合道駿烈遜功聖文仁德憲慈顯孝皇帝

政和元年 遼天慶元年。(辛卯、一一一一)

1 春，正月，己巳，以賢妃王氏爲德妃。

2 辛未，詔：「諸路州、軍學生不及八十人處，不置教授；若熙、豐曾置教授者，雖人少，自合存留。」

3 壬申，毀京師淫祠一千三十八區。

4 丙戌，廢白、龔二州。

5 壬辰，詔百官厲名節。

6 陳瓘嘗謂紹聖史官專據王安石日錄改修神宗史，變亂是非，不可傳信，乃作尊堯集，深明誣妄，以正君臣之義。張商英奏請下明州取其書，送編修政典局。

7 是月，遼主鈞〔鉤〕魚於鴨子河。

8 二月，壬寅，册皇后。

9 乙巳，詔陝西、河東復鑄夾錫錢。

10 丙午，以太子少師鄭紳爲開府儀同三司。

11 遼主如春州。

12 三月，癸亥朔，御製書政和新修五禮序，議禮局請刻石於太常寺，許之。

13 以新知大名府呂惠卿爲醴泉觀使。

14 己巳，詔監司督州縣長吏，勸民增植桑柘，課其多寡爲賞罰。

15 癸酉，以吏部尚書王襄同知樞密院事。

16 乙亥，五國部長貢於遼。

17 夏，四月，乙卯，罷陝西、河東鑄夾錫錢。

18 丙辰，慮囚。

19 立守令勸農黜陟法。

20 五月，癸亥，詔：「四川羨餘錢物歸左藏庫。」

21 戊辰，詔：「見在當十錢並作當三行使，以爲定制。」
22 己卯，東南有星晝隕。
23 丁亥，解池生紅鹽。
24 是月，再下通州取陳瓘尊堯集送編修政典局。
25 遼主清暑於散水原。
26 六月，甲寅，復蔡京爲太子少師。
27 秋，七月，癸未，廢平、從二州爲砦。
28 戊子，醴泉觀使呂惠卿，守本官，致仕。
29 八月，乙未，復蔡京爲太子太師。
30 丁巳，尚書右僕射張商英罷，中丞張克公論給事中劉嗣明以繳駁事降官，商英理屈故也。

商英爲政持平，謂蔡京雖明紹述，但借以劫制人主，禁錮士大夫耳。於是大革弊事，改京所鑄當十大錢爲當三以平泉貨，復轉般倉以罷直達，行鹽鈔法以通商旅，蠲橫斂以寬民力，勸帝節華侈，息土木，抑僥倖，帝頗嚴憚之。嘗葺升平樓，戒主者遇丞相導騎至，必匿匠樓下，過則如初，時稱商英忠直。然意廣才疏，凡所當爲，先於公座誦言，故不便者得預爲計。初，何執中與蔡京同相，凡營立皆預議，至是惡商英出己上，與居中日夜醞織其短，先使言者論其門下客唐庚，竄之惠州。又，帝在潛邸，方伎郭天信言當履天位，及踐阼，頗睠寵之，商英因與往來，事覺，帝不悅。居中乃諷克公以嗣明事論之，遂罷政，出知河南府。

31 戊午，詔：「監司，部內官吏，一歲中有犯罪至三人以上，雖不及三人而或有嘗薦舉者，罪及監司。」

32 九月，辛酉朔，詔張商英落觀文殿大學士，改知鄧州；壬申，復降授大中大夫，仍知鄧州。校書郎李士觀、辟雍博士尹天民，並送吏部，與合入差遣。以劉嗣明奏商英擅便降敕，令天民、士觀編類御前文字也。

33 戊寅，同知樞密院事王襄罷，知亳州。

34 辛巳，詔：「陳瓘自撰尊堯集，語言無緒，並係詆誣，合行毀棄；仍勒停，送台州羈管，令本州當職官常切覺察，不得放出州城，月具存在申尚書省。」於是行移峻急，所過州縣，皆以兵甲防送，不得稽留。至台久之，人莫敢以居屋借賃者，暫館僧舍。而郡守以十月之法，每令廂巡起遣，十日輒移一寺。數月後，朝廷起遷人石悈知州事，且令赴闕之官。悈既視事，遣兵官約束，毋得出入，又置邏卒前後巡察，鈔錄賓客書問之往還者。尋令兵官突入所居，搜檢行李，攝瓘至州庭，大陳獄具，將脅以死。瓘揣知其意，大呼曰：「今日之事，豈被旨邪！」械失措曰：「朝旨欲取尊堯集耳。」瓘曰：「君知尊堯所以立名乎？蓋以神考爲堯，而以主上爲舜也。助舜尊堯，何謂詆誣！時相學術淺短，爲人所愚；君所得幾何，乃亦不畏公議，干犯名分乎！」械慚，屢揖瓘退，終不能害瓘。何執中怒，遂罷械，瓘由是得免。

35 童貫既得志於夏，遂謂遼亦可圖，因請使遼以覘之，乃以端明殿學士鄭允中充賀生辰使，而貫副之。或言：「以宦官爲上介，國無人乎？」帝曰：「遼人聞貫破羌，故欲見之；因使覘其國，策之善者也。」遂行。

童貫至遼，遼君相聚指笑曰：「南朝人才如此！」然遼主方縱肆，貪得南方玉帛珍玩，而貫所齎皆極珍奇，至運兩浙髹漆之具以爲饋。遼主所以遺貫者亦稱是。

36 冬，十月，庚寅朔，觀文殿學士、光祿大夫、致仕呂惠卿卒。贈開府儀同三司，謚文敏。惠卿負恩排王安石，衆皆薄之，雖章惇、曾布、蔡京當國，咸畏惡其人，不敢引入朝，以是轉徙外服，訖於死云。

37 辛卯，以用事之臣多險躁朋比，下詔申儆。

38 辛亥，知鄧州張商英，責授崇信軍節度副使，衡州安置；單州安置張天信，責授昭化軍節度行軍司馬，移新州安置；以開封獄成，商英、天信嘗令余賁、僧德洪、彭几往來交結，臣僚再論列，故有是責。

39 遼主駐蕩絲淀。

40 烏爾古德哷勒部（舊作烏古敵烈部。）叛遼，遼主以耶律棠古爲烏爾古節度使。至部，諭降之，遂出私財，及發富民積以賑其困乏，部民大悅。加鎮國大將軍。

41 十一月，壬戌，詔：「上書邪等及曾經入籍人，並不許試學官。」

42 丙子，臣僚言邇英講經，其音釋意義，當並以王安石等所進經義爲準，從之。

43 乙酉，京畿提舉學事林震，乞自今應以八行延入縣學者，並以州學外舍生例給食，從之。

44 十二月，己酉，詔臺諫以直道覈是非，毋憚大吏，毋比近習。

45 辛亥，廢鎮州，升瓊州爲靖海軍。

46 乙卯，臣僚言：「陳瓘尊堯集十卷，大綱取日錄之事，解釋成文，有論及王安石事。臣雖不見其全文，但瓘在建中靖國間，嘗以安石日曆（錄）爲不然。昨來大臣領政典局，知瓘素有異論，欲助成非謀，故下瓘家取索。望特旨嚴賜禁約，不得傳習；如有已曾傳錄之家，並乞立限繳納，仍下瓘家取索稿本，一切焚毀。」詔依奏。

47 遼以知黃龍府事蕭烏納舊作兀納，今改。爲東北路統軍使。上書曰：「臣治與女直接壤，觀其所爲，其志非小，宜先其未發，舉兵圖之。」章數上，皆不聽。

48 燕人馬植，本遼大族，仕至光祿卿，行汙而內亂，不齒於人。童貫使遼，道盧溝，植夜見其侍史，自言有滅燕之策，因得見貫。貫與語，大奇之，載與俱歸，【考異】繫年要錄云：植得罪於其國，間道邀貫，說以取燕之策，貫納之。政和五年，植自雄州來奔，改姓名曰李良嗣，仕諸朝，始有謀燕之意。東都事略則云，貫回至盧溝河，夜召見植，擁之以歸。兩說互異。按植既以得罪於遼，求見童貫，貫納其言，即當載與俱歸，何又遲延三四年始來奔乎？王偁所載，似爲近理，今從之。易姓名曰李良嗣，薦諸朝。

植卽獻策曰：「女直恨遼人切骨，而天祚荒淫失道，本朝若自登、萊涉海，結好女直，與之相約攻遼，其國可圖也。」議者謂祖宗以來雖有此道，以其地接諸蕃，禁商賈舟船不得行，百有餘年矣，一旦啓之，懼非中國之利，不聽。帝召植問之，植對曰：「遼國必亡。陛下念舊民遭塗炭之苦，復中國往昔之疆，代天譴責，以治伐亂，王師一出，必壺漿來迎。萬一女直得志，先發制人，事不侔矣。」帝嘉納之。賜姓趙氏，以爲祕書丞。圖燕之議自此始。

二年遼天慶二年。（壬辰、一一一二）

1 春，正月，己未朔，遼主如鴨子河。

2 甲子，制：「上書邪等人並不除監司。」

3 丁丑，五國部長朝於遼。

4癸未，詔：「釋教修設水陸及祈禳道場，輒將道教神位相參者，僧尼以違制論；主者知而不舉，與同罪。著爲令。」

5二月，戊子朔，詔：「太子太師致仕蔡京，兩居上宰，輔政八年，首建紹述，勤勞百爲，降秩居外，洊歷歲時。況元豐侍從被遇神考者，今則無幾；而又累經恩霈，理宜優異。可特復太師，仍爲楚國公，賜第京師。」

6丁酉，遼主如春州，幸混同江鉤魚，界外生女直部長在千里內者，以故事皆來朝。適遇頭魚宴，酒半酣，遼主臨軒，命諸部長次第起舞。獨阿古達舊作阿骨打，今改。辭以不能，諭之再三，終不從。他日，遼主密謂北院樞密使蕭奉先曰：「前日之宴，阿古達意氣雄豪，顧視不常，可託以邊事誅之，否則必詒後患。」奉先曰：「粗人不知禮義，無大故而殺之，恐傷向化之心。假有異志，蕞爾小國，亦何能爲！」遼主乃止。阿古達之弟烏奇邁舊作吳乞買，今改。等，嘗從遼主獵，能呼鹿、刺虎，遼主喜，輒加官爵。

7庚子，以婉容崔氏爲賢妃。

8三月，乙亥，詔蔡京到闕，朝見，引對，拜數特依元豐中文彥博例，許依舊服玉帶，遇六參日趁赴起居，在大班退，親王後入。

9己卯，賜禮部奏名進士及第、出身莫儔等七百三十人。

10 夏，四月，己丑，詔縣令以十二事勸農於境內，躬行阡陌，程督勤惰。

11 辛卯，復行方田。

12 日中有黑子，乍二乍三，如栗大。

13 甲午，宴蔡京等於太清樓，帝親爲之記。京又上記，備言宮室服玩之盛。

14 庚戌，以何執中爲司空。

15 壬子，詔衡州安置張商英許自便。

蔡京言：「商英譴責遠方，雖其所犯醜惡，而臣與之同遇先帝，出入三朝，薄有情契，拳拳之私，敢以此請。」故有是命。

16 五月，己巳，蔡京落致仕，以太師三日一至都堂議事，以尙書省令廳爲治所，仍押敕劄。

17 知永嘉縣虞防言：「朝廷昨行當十錢，最富國便民之良法也，所貴推行之得其人而已。前日異議之人，務快一日之私，上欺天聽，改爲當三，亦誤國之一也。望特許興復，以便上下。」詔：「虞防除名勒停，送循州編管。」

18 壬申〔癸未〕，蔡京言：「門下省乃覆駁之地，臣欲〔乃〕兼而冒處，實有妨嫌，委紊官制，望許臣免書門下省文字。」從之。

舊制，凡詔令皆中書、門下議，而後命學士爲之。至熙寧間，有內降手詔，不由中書、門下共議，蓋大臣有從陰中而爲之者。及蔡京專政，患言者議己，乃作御筆密進，而丐帝親書以降，謂之御筆手詔，違者以違制坐之。事無巨細，皆託而行，至有不類帝私〔札〕者，羣下皆莫敢言。自是貴戚近臣爭相請求，至使中人楊球代書，號曰「書楊」云。

19臣僚上言，以科舉廢罷縣學歲升之法非便，詔：「自今並依大觀三年四月以前指揮；其後降指揮，更不施行。」

20六月，己丑，以資政殿學士余深爲門下侍郎。

21庚寅，遼主淸暑於南崖。

22甲午，和州回鶻貢於遼。

23甲辰，準布（舊作阻卜。）貢於遼。

24乙卯，戶部尚書陳顯，因對，言再用蔡京，士民失望；帝怒，貶顯知越州。顯不復仕，歸隱四明。

25秋，七月，乙丑，遼主獵於南山。

26壬申，訪天下遺書。

27九月，己未，遼主射獲熊，宴羣臣，遼主自御琵琶相娛樂。

28癸未，更定官名。

蔡京率意自用，欲改制以繼元豐之政，乃首更開封守臣爲尹、牧。由是府分六曹，縣分六案，內侍省職，悉倣機廷之號，修六尙局，建三衞郎。遂詔：「太師、太傅、太保，古三公之官，今爲三師，古無此稱，合依三代以三公爲眞相之任。司徒、司空，周六卿之官，太尉，秦主兵之任，皆非三公，並宜罷。仍立三孤爲次相之任。更侍中爲左輔，中書令爲右弼。尙書左僕射爲太宰兼門下侍郎，右僕射爲少宰兼中書侍郎。罷尙書令及文武勳官，而以太尉冠武階。」然是時員既濫冗，名且紊雜，甚者黃冠道流，亦濫朝品，元豐之制，至此大壞。

29 阿古達自混同江宴歸，疑遼主知其異志，遂稱兵先并旁近部族。女直趙三阿鶻產拒之，阿古達擄其家屬二人，走訴咸州詳衮（舊作詳隱。）司，送北院樞密使蕭奉先，作常事以聞，遼主仍送咸州詰責，欲使自新。後數召阿古達，竟稱疾不至。

30 冬，十月，乙巳，得玉圭於民間，宣示羣臣。蔡京、何執中等議，以爲：「此卽禹錫之玄圭，陛下纘禹之緒，行堯之道，故天授以至寶，不勝大慶！」己酉，奏請行授寶之禮，詔不允。自是三上表，從之。

31 遼主駐奉聖州。

32 十一月，乙卯，遼主如南京。

33 己未，置知客省、引進、四方館、東·西上閤門事。

34 丁卯，遼主謁太祖廟。

35 丁丑，御筆言：「方田之法，本以均稅，有司奉行違戾，貨賄公行。豪右形勢之家，類蠲賦役而移於下戶，致使流徙；常賦所入，虧額致多，殊失先帝厚民裕國之意。已降指揮，權罷方量；有訴訟賦役不均者，且依未方以前舊數。其流移人戶，仰守令多方措置，招誘歸業。」

36 戊寅，日南至，受元圭於大慶殿，赦天下。

辛巳，蔡京進封魯國公。以何執中爲太宰、少傅兼門下侍郎。【考異】宰輔編年錄：執中以十二月受元圭除少傅，三年正月改太宰兼門下侍郎，今從宋史表。執政皆進秩。

37 十二月，乙酉，以鄭居中爲特進。

38 丙戌，以武信軍節度使童貫爲太尉。

39 乙巳，定命婦名爲九等。

40 丙午，宴輔臣於延福宮。

初，蔡京欲以宮室媚帝，召內侍童貫、楊戩、賈詳、何訢、藍從熙，諷以內中逼窄之狀。貫等乃請於大內北拱宸門下，因延福舊名而新作之。五人分任工役，視力所致，爭以侈麗高廣相誇尚，各爲制度，不務沿襲。及成，號延福五位，帝自爲文以記之。每歲冬至後卽放燈，自東華門以北，並不禁夜。徙市民行鋪夾道以居，縱博羣飲，至上元後乃罷，謂之先賞。

41 癸丑，始詔諸路給地牧馬。又以諸路馬食儲積亦艱，沿邊土曠，乘春發生，青草茂盛，諸城寨宜分番出牧，就野飽青，晚持草歸以充夜秣，則官芻可省，詔陝西諸路相度措置奏聞。

42 是歲，高麗入貢。

43 成都路夷人董舜諮、董彥博內附，置祺、亨二州。

44 遼放進士韓昉等七十七人。

三年 遼天慶三年。（癸巳、一一一三）

1 春，正月，甲子，以天錫元圭，遣官册告永裕、永泰陵。

2 丙寅，遼賜南京貧民錢。

3 丁卯，遼主如大魚濼。

4 癸酉，追封王安石爲舒王，子雱爲臨川伯。仲春釋奠，以兗國、鄒國公及舒王配享文宣王廟。

5 甲戌，遼禁僧尼破戒。

6 丙子，遼主獵於狗干〔牙〕山。大寒，獵人多死。

7 丁丑，吳居厚罷，以鄭居中知樞密院事。居厚久居政府，以周謹自媚，一時聚斂者推爲稱首。至是上章告老，除武康軍節度使、知洪州。

8 庚辰，詔：「議禮局新修五禮儀注，宜以政和五禮新儀爲名。」

9 二月，甲申，以德妃王氏爲淑妃。

10 庚寅，罷文臣勳官。

11 崇恩皇太后劉氏，帝以哲宗故，特加恩禮，而后頗干預外事，且以不謹聞。帝與輔臣議，將廢之。辛卯，后爲左右所逼，卽簾鉤自縊而崩，年三十五。

12 甲午，以遼、女直相持，詔飭河北邊防。

13 丁酉，詔：「百官奉祠祿者，並以三年爲任。」

14 乙巳，增定六朝勳臣一百十六人。

15 三月，壬子朔，日有食之。【考異】遼史不書是年日食，今從宋史。

16 戊辰，升永安縣爲永安軍。

17 癸酉，賜上舍生十九人及第。

18復置算學。

19甲戌，左街道録徐知常，特授沖虚先生。

20辛巳，詔濮州王老志賜號安泊處士。老志，濮之臨泉人，隸東京轉運司爲書吏。自言常遇鍾離眞人授內丹要訣，棄妻子，結草爲廬，施病者藥，喜與人言休咎，頗藉藉有聞，故有是命。

21女直阿古達，一日率五百騎突至遼咸州，吏民大驚。翼日，赴詳袞司，與趙三等面折庭下，阿古達不屈，送所司問狀。一夕遁去，遣人訴於遼主，謂詳袞司欲見殺，故不敢留。自是召不復至。

22夏，四月，甲申，宣義郎黃冠言：「欲令天下士自鄉而升之縣學，自縣學而升之州學，通謂之選士，其自稱則曰外舍生。才之向成，升於內舍，則謂之俊士，自稱內舍生。又其才之已成而貢之辟廱，然後謂之貢士，其自稱亦以是。」從之。

23戊子，作保和殿，總爲屋七十五間，上飾純綠，下漆以朱，無文藻、繪畫五采；垣墉無粉澤，以淺墨作寒林平遠禽竹；左實典謨訓誥經史，右藏三代彝器，東序置古今書畫，西序收琴阮筆硯焉。

24癸巳，尚書右丞鄧洵仁，罷知亳州，以臣僚論其締交黃經臣也。

25 乙巳，以福寧殿東建玉淸和陽宮。

26 丙午，升定州爲中山府。

27 己酉，以資政殿學士薛昂爲尙書右丞。

28 庚戌，鄭居中等奏：「編成政和五禮新儀幷序例，總二百二十卷，目錄六卷，共二百二十六卷，辨儀正誤，推本六經，朝著官稱，一遵近制。」詔令頒降。

29 閏月，甲寅，詔八行許添差諸州教授，從奉議郎王愈奏請也。

30 丙辰，改公主爲帝姬，郡主爲宗姬，縣主爲族姬。於是民間有無主之說，又言姬者飢也，亦用度不足之讖云。

31 戊午，復置醫學。

32 遼主欲以嚴刑威衆，會李洪以左道聚衆爲亂，遂支解之，分示五京。

33 辛酉，上崇恩皇太后謚曰昭懷。

34 五月，丙申，升蘇州爲平江府。

35 庚子，大盈倉火。

36 壬寅，以欒溱、播二州，進執政官一等。

37 丙午，葬昭懷皇后於永泰陵。

38 丁未，詔尚書內省分六司，以掌外省六曹所上之事，置內宰、副宰、內史、治中等官及都事以下吏員。

39 己酉，詔頒大晟樂於天下，舊樂遂禁。

40 六月，丙辰，夏國貢於遼。

41 丁巳，詔：「武學，州縣外舍生稱武選士，內舍生稱武俊士。」

42 庚申，尚書省言：「縣學爲升貢之本。今天下令佐，吏部注授，多非其人。俗吏則以學爲不急，不加察治，縱其犯法；庸吏則廢法容姦，漫不加省，有罪不治。以故學生在學，毆鬭爭訟，至或殺人。蓋令佐不加訓治，州學不切舉察，提舉官失於提按，以致敗壞如此。今立法整飭，乞賜指揮施行。」從之。

43 癸亥，祔昭懷皇后神主於太廟。

44 辛未，張商英特責授汝州團練副使。

45 秋，七月，癸未，升趙城縣爲慶祚軍。

46 甲申，還王珪、孫固贈謚，追復韓忠彥、曾布、安燾、李清臣、黃履等官職。

47 己亥，詔：「於編類御筆所置禮制局，討論古今沿革，具畫來上，朕將親覽，參酌其宜，以革千古之陋，成一代之典，庶幾先王，垂法後世。」

崇寧以來，稽古殿多聚三代禮器，若鼎、彝、簠、簋、犧、象尊、罍、登、豆、爵、斝、琖、觶、坫、洗，凡古制器悉出，因得見商、周之舊，始驗先儒所傳大謬。至是既置禮制局，乃請御府所藏，悉加討論，盡改以從古，薦之郊廟，煥然大備。有萬壽玉尊者，大猶四升器，雕琢殊絕。玉坫闊盈尺有二寸，帝每祭祀飲福，大朝會，爵羣臣則用焉。其他多稱是。至其制作之精，殆與古埒，自漢以來，未之有也。中書舍人翟汝文奏乞編集新禮，改正三禮圖以示後世，卒不果行。【考異】李燾曰：實錄於二年七月二十一日已書此詔。按三年九月五日，始命劉昺等爲禮制局詳議官，然則置局當在三年七月，實錄誤也。蔡條史補亦係之三年，本紀因實錄，於二年七月二十一日丙子書置禮制局，今不取。

48 庚子，貴妃劉氏薨。

49 壬寅，復置白州。

50 遼主如秋山。

51 八月，甲戌，以燕樂成，進執政官一等。

52 丙子，以何執中爲少師。

53 丁丑，升潤州爲鎮江府。

54 戊寅，封四鎮山爲王。

55 九月，庚寅，詔大理寺開封府不得奏獄空，其推恩支賜並罷。

56 辛卯，召王老志赴闕，丁酉，封爲洞微先生。老志所居地必生花，謂之地錦。至京師，館蔡京賜第南園，士大夫闐門。數召對禁中，帝手書觀妙明眞之號賜之。

57 戊戌，追册貴妃劉氏爲皇后，謚曰明達。

58 遼主如藕絲淀。

59 冬，十月，戊申朔，元觀法師程若淸〔虛〕，封寶籙先生。

60 庚戌，手詔曰：「朕荷天顧諟，錫以元圭，外赤內黑，尺有二寸，旁列十有二山，蓋周之鎭圭有法乎是。祗天之休，於以昭事上帝而體其道，過周遠矣。將來冬祀，可搢大圭，執鎭圭，庶格上帝之心，敷佑於下民，永爲定制。」

61 乙丑，閱新樂器於崇政殿，出器以示百官。

62 戊辰，詔：「冬祀大禮及朝景靈宮，並以道士百人執威儀前導。」

63 十一月，辛巳，朝獻景靈宮。

64 壬午，饗太廟，加上神宗謚曰體元顯道法古立憲帝德王功英文烈武欽仁聖孝皇帝。

【考異】東都事略無「法古立憲」四字，今從宋史徽宗紀。

改上哲宗謚曰憲元繼道世德揚功欽文睿武齊聖昭孝皇帝，於神宗加「法古立憲」四字，哲宗改「顯德定功」曰「世德揚功」，皆蔡京所爲，以彰紹述之義也。

癸未，祀圜丘，大赦天下。

65帝有事於南郊，蔡攸爲執綏官。玉輅出南薰門，帝忽曰：「玉津園東若有樓臺重複，是何處也？」攸即奏：「見雲間樓殿臺閣，隱隱數重，既而審視，皆去地數十丈。」頃之，帝又問曰：「見人物否？」攸即奏：「有道流童子持幡節蓋，相繼而出雲間，衣服眉目，歷歷可識。」乙酉，遂以天神降，詔告在位，作天眞降臨示見記。

帝常夢被召，如在藩邸時，見老君坐殿上，儀衞如王者，諭帝曰：「汝以宿命，當興吾教。」帝受命而出，夢覺，記其事。及是冬祀，王老志亦從。帝在太廟小次中，老志曰：「陛下昔夢，尙記之乎？時臣在帝旁也。」黎明，出南薰門，見天神降於空中，議者謂老志所爲。道教之盛自此始。

66己丑，以賢妃崔氏爲德妃。

67壬辰，樂祥州。

68甲午，遼以三司使虞融知南院樞密使事，西南面招討使蕭樂古爲南府宰相。知樞密使事耶律儼有疾，遼主命乘小車入朝，疾甚，遣太醫視之。

69己亥，詔有官人許舉八行。

70 是月，大雨雪，連十餘日不止，平地八尺餘；冰滑，人馬不能行，詔百官乘轎入朝。

71 十二月，癸丑，詔天下訪求道教仙經。

72 甲寅，遼以樞密直學士馬人望參知政事。人望有操守，未嘗附麗求進。至是人賀，人望愀然曰：「得勿喜，失勿憂，抗之甚高，擠之必酷。」其畏慎如此。

73 河北轉運判官張孝純言：「周官以六藝教士，必射而後行。古者諸侯貢士，天子試之於射宮。乞詔諸路州郡，每歲薦貢士於國學，因肄射禮。」從之。

74 乙卯，詔天下貢醫士。

75 丙辰，遼知樞密院事耶律儼卒。贈尚父，謚忠懿。儼頗以廉潔聞，顧不能以禮正家，藉以固寵，聞者鄙之。北院樞密使蕭奉先，素與儼相結，儼死，薦其姪李處溫爲相，儼本姓李也。處溫因奉先有援己力，傾心阿附，而貪汚尤甚，凡所援引，類多小人。

76 辛酉，太白晝見。

77 癸亥，高麗貢於遼。

78 遼生女直部節度使烏雅舒，（舊作烏雅束。）夢逐狼，屢發不能中，阿古達前，射中之。旦日，以所夢問僚佐，皆曰：「吉，兄不能得而弟得之之兆也。」是月，烏雅舒卒，阿古達襲位爲達貝勒。舊作都勃（極）烈，今改。遼使阿勒博舊作阿息保，今改。往謂之曰：「何故不告喪？」阿古達曰：「有喪而不弔，而乃以爲罪乎？」他日，阿勒博徑至烏雅舒殯所，閱賵馬，欲取之，阿古達怒，將殺之，宗雄諫而止。宗雄本名摩囉歡，舊作謀良虎，今改。烏雅舒之長子也。

79阿古達欲伐遼而未決，乃之完顏部，謂都古嚕納舊作迪古乃，今改。曰：「遼名爲大國，其實空虛，主驕而士怯，戰陣無勇，可取也。吾欲舉兵而西，君以爲何如？」都古嚕納曰：「以公英武，士卒樂爲用。遼帝荒於畋獵，政令無常，易與也。」阿古達然之。

80是歲，江東旱。

四年遼天慶四年。（甲午、一一一四）

1春，正月，戊寅朔，置道階六字先生至額外鑒議品秩，比視中大夫至將仕郎，凡二十六等，並無請給人從及不許申乞恩例。

2甲申，知秦州胡師文，進中奉大夫，以討論元圭推賞也。

3辛丑，王老志加號觀妙明真洞微先生。

4甲辰，通判開德（府）王景文，轉奉直大夫，與知州差遣，仍赴召都堂，以元圭得之其家也。

5 是月，遼主如春水。

6 二月，丁巳，賜上舍生十七人及第。

7 癸亥，改清井監爲長寧軍。

8 癸酉，皇長子桓冠。

9 三月，丙子朔，以淑妃王氏爲貴妃。

10 丁丑，詔：「諸路應小學生及百人處，並增差教諭一員。」

11 辛卯，詔：「諸路監司，每路通選宮觀道士十人，遣發上京，赴左右街道錄院講習科道聲讚規儀，候習熟遣還本處。」

12 夏，四月，庚戌，幸尚書省，以手詔訓誡蔡京、何執中，各官遷秩，吏賜帛有差。

13 癸丑，閱太學、辟廱諸生雅樂。

14 甲寅，尚書省言：「水磨茶場歲收錢約四百萬貫以上，比舊已及三倍，不係省錢，別無支用，尚循舊例，只每季泛進，未有月進之數。今欲每月進五萬貫，所收錢尚有餘，不至闕少。」詔依所奏，仍自今月爲始。

15 甲子，改戎州爲敍州。

16 五月，丙戌，初祭地祇於方澤，以太祖配。降德音於天下。

17 遼主清暑於散水原。

18 六月，戊午，慮囚。

19 庚午，詔：「小學倣太學立三舍法。」

20 壬申，以廣西谿洞地置隆、兌二州。

21 秋，七月，丁丑，置保壽粹和館，以養宮人有疾者。

22 戊寅，焚苑東門所儲藥可以殺人者，仍禁勿得復貢。

23 甲午，祔明達皇后神主於別廟。

24 遼主好畋獵，怠於政事，每歲遣使市名鷹於海上，道出生女直，使者貪縱，徵索無藝，女直厭苦之。烏雅舒（舊作烏雅束。）嘗以遼主不遣阿蘇舊作阿疎，今改。爲辭，稍拒其市鷹使者。及阿古達襲節度使，相繼遣普嘉努，舊作蒲家奴，今改。實古訥舊作習古乃，今改。等索阿蘇，遼主終不許。實古訥歸，具言遼主驕肆廢弛之狀。阿古達乃召其所屬，告以伐遼之故，使備衝要，建城堡，修戎器，以聽後命。遼主使侍御阿勒博往詰之，阿古達曰：「我，小國也，事大國不敢廢禮。大國德澤不施，而逋逃是主，以此字小，能無望乎！若還阿蘇，朝貢如故；苟不獲已，豈能束手受制也！」阿勒博還，遼主始爲備，命統軍蕭托卜嘉舊作撻不也，今改。調諸軍於寧江州。

阿古達聞之，使布薩哈舊作僕聒剌，今改。復索阿蘇，實覘其形勢。布薩哈還，言遼兵多，不知其數，阿古達曰：「彼初調兵，豈能遽集如此！」復遣呼實布舊作胡沙保，今改。往。還，言唯四院統軍司與寧江州軍及渤海八百人耳，阿古達曰：「果如吾言。」謂諸將佐曰：「遼兵知我將舉兵，集諸路軍備我，我必先發制之，無爲人制。」衆皆曰：「善！」乃入見頗拉淑舊作劾剌淑，今改。妻富察氏，舊作蒲察氏，今改。告以伐遼事，富察氏曰：「汝嗣父兄立邦家，見可則行。吾老矣，無詒我憂，汝亦必不至是。」阿古達奉觴爲壽，卽奉富察氏率諸將出門，舉觴東向，以遼人荒肆不歸阿蘇幷已用兵之意禱於皇天后土。酹畢，富察氏命阿古達正坐，與僚屬會酒，號令諸部，使博勒和舊作婆盧火，今改。徵伊蘭古嚕訥舊作移懶路迪古，今改。之兵，執遼障鷹官。

25 八月，乙巳，改端明殿學士爲延康殿學士，樞密直學士爲述古殿直學士。

26 辛亥，詔：「諸路學校及三百人以上者，三分增一分，百人以上者，增一分之半。」

27 癸亥，定武臣橫班，以五十員爲額。

28 九月，辛卯，詔以辟廱大成殿名頒諸路州學。

29 九月，己亥，詔：「諸路兵應役京師者，並以十月朔遣歸。」

30 是月，女直阿古達舉兵伐遼，進軍寧江州，次寥晦城。博勒和徵兵後期，杖之，復遣督軍諸路兵皆會於拉林舊作來流，今改。水，得二千五百人。申告於天地曰：「世事遼國，恪修職貢，有功不省，而侵侮是加。今將問罪於遼，天地其鑒佑之！」遂命諸將傳梃而誓曰：「汝等同心盡力，有功者，奴婢部曲爲良，庶人官之；先有官者，敘進輕重視功。苟違誓言，身死梃下，家屬無赦！」

師將至遼界，先使宗幹本作幹布，舊名幹本。督士卒夷塹，既度，遇渤海軍攻左翼七穆昆，舊作謀克，今改。衆少卻，遼兵直抵中軍。杲本名舍音，舊作斜也。出戰，哲垤先驅，阿古達曰：「戰不可易也。」遣宗幹止之。宗幹馳出杲前，控止導騎哲垤之馬，杲遂與遽還，遼兵從之。耶律色實舊作謝十，今改。墜馬，遼人前救，阿古達射救者斃，并射色實，中之。有騎突前，又射之，徹札洞胸。色實拔箭走，追射之，中其背，僨而死。宗幹與數騎陷遼軍中，阿古達救之，免冑戰。或自旁射之，矢拂於顙，阿古達顧見射者，一矢而斃，謂將士曰：「盡敵而止！」衆從之，勇氣自倍。遼軍大奔，蹂踐死者十七八。

薩哈舊作撒改，今改。在別路，不及會戰，阿古達使人以戰勝告。薩哈遣其子宗翰本名尼瑪哈，舊作黏沒喝，亦作黏罕。及完顏希尹本名谷紳，舊作谷神。來賀，且勸稱帝，阿古達曰：「一戰而勝，遂稱大號，何示人淺也！」

軍至寧江州，塡塹攻城。寧江人自東門出，邀擊，盡殪之。遼統軍司以聞，遼主射鹿於慶州，略不介意，遣海州刺史高仙壽統渤海軍應援而已。冬，十月，寧江州陷，防禦使大藥師努舊作大藥師奴，今改。被獲，阿古達陰縱之，使招諭遼人。遂引兵還，謁富察氏，以所獲頒宗族耆老。

初，女直部民皆無傜役，壯者悉爲兵，平居則漁畋射獵，有警則下令諸部之長，凡步騎之仗糗，皆自備焉。其部長曰貝勒，舊作孛堇，今改。行兵則稱曰明安、舊作猛安，今改。穆昆。舊作謀克，今改。明安猶千夫長，穆昆猶百夫長也。

遼主聞寧江州陷，召羣臣議。漢人行宮副部署蕭托斯和舊作陶蘇斡，今改。曰：「女直雖小，其人勇而善射。我兵久不練，若遇強敵，稍有不利，諸部離心，不可制矣。今莫若大發諸道兵以威厭之。」北院樞密使蕭德勒岱舊作德〔得〕里底，今改。曰：「如托斯和之謀，徒示弱耳。但發滑水兵，足以拒之。」乃以司空蕭嗣先爲東北路都統，蕭托卜嘉舊作撻不也，今改。副之，發契丹、奚軍三千人，中京禁兵及土豪二千人，選諸路武勇二千餘人，屯出河店。

31 乙巳，復置拱州。

32 十一月，辛巳，觀妙明眞洞微先生王老志卒。老志乞歸，留之不得，尋卒，賜金以葬。

33 遼都統蕭嗣先等將步騎諸軍會於鴨子河北，【考異】遼史天祚本紀作混同江，今從金史太祖本紀。阿古達帥衆來禦。未至鴨子河，會夜，阿古達方就枕，若有扶其首者三，寤而起，曰：「神明警我也。」卽鳴鼓舉燧而行。黎明，及河；遼人方壞陵道，阿古達選壯士千人擊走之，因帥衆繼進，遂登岸，與遼兵遇於出河店。會大風起，塵埃蔽天，阿古達乘風奮擊，遼兵潰。逐至斡論濼，殺獲不可勝計，遼將士得免者十有七人。樞密蕭奉先，懼兄嗣先得罪，輒奏：「東征潰軍，所至劫掠，若不肆赦，恐聚爲患。」遼主從之，嗣先但免官而已。於是諸軍相謂曰：「戰則有死無功，退則有生無罪。」故士無鬬志，見敵輒潰。

壬辰，遼都統蕭迪里舊作敵里，今改。等營於斡論濼，又爲女直兵所襲，死者甚衆。迪里亦坐免官。

遼人嘗言女直兵滿萬則不可敵，至是始滿萬云。

34 十二月，己酉，以禁中神御殿成，減天下囚罪一等。

35 癸丑，定朝儀，奉直大夫以八十員爲額。

36 乙卯，雪降，賜宴於蔡京第。

37 己未，詔廣南市舶司歲貢眞珠、犀角、象齒。

38 環州定遠大首領夏人李阿雅卜，舊作訛㖫，今改。以書遺其國統軍梁多凌舊作哆唛，今改。曰：「我居漢二十七年，每見糧草轉輸，例給空劵。方春末秋初，士有飢色。若徑擣定遠，唾手可取。既得定遠，則旁十餘城不勞而下矣。我儲穀累歲，掘地藏之，大兵之來，斗糧無齎，可坐而飽也。」多凌遂以萬人來迎。轉運使任諒，先知其謀，募兵盡發窖穀。多凌圍定遠，失所藏，越七日，阿雅卜遂以其部萬餘人歸夏，夏槩臧河底〔底河〕城。詔童貫爲陝西經略使以討之。

39 遼賓、咸、詳〔祥〕三州及鐵麗〔驪〕部俱降於女直。

鐵州楊朴，嘗仕遼爲祕書郎，至是降於女直，說阿古達曰：「大王創興師旅，當變家爲國，圖霸天下。比者諸部兵衆，皆歸大王，今力可援〔拔〕山塡海，而不能革故鼎新，册帝號，封諸蕃，傳檄嚮〔響〕應千里。自是東接海隅，南連宋，西通夏，北安遠國之民，建萬世之鎡基，興帝王之社稷，行之有疑，禍如發矢，大王如何？」【考異】金初用楊朴策，見遼史，而金史不載，蓋金史之疏漏也。契丹國志云：楊朴，本渤海大族，降女直，頗用事，得其實矣。但國志不載朴勸稱號之言，茲從三朝北盟會編增載。遼史以用楊朴策爲天慶七年事，誤也。烏奇邁、薩哈等並以朴言爲然，率官屬勸進，願以新歲元日上尊號，阿古達不許。普嘉努、宗翰等進曰：「今大功已建，若不稱尊號，無以繫天下心。」阿古達曰：「吾將思之。」

續資治通鑑卷第九十二

賜進士及第兵部尚書兼都察院右都御史總督湖北
湖南等處地方軍務兼理糧餉世襲二等輕車都尉畢沅編集

宋紀九十二 起旃蒙協洽（乙未）正月，盡強圉作噩（丁酉）十二月，凡三年。

徽宗體神合道駿烈遜功聖文仁德憲慈顯孝皇帝

政和五年 遼天慶五年，金收國元年。（乙未、一一一五）

1春，正月，壬申朔，女直阿古達（舊作阿骨打。）稱皇帝，謂其下曰：「遼以賓鐵爲號，取其堅也。賓鐵雖堅，終亦變壞。惟金不變不壞，金之色白，完顏部色尚白。」於是國號大金，改元收國，更名旻。鄂蘭哈瑪爾舊作阿離合懣，今改。及宗翰以耕具九爲獻，祝曰：「使陛下無忘稼穡之艱。」金主敬而受之。旋以鄂蘭哈瑪爾爲古論貝勒。舊作國論勃極烈，今改。

2丙子，金主自將攻黃龍府，進臨益州，州人走保黃龍，取其餘民以歸。

3丙戌，瀘南晏州夷卜漏等反，攻梅嶺堡，陷之。

晏州六縣水路十二邨及十州五邨團思峨洞諸熟夷，素黠勇善鬭，大中祥符、元豐間，屢爲邊患。瀘帥賈宗諒，武人也，喜生事，嘗以需竹木擾夷，夷怨之；至是又誣致其酋斗箇旁等罪，杖脊，黥配，諸夷憤怒。卜漏遂主盟，合從入寇，因上元張燈，襲破梅嶺堡。知寨高公老妻，族姬也，公老嘗攜族姬以金玉器與卜漏輩飲思峨洞，卜漏豔之，故來攻。公老遁去，遂略其妻及金玉，四出焚掠以歸。族姬，濮安懿王之曾孫，於帝服屬爲近，事聞，帝甚駭。

時蜀久安，人巽懦不習兵，所至闕戰守備，遠近聞警騷動。梓州轉運使趙遹，適按部次昌州，即馳至瀘，而提點刑獄賈若水亦至。遹恐賊踰瀘水益難禦，乃急督宗諒率兵進屯江安縣，據水當賊衝，且以近邊諸壘轉餉給軍，儲備無乏。若水摘比近巡尉兵既至，又成都、利、夔路援師亦集，與宗諒所部，得衆萬餘。逮賊再犯武寧、樂共、梅嶺，宗諒出兵與賊戰，官軍大衄，裨將陳世基等死之。賊屢勝，愈猖獗，出沒無虛日，蜀土大震。

4 己丑，令諸州縣置醫學，立貢額。

5 甲午，改龍州爲政州。

6 遼遣行軍都統耶律鄂爾多、舊作訛里朵，今改。左副統蕭伊蘇、舊作乙薛，今改。右副統耶律章努、舊作張奴，今改。都監蕭色佛埒、舊作謝佛留，今改。騎二十萬、步卒七十萬戍邊。遼主率兵趨達嚕噶舊作達魯古，今改。城，次寧江州西。遼主下詔親征，遣僧嘉努舊作僧家奴，今改。持書約和，斥金主舊名，且使爲屬國。金主遣薩喇舊作賽剌，今改。復書：「若歸叛人阿蘇，舊作阿疏，今改。遷黃龍府于別地，然後議之。」庚子，進師逼達嚕噶城。

金主登高，望遼兵若連雲灌木狀，顧謂左右曰：「遼兵心貳而情怯，雖多，不足畏。」遂趨高阜爲陣。宗雄以右翼先馳遼左軍，左軍卻。右翼出其陣後，遼右軍皆力戰，洛索、舊作婁室，今改。尼楚赫舊作銀朮可，今改。衝其堅，凡九陷陣，皆力戰而出。宗翰請以中軍助之，金主使宗幹往爲疑兵。宗雄已得利，擊遼右軍，遼兵遂敗；乘勝追躡至其營，會日已暮，圍之。黎明，遼軍潰圍出，逐北至阿嚕舊作阿婁，今改。岡，遼步卒盡殪。

是役也，遼人本欲屯田，且戰且守，故金并得其耕具以給諸軍。

7 童貫遣熙河經略使劉法將步騎十五萬出湟州，秦鳳經略使劉仲武將兵五萬出會州，貫以中軍駐蘭州，爲兩路聲援。仲武至清水河，築城屯守而還。法與夏右廂軍戰于古骨龍，大敗之，斬首三千級。

8 二月，乙巳，立定王桓爲皇太子。

甲寅，册皇太子，赦天下。

9 庚午，以童貫領六路邊事。時永興、鄜延、環慶、秦鳳、涇原、河西各置經略安撫使，以貫總領之，于是西兵之柄皆屬於貫。

10 遼饒州渤海摩哩舊作古欲，今改。等反，自稱大王，遼主遣蕭色拂〔佛〕埒等討之。

11 三月，辛未朔，太白晝見。

12 金主獵於寥晦城。

13 癸酉，張商英復通奉大夫，提舉崇福宮。

14 梓州路轉運使趙遹密奏賈宗諒激變晏夷之罪，且曰：「瀘南邊事，轉運使官不當干預，臣不敢坐視，已收羸兵馳赴樂共城，權行招安之策，庶邊徼早得寧息。」然遹本意乃欲專事進討，兵端愈大矣。詔：「罷宗諒等；審度事宜，如晏夷尚敢猖獗，卽仰前去掩殺；若已退散著業，或悔過歸降，卽不得要求功賞，別生事端。」代以康延魯而聽遹節制。

15 甲申，追論至和、嘉祐定策功，封韓琦爲魏郡王，復文彥博官。

16 丁亥，詔以立皇太子，見責降文武臣僚，並與牽復甄敍，凡千五百人。

17 壬辰，升舒州爲德慶軍節度。

18 癸巳，賜禮部奏名進士出身何㮚等六百七十人。

19 夏，四月，甲辰，作葆眞宮。

20 丙午，趙遹奏：「節次招到晏州夷賊千餘人及首領斗岡等二百四十七人，又說諭到賊首卜漏等十餘人，俱來梅嶺堡，去君城十里，與所差使臣同刺猫牲、雞血，和酒飲誓，稱一心歸宋，更不作過。比引問於聽事之所，先以疏其過惡，次以明示君父不殺之恩，率皆面闕以備不虞。」

稽顙再拜以謝。臣卽犒以酒食，錫以銀采，俾令著業。遂分兵修復梅嶺堡，兼創築諸城寨，

21丁未，詣景靈宮；還，幸祕書省，進館職官一等。

22庚戌，改集英殿爲右文殿。

23癸丑，遼蕭色佛埒等爲渤海摩哩所敗，以南面副部署蕭託斯和爲都統，赴之。託斯和

與摩哩戰，復敗績。

24癸亥，置宣和殿學士。

25詔東宮講〔讀〕官罷讀史。

26遼主使耶律章努等齎書使金，斥其主名，冀以速降。金主以爲書辭侮慢，留其五人，獨

遣章努還，報書亦如之。

27五月，庚午朔，金主避暑于近郊。甲戌，拜天，射柳。自後每歲以五月五日、七月十五

日、九月九日拜天，射柳。

28六月，己亥朔，遼章努復以國書致金主，猶斥其名，辭與前同；金主亦斥遼主名以報

之，且諭之使降。

29癸丑，以修三山河橋，降德音于河北、京東、京西路。

蔡京以孟昌齡爲都水使者，獻議導河大伾，可置永遠浮橋，謂：「河流自大伾之東而來，直大伾山西而止，數里方回南，東轉而過，復折北而東，則又直至大伾山之東，地形水勢，迫束相直，曾不十餘里。且地勢卑，不可以成河，倚山可爲馬頭。又有中潬，正如河陽，若引使穿大伾大山及東北二小山，分爲兩股而過，合于下流，因三山爲趾以繫浮梁，省費數十百倍，可寬河朔諸路之役。」朝廷喜而從之，置提舉，修繫永橋，所調役夫數十萬，民不聊生。至是工畢，詔提舉所具功力等第聞奏。又詔居山至大伾山浮橋屬濬縣者，賜名天成橋；大伾山至汶子山浮橋，屬滑州者，賜名榮光橋，俄改榮光曰聖功。御製橋銘，磨崖刻之。昌齡遷工部侍郎。方河之開也，水流雖通，然湍激猛暴，遇山稍隘，往往泛溢，近砦民夫，多被漂溺，因及通利軍，後遂注成巨濼云。

30 秋，七月，戊辰朔，日有食之。【考異】遼、金二史不書是年日食，今從宋史。

31 金主以弟烏奇邁（舊作吳乞買。）爲安班貝勒，舊作諳班勃極烈，今改。以國相薩哈、舊作撒改，今改弟杲並爲古論貝勒。舊作國論勃極烈，今改。

32 乙亥，升汝州爲陸海軍節度。

33 丁丑，詔建明堂於寢之南。

34 趙遹奏：「晏州夷賊渝盟作過，出沒剽掠，若置而不問，恐養成姦惡，別生大患，不可不早爲之計。但事力未勝，不敢輕舉深入；乞就秦鳳、涇原、環慶路共調兵三萬，前來攻討。」詔永興路選兵二千人赴之。辛巳，又詔涇原發兵三千，環慶二千，押赴瀘南聽用。仍以趙遹爲瀘南招討統制使，王育、馬覺爲同統制，雷迪、丁升卿軍前承受，孫羲叟、王良弼應副錢糧，並聽遹節制。

35 甲申，以昭慶軍節度使蔡卞爲開府儀同三司。

36 是月，遼使薩喇舊作辭剌，今改。以國書致金主，金主留之不遣。

37 八月，戊戌朔，金主自將攻黃龍府，次混同江，無舟；金主使一人導前，乘赭白馬徑涉，曰：「視吾鞭所指而行。」諸軍隨之，水及馬腹。後使舟人測其渡處，深不得其底。

38 己亥，都水監言：「大河已就三山通流，正在通利之東，慮水溢爲患，乞移軍城于大伾山、居山之間以就高仰。」從之。

39 己酉，詔祕書省移于他所，以其地爲明堂。杭州觀察使陳彥，言明堂基宜正臨丙方稍東，以據福德之地，故有是詔。命蔡京爲明堂使，開局興工，日役萬人。

40 庚戌，詔：「中書舍人陳邦光，提舉洞霄宮，池州居住。」

先是邦光以中書舍人兼太子詹事，會蔡京獻太子以大食琉璃酒器，羅列宮庭。太子怒曰：「天子大臣，不聞道義相訓，乃持玩好之具蕩吾志邪！」命左右擊碎之。京聞邦光實激太子，含怒未發，遂因事斥之。

41 辛亥，升通利軍爲濬州。

42 嗣濮王仲增薨，弟仲御嗣。

43 丙寅，陳瓘特敍承事郎，許任便居住，緣立太子赦也。瓘既寓通州，而盛章與石悈有隙，取密旨編置通州，揚言爲瓘報仇，瓘聞而歎曰：「此豈盛世所宜有邪！」因謀徙避，遂挈家至九江卜居焉。

44 九月，丁卯朔，遼黃龍府陷于金。金主遣遼使薩喇還，遂班師，至混同江，徑度如前。金宗翰及其弟宗弼 本名烏珠，舊作兀朮。 等遺書遼主，陽爲卑哀之辭，實欲求戰；遼主怒，下詔親征，有「女直作過，大軍翦除」之語。金主聚衆，剺面仰天慟哭曰：「始與汝等起兵，蓋苦契丹殘忍，欲自立國。今天祚親征，柰何？非人死戰，莫能當也。不若殺我一族，汝等迎降，轉禍爲福。」諸軍皆曰：「事已至此，惟命是從。」

45 癸巳，金以古論貝勒薩哈爲古論呼圖貝勒，舊作國論忽魯勃極烈，今改。 鄂蘭哈瑪爾 舊作阿離合懣，今改。 爲古論伊實貝勒。 舊作國論乙室貝勒，今改。

46 王厚與劉仲武合涇原、鄜延、環慶、秦鳳之師攻夏臧底河城，敗績，死者十四五，秦鳳等三將、全軍萬人皆沒。厚懼罪重，賂童貫，匿不以聞。未幾，夏人大掠蕭關而去。

47遼師渡混同江，副都統耶律章努舊作張奴，今改。反，奔上京，謀迎立魏國王淳。遼主遣駙馬蕭昱領兵詣廣平淀，護后妃行宮，實達爾伊遜舊作小底乙信，今改。持書馳報淳。時章努先遣淳妃親弟蕭迪里舊作諦里，今改。以所謀說淳，淳曰：「此非細事，主上自有諸王當立，北、南面大臣不來，而汝言及此，何也？」密令左右拘之。有頃，伊遜齎御札至，備言章努等謀廢立事。淳對伊遜號哭，立斬迪里首以獻，單騎間道詣廣平淀待罪，遼主遇之如初。

章努知淳不見聽，乃率麾下掠取上京府庫財物，至祖州，率其黨告太祖廟，數遼主過惡，移檄州縣。遂結渤海羣盜數萬趨廣平，犯行宮，不克，北趨上順國。女直阿固齊，舊作阿鶻產，今改。以三百騎一戰勝之，擒其貴族二百餘人，並斬以徇，餘得脫者皆奔金。章努詐爲使者，亦欲奔金，爲邏者所獲，縛送行在，腰斬于市，剖其心以獻祖廟，支解以徇。

48冬，十月，癸卯，以嵩山道人王仔昔爲沖隱處士。

仔昔，豫章人，自言遇許遜眞君，授以大洞隱書、豁落七元之法，能知人禍福。王老志死後，仔昔來都下，帝知之，召令踵老志事，寓蔡京第，因有是命。

49己酉，趙遹統兵發江安縣，親督王育由樂共城路，命馬覺以別部由長寧軍路，張思正由梅嶺堡、水蘆氈中路，期悉會于晏州輪縛大囤，合陝西三路兵，將本路士軍、義軍、土丁子弟、保甲弓手、人夫共三萬五百四十人。

50 戊午，夏人入貢。

51 十一月，癸酉，錄昭憲杜皇后之裔。

52 庚辰，趙遹攻破晏州輪縛大囤，夷賊卜漏遁去，官軍追獲之，降者相繼而至，諸囤悉平。初，王育等既攻破上、下落樣郁及思峨州，所向若破竹，無不即下，遹遂與馬覺、張思正軍皆至輪縛大囤。其山崛起數百仞，周四十餘里，卜漏居之，凡諸囤之奔亡者悉歸於此，共保聚拒守。賊自上施矢石，直瞰官軍，中者即齏粉；官軍以强弓弩射之，曾不能及半，兵陣四周凡累日，將士相顧無計。瀘州都巡檢使种友直，山西將家子，沈密能任事；思黔州巡檢田祐恭，本思黔夷所部土丁藥箭手，輕趫習山險；遹乃微服乘馬，命友直、祐恭從，按視形勢；見山隈崖壁尤陡絕，賊以險故不設備，遹乃悉移軍當賊，而命二人率所部軍于下，謂曰：「此處崖壁，疑可以計登，且山多猱，思黔人善能捕取，汝等急辦之。」信宿，友直捕得生猱數千，遹喜曰：「事濟矣。」乃悉以成算授友直，且令諸軍各備雲梯，視山上火發，即以進。

是日，友直選所部與祐恭之衆，得二千餘，紉麻爲長炬，灌以膏蠟，使羣猱背負之。暮夜，先以數輩登崖巔，繫繩梯數十，縋而下，衆各銜枚，挈羣猱次第挽繩梯而登。雞方唱，衆已悉登，及柵，乃然炬縱猱。賊廬舍皆茅竹爲之，羣猱所歷，火輒發，賊奔呼撲救不暇。猱益驚跳，火益熾，爭前驅逐羣猱。官軍已破柵，鼓譟擊其後，賊猶與官軍力鬭。遹望火發，令諸軍擂鼓，俱以雲梯進，賊蹂亂，官軍內外相應，遂斬鬬環城而登。卜漏從諸酋突圍遁，遹命友直及統領官劉慶以步騎五千追至山後，擒卜漏及諸酋長。遹自入酋境至破輪縛，凡所平州二，縣八，諸囤三十餘城，以其地之要害者建置寨堡，拓地環二千餘里，皆衍沃宜種植，盡其疆畝，募並邊之人耕之，使習戰守，如西北弓箭社之制，號曰勝兵。

53庚寅，高麗遣子弟入學。

54是月，遼主自將親軍七十萬馳至駙馬門〔至駝門，駙馬〕蕭特默、舊作特末，今改。林牙蕭薩喇舊作察剌，今改。等將騎兵五萬、步卒四十萬至斡鄰濼。金主自將禦之。

55十二月，己亥，升遂州爲遂寧（府）。軍節度（校者按：三字衍。）

56乙巳，遼都監章嘉努舊作張家奴，今改。叛。【考異】遼史本紀分章嘉努、章努爲二人，謀夏錄誤合爲一人，今從本紀分書之。

57丙午，以趙遹爲龍圖閣直學士，知熙州。

58金主行次約羅，舊作爻剌，今改。會諸將議，皆曰：「遼兵號七十萬，其鋒未易當；吾軍遠來，人馬疲乏，宜深溝高壘以待。」從之。

丁未，金主以騎兵親候遼軍，獲督餉者，知遼主以耶律章嘉努叛，西還二日矣。諸將請追擊之，金主曰：「敵來不迎戰，去而追之，欲以此爲勇邪？」衆皆慚愧，願自效。金主曰：「誠欲追敵，約齎以往，無事餫饋；若破敵，何求不得！」衆皆奮躍，追及遼主於呼卜圖舊作護步答，今改。岡。是役也，兵止二萬。金主曰：「彼衆我寡，兵不可分。視其中軍最堅，其主必在焉；敗其中軍，可以得志。」乃使右翼先戰，兵數交，左翼合而攻之。遼兵潰，金師馳之，橫出其中，死者相屬百餘里，獲輿輦、帝幄、兵械、軍資，他寶物、馬牛不可勝計。金師乃還。

59 己未，遼錦州刺史耶律珠澤（舊作朮者。）叛應章嘉努，遣北面林牙耶律瑪格舊作馬哥，今改。討之。

60 庚申，以平晏夷，曲赦四川。

61 癸亥，置瀘南沿邊安撫司，以孫羲叟爲集賢殿修撰、知瀘州，充安撫使。

62 遼以北院宣徽使蕭罕嘉努舊作韓家奴，今改。知北院樞密使事，南院宣徽使蕭特默爲漢人行宮都部署。

63 是歲，平江府、常、湖、秀三州水。

64 夏改元雍寧。

六年 遼天慶六年，金收國二年。（丙申、一一一六）

1春，正月，丙寅朔，遼東京有惡少年十餘，乘酒執刃，踰入留守府，問留守蕭保先所在，今軍變，請爲備；保先出，刺殺之。戶部使大公鼎聞亂，卽攝留守事，與副留守高淸明集奚、漢兵千人，盡捕其衆，斬之，撫定其民。

東京，故渤海地，遼太祖力戰二十餘年乃得之。而保先嚴酷，北(渤)海苦之，故有是變。其裨將渤海高永昌，時以兵三千屯八甔口，見遼政日衰，金勢方强，遂覬覦非常，誘渤海幷戍卒入遼陽，據之。旬日之間，遠近響應，有兵八千人，因僭稱國號大元，建元隆基。遼主遣蕭伊蘇、舊作乙薛，今改。高興順招之，永昌拒命不從。

2戊子，以瀘南獻捷，轉宰職一官。

3以童貫爲陝西、河北宣撫使。

4是日，金主下詔曰：「自破遼兵，四方來降者衆，宜加優卹。自今諸部官民已降或爲軍所俘獲，逃遁而還者，勿罪。仍官其酋長，且使從宜居處。」

5閏月，壬寅，升潁州爲順昌府。

6庚申，太府寺丞王鼎奏：「五禮新儀旣已成書，欲乞依倣新樂頒行之。仍許令州縣召募禮生肄業於官，使之推行民間，專以新儀從事。」辛酉，開封府尹王革奏：「乞下國子監，委學官將新儀內冠、昏、喪、祭民間所當通知者，別編類作一帙，鏤板付諸路學事司，勸諭學生，務令通知節文之意。」並從之。

7遼貴德州守將耶律伊都舊作余都〔覩〕，今改。以廣州渤海叛附高永昌。遼主遣蕭罕嘉努、張琳討之。

8二月，壬申，令道教改隸祕書省。

9癸未，詔：「訪聞棣州士人劉楝，蔬食葆神，虛心契道，人之隱奧，洞然照知，處方書符，每有應驗。可令敦遣赴尚書省審驗外，於上清寶籙宮安下，仍給路費驛劵遞馬，無令失所。」

10丁亥，詔增廣天下學舍。

11庚寅，詔廣京城。

12遼侍御司徒託卜嘉舊作撻不也，今改。等討章嘉努，戰于祖州，敗績；復遣漢人行宮都部署蕭特默率諸將討之。章嘉努誘饒州渤海及中京賊侯概等萬餘人，攻陷高州。

13三月，癸丑，賜上舍生十一人及第。

14乙卯，賜王仔昔號通妙先生。

15遼東面行軍副都統蕭酬斡等擒侯概於川州。【考異】侯概叛從章嘉努，見本紀；而遼史耶律章努傳，又以侯概從章努爲亂，蓋不辨章努、章嘉努爲兩人也，今從本紀。

16 夏，四月，乙丑，會道士于上清寶籙宮。宮建于景龍門，對晨暉門，密連禁署，用道士林靈素言也。

靈素，永嘉人，少從浮屠學，苦其師笞罵，去爲道士，左街道錄徐知常引之以附會諸閹。時王仔昔寵稍衰，帝訪方士於知常，以靈素對，一見，帝視如舊識。靈素大言曰：「天有九霄，而神霄最高，其治曰府。神霄玉清王者，上帝之長子，主南方，號長生大帝君，陛下是也。既下降于世，其弟號青華帝君者，主東方，攝領之。己乃府仙卿，曰褚慧，亦下降帝君之治。」又目蔡京爲左元仙伯，王黼爲文華吏，蔡攸爲園苑寶華吏，鄭居中、劉正夫、盛章、王革及諸巨閹，皆有名位。而貴妃劉氏方有寵，則曰九華玉眞安妃也。帝心獨喜其說，賜號通眞先生，作上清寶籙宮，帝時登皇城，下視之。由是開景龍門，城上作複道通寶籙宮，以便齋醮之事。

17 辛未，尙書右僕射何執中致仕。

執中輔政一紀，年高疾甚，賜之寬告。他日造朝，命止赴六參起居，退治省事，遂以太傅、榮國公就第，朔望，儀物廩稍，一如居位時。入見，帝曰：「自相位致爲臣，數十年無此矣。」執中對曰：「昔張士遜亦以舊學際遇，用太傅致仕，與臣適同。」帝曰：「當時恩禮，恐未必爾。」執中頓首謝。執中嘗爲端王侍講，故終始恩遇不替；然無所建明，惟以謹畏迎順主意，贊飾太平而已。

18遼主親征章嘉努，癸酉，敗之。甲戌，誅叛黨，饒州渤海平。丙子，賞平賊將士有差。而蕭罕嘉努、張琳復爲賊餘黨所敗。

19丁丑，詔：「天寧諸節及壬戌日，杖以下罪聽贖。」

20丙戌，御監司守臣進獻。

21蔡京三上章乞致仕，帝不允；庚寅，詔京三日一造朝，正公相位，通治三省事。

22辛卯，高陽關路安撫使吳珍，言冀州棗强縣黃河清，詔許稱賀。

23五月，甲午朔，令蔡京遇朔望赴朝，三日一知印當筆；不赴朝日，許府第書押。尋又詔：「自今遇有奏事，非造朝日亦赴，仍許正謝。」

24丁酉，廢錫錢。

25庚子，以鄭居中爲少保、太宰兼門下侍郎，劉正夫爲特進、少宰兼中書侍郎。時蔡京大興工役，民不聊生，變亂法度，吏無所師。居中每爲帝言，帝亦惡京專，乃拜居中太宰，使伺察之。又以正夫議論數與京異，拜爲少宰。居中存紀綱，守格令，抑僥倖，振淹滯，士論翕然望治。

26壬寅，以保大軍節度使鄧洵武知樞密院事。

27 遼主以章嘉努既平，將清暑散水原，蕭託斯和(舊作陶蘇斡，今改。)請曰：「今邊兵懈弛，若清暑嶺西，則漢人嘯聚，民心益搖。臣愚以爲宜罷此行。」不納。

28 先是高永昌使託卜嘉求援于金，且曰：「願并力以取遼。」金主使呼實布(舊作湖沙補，今改。)謂永昌曰：「同力取遼固可；東京近地，汝輒據之以僭大號則不可。若能歸款，當授王爵。」永昌不從。金主乃遣幹魯(舊作斡魯，今改。)帥諸軍攻永昌，遇遼兵，敗之，遂取瀋州。永昌聞之，大懼，使家奴嗒喇(舊作鐸剌，今改。)詣金師，請去僭號稱藩，幹魯知其詐，進兵攻之。永昌遂支解呼實布等，率衆拒金，遇于活水。金師既濟，永昌之軍不戰而卻，逐北至遼陽城下。明日，永昌盡率其衆與金戰，大敗，以五千騎奔長松島。遼陽人執永昌妻子以城降，託卜嘉亦執永昌以獻，金主命殺之。于是遼之東京州縣及南路係遼女直皆降于金。金主詔除遼法，省賦稅，置明安、(舊作猛安。)穆昆，(舊作謀克。)以幹魯爲南路都統，沃棱(舊作斡論，今改。)知東京事。

29 六月，乙丑，遼籍諸路兵，有雜畜十頭以上者皆從軍。

30 丙寅，班中書官制格。

31 庚午，慮囚。

32 甲戌，詔：「堂吏遷官，至奉直大夫止。」

33 庚辰，遼魏國王淳進封秦晉國王，爲都元帥；以上京留守蕭託卜嘉爲契丹行宮都部署兼副元帥。

34 癸未，皇太子立妃朱氏。妃，祥符人，武泰（康）軍節度使伯材女也。

35 丁亥，遼知北院樞密使事蕭罕嘉努爲上京留守。

36 秋，七月，壬辰朔，以震武城爲震武軍。

37 甲午，以德妃崔氏爲貴妃。

38 辛亥，宴州夷賊卜漏及沅州黃安俊、定邊軍李吪哆並伏誅，詔函首于中庫。

39 壬子，曲赦湖北。

40 戊午，蔡京請名三山橋銘閣曰「纘禹冀文之閣」，門曰「銘功之門」。

41 己未，解池生紅鹽。

42 辛酉，改走馬承受公事爲廉訪使者。

43 遼主獵于秋山。春州渤海二千餘戶叛，東北路統軍使勒兵追及，盡俘以還。

44 八月，壬戌朔，戒北邊帥臣毋生事。

45 己巳，以侯蒙爲中書侍郎，薛昂爲尙書左丞。【考異】侯、薛二人除授，宋史徽宗紀在十一月戊申，今從宰輔編年錄。

46 庚辰，蔡京奏：「臣昨以年逮七十，加之疾病，乞解機務，蒙恩特許三日一朝。今臣病已痊，筋力尚可勉强，伏望許臣日奉朝請，其治事即依已降指揮。」從之。

47 壬午，詔天下監司、郡守搜訪巖谷之士，雖恢詭譎怪自晦者，悉以名聞。

48 丁亥，詣建隆觀，遂幸蔡京賜第。

49 己丑，升晉州爲平陽府，壽州壽春府，齊州濟南府。

50 是月，金薩里罕（舊作撒離喝，今改。）陷遼保州。

保州本高麗地，薩里罕攻之，久不克，請濟師。高麗使謂金曰：「保州本吾壤土，願以見還。」金主曰：「爾其自取之。」金主乃益薩里罕兵，無合高麗，至是拔之。

51 九月，辛卯朔，帝奉玉册玉寶詣玉清和陽宮，上尊號曰太上開天執符御曆含仁〔眞〕體道昊天玉皇上帝。

52 丙申，赦天下，令洞天福地修建宮觀，塑造聖像。又禁中外不許以龍、天、君、玉、帝、上、聖、皇等爲名字。

53 癸卯，詔定鼎閣於天章閣，以方士王仔昔言九鼎神器，宜納之禁中，不可處外也。命蔡京爲定鼎禮儀使。

54 丙午，遼主謁懷陵。

55 己未，以童貫爲開府儀同三司。

56 金始製金牌。

57 冬，十月，乙丑，太白晝見。

58 丁卯，遼以張琳軍敗，奪其官。

59 戊寅，張商英復觀文殿學士。

60 烏庫（舊作烏古。）部叛遼，遼遣中丞耶律託卜嘉招之；庚辰，烏庫部降。

61 甲申，詔誠感殿長生大帝君神像可遷赴天章閣西位鼎閣奉安。【考異】李燾據王黼宣和殿降聖記云：歲在丁酉，皇帝乃悟本長生大帝君。丁酉，蓋政和七年也。蔡絛史補亦云：政和七年，林靈素有神霄玉清王者之說，則六年猶未有長生大帝君也，因以此條爲誤書。今按宋史，六年四月書會道士于上清寶籙宮，則其時靈素已見幸，宮已建而像已設。黼、絛所言，乃降神之事耳，非是建宮設像亦在七年也。

62 辛卯，蔡京等言冀州三山河清，乞拜表稱賀。

63 十一月，甲午，詔：「帝鼐改爲龍（隆）鼐，正南彤鼎爲明鼎，西南阜鼎爲順鼎，正西皛鼎爲蘊鼎，西北魁鼎爲建鼎，正北寶鼎依舊，東北牡鼎爲龢鼎，正東倉鼎爲育鼎，東南岡（風）鼎爲潔鼎，鼎閣爲圜象徽調之閣。閣上神像，在（左）周鼎星君，中帝席星君，右大角星君。閣下鼎鼐神像，各守逐鼎排列。」亦用王仔昔建議也。

64己亥，祀圜丘，赦。

65庚子，以禮部尚書白時中爲尚書右丞。

66戊申，遼東面行軍副都統瑪格舊作馬哥，今改。攻金之哈斯罕，舊作曷蘇館，今改。敗績，遼主削其官。

67夏人大舉兵攻涇原靖夏城。時久無雪，夏人使數萬騎繞城踐之，塵起漲天，乃潛穿壕爲地道，入城中，城遂陷，屠之而去。

68十二月，庚申朔，金安班貝勒烏奇邁及羣臣上其主尊號曰大聖皇帝；改明年爲天輔元年。

69己巳，以婉儀劉氏爲賢妃。

70乙亥，遼封庶人蕭氏爲太皇太妃。

71戊寅，以熙河進築功成，進執政一官。

72乙酉，尊九鼎于圜象徽調閣；翼日，復詣閣行香，百官陪位。

73特進、少宰劉正夫罷。

正夫由博士入都，馴致宰相，能迎時上下，持祿養權，至是以開府儀同三司致仕。

74是歲，茂州夷至永壽內附，以其地置壽寧、延寧軍。

七年（遼天慶七年，金天輔元年。）（丁酉、一一一七）

1春，正月，乙未，令：「天下道士，與免階墀迎接衙府，宮觀科配借索騷擾；郡官、監司相見，依長老法。」

2庚子，以殿前都指揮使高俅爲太尉。

3甲寅，遼減廐馬粟，分給諸局。

4是月，金軍攻遼春州，遼東北面諸軍不戰自潰。女古皮室四部及渤海人皆降于金；貝勒杲復陷泰州。

5二月，癸亥，以大理國主段和譽爲雲南節度使、大理國王。

6甲子，詔通眞先生林靈素于上清寶籙宮宣諭清華帝君降臨事。

初，劉混康、虞仙姑、王老志、王仔昔，皆爲帝所禮，然其神怪事多出自方士也。及靈素至，乃以事歸之於帝，而曰己獨佐之，每自號小吏佐治，故上下莫有攻其非者。然靈素實無術，徒敢爲大言。是時帝興道教將十年，獨思未有一厭服羣下者。靈素因希指造爲清華帝君夜降宣和殿事，假帝誥天書雲篆。帝乃會道士二千餘人於上清寶籙宮，俾靈素宣諭其事。左街道錄傅希烈等，皆作記上之。

7丁卯，御右文殿，策高麗進士。

8 辛未，詔天下：「天寧萬壽觀改爲神霄玉淸萬壽宮，仍於殿上設長生大帝君、青華帝君聖像。」

9 乙亥，幸上淸寶籙宮，命靈素講道經。自是每設大齋，費緡錢數萬，謂之千道會，令士庶入殿聽講，帝爲設幄其側。靈素據高座，使人於下再拜請問。然所言無殊絕者，時雜以捷給嘲詼，以資媟笑。復令吏民詣宮受神霄祕籙，朝士之嗜進者亦靡然從之。

10 遼淶水縣賊董龐兒聚衆萬餘，西京留守蕭伊蘇、南京統軍都監扎拉舊作查剌，今改。與戰于易水，破之。

11 三月，庚寅，賜高麗祭器。高麗進士權適等四人，賜上舍及第。

12 乙未，以童貫領樞密院。

13 丙申，升鼎州爲常德軍節度。

14 壬子，御製明堂上梁文。

15 遼董龐兒之黨復聚，蕭伊蘇復擊破之。

16 夏，四月，庚申，帝諷道籙院曰：「朕乃昊天上帝元子，爲大霄帝君，覩中華被金狄之教，焚指煉臂，舍身以求正覺，朕甚閔焉。遂哀懇上帝，願爲人主，令天下歸于正道。帝允所請，令弟青華帝君權朕大霄之府。朕夙昔驚懼，尙慮我教所訂未周，卿等可上表章，册朕爲教主道君皇帝。」于是羣臣及道錄院上表册之，然止用于教門章疏，而不施于政事也。教主道君皇帝者，即長生大帝君，道教五宗之一，所謂神化之道，感降仙聖，不係教法之內者也。

17 辛酉，升溫州爲應道軍節度，爲林靈素也。

18 丙子，詔親祀明堂。

19 五月，戊子朔，升慶州爲慶陽軍節度，渭州爲平涼軍節度。

20 己丑，詣玉清和陽宮，上地祇徽號。詔曰：「王者父天母地，乃眷祇率萬邦黎庶，强爲之名，以玉册玉寶昭告上帝，而地祇未有稱謂，謹上徽號曰承天效法厚德光大后土皇地祇，詣宮上寶册，儀禮一如上帝。」

21 辛卯，命蔡攸提舉祕書省，并左右街道錄院。

22 乙未，詔權罷宮室修造。

23 辛丑，祭地于方澤，降德音于諸路。

24 以監司州縣共爲姦贓，令廉訪使者察奏，仍許民徑赴尚書省陳訴。

25 癸卯，改玉清和陽宮爲玉清神霄宮。

26 乙巳，遂主命圍場隙地許民樵采。

27 丁未，詔：「應監司兼領措置起發花石。」

28 金主命：「自收寧江州以後，同姓爲婚者，杖而離之。」

29 六月，戊午朔，以明堂成，進封蔡京爲陳魯國公。京辭兩國不拜，詔官其親屬二人。

己未，童貫加檢校少傅，梁師成爲檢校少保，宣和殿學士蔡攸、盛章、開封尹王革、顯謨閣待制蔡儵、蔡翛，各遷官有差，皆以明堂成推賞也。

乙亥，蔡京等上表請御明堂聽朔，頒常視朔，詔答不允；表三上，乃從之。

30 辛巳，遼以同知樞密院事伊勒嘉舊作余里也，今改。爲北院大王。

31 壬午，詔禁巫覡。

32 丙戌，貴妃宋氏薨。

33 秋，七月，丁亥朔，令：「僧徒如有歸心道門，願改作披戴爲道士者，許赴輔正亭陳訴，立賜度牒、紫衣。」

34 壬辰，熙河、環慶、涇原地震。

35 庚子，詔：「八寶內增定命寶，今後以九寶爲首。」

36 癸卯，遼主獵於秋山。

37 自建隆初，女直嘗由蘇州泛海至登州賣馬，故道雖存，久閉不通。至是金之蘇州漢兒高藥師、曹孝才及僧郎榮等，率其親屬二百餘人，以大舟浮海，欲趨高麗避亂，是月，爲風漂達宋界駞基島，備言「女直既斬高永昌，渤海、漢兒羣聚爲盜，契丹不能制。女直攻契丹奪其地，已過遼河之西。」知登州王師中具奏其事，朝議因欲交金以圖遼，聞之甚喜，乃召蔡京及童貫等共議，即共奏：「國初時，女直常貢奉，而太宗屢詔市馬女直，其後始絕。宜降詔，遵故事，以市物爲名，就令訪聞事體虛實。」乃詔師中選差將校七人，各借以官，用平海指揮兵船載高藥師等，齎市馬詔，泛海以往。

【考異】李燾曰：此據金盟本末，稍增以北征記。如蔡絛所云，蔡京久不知，上曰：「太師莫是要作禮數否？」今皆不取。絛私爲其父諱，獨歸其事於童貫耳。要京與貫皆始禍者，京偶以十一月六日免簽細務，遂欲藉此欺世，固不信也。

38 政和初，蔡京被召，帝戲語京子攸，謂須進土宜，遂得橄欖一小株，雜諸草木進之，當時以爲珍。其後又有使臣王永從、士人俞輖，皆隸蔡攸，每花石至，動數十舟。盛章守蘇州，及歸，作開封尹，亦主進奉，然朱勔之綱爲最。四年以後，東南郡守，二廣市舶，率有應奉，多主蔡攸，至是則又有不待旨者。但進物至，計會諸閹人，閹人亦爭取以獻焉，天下乃大騷然矣。大率太湖、靈壁、慈谿、武康諸石，二浙花竹、雜木、海錯，福建異花、荔子、龍眼、橄欖，海南椰實，湖湘木竹、文竹，江南諸果，登、萊、淄、沂海錯、文石，二廣、四川異花、奇果，貢大者越海渡江，毁橋梁，鑿城郭而置植之，皆生成，異味珍苞，率以健步捷走，雖萬里，用四三日即達，色香未變也。蔡京因奏：「陛下無聲色犬馬之奉，所尙者山林竹石，乃人之棄物。但有司奉行過當，可即其浮濫而懲艾之。」乃作提舉人船所，命巨閹鄧文誥領焉。又詔監司、郡守等不許妄進，其係應奉者，獨令朱勔、蔡攸、王永從、俞𣂏、陸漸、應安道六人聽旨，他悉罷之，由是稍戢；未幾，天下復爭獻如故。又增提舉人船所，進奉花石，綱運所過，州縣莫敢誰何，殆至劫掠，遂爲大患。

39八月，丙辰朔，宣和殿大學士蔡攸奏：「莊、列、亢桑、文子，皆著書以傳後世。今莊、列之書已入國子學，而亢桑子、文子未聞頒行，乞取其書，精加讎定，列于國子之籍，與莊、列並行。」從之。

40癸亥，詔明堂幷祀五帝。

41少保、太宰鄭居中，以母憂去位。居中與蔡京不相能，及居喪，京懼其起復，以居中、王珪之壻，乃使蔡確子懋重理定策事以沮之。遂追封確淸源郡王，御製碑文，立石墓前，而擢懋同知樞密院事，用居中諸子於朝。懋，卽渭也。

42丙寅，遼命都元帥秦晉王淳，赴沿邊會四路兵馬防秋。

43金之拔保州也，高麗兵已在城中，金人入守。高麗王復使蒲馬如金賀捷，且曰：「保州本吾舊地，願以見還。」金主曰：「保州近爾邊境，聽爾自取。今乃勤我師徒，破敵城下，地何可得也！」

44 九月，戊子，詔：「湖北民力未舒，胡耳西道可罷進築。」

45 辛卯，祀上帝於明堂，以神宗配饗。赦天下。

46 乙未，特進、少宰劉正夫卒。

47 丙申，以御史中丞王安中爲翰林學士。

安中之爲中丞也，一日，請對，曰：「臣起諸生，蒙陛下親擢，備員中執法，懼無以報。今臣所論，事關宗社，倘陛下少留聽采，幸甚！」帝悚然。安中出袖中疏，所論乃蔡京也。帝曰：「誠如卿言。」安中卽伏奏曰：「臣孤遠一介，不自量力，輒論大臣。京老姦多智，必將爲所中害，自此竄逐，無復再望淸光矣。願拜辭。」帝曰：「勿如此，當爲卿罷京。」時蔡攸日夜出入禁中，盡率子弟見帝，泣且拜，帝曰：「中司文字如此，柰何？」攸等固懇：「陛下儻全臣宗，乞移安中一別差遣，則事自已矣。」帝惻然，許之。安中方草第三疏，翼日，求對，中夜有扣門者曰：「適御筆，中丞除翰林學士，日下供職矣。」安中歎曰：「吾禍其在此乎！自是京之勢益盛。

48 丁酉，西蕃王子益麻黨征降，見于紫宸殿。

49 癸丑，貴妃王氏薨。

50 遼主自燕至陰涼河，置怨軍八營，募自宜州者曰前宜、後宜，自錦州者曰前錦、後錦，自乾、自顯者曰乾、曰顯。又有乾顯大營二萬八千餘人，屯衞州蒺藜山。

51 冬，十月，乙卯朔，御明堂平朔左个，以是月天運政治布告天下；又頒來歲歲運曆數。

52 遼主至中京。

53 戊寅，中書侍郎侯蒙罷，蔡京惡之也。

54 辛巳，詔以來年正月一日祗受受命寶。時得于闐大玉，踰二尺，色如截肪，帝乃製爲寶，文曰「範圍天地，幽贊神明，保合太和，萬壽無疆」，篆以蟲魚，制作之工，幾于秦璽，號曰受命寶。帝甚重之，曰：「八寶者，國之神器；至于定命，乃我所自製也。」

55 十一月，庚寅，詔：「太師、魯國公蔡京五日一朝，次赴都堂治事，恩禮寵數，並如舊制。」

56 辛卯，鄭居中起復爲太宰；以余深爲特進、少宰、中書侍郎，白時中爲中書侍郎。

57 壬辰，復置醴州。

58 丙申，太傅致仕何執中卒。贈太師、清源郡王，謚正獻。

59 升石泉縣爲軍。

60 十二月，甲寅朔，有星如月。

61 丁巳，以薛昂爲門下侍郎。

62 甲子，金咸州都統烏楞古舊作斡魯古，今改。等敗遼秦晉國王淳兵于蒺藜山。淳初遣烏楞古書議和，烏楞古告于金主，金主曰：「歸我行薩喇舊作賽剌，今改。及送阿蘇等，則和議可成。」淳軍蒺藜山，烏楞古及知東京事沃棱舊作斡論，今改。等進攻顯州。遼怨軍帥郭藥師乘夜來襲，沃棱擊走之。烏楞古遂與淳戰，敗走，烏楞古追至額勒錦舊作阿理眞，今改。陂，遂拔顯州，于是，乾、懿、豪、徽、成、川、惠等州皆降于金。遼主下詔自責，遣伊勒希巴（舊作夷离畢。）扎拉與大公鼎諸路募兵。

63 戊辰，詔天神降于坤寧殿，刻石以紀之。

64 庚午，以童貫領樞密院。

65 命戶部侍郎孟揆于上淸寶籙宮之東築山，以象餘杭之鳳皇山，號曰萬歲，周十餘里。

66 辛未，御筆改老子道德經爲太上混元上德皇帝道德眞經。

67 丁丑，遼以西京留守蕭伊蘇爲北府宰相。

68 癸未，以張商英爲觀文殿大學士。

69 是歲，大旱，帝以爲念。侍御史黃葆光上疏言：「蔡京强悍自專，侈大過制，無君臣之分。鄭居中、余深，依違畏避，不能任天下之責，故致此災。」不報；且欲再上章。京權勢震赫，舉朝結舌，葆光獨出力攻之。京懼，中以他事，貶知昭州立山縣。又使言官論其附會交結，泄漏密語，詔以章揭示朝堂，安置昭州。

70王仔昔倨傲而戇，帝待以客禮，故遇宦者若僮奴，又欲羣道士宗己。林靈素忌之，與宦者馮浩誣以言語怨望，下獄死。

續資治通鑑卷第九十三

賜進士及第兵部尚書兼都察院右都御史總督湖北湖南等處地方軍務兼理糧餉世襲二等輕車都尉畢沅編集

宋紀九十三 起著雍閹茂（戊戌）正月，盡上章困敦（庚子）十二月，凡三年。

徽宗體神合道駿烈遜功聖文仁德憲慈顯孝皇帝

重和元年 遼天慶八年，金天輔二年。（戊戌、一一一八）

1 春，正月，甲申朔，御大慶殿，受定命寶，百僚稱賀。

2 金楊朴言自古英雄開國或受禪，必先求大國封册，金主遂遣使如遼。丁亥，遼遣耶律努克（舊作奴哥。）等如金議和，以蕭奉先等言許之可以弭兵故也。【考異】按金史太祖紀不書遣使求封册，蓋諱其辱而隱之也。今據遼史天祚紀修入之。

3 己丑，大赦。應元符末上書邪中等人，亦得準依無過人例。

4 庚戌，以翰林學士承旨王黼爲尚書左丞。

黼，祥符人，美風姿，有口辯，才疏雋而寡學術，然多智善佞。初因何執中薦，擢校書郎，遷左司諫。張商英在相位，寖失帝意，帝遣使以玉環賜蔡京於杭；黼覘知之，因數條奏京所行政事，并擊商英。及京復相，德其助己，歲中三遷，爲御史中丞。黼欲去執中，使京專國，遂疏執中三十罪，已而改翰林學士。會京與鄭居中不合，黼復納交居中，京由是怨之，徙爲戶部尚書，將陷以罪；黼以智獲免，還爲學士承旨，至是遂入政府。

5（庚寅），遼保安軍節度使張崇以雙州二百戶降金。時東路諸州，盜賊蠭起，至掠民自隨以充食。（校者按：此條應移4前。）

6二月，戊辰，增諸路酒價。

7庚午，遣武義大夫馬政同高藥師等使女直，講買馬舊好。

初，藥師等兵船至海北，見女直邏者，不敢前，復回青州，稱已入蘇州界，女直不納，幾爲邏者所殺。青州安撫使崔直躬具奏其事，帝怒，詔元募借補人并將校一行並編配遠惡，仍委童貫措置通好女直事，監司、帥臣不許干預。貫更令王師中別選能吏以往。政，洮州人也，責官青州，寓家牟平。師中言政可使，遂用之。【考異】宋史徽宗紀：重和元年二月庚午，遣馬政由海道使女直，約夾攻遼。金史太祖紀：天輔元年十二月，亦云宋使登州防禦使馬政以國書來，其略曰：「日出之分，實生聖人。竊聞征遼，屢破勍敵，若克遼之後，五代時陷入契丹漢地，願畀下邑。」是初遣馬政，即欲夾攻求故地也。李燾長編辨此爲封氏編年之說，未可全信，云議夾攻實自宣和二年二月四日遣趙良嗣始，前此馬政及呼慶兩番所議，但買馬耳。若果議夾攻，則政子擴茅齋自序不應不載。兼趙有開死，政止不行，獨呼慶見阿骨打，何緣便議夾攻！不知封氏據何書，當並削去，今從之。金史所載國書，或是良嗣所齎，誤繫之馬政。且遣政在重和元年，乃金天輔二年也。元年十二月，安得見政所致之國書！其爲舛錯無疑矣。

8 辛未，金貝勒舊作孛堇，今改。忠、本名都古嚕納，舊作迪古乃。洛索舊作婁室，今改。自軍中入朝，金主以遼主近在中京而敢輒來，皆杖之。

9 甲戌，升六安縣爲六安軍。

10 丁丑，詔：「監司輒以禁錢買物爲苞苴饋獻者，論以大不恭。」

11 遼使耶律努克還自金，金主復書曰：「能以兄事朕，歲貢方物，歸我上、中京、興中府三路州縣，以親王、公主、駙馬、大臣子孫爲質，還我行人及元給信符，并宋、夏、高麗往復書、詔、表、牒，則可以如約。」

12 遼〔金〕和勒博舊作劾里保，今改。等言咸州都統烏楞古，舊作斡魯古，今改。知遼主在中京而不進取，芻糧豐足而不以實聞，攻顯州時所獲生口財畜多自取；三月，癸未朔，烏楞古降爲穆昆。舊作謀克，今改。

13 丙戌，詔：「監司、郡守，自今須滿三歲乃得代，仍毋得通理。」

14 癸巳，令嘉王楷赴廷對。楷，帝第二子也。

15 丁酉，知建昌陳并等改建神霄宮不虔及科決道士，詔並勒停。

16 庚子，金洛索言黃龍府地僻且遠，宜重戍守，金主命合諸穆昆，以洛索爲萬戶，鎭之。

17 戊申，賜禮部奏名進士及第、出身七百八十三人。有司以嘉王楷第一，帝不欲楷先多士，遂以王昂爲榜首。

18 遼復使耶律努克如金，申前議也。

19 夏，四月，癸丑朔，築靖夏城、制戎城。

20 乙卯，御筆以淮南轉運使張根，輕躁妄言，落職，監信州酒稅。

是時承平日久，錫予無藝，營繕並興，殆無虛日，以故國用益窘，帝多命臣僚條具財計。于是中外所陳非一，根因而進節用之說，權倖以其不利於己也，莫不切齒；而大臣以賜第事謂根議己，力謀所以中根者。于是言章交上，而帝察根之誠，不之罪也。會御前人船所拘占直達綱船以應花石之用，根以上供期迫，奏乞還之，重忤權倖意。且因被命督促竹石，又上言：「東南花石綱之費，官買一竹至費五十緡；本路尚然，他路猶不止此。今不以給苑囿而入諸臣之家，民力之奉，將安所涯！願示休息之期，以厚幸天下。」于是權倖益怒，故有是命。

21 辛酉，遼以西南面招討使蕭德勒岱舊作得里底，今改。爲北院樞密使，寵任彌篤。時諸路大亂，飛章告急者絡繹而至；德勒岱不即上聞，有功者亦無甄別。由是將校怨怒，士無鬭志。

22 癸亥，減捶刑。

23 己卯，詔：「每歲以季秋親祀明堂，如孟月朝獻禮。以太上混元上德皇帝二月十五日生辰爲眞元節。」

24 辛巳，道錄院上看詳釋經六千餘卷，內詆謗道、儒二教惡談毁詞，分爲九卷，乞取索焚棄，仍存此本，永作證驗；又，林靈素上釋經詆誣道教議一卷，乞頒降施行；並從之。

25 五月，壬午朔，日有食之。【考異】遼、金二史不書，契丹國志所載與宋史同。

26 乙酉，詔：「諸路選漕臣一員，提舉本路神霄宮。」

27 丁亥，以林靈素爲通眞達靈元妙先生，張虛白爲通元沖妙先生。虛白，南陽人，通太乙六壬術，帝召管太一宮，恩賚無虛日，官太虛大夫、金門羽客，出入禁中，終日論道，無一言及時事，曰：「朝廷事有宰相在，非予所知也。」帝每以張胡呼之而不名。

28 壬辰，頒御製聖濟經，以青華帝君八月生辰爲元成節。

29 戊戌，遼復遣耶律努克使金，要以酌中之議。金主遣呼圖克昆舊作胡突衮，今改。與努克持書報，如前約。

30庚子，手敕兩浙漕司，以權添酒錢盡給御前工作。

31遼主如納葛濼。

32土賊安生兒、張高兒，聚衆二十萬，耶律瑪格舊作馬哥，今改。等斬生兒於龍化州；高兒亡入懿州，與霍石相合。

33六月，乙卯，以賢妃劉氏爲淑妃。

34壬申，門下侍郎薛昂奏：「承詔編集王安石遺文，乞差驗閱文字官三員。」從之。

35霍石陷遼之海北州，趨義州，軍帥和勒博舊作回离保，今改。擊敗之。

36甲戌，遼通、祺、雙、遼四都之民八百餘戶降于金，金主命分置諸部，擇膏腴之地處之。

37秋，七月，壬午，以西師有功，加蔡京恩，官其一子，鄭居中爲少傅，余深爲少保，鄧洵武爲特進，進執政官一等。

38癸未，詔蔡京、鄭居中、余深、童貫並兼充神霄玉清萬壽宮使，鄧洵武、薛昂、白時中、王黼、蔡攸並兼充副使。

39己酉，遣廉訪使者六人賑濟東南諸路水災。

40遼耶律努格等齎宋、夏、高麗書、詔、表、牒至金，金乃遣呼圖克昆如遼，「免取質子及上京、興中府所屬州郡，裁減歲幣之數，如能以兄事朕，册用漢儀，可以如約。」遼于是遣努克及托實，舊作突迭，今改。如金議册禮。金留托實，遣努克還，謂之曰：「言如不從，勿復遣使。」

41 是月，遼主獵于秋山。

42 八月，甲寅，以童貫爲太保。

43 戊午，知兗州王純奏乞令學者治御注道德經，間於其中出論題，從之。

44 庚午，詔：「自今學道之士，許入州縣學教養；所習經以黃帝內經、道德經爲大經，莊子、列子爲小經外，兼通儒書，俾合爲一道，大經周易、小經孟子。其在學中選人，增置士名，分入官品。元士、高士、上士、良士、方士、居士、隱士、逸士、志士，每歲試經撥放。州縣學道之士，初入學爲道徒，試中升貢，同稱貢士。到京，入辟廱，試中上舍，並依貢士法。三歲大比，許襴鞹就殿試，當別降策問，庶得有道之士以稱招延。」

45 辛未，資政殿大學士、知陳州鄧洵仁，奏乞選擇道藏經數十部，先次鏤板，頒之州郡，道錄院看詳，取旨施行。又乞禁士庶婦女輒入僧寺，詔令吏部申明行下。

46 壬申，詔：「執政非入謝及丐去，毋得獨留奏事。」

47 乙亥，升兗州爲襲慶府。

48 是月，掖廷大火，自甲夜達曉；大雨如傾，火益熾。凡爇屋五千餘間，後苑廣聖宮及宮人所居幾盡，焚死者甚衆。（校者按：此條應移67前。）

49九月，辛巳，大饗明堂。

50壬午，詔罷拘白地、禁榷貨、增方田、添稅酒價、取醋息、河北加折耗米、東南水災强糴等事。

51丙戌，詔：「太學、辟廱各置內經、道德經、莊子、列子博士二員。」

52戊子，金主詔曰：「國書詔令，宜選善屬文者爲之，其令所在訪求博學雄才之士，敦遣赴闕。」

53己丑，以歲當戊月當壬爲元命，降德音于天下。

54庚寅，門下侍郎薛昂，罷爲佑神觀使；以白時中爲門下侍郎，王黼爲中書侍郎，翰林學士承旨馮熙載爲尚書左丞，刑部尚書范致虛爲尚書右丞。

55頒御注道德經，刻石神霄宮。

56壬辰，禁州郡遏糴及邊將殺降以倖功償（賞）者。

57癸巳，禁羣臣朋黨。

58丁酉，用蔡京言，集古今道教事爲紀志，賜名道史。

59辛丑，鄭居中罷，乞持餘服，詔從之。

60壬寅，詔：「視中大夫林靈素，視見〔中〕奉大夫張虛白，並特授本品眞官。」

61先是帝用方士言，鑄神霄九鼎，名曰太極飛雲洞劫之鼎，蒼壺〔壺〕祀天貯醇酒之鼎，山岳五神之鼎，精明洞淵之鼎，天地陰陽之鼎，混沌之鼎，浮光洞天之鼎，靈光晃耀鍊神之鼎，蒼龜火蛇蟲魚金輪之鼎，至是始成。（二月，辛酉），奉安于上清寶籙宮之神霄殿。（校者按：此條應移6前。）

62霍石降于金。閏月，庚戌朔，金以石爲千戶。既而蕭寶、張應古、李孝功皆率衆降，並以所部爲千戶。

63己未，以劉棟爲守靜先生，視中大夫，棟辭不受。

64庚申，詔江、淮、荊、浙、閩、廣監司，督責州縣還集流民。

65乙亥，給事中趙野奏乞諸州添置道學博士，擇本州官兼充，從之。

66丙子，詔：「用〔周〕柴氏後已封崇義公，復立恭帝後爲宣義郎，監周陵廟，世世爲國三恪。」

67冬，十月，己卯朔，太白晝見。

68壬辰，知陳州鄧洵仁奏：「本州學內舍生宋瑀，係故翰林學士宋祁之孫，行藝淸修，願換道學內舍生。舊有撰到道論十篇及近撰神霄玉淸萬壽宮雅，謹具繳奏呈。」御筆：「宋瑀特與志士，仍許赴將來殿試。」

69己亥，升端州爲肇慶府，仍改興慶軍額曰肇慶。【考異】徽宗紀於元符三年書升端州爲興慶軍，政和三年書升端州爲興慶府，至是書改興慶軍爲肇慶府。今據地理志，元符三年升興慶軍節度，重和元年賜肇慶府名，仍改軍額。是興慶乃軍額，初未升爲興慶府也。茲删去政和三年一條，而移升府於是年前後，庶不齟齬。

70癸卯，帝如上清寶籙宮，傳度玉清神霄祕籙，會者八百人。時道士有俸，每一齋施，動獲數十萬；每一觀，給田亦不下數百千頃。貧下之人，多買青布幅巾以赴，日得一飯餐及襯施錢三百。

71甲辰，置道官二十六等，道職八等，有諸殿侍晨、校籍、授經，以擬待制、修撰、直閣之名。

72戊申，徽猷閣待制、提舉萬壽觀蔡絛，以罪勒停。【考異】長編載絛訴神文曰：「臣舉家兄弟諸姪，皆投名請受神霄祕籙，獨臣不願受。于是九重始大怒，因遣梁師成諭旨，戒臣不許接見賓客。一日，臣兄來宣諭臣父，將通延福宮江路，徹闤闠門，跨城爲複道飛橋，入賜第，自此往來無間，君臣相悉。時已大毀民居數千家，如荒勤〔野〕矣。臣不勝憤懣，亟夜草書力爭。臣父愕然，實愛惜臣，猶不肯出。臣兄伺知，及鄭昂洩臣語，因下開封府捕繫昂，盡搜索其篋笥，然獨無有。于是昂遂枷項，編管安州。臣始勒往朝參，不許接見賓客。又降御筆，謂臣狂妄，不循分守，特落職，而怒終不解。臣父因賞橘內宴，丏入中禁，獨拜懇于太上之前，臣遂得不死。始議貶新州，俄而置諸光州。臣父以爲出則必陰殺之，因持之。久乃俾臣父上章，特勒停，令侍養，遇有臨幸，則出避耳。」今按蔡絛之勒停，史不著其所以。據絛自言如此，恐其間有文過之辭。然宋史蔡攸傳云：攸以絛鍾愛於京，數請殺之，帝不許。則此事爲其兄所媒孽，理或然也。

73 十一月，己酉朔，詔改明〔今〕年元曰宣〔重〕和，大赦天下。

74 辛亥，日中有黑子如李大。

75 丙辰，以婉儀〔容〕王氏爲賢妃。

76 丁卯，茂德帝姬下嫁蔡鞗，父京請免見舅姑行盥饋之禮，詔不允。

77 己巳，升梓州爲潼川府。

78 丙子，提舉成都府路學事翟棲筠奏：「字形書畫，咸有不易之體，學者略而不講，從俗就簡，轉易偏旁，漸失本眞。如期、朔之類從月，股、肱之類從⺼，勝、服之類從舟，丹、青之類從丹，靡有不辨，而今書者乃一之。故幼學之士，終年誦書，徒識字之近似而不知字之正形。願詔儒臣重加修定，去其譌謬，一以王安石字說爲正，分次部類，號爲新定五經字樣，頒之庠序。」詔太學官集衆修定。

79 遼副元帥蕭托卜嘉舊作撻不也，今改。卒。

80 十二月，戊寅朔，復京西錢監。

81 己卯，詔：「九鼎新名，乃狂人妄有改革，皆無稽據，宜復舊名。」狂人，指王仔昔也。

82 馬政等還自金，與其使者俱來，是日至登州，登州遣赴闕。政與平海指揮使呼慶隨高藥師、曹孝才以閏月六日下海，纔達北岸，爲邏者所執，幷其物奪之，欲殺者屢矣。已而縛之，行經十餘州，至金主所居拉林河，舊作來流河，今改。約三千餘里。問海上遣使之由，以實對。金主與衆議數日，遂質登州小校王美、劉亮等，遣索多舊作撒覩，今改。及李慶善等齎國書幷北珠、生金、貂革、人參、松子，同政等來報使。

83 甲申，遼議定册禮，遣耶律努克使金。

時山前諸路大饑，乾、顯、宜、錦、興中等路斗粟直數縑，民削榆皮食之，既而人相食。寧昌軍節度使劉宏以懿州戶三千降于金，金以爲千戶。

84 己丑，置裕民局。

85 是歲，江、淮、荆、浙、梓州水。

86 遼放進士王翬等百三人。

宣和元年遼天慶九年，金天輔三年。（己亥、一一一九）

1 春，正月，戊申朔，日下有五色雲。

2 乙卯，詔：「佛改號大覺金仙，餘爲仙人、大士之號。僧爲德士，易服飾，稱姓氏。寺爲宮，院爲觀，卽住持之人爲知宮觀事。所有僧錄司可改作德士司，左右街道錄院可改作道德院。德士司隸屬道德院，蔡攸通行提舉。天下州府僧正司可並爲德士司。」尋又改女冠爲女道，尼爲女德。時林靈素欲廢釋氏以逞前憾，請悉更其號，故有是命。

3 丁巳，金使李善慶等入國門，館于寶相院，詔蔡京、童貫及鄧文誥見之議事。補善慶修武郎，散都（前作索多。）從義郎，勃達秉義郎，給全俸。居十餘日，遣直祕閣趙有開、武義大夫馬政、忠翊郎王瓌充使副，齎詔書禮物，與善慶等渡海聘之。瓌，師中子也。

初，議報女直儀，趙良嗣欲以國書，用國信禮，有開曰：「女直之酋止節度使，世受契丹封爵，常慕中朝，恨不得臣屬，何必過爲尊崇，用詔書足矣。」問善慶：「何如？」善慶曰：「二者皆可用，惟朝廷所擇。」於是從有開言。有開與善慶等至登州，未行而有開死。會河北奏得諜者，言契丹已割遼東地，封女直爲東懷王；且妄言女直常祈修好，詐以其表聞。乃召馬政等勿行，止差呼慶持登州牒送李善慶等歸。

4 戊午，以余深爲太宰兼門下侍郎，王黼爲特進、少宰兼中書侍郎。【考異】編年錄作丁巳，今從宋史表。黼賜第城西日，導以教坊樂，供帳什器，悉取于官，寵傾一時。

是時朝廷已納趙良嗣之計，將會金以圖燕。會牒〔諜〕云遼主有亡國之相，黼聞畫學正陳堯臣善丹青，精人倫，因薦堯臣使遼。堯臣即挾畫學生二人與俱，繪遼主像以歸，言於帝曰：「遼主望之不似人君，臣謹畫其容以進，若以相法言之，亡在旦夕，幸速進兵。兼弱攻昧，此其時也。」并圖其山川險易以上。帝大喜，取燕、雲之計遂定。

5乙丑，改湟州爲濼（樂）州。

6乙亥，帝耕籍田。

7罷裕民局。

8封占城楊卜麻疊爲占城國王。占城在中國西南，所統大小聚落一百五，略如州縣。自上古未常通中國，周顯德中始入貢，自是朝貢不絕。然北與交趾接壤，互相侵擾。及詔封爲王，始與交趾加恩均矣。

9金使烏凌阿（舊作烏林答。）贊謨如遼，迎封册也。

10二月，庚辰，改（元宣和，易）宣和殿爲保和殿。

11戊戌，以鄧洵武爲少保。

12遼主如鴛鴦濼。
章薩巴舊作張撒八，今改。誘中京射糧軍，僭號，南面軍帥耶律伊都舊作余覩，今改。討擒之。

13三月，丁未朔，遼遣太傅（校者按：「太傅」，遼史作「知右夷离畢事」。）蕭實埒訥舊作習泥烈，今改。等册金主爲東懷國皇帝。

14庚戌，蔡京等進安州所得商六鼎。

15 己未，以馮熙載爲中書侍郎，范致虛爲尚書左丞，翰林學士張邦昌爲尚書右丞。邦昌，東光人也。

16 詔：「天下知宮觀道士，與監司、郡、縣官以客禮相見。」

17 童貫令熙河經略使劉法取朔方，法不欲行，強遣之。出至統安城，遇夏主弟察哥〔克〕，率步騎三陣以當法前軍，而別遣精騎登山出其後。大戰移七時，兵飢馬渴，死者甚衆。法乘夜遁，比明，走七十里，至盍米〔朱〕峗，守兵追之，法墜崖折足，乃斬首而去。是役也，喪師十萬，貫隱其敗而以捷聞。

察哥〔克〕見法首，惻然語其下曰：「劉將軍前敗我古骨龍、仁多泉，吾嘗避其鋒，謂天生神將，豈料今爲一小卒梟首哉！其失在恃勝輕出，不可不戒。」遂乘勝圍震武。震武在山峽中，熙、秦兩路不能餉，自築後三歲間，知軍李明、孟淸，皆爲夏人所殺。至是城又將陷，察克舊作察哥，今改。曰：「勿破此城，留作南朝病塊。」乃自引去。宣撫使司以捷聞，受賞數百人。

18 甲子，知登州宗澤，坐〔建〕神霄宮不敬〔虔〕，除名，編管。

19 辛未，賜上舍生四〔五〕十五〔四〕人及第。

20 甲戌，皇后親蠶。

21夏，四月，丙子朔，日有食之。【考異】遼史不書，金史與宋史同。

22庚寅，童貫以鄜延、環慶兵大破夏人，平其三城。辛丑，進輔臣官一等。

23五月，丙午朔，京師茶肆傭，晨興見大犬蹲榻榜，近視之，乃龍也，軍器作坊兵士取食之。踰五日，大雨如注，歷七日而止，京城外水高十餘丈。帝懼甚，命戶部侍郎唐恪決水，下流入五丈河。起居郎李綱言：「陰氣太盛，國家都汴百五十餘年矣，未嘗有此異。夫變不虛生，必有感召之由，當以盜賊、外患爲憂。」詔貶綱監沙縣稅務。

24丁未，詔：「德士許入道學，依道士法。」

25丙辰，敗夏人于靈(震)武。

26壬戌，金主諭咸州路都統司曰：「軍興以前，哈斯罕舊作曷蘇館，今改。諸部，民有犯罪流竄邊境，或亡入于遼者，本皆吾民，遠在異境，朕甚憫之。今既議和，當今(行)理索，可明諭諸路千戶穆昆，(舊作謀克。)偏與詢訪其官稱、名氏、地里，具錄以上。」

27壬申，班御製九星二十八宿朝元冠服圖。

28是月，西北有赤氣亙天。

29遼準布(舊作阻卜。)部人叛，執招討使耶律鄂爾多，舊作斡里朵，今改。都監蕭色埒德舊作斜里得，今改。死之。

30六月，戊寅，呼慶等至金主軍前，金主及宗翰等責以中輟，且言登州不當行牒。呼慶對：「本朝知貴朝與契丹通好，又以使人至登州，緣疾告終，因遣慶與貴朝使臣同行，欲得早到軍前，權令登州移文，非有他故。若貴朝果不與契丹通好，卽朝廷定別遣使人共議。」金主不聽，遂拘留慶等。又以索多受宋團練使，杖而奪之。【考異】金史太祖紀，天輔三年六月，書宋使馬政及其子宏來聘。宏卽擴，譽之譌也。按先是馬政已輟行，獨呼慶至耳。金史誤書，今不取。

31壬午，詔：「西邊武臣爲經略使者，改用文臣。」

32甲申，詔封莊周爲微妙元通眞君，列禦寇爲致虛觀妙眞君，仍用册命，配享混元皇帝。

33童貫因關右既困，諷夏人因遼進誓表納款。己亥，詔六路罷兵。及夏遣使來賀天寧節，授以誓詔，夏使辭不取，貫不能屈，但遣館伴強之使持還。及境，棄之道中而去，賈琬得而上之，貫始大沮。尋加貫太傅、封涇國公。時人稱蔡京爲「公相」，貫爲「媼相」。

34秋，七月，丙辰，詔以蔡絛向緣狂率，廢黜幾年，念其父京元老，勳在王室，未忍終棄，可特敍舊官，外與宮觀，任便居住。既而京言敍不以法，乞賜寢罷，詔候過大禮取旨。

35遼主獵于南山，金復遣烏凌阿贊謨如遼，責册文無兄事之語，不言大金而云東懷，乃小邦懷其德之義。又册文有「渠材」二字，語涉輕侮；若「遙芬」、「多戬」等語，皆非善意，殊乖體式。如依前書所定，然後可從。

36遼楊洵(詢)卿、羅子韋率衆降金，金主命各以所部爲穆昆。

37八月，戊寅，詔：「諸路未方田處，並令方量，均定租課。」

38丙戌，御製御筆神霄玉淸萬壽宮記，令京師神霄宮刻記於碑，以碑本賜天下，摹勒立石。

39己丑，金頒女直字於中國(國中)。

女直初無文字，及獲契丹、漢人，始通契丹、漢字，於是宗雄、希尹等學之。宗雄因病，兩月並通大小字，遂與宗幹等立法制定(定制)，凡與遼、宋往來書問，皆宗雄、希尹主之。金主因命希尹依倣漢人楷字，因契丹字制度，合本國語，製女直字行之。

40丁酉，尚書左丞范致虛以母憂去位。

時朝廷欲用師於遼，致虛言邊隙一開，必有意外之患，宰相謂其懷異，竟不起復。

41遼以皇子趙王實訥埒舊作習泥烈，今改。爲西京留守。

遼主諸子，惟晉王額嚕溫舊作傲盧斡，今改。最賢，樂道人善而矜人不能。時宮中惡讀書，見之輒斥。額嚕(溫)嘗入寢殿，見近侍閱書，因取觀之，會諸王至，陰袖而歸之，曰：「勿令他人見之也。」一時號稱長者。

42九月，乙卯，曲宴蔡京于保和新殿。殿西南廡有玉眞軒者，劉妃妝閣也。

43癸亥，幸道德院觀金芝；由景龍江至蔡京第鳴鑾堂，賜京酒。京訴開封尹聶山離間事，山即坐黜。因作鳴鑾記以進。時京子攸、儵、翛及攸子行，皆爲大學士，鞗尙帝姬；家人厮養，亦居大官，媵妾封夫人。京每侍上，恆以君臣相悅爲言。帝時乘輕車小輦，頻幸其第，命坐，賜酒，略用家人禮。

44丙寅，蔡京奏：「臣伏蒙聖慈，以臣夏秋疾病，特命于龍德太一宮設普天大醮，又親製青詞以見誠意。至日臨幸醮筵，別製密詞，親手焚奏。仰惟異禮，今昔所無，殞首殺身，難以仰報。」

方京病篤，人謂其必死，獨晁沖之謂陸宰曰：「未死也。彼敗壞國家至此，若使宴然死牖下，備極哀榮，豈復有天道哉！」已而果愈。

45丁卯，以蔡攸爲開府儀同三司。

攸有寵於帝，進見無時，與王黼得預宮中祕戲。或侍曲宴，則短衫窄袴，塗抹青紅，雜倡優侏儒中，多道市井淫媟謔浪語以獻笑取悅。攸妻宋氏，出入禁掖，攸子行，領殿中監，寵信傾其父。攸嘗言於帝曰：「所謂人主，當以四海爲家，太平爲娛，歲月能幾何，豈可徒自勞苦！」帝深納之。因令苑囿皆倣江、浙爲白屋，不施五采，多爲邨居、野店，及聚珍禽異獸，動數千百，以實其中。都下每秋風夜靜，禽獸之聲四徹，宛若山林陂澤間，識者以爲不祥之兆。

46金主以遼册禮使失期，詔諸路軍過江屯駐。遼乃令實埒訥等先持册稿如金，而後遣使送烏陵阿贊謀〔謨〕持書以還。

47遼耶律程古努舊作陳國努〔奴〕，今改。等二十餘人謀反，伏誅。

48十一月，乙卯，祀圜丘，赦天下。

49甲子，詔：「東南諸路水災，令監司、郡守悉心賑救。」

50戊辰，以張邦昌爲尙書左丞，翰林學士王安中爲尙書右丞。安中附童貫、王黼爲中丞，因論蔡京罪，爲帝所知，遂居政府。

51淮甸旱饑，民失業，遣監察御史察訪。

52太學生鄧肅，以朱勔花石綱害民，進詩諷諫，詔放歸田里。

53壬申，放林靈素歸溫州。

釋氏既廢，靈素益尊重，官沖和殿侍晨，出入呵引，至與諸王爭道，都人稱曰「道家兩府」。靈素與道士王允誠共爲怪神，後忌其相軋，毒之死。都城暴水，遣靈素厭勝，方率其徒步虛城上，役夫爭舉梃將擊之，走而免；帝知衆所怨，始不樂。靈素恣橫不悛，道遇皇太子，弗斂避。太子入訴，帝怒，以爲太虛大夫，斥還故里，命江端本通判溫州，幾察之。端本廉得居處過制罪，詔從置楚州而已死，遺奏至，猶以侍從禮葬焉。【考異】長編載蔡絛云：久之，上復思靈素，使道流保明，欲再召入。伯氏大懼，而靈素不知何故忽死矣。端本乃以靈素遺表上之，曰靈素下血死。按伯氏，謂蔡攸也。詳絛此語，疑攸使端本殺之。

54 十二月，甲戌，詔：「京東路盜賊竊發，令東西路提刑督捕之。」

55 辛卯，大雨雹。

56 自政和以來，帝多微行，乘小轎子，數內臣導從。置行幸局，局中稱出日爲有排當；次日未還，則傳旨稱瘡痍，不坐朝。始，民間猶未知，及蔡京謝表有「輕車小輦，七賜臨幸」之語，自是邸報傳之四方，而臣僚阿順莫敢言。

祕書省正字曹輔上疏諫曰：「陛下厭居法宮，時乘小輦出廛陌郊坰，極遊樂而後返。臣不意陛下當宗社託付之重，玩安忽危，一至於此！夫君之與民，本以人合，合則爲腹心，離則爲楚、越，畔服之際，在於斯須，甚可畏也！萬一當乘輿不戒之初，一夫不逞，包藏禍心，雖神靈垂護，然亦損威傷重矣。又況有臣子不忍言者，可不戒哉！」帝得疏，出示宰臣，令赴都堂審問。余深曰：「輔小官，何敢論大事！」輔曰：「大官不言，故小官言之。」王黼陽顧張邦昌、王安中曰：「有是事乎？」皆應以不知。輔曰：「茲事雖里巷小民無不知，相公當國，獨不知邪？曾此不知，焉用彼相！」黼怒，令吏從輔受詞，輔操筆曰：「區區之心，一無所求，愛君而已。」退，待罪於家。黼奏：「不重責輔，無以息浮言。」丙申，詔編管郴州。

初，輔將有言，知必獲罪，召子紳來，付以家事，乃閉戶草疏。及貶，怡然就道。

57 將樂楊時，初登進士第，聞程顥兄弟講學，以師禮見顥于潁昌。其歸也，顥目送之曰：「吾道南矣。」顥卒，又師事頤。頤偶瞑坐，時與游酢侍立不去，既覺，則門外雪深一尺矣。海內稱龜山先生。

蔡京客張觷言於京曰：「今天下多故，至此必敗，宜急引舊德老成，置諸左右，庶幾猶可及。」京問其人，觷以時對，京因薦之。會路允迪自高麗還，言高麗國王問龜山先生安在，乃召為祕書郎。

58 呼慶留金凡六月，數見金主，執其前說，再三辨論。金主與宗翰等議，乃遣慶歸。臨行，語曰：「跨海求好，非吾家本心。吾已獲遼人數路，其他州郡，可以俯拾，所以遣使人報聘者，欲交鄰耳。暨聞使日不以書來而以詔詔我，此已非其宜。使人雖卒，自合復遣，止遣汝輩，尤為非禮，足見翻悔。本欲留汝，念過在汝朝，非汝罪也。歸見皇帝，若果欲結好，請早示國書；或仍用詔，決難從命。且我嘗遣使求遼主冊吾為帝，取其鹵簿；使人未歸，爾家來通好。而遼主冊吾為東懷國，立我為至聖至明皇帝，吾怒其禮儀不備，又念與汝家已通好，遂鞭其來使，不受法駕等。乃本國守兩家之約，不謂貴朝如此見侮！汝可速歸，為我言其所以。」慶以是月戊戌離金主軍前，朝夕奔馳，從行之人，有裂膚墮指者。

59 是月，京西饑，淮東大旱，遣官賑濟。

60 嵐州黃河淸。

61 升趙州爲慶源府，均州爲武當軍節度。

二年 遼天慶十年，金天輔四年。（庚子、一一二〇）

1 春，正月，癸亥，追封蔡確爲汝南郡王。

2 甲子，罷道學，以儒道合而爲一，不必別置道學也。

3 二月，乙亥，遣中奉大夫·右文殿修撰趙良嗣、忠訓郎王環（瓌）使金。先是呼慶以正月至自登州，具道金主所言，幷其國書達於朝。王師中亦遣子環（瓌）同慶詣童貫白其事。貫時受密旨圖遼，欲假外援，因建議遣良嗣等持御筆往，仍以買馬爲名；其實約夾攻遼，取燕京舊地，第面約不賫國書。夾攻之約，蓋始於此。【考異】馬擴茅齋自序云：政和八年，父政過海，至女直所居來流河。重和元年，父入國門。宣和元年，正月，呼慶等賫到女直文字，因復遣趙良嗣。今考之他書，其年並誤。蓋擴所稱政和八年，即重和元年；而所稱重和元年，當作宣和元年；所稱宣和元年，當作宣和二年也。夾攻之約，自二年始。

4 唐恪罷。

5 戊子，令所在贍給淮南流民，諭還之。

6 甲午，詔別修哲宗正史。

7 金主使烏凌阿贊謨持書及册文副本至遼，且責其乞兵于高麗。

8 遼以金人所定「大聖」二字，與先世稱號同，遣實埒訥往議。金主怒，謂羣臣曰：「遼人屢敗，遣使求成，惟飾虛辭以爲緩兵之計；當議進兵。」乃令咸州路統軍司治軍旅，修器械，具數以聞，將以四月進師。令色克舊作斜葛，今改。留兵一千鎭守，棟摩舊作闍母，今改。以餘兵來會於渾河，和議遂絕。

9 三月，壬寅，賜上舍生二十一人及第。

10 乙卯，改熙河蘭湟路爲熙河蘭廓路。

11 遼復遣實埒訥以國書如金。

12 夏，四月，丙子，詔：「江西、廣東兩界，羣盜嘯聚，添置武臣提刑、路分都監各一員。」

13 乙未，金主自將伐遼，分三路出師，趨上京。遼主獵於呼圖里巴山。舊作胡土白山，今改。聞金師再舉，耶律拜薩巴舊作白斯不，今改。選精兵三千以濟遼師。

14 五月，庚子朔，以淑妃劉氏爲貴妃。

15 己酉，日中有黑子如棗大。

16 趙良嗣等以四月甲申至蘇州，守臣高國寶迎勞甚恭。 會金主已出師，以是月壬子會靑牛山，議所向。 翼日，良嗣等至，金主令良嗣與遼使實埒訥並從軍。 每行數十里，輒鳴角吹笛，鞭馬疾馳，比明，行六百五十里。 至上京，命進攻，且謂良嗣等曰：「汝可觀吾用兵，以卜去就。」遂臨城督戰，諸軍鼓譟而進，自旦及巳，棟摩以麾下先登，克其外城，留守托卜嘉以城降。 良嗣等奉觴爲壽，皆稱萬歲。 是日，赦上京官民，仍詔諭遼副都統耶律伊都。

17 丁巳，祭地于方澤，降德音于諸路。

18 布衣朱夢說上書論宦寺權太重，編管池州。

19 壬戌，金兵次沃里（黑）河，宗斡率羣臣諫曰：「地遠時暑，軍馬罷乏，若深入敵境，糧餽乏絕，恐有後艱。」金主乃班師，命分兵攻慶州。 遼耶律伊都襲棟摩於遼河，金兵戰卻之。

20 遼上京已破，樞密使恐忤旨，不以時奏。 遼故事，軍政皆關決於北樞密院，然後奏知。至是同平章事左企弓爲遼主言之，遼主曰：「兵事無乃非卿責邪？」企弓曰：「國勢如此，豈敢循例爲自全計！」因陳守備之策。 拜中書侍郎、平章事。

21 戊辰，詔：「宗室有文行才術者，令大宗正司以聞。」

22 六月，癸酉，詔開封府賑濟飢民。

23丁丑，太白晝見。

24太師、魯國公、神霄玉清萬壽宮使蔡京，屢上章乞致仕，戊寅，詔依所請，守本官，在京賜第居住，仍朝朔望。

京專政日久，公論不與，帝亦厭薄之。子攸，權勢旣與父相軋，浮薄者復間焉，由是父子各立門戶，遂爲仇敵。攸別居賜第，一日，詣京，甫入，遽起，握父手爲診視狀，曰：「大人脈勢舒緩，體中得毋有不適乎？」京曰：「無之。」京語其客曰：「此兒欲以爲吾疾而罷我耳。」閱數日，果有致仕之命。

25辛巳，詔：「自今衝（動）改元豐法制，論以大不恭。」

26中牟縣民訴方田不均，乙酉，詔罷諸路方田。

27遼以北府宰相蕭伊蘇舊作乙薛，今改。爲上京留守。

28金人之攻陷上京也，遼太祖天膳堂在祖州，太宗崇元殿在懷州，以及慶州之望仙、望聖、神儀三殿，焚燒殆盡。所司以聞，蕭奉先抑而不奏，後遼主知而問之，奉先曰：「初雖侵犯元宮，劫掠諸物，尙懼列聖威靈，不敢毀壞靈寢，已指揮有司修葺防護。」奉先迎合誕謾類此。

29丙戌，詔：「三省、樞密院額外吏職，並從裁汰。及有妄言惑衆，稽違詔令者，重論之。」

30 詔：「諸司總轄、提點之類，非元豐法，並罷。」

31 丁亥，復寺院額，尋又復德士爲僧。

32 甲午，罷禮制局幷修書五十八所。

33 秋，七月，壬子，罷文臣起復。

34 己未，罷醫、算學。

35 八月，庚辰，詔減定醫官額。

36 乙未，詔：「監司所舉守令非其人，或廢法不舉，令廉訪使者劾之。」

37 是月，趙良嗣於上京出御筆與金主議約，以燕京一帶本漢舊地，約夾攻契丹，取之。金主命譯者曰：「契丹無道，其土疆皆我有，尚何言！顧南朝方通歡，且燕京皆漢地，當與南朝。」良嗣曰：「今日約定，不可與契丹復和也。」金主曰：「有與契丹乞和，亦須以燕京與爾家方和。」許遂議歲幣，良嗣初許三十萬，辨論久之，卒與契丹舊數。金主又謂良嗣曰：「吾軍已行，九月至西京，汝等到南朝，請發兵相應。」遂以手札付之，約以本國兵徑自平地松林趨古北口，南朝兵自雄州趨北（白）溝夾攻，不如約，即地不可得。金師至松林，會大暑，馬牛疫，金主乃還，遣驛追良嗣至，易國書，約來年同舉。宗翰曰：「使副至南朝奏皇帝，勿如前時中絕也。」留良嗣飲食數日，及令所擄遼吳王妃歌舞，謂良嗣曰：「此契丹兒婦也，今作奴婢，爲使人歡。」遣薩喇、舊作錫剌，今改。哈嚕舊作曷魯，今改。等持其國書來報聘。

九月，壬寅，金薩喇、哈嚕等至，詔衞尉少卿董耘館之，止作新羅人使引見。後三日，對於崇政殿，帝臨軒，薩喇、哈嚕等捧書以進，禮畢而退。

38 詔：「罷政和二年給地牧馬條法，收見馬以給軍，應牧田及置監處並如舊制。」

39 丙辰，詔登州鈐轄馬政借武顯大夫，使聘于金。是日，薩喇、哈嚕等入辭於崇政殿，賜宴顯靜寺，命趙良嗣押宴，王環（瓌）伴送，政持國書及事目隨哈嚕等行。

書曰：「大宋皇帝致書於大金皇帝：遠承信介，持示函書，具聆啓處之詳，殊副瞻懷之素。契丹逆天賊義，干紀亂常，肆害忠良，恣爲暴虐。知夙嚴於軍旅，用綏集于人民，致罰有辭，逖聞爲慰。今者確示同心之好，共圖問罪之師，念彼羣黎，舊爲赤子，既久淪於塗炭，思永靖於方垂，誠意不渝，義當如約。已差太傅、知樞密院事童貫勒兵相應，使回，請示舉軍的日，以憑夾攻。所有五代以後陷沒幽薊等州舊漢地及漢民，并居庸、古北、松亭、榆關，已議收復，所有兵馬，彼此不得過關外，據諸色人及貴朝舉兵之後背散到彼餘處人戶，不在收留之數。絹銀依與契丹數目歲交，仍置榷場。計議之後，契丹請和聽命，各無允從。」乃別降樞密院劄目付政，遣政子擴從行。

初，朝議止欲得燕京舊地。及趙良嗣還朝，言嘗問金主，燕京一帶舊漢地，并西京亦是。金主曰：「西京我安用，止爲挐阿适，西一臨爾　事竟，亦與汝家。」阿适，遼主小字也。又言平、營本燕京地，高慶裔曰：「平、灤非一路。」金主曰：「此不須議。」故事目并及山後寰、應、朔、蔚、嬀、儒、新、武諸州。兩國之釁，由此生矣。

40 是秋，遼主獵于沙嶺。

41 蕭伊蘇守上京，爲政寬猛得宜，乘金兵殘破之後，民多窮困，輒加賑卹，衆咸愛之。

42 冬，十月，戊辰朔，日有食之。【考異】遼史不書是年日食，今從宋史。

43 己巳，尚書省言：「州縣武學已罷，內外願入京武學人，乞依元豐法試補入學舉試；其考選升補推恩，并依大觀武學法。」從之。

44 以內侍梁師成爲太尉。師成黠慧習文法，初領睿思殿文字外庫，主出外傳上旨。政和中，漸得幸，因竄名進士籍中，累遷河東節度使，至是遂有此命。

時中外泰寧，帝留意禮文符瑞之事，師成逢迎希恩寵，帝本以隸人畜之，命入處殿中，凡御書號令，皆出其手；多擇善書吏習倣帝書，雜詔旨以出，外庭莫能辨。師成實不能文，而高自標榜，自言蘇軾出子。時天下禁誦軾文，其尺牘在人間者皆毀去，師成訴於帝曰：「先臣何罪？」自是軾之文乃稍出。以翰墨爲己任，四方名士，必招致於門下，多置書畫卷軸於外舍，邀賓客縱觀，得其題識，合意者輒密加汲引，執政、侍從，可階而升。王黼以父事之，稱爲「恩府先生」，蔡京父子亦詔附焉。都人目爲「隱相」，所領職局，多至數十百。

45 睦州清〔青〕溪民方臘，世居縣之堨邨，託左道以惑衆。縣境梓桐、幫源諸洞，皆在山谷幽險處，民物繁夥，有漆楮杉材之饒，富商巨賈多往來。臘有漆園，造作局屢酷取之，臘怨而未敢發。時吳中困于朱勔花石之擾，比屋致怨。臘因民不忍，陰聚貧乏游手之徒，以朱勔爲名，遂作亂。

46 馬政等達金拉林河，留帳前月餘，議論不決。金主初不認事目內已許西京之語，且言平、灤、營三州不係燕京所管，政等不能對，唯唯而已。金主又與其羣臣謀，謂：「北朝所以雄盛者，緣得燕地漢人。今一旦割還南朝，不惟國勢微削，兼退守五關之北，無以臨制南方，坐承其獘。若我將來滅契丹，盡有其地，與宋爲鄰，時或以兵壓境，更南展提封，有何不可！」羣臣皆以爲然。唯宗翰云：「南朝四面被邊，若無兵力，安能立國！未可輕之。」金主遂將馬擴遠行射獵，久之乃還，令諸大臣具飲食，遞邀南使。十餘日，始草國書，遣哈嚕與政等來報，聘書中大略云：「前日趙良嗣等回，許燕京東路州鎮，已載國書，若不夾攻，應難如約。今若更欲西京，請便計度收取，若難果意，冀爲報示。」【考異】趙良嗣「金主已許西京」等語，出其所自撰奉使總錄，而金盟本末及詔旨諸書皆取之，李燾因采入長編。今金主不認此語，豈果彼之食言乎？或云，此良嗣實爲姦以罔上，致事妄求，爲國家之禍本也，此說得之。

47 十一月，戊戌朔，方臘自號聖公，建元永樂，以其月爲正月。置官吏、將帥，以巾飾爲別，自紅巾而上，凡六等。無弓矢、介胄，唯以鬼神詭祕事相扇訹。焚室廬，掠金帛、子女，誘脅良民爲兵，不旬（日），聚衆至數萬，陷淸（靑）溪縣。

48 己亥，少傅、太宰兼門下侍郎余深罷。時福建以取花果擾民，深爲言之，帝不悅，出知福州。

49 庚戌，以王黼爲少保、太宰兼門下侍郎。

初，蔡京致仕，黼陽順人心，悉反其所爲，四方翕然稱爲賢相。及拜太宰，遂乘高爲邪，多畜子女玉帛自奉，僭擬禁省。因請置應奉局，自兼提領，中外名錢，皆許擅用，竭天下財力以供費。官吏承望風旨，凡四方水土珍異之物，悉苛取于民，進帝所者，不能什一，餘皆入于黼家。

50 己未，兩浙都監蔡遵、顏坦擊方臘于息坑，死之。

51 十二月，戊辰，方臘陷睦州，殺官兵千人，于是壽昌、分水、桐廬、遂安等縣皆爲賊據。甲申，方臘陷休寧縣，知縣事麴嗣復爲賊所執。脅之使降，嗣復罵賊不絕口，曰：「何不速殺我！」賊曰：「我休寧人也，公邑宰，有善政，前後官無及公者，我忍殺公乎！」委之而去。朝廷因命嗣復知睦州，進官二等。尋爲賊所傷，自力渡江，將乞兵於宣撫司，未及行而卒。

丙戌，方臘陷歙州，東南將郭師中戰死，士曹掾栗先守獄，詬賊遇害。於是婺源、績溪、祁門、黟縣官吏皆逃去。尋又陷富陽、新城，遂逼杭州。凡賊兵所至，得官，必斷臠支體，探其肺腸，或熬以膏油，叢鏑亂射，備盡楚毒，以償積怨。

警奏至京師，時方聚兵以圖北伐，王黼匿不以聞，于是附者益衆，東南大震。淮南發運使陳遘上言：「賊衆強，官軍弱，乞調京畿兵及鼎、澧槍牌手兼程以來，不至滋蔓。」帝得疏，大驚，乃罷北伐之議。丁亥，以譚稹爲兩浙制置使，童貫爲江、淮、荆、浙宣撫使，率禁旅及秦、晉、蕃、漢兵十五萬討之。【考異】北盟會編載童貫別傳云：貫將趙延慶、宋江等討方臘。據宋史本紀，宋江之降在次年，別傳誤，今不取。

52 己丑，以少傅鄭居中權領樞密院。

53 庚寅，詔訪兩浙民疾苦。

54 是月，方臘陷杭州，知州趙震遁；【考異】薛鑑作「趙霆」，今從宋史。廉訪使者趙約詬賊，死之。

55 是冬，遼主至西京。郡縣多陷沒，而遼主畋游不恤，忠臣多被疏斥。文妃蕭氏作歌以諷諫，遼主見而銜之。

56 眞臘遣人來朝，詔封其主爲眞臘國王。

57 是歲，夏改元元德。

續資治通鑑卷第九十四

賜進士及第兵部尚書兼都察院右都御史總督湖北湖南等處地方軍務兼理糧餉世襲二等輕車都尉 畢沅 編集

宋紀九十四 起重光赤奮若(辛丑)正月，盡昭陽單閼(癸卯)三月，凡二年有奇。

徽宗體神合道駿烈遜功聖文仁德憲慈顯孝皇帝

宣和三年 遼保大元年，金天輔五年。(辛丑、一一二一)

1 春，正月，丁酉朔，日中有眚，旁有青黑氣如水波旋轉。

2 遼以改元肆赦。

3 壬寅，鄧洵武卒。

鄧氏自綰以來，世濟其姦；而洵武阿蔡京尤甚。京之敗亂天下，禍源自洵武始。

4 己未，詔：「淮南、江南、福建，各權添置武臣提刑一員。」

5 帝初以東南之事付童貫，且曰：「如有急，卽以御筆行之。」貫至吳，見民困花石之擾，衆言賊不亟平，坐此耳。貫卽命其僚董耘作手詔罪己，罷蘇、杭造作局及御前綱運并木石綵色等物，而帝亦黜朱勔父子弟姪之在職者。吳民大悅。

6 是月，方臘陷婺州，又陷衢州，守臣彭汝方死之。

7 遼主有四子：長曰趙王實訥埒，舊作習泥烈，今改。母趙昭容；次晉王額嚕溫舊作敖盧斡，今改。母蕭文妃；次秦王定、許王寧，皆元妃所生。樞密使蕭奉先，元妃之兄，而秦、許王之舅也，以國人屬意晉王，恐秦王不得立，因潛圖之。文妃姊適耶律達哈勒，舊作撻曷里，今改。妹適耶律伊都。舊作余覩，今改。一日，其姊若妹俱會軍前，奉先諷人誣文妃與駙馬蕭昱及達哈拉、伊都等謀立晉王而尊遼主爲太上皇。遼主信之，遂誅蕭昱、達哈拉而賜文妃死。伊都在軍中，聞之，大懼，卽率千餘騎叛入金。遼主使知奚王府事蕭錫默、舊作遐買，今改。北府宰相蕭德恭、四軍太師蕭幹將所部兵追之，及諸閭山縣。錫默等議曰：「主上信蕭奉先言，視吾輩蔑如也。伊都乃宗室豪俊，常不肯爲奉先下。若擒伊都，他日吾黨皆伊都也。不若縱之。」還，卽紿曰：「追襲不及。」奉先既見伊都之亡，恐後日諸將校亦叛，遂勸遼主驟加爵賞以結衆心，以蕭錫默爲奚王，以蕭德恭試中書門下平章事兼判上京留守事，蕭幹爲鎮國大將軍。

8 二月，甲戌，降詔招撫方臘。

9 乙酉，罷天下三舍及宗學、辟雍、諸路提舉學官事。

10 癸巳，赦天下。

11 方臘陷旌德縣及處州。步軍都虞候王禀復杭州。

12 淮南盜宋江以三十六人橫行河朔，轉掠十郡，官軍莫敢攖其鋒。知亳州候〔侯〕蒙上書，言江才必過人，不若赦之，使討方臘以自贖。帝命蒙知東平府，未赴而卒，又命張叔夜知海州。江將至，叔夜使間者覘所向，江徑趨海濱，劫鉅舟十餘，載鹵獲。叔夜募死士得千人，設伏近城，而出輕兵距海，誘之戰，先匿壯卒海旁，伺兵合，舉火焚其舟。賊聞之，皆無鬬志，伏兵乘之，擒其副賊，江乃降。

13 遼主如鴛鴦濼。

先是鎮國上將軍唐古，嘗爲遼主言蕭德勒岱舊作得里底，今改。之誤國，臣雖老，願爲國破敵。遼主不納，至是聽其致仕。

14 是月，金使哈嚕舊作曷魯，今改。等至登州。

初，女直往來議論，皆主童貫，以趙良嗣上京之約，欲便舉兵應之，故選西京宿將會京師，又詔環慶、鄜延軍與河北禁軍更戍。會方臘叛，貫以西京兵討賊，朝廷罷更戍，指揮登州守臣以童貫未回，留金使不遣。哈嚕狷忿，屢出館，欲徒步入京師，尋詔馬政、王環〔瓌〕引之詣闕。

15 三月，庚申，賜禮部奏名進士及第、出身何渙等六百三十人。

16 是月，方臘再犯杭州，步軍都虞候王禀等戰於城外，斬首五百級。官軍與賊戰於桐廬，敗之，遂復睦州。

17 金人聞耶律伊都之降，夏，四月，乙丑朔，宗翰言於金主曰：「遼主失德，中外離心。我朝興師，大業既定，而根本弗除，後必爲患。今乘其釁，可襲取之，天時人事，不可失也。」金主然之，命諸路戒備軍事。

18 丙寅，貴妃劉氏薨。

妃本酒家保女，父宗元，以女貴，爲興寧節度使。初入宮，頗被顧遇，後以事囚於宦者何訢家，楊戩奏取歸，復得入宮，由才人累遷至貴妃。性穎悟，能迎旨意，又善裝飾，衣冠塗飾一新，世爭效之。林靈素謂帝爲長生帝君，妃爲九華玉眞安妃，每神霄降，必別置安妃位，圖畫肖妃像。始，妃囚何訢家，訢不禮焉，及得志，遂陷訢以罪。至是薨，年三十三（四）。

19 童貫、譚稹前鋒至清河堰，水陸並進。方臘焚官舍、府庫、民居宵遁，還清谿（青溪）幫源洞。貫等合兵擊之，臘衆尙二十萬，與官軍力戰而敗，深據巖屋，諸將莫知所入。王淵裨將韓世忠，潛行谿谷，問野婦得徑，即挺身仗戈直前擣其穴，格殺數十人。庚寅，擒臘以出。世忠，延安人也。忠州防禦使辛興宗，領兵截洞口，掠爲己功。諸將并取臘妻子及僞相方肥等五十二人於洞石穴中，殺賊七萬餘人，其黨皆潰。臘之亂，凡破六州、五十二縣，戕平民二百萬。所掠婦女，自賊洞逃出，裸而縊於林中者，相望百餘里。

20 詔：「兩浙、江東被賊州縣，給復三年。」

21 癸巳，汝州牛生麒麟。

22 五月，戊戌，權領樞密院事鄭居中落權字。

23 金主射柳，宴羣臣，顧謂宗翰曰：「今議西征，汝前後計議，多合朕意。宗室中雖有長於汝者，若謀元帥，無以易汝，汝當治兵以俟師期。」金主親酌酒飲之，且命之釂，解御衣以衣之。羣臣言時方溽暑，乃止。

24 己亥，詔：「杭、越、江寧守臣並帶安撫使。」

25 甲辰，追册貴妃劉氏爲皇后，謚曰明節。

26 改睦州建德軍爲嚴州遂安軍，歙州爲徽州。

27 丙午，哈魯等入國門，詔國子司業權邦彥、觀察使童師禮館之。未幾，師禮傳旨邦彥等曰：「遼已知金人海上往還，難以復如前議，諭其使者令歸。」邦彥驚曰：「如此，則失其歡心，曲在朝廷矣。」師禮入奏，復傳旨，候童貫徐議之。

28 癸亥，詔：「三省覺察臺諫罔上背公者，取旨譴責。」

29 初，御史中丞陳過庭，以睦寇竊發，嘗上言：「致寇者蔡京，養寇者王黼，竄二人則寇自平。」又言：「朱勔父子，本刑餘小人，結交權近，竊取名器，罪惡盈積，宜昭正典刑，以謝天下。」黼深恨之。至是陷以罪，罷知蘄州；未半道，責黄州安置。

30 遼耶律伊都之降金也，先使人送款，乞援接於桑林渡。金主詔曰：「伊都到日，使與其官屬偕來，餘衆處之便地。」是月，伊都至咸州，送上遼國宣誥及器甲、旗幟，先遣其將士韓福努（舊作福奴。）等入謝，上書俱（具）言所以降之意，大略謂：「遼主沈湎，荒於游畋，不卹政事，好佞人，遠忠直，淫刑吝賞，刑煩賦重，民不聊生。樞密使德勒岱，本無材能，但阿諛取容。」又自言：「粗更軍事，嘗進策於遼主，爲德勒岱所抑，遼主亦不省察。」又曰：「大金疆土日闢，伊都灼知天命，自去年與耶律慎思等定議，約以今夏來降。近聞德勒岱欲發其事，倉卒之際，不及收合四遠，但收傍近部族戶三千，車五百兩，畜産數萬，北軍都統以兵襲追，遂棄輜重轉戰至此。」旋率其將吏入見，金主撫慰之，命之坐，班同宰相，賜宴，盡醉而罷。金主命伊都以舊官領所部，且諭之曰：「若能爲國立功，別當獎用。」自伊都降，金益知遼之虛實矣。

31 閏月，丙寅，減諸州曹掾官。

32 王黼言於帝曰：「方臘之起，由茶鹽法也，而童貫入姦言，歸過陛下。」帝怒，甲戌，詔復應奉局，命黼及梁師成領之，而朱勔亦復得志矣。

初，貫宣撫兩浙，令董耘權作手詔，罷花石以安人情。帝見其詞，大不悅。及復應奉，貫又對帝歎曰：「東南人家飯鍋子未穩在，復作此邪？」帝益怒。董耘由是得罪。

33 辛巳，金古論貝勒舊作國論勃極烈，今改。薩哈舊作撒改，今改。卒。金主往弔，乘白馬，剺額，哭之慟。及葬，復親臨之，賵以所御馬。

薩哈敦厚多智，長於用人。家居純儉，好稼穡。自始爲國相，能馴服諸部，訟獄得其情，當時有言：「不見國相，事何從決！」及主兵伐遼，薩哈每以宗臣爲內外依重，不以戰多爲其功也。後追謚忠毅。

34 六月，庚子，金主命其弟安班貝勒舊作諳班勃極烈，今改。晟即烏奇邁也，舊作吳乞買，今改。曰：「汝唯朕之母弟，義均一體，是用汝貳我國政。凡軍事違者，閱實其罪，從宜處之。其餘事無大小，一依本朝舊制。」

35 是月，河決恩州清河埽。

36 秋，七月，丁卯，賑溫、處等八州。

37 庚午，令三京置女道錄、副道錄各一員，節鎮置道正、副各一員，餘州置道正一員，從蔡攸奏請也。

38 庚辰，金主詔咸州都統司曰：「自伊都來，灼見遼國事宜，已決議親征，其治軍以俟師期。」尋以連雨，罷親征。

39 遼主獵於炭山。

40 初，夔峽、廣南邊臣開納土之議，建立軍州，上盡國用，下殫民財，至是言者以爲病。丁亥，詔廢純、茲、祥、亨、淇、溱、承、播、恩、隆、充、孚十二州及熙寧、遵義二軍，或爲縣，或爲堡寨。

41 是月，河南府畿內譌言，有物如人或如犬，其色正黑，不辨眉目，始夜則掠小兒食之，後白晝入人家爲患，所至諠然不安，謂之黑漢。有力者夜執鎗自衛，亦有託以作過者。二年乃息。

42 八月，甲辰，曲赦兩浙、江東、福建、淮南路。

43 乙巳，以童貫爲太師，譚稹加節度使。

44 丁未，祔明節皇后神主於別廟。

45 金哈嚕等留闕下凡月餘。壬子，遣呼慶送歸，但付國書，不復遣使，用王黼議也。書辭曰：「遠勤專使，薦示華緘，具承契好之修，深悉疆封之諭。維夙惇於大信，已備載於前書，所有漢地等事，並如初議。俟聞舉軍到西京的期，以憑夾攻。」時帝深悔前舉，意欲罷結約。黼及梁師成又與童貫更相矛盾，故帝心甚闌，而浮沈其辭如此。

46 丙辰，方臘伏誅。

47 九月，丙寅，以王黼爲少傅，鄭居中爲少宰。庚午，進執政官一等。

48 遼主至南京。

49 冬，十月，甲寅，詔：「自今贓吏獄具，論決勿貸。」

50 童貫復領陝西、兩河宣撫。

51 丙辰，御神霄宮，親授王黼等元一六陽神仙祕籙及保仙祕籙。

52 十一月，癸亥，遼以西京留守趙王實訥埒爲特里袞。（舊作惕隱。）

53 甲子，御筆：「提舉道錄院見修道史，表不須設。紀斷自天地始分，以三清爲首。三皇而下，帝王之得道者，以世次先後列於紀、志，爲十二篇，傳分十類。」又詔：「自漢至五代爲道史，本朝爲道典。」

54 丁丑，中書侍郎馮熙載，罷知亳州；以張邦昌爲中書侍郎，王安中爲尚書左丞，翰林學士李邦彥爲尚書右丞。

邦彥本銀工子，俊爽美風姿。生長閭閻，習猥鄙事，應對便捷，善謳謔，能蹴鞠，每綴街市俚言爲詞曲，人爭傳之，自號李浪子。以善事中人，爭薦譽之，遂登政府。

55 壬午，觀文殿大學士、提舉崇福宮張商英卒。贈少保。陳瓘語人曰：「商英非粹德，且復才疏，然時人歸向之。今其云亡，人望絕矣。近觀天時人事，必有變革。正恐雖有盛德者，未必孚上下之聽，殆難濟也。」

56 十二月，辛卯朔，日中有黑(子)如李大。

57 金宗翰復請伐遼，諸軍久駐，人思自奮，馬亦強健，宜乘此時，進南朝，取中京。辛丑，金主命杲爲內外諸軍都統，以昱、宗翰、宗幹、宗望、宗磬等副之，悉師渡遼而西，用伊都爲前鋒，趨遼中京。甲辰，詔曰：「遼政不綱，人神共棄。今命汝率大軍以行討伐，爾其擇用善謀，賞罰必行，糧餉必繼，勿擾降服，勿縱俘掠。見可而進，無淹師期；事有從權，毋須申稟。」戊申，又詔曰：「若克中京，所得禮、樂、儀仗、圖書、文籍，並先次津發赴闕。」【考異】金太祖紀：辛丑、甲辰、戊申，皆繫於十一月。今按是年十一月壬戌朔，無此三日。十二月辛卯朔，則辛丑爲月之十一日，甲辰十四日，戊申十八日也。金史作十一月，蓋轉寫之譌，今改正。

58 壬子，進封廣平郡王構爲康王。

59 是歲，諸路蝗。

60 以孔端友襲封衍聖公。

61 內侍楊戩，少給事掖庭，善測伺人主意，自崇寧後日有寵，首建期門行幸事以固其權，勢與梁師成埒，累官節度使、檢校少保至太傅。

有胥吏杜公才者，獻策於戩，立法索民田契，自甲之乙、乙之丙，展轉究尋，至無可證，則度地所出，增立賦租。始於汝州，浸淫於京東、西、淮西、北，括廢隄、棄堰、荒山、退灘及大河淤流之處，皆勒民主佃；額一定後，雖衝蕩回復不可減。一邑率於常賦外增租錢至十餘萬緡；水旱蠲稅，此不得免。擢公才爲觀察使。

至是戩死，以內侍李彥繼之，很愎，密與王黼表裏，置局汝州，臨事愈劇。凡民間美田，使他人投牒告陳，皆指爲天荒；雖執印劵，皆不省。魯山闔縣盡括爲公田，訴者輒加刑威，致死者千萬。田主既輸租，其舊稅，轉運使亦不爲奏除，乃均諸別州。京西提舉官及京東州縣吏皆助彥爲虐，民不勝忿痛。發物供奉，大抵類朱勔，責辦於民，無休息期，農不得之田，牛不得耕墾，殫財糜芻，力竭餓死，或自縊轅軛間。如龍鱗薜荔一本，輦至之費踰百萬。喜賞怒刑，禍福轉手，因之得美官者甚衆。潁昌兵馬鈐轄范寥不爲取竹，誣以罪，勒停。前執政官冠帶操笏迎謁爲〔馬〕首，彥處之自如。所至倨坐堂上，監司、郡守不敢抗禮。有言於帝者，梁師成時適在旁，抗聲曰：「王人雖微，序於諸侯之上，豈足爲過！」言者懼，不敢復言。

四年。遼保大二年，金天輔六年。（壬寅、一一二二）

1春，正月，丁卯，以蔡攸爲少保，梁師成爲開府儀同三司。

2癸酉，金都統杲克遼之高恩、回紇二城；乙亥，陷遼中京，【考異】宋史徽宗紀作癸酉破中京，今從遼、金二史。遂下澤州。遼主出居庸關，至鴛鴦濼，聞伊都引洛索舊作婁室，今改。奄至，憂甚。樞密使蕭奉先曰：「伊都，宗支也，豈欲遼亡哉？不過欲立其甥晉王耳。若爲社稷計，不惜一子，明其罪誅之，可不戰而退。」會耶律薩巴舊作撒八，今改。等謀立晉王額嚕溫，事覺，遼主召樞密蕭德勒岱舊作德里底，今改。等議曰：「反者必以此兒爲名，若不除去，何以復安！」德勒岱唯唯。遼主乃遣人縊之。或勸額嚕溫亡，額嚕溫曰：「安能爲蕞爾之軀而失臣子之節！」遂就死。遼主素服三日。薩巴等皆伏誅。額嚕溫素有人望，諸軍聞其死，無不流涕，由是人人解體。

伊都引金兵逼遼主行宮，遼主率衞士五千餘騎自鴛鴦濼走西京，左企弓諫，不聽。倉卒出走，遺傳國璽於桑乾河。【考異】金史本紀及宗望傳：宗望擊敗遼主，獲其子趙王及傳國璽，獻傳國璽於行在。太祖曰：「此羣臣之功也。」遂置璽於懷中，東面恭謝天地。按遼史戰於白水濼，趙王被執，在保大三年，即金天輔七年。而遺傳國璽於桑乾河，在保大元年，即金天輔五年。是宗望所獲者，非即桑乾河所遺者也。二史傳聞互異，今從遼史。遼主以深入爲憂，蕭奉先曰：「女直雖能陷我中京，終不能遠離巢穴，越三千里直擣雲中也。」

金都統杲遣人獻捷，金主賜詔嘉之，且曰：「山後若未可往，即營田牧，俟秋大舉，更當熟議，見可則行。無恃一戰之勝，輒自弛慢。」

3二月，庚寅朔，日有食之。【考異】宋史不書是年日食，今從遼、金二史書之。

4己亥，金宗翰率偏師趨北安州。遼奚王蕭錫默舊作霞末，亦作遐買，今改。先使人紿降，已而出師圍之。金兵去馬殊死戰，敗錫默兵，追殺至暮，遂取北安州。

5癸卯，雨雹。

6是月，管句太平觀陳瓘卒。

或問游酢以當今可以濟世者，酢曰：「陳了翁其人也。」劉安世嘗因瓘病，使人勉以醫藥自輔，曰：「天下將有賴於公，當力加保養以待時用。」了翁，瓘別號也。至是卒於楚州。

7三月，辛酉，幸祕書省，遂幸太學，賜祕書少監翁彥深、王時雍、國子祭酒韋壽隆、司業權邦彥章服，館職、學官、諸生恩錫有差。

8金宗翰駐兵北安，遣希尹略近地，獲遼護尉（衛）實訥埒，始知遼主殺其子晉王，衆心益離，西北、西南兩路兵馬，皆羸弱不可用。使人報杲曰：「遼主窮迫於山西，猶事畋獵，不卹危亡；自殺其子，臣民失望。攻取之策，幸速見諭。」杲使還報曰：「頃奉詔旨，不令便趨山西，當審詳徐議。」宗翰知杲無意進取，即決策進兵，復報杲曰：「初受命，雖未令便取山西，亦許便宜從事。遼人可取，其勢已見，一失機會，後難圖矣。今已進兵，當以大軍會於何地，幸以見報。」宗幹謂杲曰：「再使來請，必非輕舉。且彼發兵，不可中止。」再三言之，杲乃許會師。杲出青嶺，宗翰出瓢嶺，期會於羊城濼，宗望、宗弼率百騎先進。遼主聞金師將出嶺西，遂趨白水濼。宗翰、宗幹以精兵六千襲之，希尹爲前驅，一日三敗遼師。

遼主至漠北，聞金兵將近，計不知所出。蕭奉先請趨夾山，遼主遂棄輜重，乘輕騎入夾山。既至，始悟奉先之不忠，怒曰：「汝父子誤我至此，今欲誅汝，何益於事！恐軍心忿怒，爾曹避敵苟安，禍必及我，其勿從行。」奉先下馬哭拜而去。行未數里，左右執其父子，縛送於金，金人斬其長子昂，以奉先及其次子昱械送金主；道遇遼軍，奪以歸國，並賜死。元妃蕭氏，德勒岱舊作得里底，今改。之姑也，謂德勒岱曰：「爾任國事，致君如此，何以生爲！」德勒岱但謝罪而已。明日，遼主遂逐之，召托卜嘉舊作撻不也，今改。典禁衛。

9 戊辰，遼同知殿前點檢事耶律高八率衛士降金。

10 初，遼主走雲中，留南府宰相張琳，參知政事李處溫與秦晉國王淳守燕京。處溫聞遼主入夾山，命令不通，即與族弟處能及子奭，外假怨軍，內結都統蕭幹，謀立淳，處溫邀張琳白其事，琳曰：「攝政則可，即眞則不可。」處溫曰：「今日之事，天意人心已定，豈可易也！」琳不敢執，遂與諸大臣耶律達實、舊作大石，今改。左企弓、虞仲文、曹易勇〔勇義〕、康公弼，集番、漢百官諸軍及父老數萬人詣淳府，引唐靈武故事勸進，淳不許。李奭持赭袍被之，令百官拜舞山呼，淳驚駭，再三辭，不獲，從之。羣臣上尊號曰天錫皇帝，改元建福，以妻蕭氏爲德妃。妃，普賢女也。加處溫守太尉，琳守太師，餘與謀者授官有差。改怨軍爲常勝軍。軍旅之事，悉委達實。遙降天祚爲湘陰王，遂據有燕、雲、平及上京、遼西之地。天祚所有，沙漠以北、西南、西北兩都招討府諸番部族而已。

淳將降赦，燕京父老俱言內庫都點檢劉彥良以姦佞得幸於天祚，專導引爲失德之事；其妻倡也，出入禁中，夫婦並爲國害，乃梟彥良夫婦於市，然後大赦。

達實，太祖八世孫，通遼、漢字，善騎射，登進士第，累擢翰林學士承旨，故稱達實林牙云。

耶律淳請和於金，都統杲責其不先稟命，輒稱大號，若能自歸，當以燕京留守處之。淳復乞存宗祀，杲復書曰：「閣下向爲元帥，總統諸軍，任非不重，曾無尺寸之功，欲據一城以抗我國之兵，不亦難乎！所任用者既不能死國，今誰肯爲閣下用者！欲恃此以成功，計亦疏矣。幕府奉詔，歸者官之，逆者討之，若執迷不返，期於殄滅而已。」淳乃遣使請於金主，賜以詔曰：「汝，遼之近屬，位居將相，不能與國存亡，乃竊據孤城，僭稱大號，若不降附，將有後悔！」

12命童貫爲河北、河東路宣撫使。

睦寇初平，帝亦悔用兵。王黼獨言曰：「中國與遼雖爲兄弟之邦，然百餘年間，彼之所以開邊慢我者多矣。且兼弱攻昧，武之善經也。今而不取燕、雲，女直必強，中原故地將不復爲我有。」帝遂決意治兵。

黼於三省置經撫房，專治邊事，不關樞密。括天下丁夫，計口出算，得錢二〔六〕千六〔二〕百萬緡以充用。黼又遺童貫書曰：「太師若北行，願盡死力。」會耶律淳遣使告卽位，且言免歲幣，結前好。朝議謂機不可失，乃以蔡攸副貫，勒兵十五萬巡北邊以應金，且招諭幽燕。攸童騃不習事，謂功業可唾手致，入辭之日，肆言無忌，帝弗責。

13初，夾攻之約，蔡京、童貫主之。熙河鈐轄趙隆嘗極言其不可，貫曰：「君能共此，當有殊拜。」隆曰：「隆武夫，豈敢干賞以敗祖宗二百年之好！異時啓釁，萬死不足謝責。」貫不悅。鄭居中亦力陳不可，謂京曰：「公首台元老，不守兩國盟約，輒造事端，誠非廟算。」京曰：「上厭歲幣五十萬故爾。」居中曰：「公獨不見漢世和戎之費乎？使百萬生靈肝腦塗地，公實爲之！」時又有安堯臣者，亦上書論燕、雲之事曰：「宦寺專命，倡爲北伐。燕、雲之役興，則邊釁遂開；宦寺之權重，則皇綱不振。今童貫深結蔡京，納趙良嗣以爲謀主，故建平燕之議。臣恐異時唇亡齒寒，邊境有可乘之釁，強敵蓄銳伺隙以逞其欲，此臣所以日夜寒心。伏望思祖宗積累之艱難，鑒歷代君臣之得失，杜塞邊隙，務守舊好，無使新起之敵乘間以窺中國，上以安宗廟，下以慰生靈。」帝然之，由是議稍寢。及遼勢日蹙，貫乃復乞舉兵，居中又言不宜幸災而動，待其自斃可也，不聽。

14 遼耶律淳僭立，患本俗兵少；蕭幹建議籍東、西奚及嶺外南北大王諸部，得萬餘戶，戶選一人爲軍，謂之瘦軍，散處涿、易間，肆爲侵掠，民甚苦之。

15 蕭德勒岱之見逐也，道爲金兵所執，伺間亡歸，復爲人執送耶律淳。德勒岱自知不免，詭曰：「吾不能事僭竊之君。」不食數日死。

16 夏，四月，辛卯，遼西南面招討使耶律佛頂及雲內、寧邊、東勝等州並降於金。

金獲阿蘇舊作阿疎，今改。以歸。金人之起兵也，以不歸阿蘇爲詞，及既獲，不過杖而釋之。金人見阿蘇，或問爲誰？阿蘇曰：「我，破遼鬼也。」

17 金師攻西京，遼耿守忠救之。宗翰、宗雄、宗幹等繼至，宗翰率麾下自其中衝擊，使餘兵去馬從旁射之。守忠大敗，西京遂陷，西路州縣部族皆降金。遼主遂遁於額蘇倫，舊作訛莎烈，今改。唯北部瑪克實舊作謨葛失，今改。贐馬駝食羊焉。

18 癸卯，白虹貫日。

19 丙午，令郡縣訪遺書。

金都統杲遣宗望入奏，請金主臨軍。五月，辛酉，宗望至上京奏捷，羣臣入賀，賜宴。宗望曰：「今雲中新定，諸路遼兵尚數萬；遼主在陰山、天德之間，而耶律淳自立於燕京。新降之民，其心未固，是以諸將望陛下幸軍中京。」金主許之。

20 壬戌，以高俅爲開府儀同三司。

21 甲戌，嗣濮王仲御薨，以其弟仲爰嗣。

22 遼都統瑪格，舊作馬哥，今改。收集散亡，會於漚里謹，遼主命知北院樞密使事兼都統。

23 庚辰，以譚稹爲太尉。

24 童貫至高陽關，用知雄州和詵計，降黃榜及旗，述弔民伐罪之意，且云：「若有豪傑能以燕京來獻者，卽除節度使。」遂命都統制种師道盡護諸將。

師道諫曰：「今日之舉，譬如盜入鄰家，不能救，又乘之而分其室焉，無乃不可乎！」貫不聽。分兵爲兩道：師道總東路之兵，趨白溝；辛興宗總西路之兵，趣范邨。耶律淳聞之，遣耶律達實、蕭幹禦之。師道次白溝，遼人譟而前，師道前軍統制楊可世敗績，士卒多傷。師道先令人持一巨梃自防，賴以不大敗，退師雄州；遼人追擊，至於城下。辛興宗與蕭幹戰，亦敗於范邨。

遼使來言曰：「女直之叛本朝，亦南朝之甚惡也。今射一時之利，棄百年之好，結新起之鄰，基他日之禍，謂爲得計，可乎？救災卹鄰，古今通義，唯大國圖之！」貫不能對。師道復請許之和，貫不納，而密劾師道助賊。王黼怒，責授師道右衛將軍，致仕。

25 六月，戊子朔，金主自將伐遼，發自上京，命安班貝勒晟監國。

26 己丑，帝聞种師道等兵敗，懼甚，詔班師。

27 壬寅，以王黼爲少師。

28 遼耶律淳寢疾，聞天祚傳檄天德、雲內、朔、武、應、蔚等州，合諸蕃精騎五萬，約以八月入燕，并遣人問勞，索衣裘茗藥。淳大驚，命南北面大臣議。而李處溫、蕭幹等有迎秦拒湘之說，集蕃、漢百官議之，從其議者東立，唯南面行營都部署耶律寧西立。處溫等問故，寧曰：「天祚果能以諸蕃兵大舉奪燕，則是天數未盡，豈能拒之！否則秦、湘父子也，拒則皆拒，自古安有迎子而拒其父者！」處溫等相顧微笑，以寧扇亂軍心，欲殺之。淳倚枕長歎曰：「彼，忠臣也，焉可殺！天祚果來，吾有死耳，復何面目相見乎！」

已而淳死，衆乃議立德妃蕭氏爲皇太后，主軍國事，奉遺命，迎立天祚次子秦王定爲帝。蕭妃遂稱制，改元德興，謚淳爲孝章皇帝，廟號宣宗，葬於燕西之香山。

處溫父子懼禍，南通童貫，欲挾蕭妃納土；北通於金，謀爲內應。事覺，蕭妃執處溫問之。處溫自陳有定策功，蕭妃曰：「誤秦晉國王者，皆汝父子，何功之有！」并數其前後罪惡。處溫無以對，乃賜死，臠其子奭。籍其家，得錢七萬緡，金玉寶器稱是，皆爲宰相數月間所取也。

29 遼主聞耶律淳死，下詔追奪所授官爵封號，妻蕭氏降爲庶人，改姓虺氏。

30 瑪克實以兵援遼，金人敗之於洪灰水。

夏人亦使李良輔將兵三萬救遼，金斡魯、(前改鄂囉。)洛索敗之於宜水。至野谷，澗水暴至，夏人漂沒者不可勝計。【考異】燕雲奉使錄，夏人來援，爲暴漲所溺，在八月；今從遼、金史，繫於六月。

31 遼主之出奔也，耶律棠古謁於倒塌嶺，爲遼主流涕，遼主慰止之，復拜烏爾古部(舊作烏古部。)節度使。秋，七月，丁巳朔，德埒勒部(舊作敵烈部。)叛遼，以五千人來犯，棠古率家奴擊破之，加太子太傅(保)。未幾，棠古卒。

32 己未，廢貴妃崔氏爲庶人。

33 辛未，夏國遣使如遼，問遼主起居。

34 壬午，王黼以遼耶律淳死，復命童貫、蔡攸治兵，以河陽三城節度使劉延慶爲都統制。

35 初，遣陳遘經制江、淮七路，治杭州，以供餽餉。遘以財用不給，倡議比較酒務及度公家出納錢糧，取其贏餘，號經制錢，遂爲東南七路之害。

36 八月，己丑，金主次鴛鴦濼，聞遼主在大魚濼，乃自將精兵萬人襲之，昱、宗望率兵四千爲前鋒，晝夜兼行。戊戌，追及遼主於石輦驛，軍士至者才千人。遼兵二萬五千，方治營壘。昱與諸將議，耶律伊都曰：「我軍未集，人馬疲劇，未可戰也。」宗望曰：「今追及遼主而不亟戰，日入而遁，則無及矣。」遂戰。短兵接，遼兵圍之數重，副統軍蕭德默（舊作特末。）諭將士以君臣之義，士皆殊死戰。遼主謂宗望兵少，必敗，遂與妃嬪登高阜觀戰。伊都指遼主麾蓋以示諸將，宗望等遂以騎馳赴之。遼主望見，大驚，卽遁去，遼兵遂潰。宗望等還，金主曰：「遼主去不遠，亟卽追之！」宗望追至鄂勒哲圖，舊作烏里質鐸，今改。遼主棄輜重而遁，蕭德默被執。

37 庚子，賜新除太僕寺少卿王棣進士出身，以安石孫，故旌之。

38 九月，戊午，詔：「熙、豐政事，悉自王安石建明，今其家淪替，理宜褒卹，可賜第一區，孫棣除顯謨閣待制、提舉萬壽觀，曾孫𤫙、珏，並轉宣義郎，孫女、曾孫女亦各加封號。」

39 朝散郎宋昭上書，極言遼不可攻，金不可鄰，異時金必敗盟，爲中國患，乞誅王黼、童貫、趙良嗣等，且曰：「兩國之誓，敗盟者禍及九族。陛下以孝治天下，其忍忘列聖之靈乎？陛下以仁覆天下，其忍使河北之民肝腦塗地乎？」王黼大惡之，除名，編管廣南。

40 辛酉，大饗明堂。

41 乙丑，金通議使高慶裔等見於崇德〔政〕殿，奉國書以進。帝特令引上殿奏事。

先是金既襲破遼天祚行帳，仍占山後州縣，忽聞童貫舉兵趨燕，號二百萬，金主與羣臣議，恐爽約，遂專遣使乘回船至登州，且自招軍乘機措置。及慶裔等進國書，因跪奏曰：「皇帝遣臣來言，貴朝海上之使，屢來本國，共議契丹，已載國書。中國禮義之鄉，必不爽約。如聞貴朝又復中輟，故遣臣來聘。」趙良嗣答曰：「皇帝聞貴朝今年正月已克中京，引兵至松亭關、古北口，取西京，雖不得大金報起兵月日，已知貴朝大兵起發，遂令童貫統兵以應貴朝夾攻之意。彼此不報，不在較也。」遂各退歸。

帝待慶裔等甚厚，屢命貴臣主宴，賜金帛不貲，至輟御茗調膏賜之。引登明堂，入龍德宮、蕃衍宅、別籞、離宮，無所不至，禮過契丹數倍。慶裔，渤海人，桀黠知書史，雖外爲恭順，稱恩頌德，而屑屑較求故例無虛日，如乞館都亭驛，乞上殿奏事。朝廷以兩國往來之議未定，請姑俟他日；況契丹修好之初，亦嘗如此。慶裔遂出契丹例卷，面證朝廷之非，請載之國書，朝廷不得已，皆從之。及賜金綫袍段，疑與夏國棉褐同，卻而不受。越四日，詔金使詣太宰王黼第計事，慶裔等庭趨訖，升堂，講賓主之禮，面發回書。又明日，詔梁師成臨賜御筵，供具皆出禁中，仍以繡衣、龍鳳茶爲贐。

42 初，高麗之俗，兄終弟及，至是其王俁卒，諸弟爭國，其相李資深立俁子楷。己巳，遣路允迪弔祭。

先是偰求醫於朝，詔二醫往，留二年而還，楷語之曰：「聞朝廷將用兵於遼，遼兄弟之國，存之足為邊捍，女直之人，不可交也。業已然，願二醫歸報天子，宜早為備。」醫還，奏之，帝不悅。

43 辛未，遼知易州高鳳遣人來約降。

44 甲戌，詔大〔太〕中大夫趙良嗣充大金國信使，保義郎馬擴副之，擴父政充伴送使。是日，高慶裔等入辭於崇政殿，帝諭以早取燕京。

良嗣將行，以國書副本及事目示馬擴，擴大驚曰：「金人方以不報師期，恐王師下燕，守官〔闕〕不得歲幣，所以遣使通議，一則欲嗣音繼好，二則覘我國去就，猶未知楊可世、种師道白溝之衄，宣撫司氣沮而退也。在我固當守前約，且云：『緣貴朝不報師期，疑海道難測，所以不俟的音，即舉兵相應。今仍趣宣撫司進兵，克期下燕。』如此，則既於夾攻元約不爽，又絕日後輕侮之患。柰何自布露腹心，傾身倚之，大事去矣！」良嗣愕然曰：「宣撫司盡力不能取，若不以金幣藉女直取之，何以得燕？」擴曰：「既知力不能取，胡不明白盡與大金，退修邊備，保吾舊疆，安得貪目前小利，不虞後患，愛掌失指耶！」良嗣曰：「朝廷之意已定，不可易也。」遂出國門。

45 金穆昆舊作謀克，今改。宗雄卒。金主往視疾，不及見，哭之慟，謂羣臣曰：「此子謀略過人，臨陣勇決，少見其比。」賻贈加等。

宗雄材武蹻健，挽強射遠，幾二百步。後封楚王，諡威敏。

46 己卯，遼將郭藥師以涿州來降。【考異】宋史作己卯，遼將郭藥師等以涿、易二州降，蓋并高鳳事而連書之。據北盟會編，則高鳳以易約降在九月十五日辛未，藥師之降在九月二十三日己卯，非一日事，今分載之。東都事略作八月辛亥遼國郭藥師以涿、易二州來降，則月日俱誤矣。九朝編年備要所載，與北盟會編同。

藥師本常勝軍帥，爲涿州留守，聞高鳳降，意動。會蕭幹自燕來涿，藥師疑其圖己，遂偕其偏將甄五臣等擁所部八千人來降。童貫以聞，詔授藥師恩州觀察使，以兵隸劉延慶。

47 遼德埒勒部復叛，都統耶律瑪格討平之。

48 時守令多棄城遁，奉聖州人迎麴監李師夔主州事。金都古嚕訥舊作迪古乃，今改。師至，師夔與其友沈章密謀出降，乃出城潛見耶律伊都，約無以兵入城及俘掠境內。伊都許諾，遂降。金主以師夔領節度，以章佐之。

冬，十月，丙戌朔，金主至奉聖州，詔曰：「朕屢飭將臣，安輯懷附，無或侵擾。而愚民無知，尙多逃匿山林；卽欲加兵，深所不忍。今免其罪，有率衆歸附者，授之世官。」未幾，蔚州降於金。

49 庚寅，詔：「山前收復州縣，合置監司，以燕山府路爲名。山後別名雲中府。」又賜涿州曰涿水郡、威行軍，檀州曰橫山郡、鎮遠軍，平州曰漁陽郡、撫寧軍，易州曰遂武郡，營州曰平盧郡，順州曰順興郡，薊州曰廣川郡，景州曰灤川郡，幷燕山府爲山前九州。雲中府路則領武、應、朔、蔚、奉聖、歸化、儒、嬀幷雲中府，所謂山後九州也。尋以蔡攸爲少傅、判燕山府。

50 遼蕭妃聞常勝軍降，懼甚，遣蕭容、韓昉奉表稱臣，乞念前好。昉等見童貫、蔡攸於軍中，言：「女直蠶食諸國，若大遼不存，必爲南朝憂。脣亡齒寒，不可不慮。」貫、攸叱出之。昉大言於庭曰：「遼、宋結好百年，誓書具在，汝能欺國，獨能欺天邪！」貫亦不以聞於朝。

51 癸巳，童貫遣劉延慶將兵十萬出雄州，以郭藥師爲鄉導，渡白溝。延慶軍無紀律，藥師諫曰：「今大軍拔隊而行，不設備，若敵人置伏邀擊，首尾不相應，則望塵決潰矣。」不聽。至良鄉，蕭幹率衆來拒，延慶與戰而敗，遂閉壘不出。藥師曰：「幹兵不過萬人，今悉力拒我，燕山必虛，願得奇兵五千，倍道襲之，城可得也。」因請延慶子光世爲後繼，延慶許之。（己酉），遣大將高世宣、楊可世與藥師率兵六千，夜半渡盧溝，倍道而進。質明，常勝軍甄五臣領五千騎奪迎春門以入，藥師等繼至，陣於憫忠寺，遣人諭蕭妃使速降。蕭妃密報蕭幹，幹舉精甲三千還燕，巷戰，光世渝約不至，藥師失援而敗，與可世棄馬縋城而出，殺傷過半，世宣死焉。

延慶營於盧溝南，斡分兵斷餉道，擒護糧將王淵，得漢兵二人，蔽其目，留帳中。夜半，僞相語曰：「吾師三倍漢兵，當分左右翼，以精兵衝其中，左右翼爲應，舉火爲期，殲之無遺。」既言，乃陰逸一人歸報。延慶聞而信之。明旦，見火起，以爲敵至，即燒營而遁，士卒蹂踐死者百餘里，斡因縱兵追至涿水而去。自熙、豐以來，所儲軍實殆盡，退保雄州。燕人知宋之無能爲，作賦及歌詩以誚之。

52 初，朝議與金約，但求石晉賂契丹故地，而不思平、營、灤三州非晉賂，乃劉仁恭所獻以求援者，王黼欲并得之，金主不肯。【考異】以營、平、灤三州爲劉仁恭所賂，此仍宋史元文。據京東考古錄云：通鑑，周德威爲盧龍節度使，不修邊備，契丹芻牧於營、平之間。遼史：天贊二年，克平州。是遼以兵取之，非賂也。灤州乃平州分設，遼史以灤爲石晉賂地，亦有誤焉。

是月，趙良嗣等至奉聖州，金主令宗望及富吉舊作蒲結，今改。等責良嗣以出兵失期，且云：「今更不論夾攻元約，特與燕京六州、二十四縣漢地、漢民。」六州，謂薊、景、檀、順、涿、易也。又言：「南朝即自得平、灤，本朝兵馬亦借路平、灤以歸。」良嗣言：「元約山前、山後十七州，今乃如此，信義安在？」又言：「本朝得燕，必分兵屯守，大國人馬經過，豈敢專聽！」富吉曰：「汝但知阻我借路過關，不道汝國人馬又敗。」蓋聞劉延慶又敗於新城也。又欲留良嗣等，良嗣辭以留使人無例，金主曰：「吾方行師，豈用例邪！」遂以國書示良嗣等，遣李靖、王度喇（舊作度剌。）充國信使副，薩嚕謨（舊作撒盧母，今改。）充議計使。良嗣云：「所說燕京，如大金得之，亦與南朝，國書中不甚明白。」富吉乃曰：「一言足矣，喋喋何爲！若必欲取信，待到燕京，使人面約。」遂留馬擴，獨遣良嗣與使者偕行。

53 是月，曲赦所復州縣。

54 十一月，丙辰朔，行新璽。庚午，祀圜丘，赦天下。東南官吏緣寇盜貶責者，並次第移放，上書邪等人特與磨勘。

55 庚辰，金使李靖、王度喇、薩嚕謨等入見，言：「自燕京六州所管漢民外，其女直、渤海、契丹、奚及雜色人戶，平、灤、營三州，縱貴朝克復，亦不在許與之限，當須本朝占據。如或廣務於侵求，必慮難終於信義。所有信誓分立界至及歲幣數目，候到燕京續議畫定。」靖等既引對畢，詔令詣王黼第。黼諭西京、平、灤當如約，薩嚕謨曰：「元約勿言，姑議目前可也。」黼曰：「大國所欲，本朝無一不從。本朝所須，大國莫降心相從否？」李靖曰：「平、灤等三州，本朝欲作關隘。以靖所見，莫若先以燕京六州交契丹歲幣，其平、灤等州，當徐容再議，或得亦不可知。一概言之，徒往返也。」

56 十二月，丁亥，郭藥師及遼蕭幹戰於永清縣，敗之。詔加藥師武泰軍節度使。

57 戊子，金使李靖等辭於崇政殿，詔龍圖閣學士趙良嗣爲國信使兼送伴，顯謨閣待制周武仲副之，又領國書。又，御筆付良嗣等云：「平、灤頗出桑麻，金所欲得，可與契丹歲幣數目外，特加絹五萬匹，銀五萬兩，以曲盡交歡之意。所有營、平、灤及西京地土，本朝盡行收復。」

58 童貫再舉伐燕，不克成功，懼得罪，乃密遣王瓌如金，以求如約夾攻。金主自將伐燕京，宗望率七千先之，實古訥舊作習古乃，今改。出得勝口，尼楚赫舊作銀朮可，今改。出居庸關，洛索舊作婁室，今改。為左翼，博勒和舊作婆盧火，今改。為右翼。遼蕭妃五上表於金，求立秦王定，金主不許，遼人遂以勁兵守居庸關。金兵至關，崖石自崩，戍卒多壓死，遼人不戰而潰。金兵度關而南，遼統軍都監杲晬舊作高六，今改。等送款於金。辛卯，金主至燕京，遂自南門入，使尼楚赫、洛索陣於城上。金主次城南，遼宰相左企弓、參政虞仲文、康公弼、樞密使曹義勇（勇義）、張彥忠、劉彥宗等奉表降，詣金營請罪。金主並釋之，命守舊職；器彥宗之才，遷左僕射，遣左企弓等撫定燕京諸州縣。蕭妃與蕭幹自古北口趨天德。於是遼五京皆為金有。金主遣馬擴歸告捷。

59 甲辰，金復遣李靖、王度喇與趙良嗣等同來。良嗣至金主軍前，金主謂曰：「數年相約夾攻，而汝國不出師，復不遣報，今將若何？」良嗣對曰：「夾攻雖是元約，據昨奉聖州軍前別議，特許燕京，不論夾攻與否。今月二日，本朝於永淸擊走蕭幹，追至燕京，雖非夾攻，亦其意也。」金主曰：「夾攻且勿言，其平、灤等州未嘗議及，如何欲取？若必欲取平、灤，并燕京亦不與矣。」便令良嗣歸館。居四日，詔趣令南使辭歸，良嗣曰：「今合議事甚多，略未嘗及，而遽令辭，何也？」薩魯謨曰：「皇帝已怒。」遂令入辭，以國書副本示良嗣，良嗣曰：「自古及今，稅租隨地，豈有與其地而不與其稅租者！可削去此事。」宗翰曰：「燕自我得之，稅賦當歸我。大國熟計之，若不見與，請速退涿州之師，無留吾疆。」於是復以國書遣良嗣及靖等。

60 丙辰，貶劉延慶爲率府率，安置筠州。

61 遼主聞金取燕京，遂由埽里關出居四部族詳袞（舊作詳隱。）之家。

62 黃龍府仍附於遼，金宗輔討平之。

63 是歲，萬歲山成，御製艮嶽記以紀其勝。萬歲山，始名鳳皇山，後神霄降，其詩有「艮岳排空霄」之句，因改名艮岳，以山在國之艮位也。其最高一峰九十步，上有亭界（介亭），分東南二嶺，直接南山。南山之外又爲小山，名曰芙蓉城，窮極窈眇。岳之北乃所謂景龍江也，江外諸館舍尤精。其北又因瑤華宮火，取其地作大池，名曰曲江池，東盡封丘門而止。其西自天波門橋入，西直殆半里，江乃折南，又折北。折南者過閶闔門橋，爲複道，通茂德帝姬宅。折北者四里，屬之龍德宮，帝潛邸也。其後以金芝產於萬壽峰，又更名壽岳云。

山周十餘里，運四方奇花異石置其中，千巖萬壑，麋鹿成羣，樓觀臺殿，不可勝計。最後朱勔於太湖取巨石，高廣數丈，載以大舟，挽以千夫，鑿河斷橋，毀堰拆閘，數月方至京師，賜號昭功慶成神運石，時初得燕地故也，勔緣此授節度使。其後金兵再至，圍城日久，拆屋爲薪，鑿石爲礮，伐竹爲笓籬，唯大石基址存焉。

64 戶部上今歲民數，凡主客戶二千八十八萬二千三百五十八，口四千六百七十三萬四千七百八十四，視西漢盛（時），蓋有加焉，隋、唐疆里雖廣，而戶口皆不及。

五年 遼保大三年，金天輔七年。（癸卯、一一二三）

1 春，正月，丁巳，遼知北院樞密事奚王和勒博舊作回离保，今改。（校者按：回离保，一作夔离不，即蕭幹也，下文又有蕭幹爲奚帝事，謬複。）即箭笴山自立爲奚國皇帝，改元天復。設奚、漢、渤海三樞密院，改東西節度使二王分司建官。遼主命都統耶律瑪格討之。

2 先是金主使完顏昂監護諸部降人，處之嶺東，就以兵守臨潢府。昂不能撫御，降人苦之，多亡歸遼，遼主招集散亡，稍得自振。金主諭安班貝勒晟曰：「昂違命失衆，當置重法；若有所疑，則禁錮之，俟師還定議。」

3 戊午，金使李靖等入對，退，見王黼。黼謂靖等曰：「大計定矣，忽於元約外求租賦，類有間諜害吾兩國之成者。」薩魯謨謝曰：「有之。契丹日後爲皇帝言，有國都如此而以與人，用事大臣頗惑其言；唯皇帝與宗翰、洛索持之甚堅，曰：『已許南朝，不可改也。』」黼曰：「租稅，非約也。上意以交好之深，特相遷就，然飛輓殊遠，欲以銀絹充之。」請問其數，黼曰：「已遣趙龍圖面約多寡矣。」靖復請去年歲幣，帝亦許之。期〔明〕日，詔趙良嗣、周武仲、馬擴奉國書與靖等偕往。

4 朝廷以金人將歸燕，謀帥臣守之。左丞王安中請行，王黼贊於帝。辛酉，授安中慶遠軍節度使、河北·河東·燕山府路宣撫使，加〔知〕燕山府；詹度、郭藥師同知府事。

詔藥師入朝，禮遇甚厚，賜以甲第、姬妾，貴戚、大臣，更互設宴。又召對於後苑延春殿，藥師拜庭下，泣言：「臣在契丹，聞趙皇如在天上，不謂今日得望龍顏！」帝深褒稱之，委以守燕，對曰：「願效死。」又令取天祚以絕燕人之望，藥師變色言曰：「天祚，故主也，國破出走，臣是以降陛下。使臣畢命，他所不敢辭；若使反故主，非所以事陛下，願以付他人。」因佯泣如雨。帝以爲忠，解所御珠袍及二金盆以賜。藥師出，諭其下曰：「此非吾功，汝輩力也。」即翦盆分給之。加檢校少傳，歸鎭燕山。

新除燕山府路轉運使呂頤浩言：「開邊極遠，其勢難守，雖窮力竭財，無以善後。」又奏燕山、河北危急五事。帝怒，命貶官，而職任如故。

5 壬申，金使招和勒博降，不聽。

6 甲申，錄富弼後。

7 遼平州人張瑴，【考異】宋、金二史並作「覺」，今從遼史及長編。第進士，建福中，授遼興軍節度副使。平州軍亂，殺其節度使蕭諦里；瑴撫定亂者，州民推瑴領州事。耶律淳死，瑴知遼必亡，乃籍壯丁五萬人、馬千匹，練兵爲備。蕭妃遣時立愛知平州，瑴拒弗納。金人入燕京，訪瑴情狀於蕭公弼，公弼曰：「瑴狂妄寡謀，其何能爲！當示以不疑。」金人招時立愛赴軍前，加瑴臨海軍節度使，仍知平州。既而宗翰又欲先下平州，擒瑴，公弼曰：「若加兵，是趣之叛也，請自往覘之。」遂見瑴，瑴曰：「契丹八路皆陷，今獨平州存，敢有異志！所以未解甲者，防蕭幹耳。」厚賂公弼使還。公弼見宗翰曰：「彼無足慮。」宗翰信之，乃升平州爲南京，加瑴試中書門下平章事，判留事。

8 二月，乙酉朔，以李邦彥爲尚書左丞，翰林學士趙野爲尚書右丞。

9 丙戌，趙良嗣等自燕山還，至雄州，以金國書遞奏。

初，良嗣以前月抵燕，諸將列館郊外，獨置南使於一廢寺，以氈帳爲館。良嗣見金主曰：「本朝徇大國多矣，豈平、灤一事不能相從邪？」金主曰：「平、灤欲作邊鎮，不可得也。」遂議租稅，金主曰：「燕租六百萬，今止取一百萬，亦不爲多。不然，還我涿、易舊疆及常勝軍，吾且提兵按邊。」良嗣曰：「本朝自以兵下涿、易，今乃云爾，豈無曲直邪！」且言御筆許十萬至二十萬，不敢擅增，乃令良嗣以國書歸報。金主問來期何時，良嗣以半月對，金主曰：「我欲二月十日巡邊，無妨我。」良嗣曰：「此去朝廷數千里，今正月且盡，安能及期！莫若使人留雄州，以書驛聞爲便。」金主許之。

時金人得左企弓輩，日與之謀，以爲南朝雅畏契丹。加以劉延慶之敗，益有輕我心。企弓嘗獻詩曰：「君王莫聽捐燕議，一寸山河一寸金。」故金人欲背初約，要求不已。然南使過盧溝，金人悉斷其北橋梁，焚次舍，蓋亦恐我不從而自防也。

其書略言：「貴朝兵今不克夾攻，特因己力下燕。今據燕管內，每年租六百萬貫，良嗣等稱御筆許二十萬，以上不敢自專。其平、灤等州，不在許限；儻務侵求，難終信義。仍速追過界之兵。」王黼欲功之速成，乃請復遣使，從之。

庚寅，詔遣良嗣等自雄州再往，許契丹舊歲幣四十萬之外，每歲更加燕京代稅一百萬緡，及議畫疆與遣使賀正旦、生辰、置榷場交易。

10 遼德妃蕭氏見遼主於四部族，遼主怒，殺蕭氏，蕭幹（校者按：蕭幹即上文之回离保。）奔奚。遼主責耶律達實曰：「我在，何故立淳？」達實曰：「陛下以全國之勢，不能一拒敵，棄國遠遁，使黎庶塗炭。即立十淳，皆太祖子孫，豈不勝乞命他人邪？」遼主無以答，賜酒食，赦其罪。

11趙良嗣等至燕京，見金主，金主得書，大喜。良嗣謂洛索曰：「貴朝所須歲幣不資，皇帝無少吝。今平州已不可得，唯西京早定奪，庶人情無虧。」洛索笑曰：「此無他，皇帝意南朝犒賞諸軍耳。」馬擴答以「貴朝既許西京，朝廷豈無酬酢之禮！」洛索曰：「此亦須再遣使去。」於是遣尼楚赫等三人與良嗣俱來。金主謂良嗣曰：「尼楚赫，貴臣也，可善待之。」

三月，乙卯，尼楚赫等入見於崇政殿，其國書、誓書並無一語及西京者。對罷，詣王黼第，黼欲令庭趨，尼楚赫不可，分庭而見。尼楚赫乃言：「士卒取西京勞甚，宜有犒勞。」黼皆許諾。帝以其主有「善待」之語，詔特預春宴。宴日，就辭於集英殿。詔吏部侍郎盧益、良嗣俱充國信使，馬擴副之，持國書及誓書往軍前，議交燕月日。

12戊午，金都統杲等言：「耶律伊都、圖喇舊作鐸剌，今改。謀叛，宜早圖之。」金主招伊都等，從容謂之曰：「朕得天下，皆我君臣同心同德以成大功，固非汝等之力。今聞汝等謀叛，若誠然邪？必須鞍馬、甲冑、器械之屬，當悉付汝，朕不食言。若再爲我擒，無望免死。欲留事朕，無懷異志，朕不汝疑。」伊都等皆戰慄不能對。命杖圖喇七十，餘並釋之。

13盧益、趙良嗣、馬擴行至涿州，金洛索、高慶裔等先索誓書觀之，斥字畫不謹，令易之。益言：「主上親御翰墨，所以示尊崇於大國也。」金人不聽，兼求細故紛紛，至汴京更易者數四。金人又言：「近有燕京職官趙温訊、李處能、王碩儒、韓昉、張軫等越境去，南朝須先以見還，方可議交燕月日。」是數人者，皆契丹所指名，故金人索之。良嗣欲諭宣撫司遣去，益、擴不可，曰：「諸人聞已達京師，今欲悉還之，不唯失燕人心，且必見憾，盡告吾國虛實，所係非細。況今已迫四月，敵亦難留，何慮不交，柰何隨所索即與之！彼得一詢十，何時已邪！」良嗣卒與薩魯謨赴宣撫司，縛送溫訊等於金。既至，宗翰釋其縛而用之。

壬午，盧益等赴花宴。時金主形神已病，中觴，促令便辭，略不及交燕事。益力言之，洛索曰：「兩朝誓書中不納叛亡，今貴朝已違誓矣。」益曰：「且勿言諸人未嘗有至南朝者，借使有之，在立誓後邪，立誓前邪？」良嗣亦曰：「未議之事有五：一回答誓書，二交燕京月日，三符家口立界，四山後進兵時日，五西京西北界未定，兼賞軍銀絹在涿州未交，安得便辭！」洛索曰：「皇帝有言，山西地土并符家口已無可議者，使副當亟辭去。」癸未，復遣良嗣往雄州取戶口，途次，楊璞以國書、誓書二稿示良嗣，欲借糧十萬斛，轉至檀州、歸化州給大軍，討天祚，且請良嗣入辭。良嗣問交燕之期，定以十七日。於是及益、擴等齎國書與楊璞俱來。至雄州，宣撫司猶疑金人所納非實，因留馬擴同入燕，備緩急差使，遣良嗣與楊璞赴京師。

[14]初，王黼既專任交燕事，降旨飭童貫、蔡攸不得動，以聽約束；因使趙良嗣奉使。而金主謂良嗣曰：「我聞中國大將獨仗劉延慶，延慶將十五萬衆，一旦不戰自潰，中國何足道！

我自入燕山，今爲我有，中國安得有之！」良嗣不能對。

舊制，遼使至，待遇之禮有限，不示以華侈，且以河朔甫近都邑，故迂其程途，多其里候，次第爲之燕犒而至，防微杜漸意也。及黼遣良嗣，唯務欲速以擅其功，與金使人限以七日自燕山至闕下，凡四五往反皆然。又，每至輒陳尙方錦繡金玉瑰寶以誇富盛，金人因是益生心，邀索不已，黼勸帝曲從之。而營、平二州及山後之地，終不可得，姑欲得燕山以稍塞中外之議。約既定，復索禮數，因盡還其待遼人敵國之禮，唯不稱兄弟而已。